BRIATHRA, BÉITHE AGUS BANFHILÍ

Filíocht Eavan Boland agus Nuala Ní Dhomhnaill

LEABHAIR THAIGHDE
An 101ú hImleabhar

Briathra, Béithe agus Banfhilí

Filíocht Eavan Boland agus Nuala Ní Dhomhnaill

RIÓNA NÍ FHRIGHIL

Do Loreto,
le cion y meas,

Ríona

An Clóchomhar Tta
Baile Átha Cliath

An Chéad Chló 2008
© An Clóchomhar Tta

ISBN 978-1-906882-61-7

Faigheann An Clóchomhar tacaíocht airgid

ó

 Bhord na Leabhar Gaeilge

Clólann Uí Mhathúna a chlóbhuail

In ómós do mo thuismitheoirí
Mel agus Dympna

CLÁR

NÓTA BUÍOCHAIS

Is iomaí comaoin a cuireadh orm agus mé ag gabháil don saothar seo. Gabhaim buíochas ó chroí leis an Ollamh Mícheál Mac Craith a stiúraigh an taighde dochtúireachta ar a bhfuil an saothar seo bunaithe le teann spéise agus cineáltais, agus a roinn a chuid saineolais go fial flaithiúil liom. Tá mo bhuíochas tuillte fosta ag an Ollamh Gearóid Denvir agus ag an Ollamh Alan Titley as na léargais spreagúla a thug siad domh ar nuafhilíocht na Gaeilge. Táim buíoch den Ollamh Máirín Ní Dhonnchadha a chuir eolas agus tagairtí faoi mo bhráid. Ba mhór an spreagadh, an misniú agus an cuidiú a fuair mé ó chomhscoláirí dílse agus an tráchtas á scríobh agam, luaim go speisialta Máire de Búrca agus Breandán M. Mac Gearailt.

Tá mé faoi chomaoin ag mo chairde agus ag mo chomhghleacaithe i Roinn na Gaeilge, Coláiste Phádraig, Droim Conrach, a thacaigh liom agus an t-ábhar á chur in oiriúint don chló. Tá buíochas speisialta tuillte ag Ceann Roinn na Gaeilge, an Dr Máirín Nic Eoin, a léigh dréachtaí de na caibidlí, idir dhréachtaí tosaigh agus dhréachtaí deiridh, agus a chuir comhairle luachmhar orm ar a bealach tuisceanach féin. Táim fíorbhuíoch den Dr Róisín Ní Ghairbhí agus den Dr Ciarán Mac Murchaidh a léigh agus a phléigh caibidlí éagsúla liom agus a rinne moltaí léirsteanacha. Gabhaim buíochas fosta leis an Dr Ciarán Ó Coigligh a d'fhoilsigh cuid de rúndiamhrachtaí na teanga domh. Buíochas chomh maith le Máire Ní Bhaoill, le Máire Ní Uiginn agus leis an Dr Catherine Maunsell as a gcuid tacaíochta agus as a gcuid cairdis.

Táim faoi chomaoin mhór ag an Dr Charlie Dillon a chuir comhairle orm i dtaobh iliomad pointí, agus a thug tacaíocht agus uchtach domh nuair ba mhó a bhí mé ina ngá. Thug Áine Nic Niallais faoin phroifléitheoireacht leis an díograis agus leis an ghairmiúlacht is dual di. Chuir an Dr Seosamh Mac Muirí comhairle ghaoiseach orm. Gabhaim buíochas ar leith le Cliona Ardiff a rinne an chlóchuradóireacht go sciliúil slachtmhar. Is le caoinchead Carcanet Press Limited a fhoilsítear dánta as na cnuasaigh *Collected Poems* (1995) agus *Code* (2001) le Eavan Boland.

NÓTA BUÍOCHAIS

Tá mo bhuíochas fada, leanúnach tuillte ag mo dhaoine muinteartha agus ag mo chairde dílse. Luaim mo thuismitheoirí Mel agus Dympna, mo chuid deirfiúracha Órla agus Deirdre, agus mo chuid deartháireacha Fergal agus Finian, chomh maith le mo nia Rónán. Caithfidh mé mo chairde buana Adéle, Niamh agus Eimear Rua a lua anseo chomh maith. Buíochas dar ndóigh le Breffni. Níl léamh ná scríobh ná insint béil ar an tacaíocht chroíúil a thugann Eoin Warner domh de shíor. Is é an samhradh san fhuacht idir Nollaig agus Cáisc. Mise amháin is ciontaí lena bhfuil de lochtanna ar an leabhar seo.

RÉAMHRÁ

As a translational island, Ireland is perhaps a forerunner of the era when globalization will mean that no culture can remain purely local, that all languages and traditions must alter and change if they are to survive.
Maria Tymoczko

'Eavan Boland's growing international reputation is grounded in the recognition that she is the first great woman poet in the history of Irish poetry'. (Gelpi 1999: 210)

*'...in recent times she [Nuala Ní Dhomhnaill] has become something like an unofficial president to the Gaelic side of Irish culture'.
(Ó Séaghdha 1993: 144)*

Is iad Eavan Boland agus Nuala Ní Dhomhnaill beirt de na filí comhaimseartha is mó a bhfuil cáil agus ráchairt ar a gcuid filíochta in Éirinn agus thar lear. Tá stádas íocónach bainte amach acu ní amháin i measc a gcuid comhscríbhneoirí, ach i measc lucht léinn fosta. Chaith Eavan Boland tréimhsí ag teagasc in ollscoileanna in Éirinn agus i Meiriceá: Coláiste na Tríonóide; Coláiste na hOllscoile, Baile Átha Cliath; Washington University; Bowdoin College; University of Iowa agus University of California ina measc. Bhronn Coláiste na Tríonóide céim oinigh uirthi sa bhliain 2004 agus is stiúrthóir í Boland ar an chúrsa scríbhneoireachta cruthaithí in Ollscoil Stanford. Tá tréimhsí caite ag Ní Dhomhnaill fosta mar scríbhneoir cónaitheach in ollscoileanna éagsúla in Éirinn agus i Meiriceá, áirím Ollscoil na hÉireann, Corcaigh; Ollscoil na hÉireann, Gaillimh; Ollscoil na Banríona, Béal Feirste; Coláiste Phádraig, Droim Conrach; New York University; Villanova University; Boston College agus University of Notre Dame ina measc. Leoga, is i seilbh Leabharlann Uí Bhroin in Boston College atá a dialanna agus a páipéir phearsanta. Is í Ní Dhomhnaill an file Éireannach is mó ar aistríodh a cuid filíochta go mórtheangacha na hEorpa, go Seapáinis agus go teangacha Ceilteacha eile. I bhfianaise an taighde ar a cuid filíochta atá ar siúl ag scoláirí

1

nach scoláirí Gaeilge iad,[1] dealraíonn sé gurb í a cuid filíochta siúd is mó a mhúsclaíonn suim agus fiosracht acadúil scoláirí atá i dtaobh le haistriúcháin amháin d'fhilíocht chomhaimseartha na Gaeilge. Ní áibhéil é a mhaíomh gur doiligh faoin tráth seo idirdhealú a dhéanamh idir an stádas canónta atá gnóthaithe ag an bheirt fhilí i measc lucht léinn agus an cothú a dhéanann siad féin ar an stádas céanna. Taispeánfar i gcaitheamh an leabhair seo gur minic saothar na beirte ag freagairt do na léamha léirmhínithe a bhíonn á gcur chun cinn ag criticeoirí, sa dóigh gur deacair a rá ar deireadh cé acu na filí nó an lucht léinn faoi deara na príomhléamha a dhéantar ar shaothar na beirte. Cé gur minic neamhaird á tabhairt ar an idirspleáchas idir an bhunchumadóireacht agus an chritic, áiteofar anseo gur gá aghaidh chriticiúil a thabhairt ar an idirspleáchas seo le léargas níos iomláine a fháil ar chlár fileata na beirte.

Is iondúil an criticeoir Gaeilge á áireamh mar urlabhraí thar ceann na Gaeilge nuair a théann sé i muinín cur chuige chomparáidigh. Ní hí bó bheannaithe na Gaeilge atá á cur thar abhainn agamsa anseo, ámh. Creidim go dtéann an cruinnchomórtas chun sochair do léann an Bhéarla agus do léann na Gaeilge araon. Áiteofar sa leabhar seo gur leathnú peirspictíochta a bhíonn mar thoradh ar an tráchtaireacht a dhéanann cúram den dá thraidisiún liteartha atá mar oidhreacht ag scríbhneoirí comhaimseartha na hÉireann. Cé gur minic criticeoirí Béarla na hÉireann á lochtú as an neamhhiontas a dhéanann siad de thraidisiún liteartha na Gaeilge, ní minic a shamhlaítear gur féidir le criticeoirí na Gaeilge tairbhe a bhaint as cur chuige critice a chuireann traidisiún liteartha Béarla na hÉireann san áireamh. Cuirim romham a chruthú gur chun sochair don dá litríocht a théann an chritic a dhéanann cúram den mhórphictiúr teangeolaíoch – bíodh an chritic sin i mBéarla nó i nGaeilge.

Is nós le cuid mhór den chritic chomhaimseartha filíocht Boland agus Ní Dhomhnaill a shamhlú le gluaiseacht idirnáisiúnta na mban, agus léirléamh a dhéanamh ar fhilíocht na beirte laistigh den fhráma tagartha sin. Má tá tábhacht léannta le bheith ag an chur chuige comparáideach seo, áfach, níor mhór cruinnchomórtas a dhéanamh idir saothar Béarla Boland agus saothar Gaeilge Ní Dhomhnaill. Bunaithe ar aistriúcháin de shaothar Ní Dhomhnaill atá cuid mhór den chritic chomparáideach, ámh. Sa leabhar seo déanfar mionscagadh ar phrós agus ar fhilíocht na beirte sna bunteangacha inar cumadh iad agus déanfar athléamh ar chuid den léirmheastóireacht a dhéanann ceangal róshimplí, dar liom, idir clár fileata na beirte. Luaitear dearcadh Ní Dhomhnaill agus Boland in éineacht go minic agus ionad na mban sa traidisiún liteartha in Éirinn faoi chaibidil. Feictear do thráchtairí áirithe[2] gurb ionann cás Boland agus Ní Dhomhnaill maidir le ganntanas na réamhtheachtaithe baineanna a bhí mar eiseamláirí acu agus iad ag dul i mbun pinn. Is amhlaidh, áfach, gur ar alt amháin le Ní Dhomhnaill, mar atá, 'What Foremothers?' (1992), a tharraingíonn criticeoirí agus an chosúlacht seo á rianú acu. Áitítear i gcaibidil a haon den leabhar seo nár mhór idir phrós agus fhilíocht na beirte a chur san áireamh agus ceist chasta ionad an bhanfhile sa traidisiún liteartha i saothar na beirte á scagadh.

Faoi mar a luadh cheana, is é an feimineachas a shamhlaítear go coitianta leis an bhanfhilíocht agus le filíocht Boland go speisialta. Tá coincheapa léirmhínithe an *écriture féminine* curtha ar obair ar fhilíocht Boland agus Ní Dhomhnaill ag tráchtairí éagsúla, rud a phléifear go mion i gcaibidil a dó. Ceisteofar bailíocht an léimh a dhéantar ar an chnuasach *In Her Own Image* (1980) le Boland i dtéarmaí an *écriture féminine*. Áiteofar gur fearr an léargas a thugann coincheapa léirmhínithe C.G. Jung ar fhilíocht Ní Dhomhnaill, cé nár mhór cúram criticiúil a dhéanamh den tsainúsáid a bhaineann sí as na coincheapa céanna.

Ina leabhar iomráiteach *Of Woman Born* (1977), déanann Adrienne Rich idirdhealú idir an máithreachas mar chumas síolraithe na mban agus an máithreachas mar thógán de chuid na sochaí a imríonn smacht ar chumas bitheolaíoch na mban. Ag leanúint den idirdhealú seo déanfar an ceiliúradh agus an cáineadh a dhéanann Boland agus Ní Dhomhnaill beirt ar an mháithreachas a rianú i gcaibidil a trí.

Cé go dtéann an bheirt fhilí i muinín mhiotas Ceres agus Persephone le gné ar leith de thaithí na máthar a chardáil, taispeánfar sa cheathrú caibidil gur mór an difear idir tuiscint na beirte ar eiticiúlacht na miotaseolaíochta agus ar ábharthacht an bhéaloidis sa saol comhaimseartha. Cruthófar go mbaineann dearcadh contrártha Boland agus Ní Dhomhnaill go dlúth le fealsúnacht na teanga atá mar mheán cruthaitheach ag gach duine acu. Ina theannta sin, caithfear an luacháil éagsúil a dhéanann gach duine den bheirt ar an am líneach agus ar an am timthriallach a chur san áireamh. Pléifear an earraíocht idirthéacsúil a bhaineann Ní Dhomhnaill as ábhar béaloidis agus miotaseolaíochta ina cuid filíochta agus déanfar athbhreithniú ar an tuiscint gur i gcomhthéacs thraidisiún liteartha na Gaeilge is fearr an gnás liteartha seo a mhíniú.

Is iad cúrsaí staire agus cúrsaí cuimhne na mórthéamaí a phléitear sa chnuasach *The Lost Land* (1997) le Boland agus *Cead Aighnis* (1998) le Ní Dhomhnaill. Rachfar i muinín choincheapa léirmhínithe na teoirice iarchoilíní i gcaibidil a cúig leis an léargas a thugann filíocht na beirte ar bhail na suibiachta iarchoilíní a phlé. Déanfar athbhreithniú criticiúil ar na léamha a rinneadh go nuige seo ar dhán iomráiteach Boland, 'Mise Éire', agus ar an tuiscint gur athscríobh radacach ar dhán an Phiarsaigh den teideal céanna atá ann. Is i gcomhthéacs stair an Ghorta Mhóir agus an athraithe teanga ar cuireadh dlús leis le linn na tréimhse sin a phléifear an tsraith 'Na Murúcha a Thriomaigh' le Ní Dhomhnaill.

Díreofar aird an léitheora i gcaibidil deiridh an leabhair ar na ceisteanna casta agus na léamha spreagúla a mhúsclaíonn próiseas an aistrithe. Bíonn tóir ar bhunfhilíocht Boland agus ní aistrítear mórán dá cuid filíochta go teangacha eile. Ina choinne sin, braitheann cáil idirnáisiúnta Ní Dhomhnaill ar na haistriúcháin go teangacha difriúla, go háirithe an t-aistriú go Béarla. Pléifear na himpleachtaí atá ag modhanna aistrithe comhaimseartha do chúrsaí critice an Bhéarla agus na Gaeilge. Cé go n-aithnítear tábhacht na critice litearthha atá bunaithe ar na bunfhoinsí Gaeilge i gcás fhilíocht Ní Dhomhnaill, áiteofar sa chaibidil seo gur mithid do thráchtairí dátheangacha tairbhe chriticiúil a bhaint as na macallaí úra a bhaineann an t-aistriúchán as an bhundán.

Cé gurb iad gnéithe éagsúla d'fhilíocht Boland agus Ní Dhomhnaill príomhábhar taighde an leabhair seo, cuirfear scríbhinní próis na beirte san áireamh go minic sa tráchtaireacht. Tá tábhacht nach beag le scríbhinní próis Boland a chuireann fráma tagartha critice ar fáil dá cuid filíochta. Tá an t-athrá ina tréith shuntasach de shaothar próis Boland – filltear ar na téamaí céanna arís is arís eile agus déantar iad a threisiú agus a fhorbairt i gcomhthéacs thaithí phearsanta an fhile. Siúd is go bhfuil dlúthbhaint idir filíocht agus prós Boland, áfach, ní féidir talamh slán a dhéanamh de go bhfuil leanúnachas idir an dá sheánra. I gcaitheamh an leabhair díreofar aird an léitheora ar na difríochtaí idir na hargóintí poileimiciúla a chuirtear chun tosaigh i bprós Boland agus an chardáil chaolchúiseach is gnách di a dhéanamh ar théamaí áirithe ina cuid filíochta. Is difríochtaí iad seo a ndéantar neamhiontas díobh go rialta agus saothar Boland á mheas.[3]

Taispeánfar nach bhfuil an tábhacht straitéiseach ná an saothrú cúramach céanna ag roinnt le scríbhinní próis Ní Dhomhnaill. Meabhraíonn an plé a dhéanfar ar phrós Ní Dhomhnaill, sa chéad chaibidil go speisialta, an cúram a chaithfear a dhéanamh de chúrsaí teanga ina cás siúd. Is minic na hailt phróis scríofa agus foilsithe i mBéarla, cé gur i nGaeilge amháin a scríobhann sí a cuid filíochta.[4] Léireofar gur féidir bolscaireacht áirithe teanga a rianú ar na haistí sin atá dírithe ar phobal léitheoirí idirnáisiúnta agus Ní Dhomhnaill ag iarraidh tábhacht agus sainiúlacht na teanga mionlaigh a áitiú orthu.[5]

Ag trácht di ar stair na banfhilíochta in Éirinn deir Boland '... over a relatively short time – certainly no more than a generation or so – women have moved from being the objects of Irish poems to being the authors of them' (OL: 126). Is éard atá sa leabhar seo ná iniúchadh criticiúil ar an athrú seo, más fíor, ó shiombail go húdar i gcás beirt de mhórfhilí Éireannacha na linne seo. Déanfar cúram ar leith de chúrsaí teanga agus saothar na beirte á mheas. An bhfuil aon tábhacht le 'ceist na teanga' a dtráchtann Ní Dhomhnaill uirthi go minic nó an fíor do Boland nuair a deir sí: 'a new language/ is a kind of scar/ and heals after a while/ into a passable imitation/ of what went before'?

Caibidil 1

WHAT FOREMOTHERS?

No poet, no artist of any art, has his complete meaning alone.
His significance, his appreciation is the appreciation of his relation
to the dead poets and artists.
T.S. Eliot.

Réamhrá

Sna seascaidí bhain an criticeas feimineach le nochtadh an bhanfhuatha agus na n-íomhánna steiréitipiciúla sa litríocht. Leag criticeoirí béim ar thábhacht a dtionscnaimh mar gur tuigeadh dóibh go raibh ceangal idir drochíde na mban sa litríocht agus sa tsochaí trí chéile. Sna seachtóidí agus an dara tonn den ghluaiseacht fheimineach ag borradh, dhírigh criticeoirí a n-aird ar litríocht shainiúil na mban. Tuairiscíonn Elaine Showalter (1986: 5-6) gur aimsíodh saothar na gcéadta banscríbhneoir agus rinneadh athléamh agus athbhreithniú ar scríbhneoireacht na mban i bhfianaise an leanúnachais a bhain lena gcuid scríbhneoireachta. Ba gheall le héirí aníos Atlantis ó mhuir litríocht an Bhéarla, teacht chun cinn thraidisiún na mban, dar léi (1993: 10).[1]

Rinne na criticeoirí Sandra M. Gilbert agus Susan Gubar (1984) mionchíoradh ar cheist seo na hinscne agus seasamh na mban i dtraidisiún liteartha an Bhéarla sa naoú haois déag. B'fhacthas dóibh gur leis an fhireannach amháin a samhlaíodh an traidisiún liteartha. Nuair a mhaíonn T.S. Eliot gur chóir don scríbhneoir dul i mbun pinn 'with a feeling that the whole of the literature of Europe from Homer and within it the whole of the literature of his own country has a simultaneous existence and composes a simultaneous order' (1975: 38), is é an scríbhneoir fireann amháin atá á chur san áireamh, dar leo.[2] Ní tearc iad na samplaí den neamhiontas a dhéantar de bhanscríbhneoirí i gcás thraidisiún liteartha na hÉireann ach oiread.

Nuair a phléigh Thomas Kinsella (1970) an tionchar a bhí ag an traidisiún liteartha ar an scríbhneoir Éireannach sa chaint a thug sé ag an chomhdháil MLA i 1966, ba i dtéarmaí an fhireannaigh amháin a rinne sé an t-ábhar a iniúchadh. Sa réamhrá a chuir sé leis an saothar

The Field Day Anthology of Irish Writing, labhraíonn Deane (1991: xxi) faoi thraidisiún liteartha na hÉireann agus déanann sé tagairt do na mórfhilí: Swift, Berkeley, Sheridan, Goldsmith, Burke, Wilde, Shaw, Yeats, Joyce, Beckett; do na scríbhneoirí nach bhfuil chomh haitheanta céanna: Francis Hutcheson, Tom Moore, James Clarence Mangan, George Moore; agus do na scríbhneoirí Gaeilge: Ó Bruadair, Ó Súilleabháin, Ó Cadhain agus Ó Ríordáin; ach ní luann sé banfhile ar bith. Bíodh sin mar atá, maíonn leithéidí Gilbert agus Gubar nach féidir leis an bhanfhile neamhiontas a dhéanamh den traidisiún seo a shamhlaítear le fir amháin, go gcaithfidh an banscríbhneoir traidisiún na mban chomh maith le traidisiún na bhfear a chur san áireamh.

I gcás na hÉireann, cuireadh dlús leis an obair aisghabhála seo sna hochtóidí. Ag trácht di ar shainchás na hÉireann deir Margaret Kelleher:

> The recovery of previously neglected writing by women from the eighteenth, nineteenth and early twentieth centuries has been one of the richest activities in Irish feminist literary studies for the last decade or more. (Kelleher 2001: 5)

Ba le foilsiú an chéad trí imleabhar den saothar *The Field Day Anthology of Irish Writing* (1991), áfach, a musclaíodh suim an phobail mhóir sna ceisteanna a bhí á gcur ag feiminigh maidir le neodracht na canóna, cumhacht an dreama chinsealaigh a bheartaíonn cad is litríocht ann agus seasamh an bhanfhile i leith an traidisiúin liteartha. In ainneoin a maíonn Seamus Deane i réamhrá na n-imleabhar maidir leis an chiall leathan a shamhlaítear leis an fhocal 'litríocht' i gcomhthéacs an togra seo, ba é an locht ba mhó a fuarthas ar an tionscnamh ná go ndearnadh neamhiontas leitheadach de shaothar na mban. Cé go léiríonn Deane an-tuiscint ar an dóigh a n-oibríonn an chanóin mar chóras agus an t-údarás a bhronntar ar théacsanna dá bharr, agus bíodh is go dtugann sé le fios gur chuir na heagarthóirí rompu a leithéid de chnuasach cliarlathach a sheachaint sa togra áirithe seo, is léir ó thorthaí na hoibre nár cuireadh cúrsaí inscne san áireamh mar cheann de na cinntithigh thábhachtacha i gcomhdhéanamh na canóna.

Cad é an tionchar a bhíonn ag an traidisiún liteartha mar sin ar an scríbhneoir aonair? An bhfuil an ceangal a bhíonn ag an scríbhneoir fireann leis an traidisiún liteartha difriúil ó bhonn leis an cheangal a bhíonn ag an bhanscríbhneoir? Cén rian a fhágann na cúinsí seo ar shaothar an scríbhneora aonair?

Imní an Scáthaithe agus Imní na hÚdarthachta

Leagann Gilbert agus Gubar béim ar a lárnaí atá coincheap an traidisiúin liteartha i gcúrsaí scríbhneoireachta agus i gcúrsaí critice:

That writers assimilate and then consciously or unconsciously affirm or deny the achievements of their predecessors is, of course, a central fact of literary history, a fact whose aesthetic and metaphysical implications have been discussed in detail by theorists as diverse as T.S. Eliot, M.H. Abrams, Erich Auerbach and Frank Kermode. (Gilbert & Gubar 1984: 46)

Ina leabhar *The Anxiety of Influence* (1973), cuireann Harold Bloom teoiricí Freud i bhfeidhm ar ghinealaigh liteartha. Maíonn sé go n-eascraíonn dinimic na staire liteartha as imní an fhile; an faitíos gur mó tábhacht a bhaineann le saothar a réamhtheachtaí liteartha, an t-athairfhile, ná lena shaothar féin. Coimpléasc Éideapúis i dtéarmaí litríochta atá i gceist. Caithfidh an file an t-athairfhile a shárú nó a chur ar ceal chun spás samhlaíochta a chruthú dó féin, dar le Bloom: 'the covert subject of most poetry for the last three centuries has been the anxiety of influence, each poet's fear that no proper work remains for him to perform' (Bloom 1973: 148). Is i dtaca le fir amháin a chuireann Bloom síos ar dhinimic an traidisiúin. Maíonn criticeoirí áirithe feimineacha go léiríonn a anailís siúd a chlaonta agus a phatrarcaí atá traidisiún filíochta an Iarthair.[3] Cén stádas atá ag banfhilí sa traidisiún? An mbíonn orthu an t-athairfhile a shárú? An amhlaidh go mbíonn 'imní an scáthaithe' ar bhanfhilí faoi mar a bhíonn, is cosúil, ar a gcomhghleacaithe fireanna? Ag tagairt di d'anailís Bloom, maíonn Showalter (1986: 265) go gcaithfidh an banscríbhneoir dul i ngleic lena réamhtheachtaithe fireanna agus lena réamhtheachtaithe baineanna araon. Murab ionann is a comhghleacaithe fireanna, ní ceadmhach di neamhhiontas a dhéanamh de thuismitheoir liteartha amháin.

Díríonn Gilbert agus Gubar ar an tionchar síceolaíoch atá ag coincheap an 'traidisiúin' ar an bhanscríbhneoir. Áitíonn siad go bhfuil an-difríocht idir 'an imní' a rianaíonn Bloom i gcás an scríbhneora fhirinn agus 'an imní' a mhothaíonn an scríbhneoir baineann. Ar an

chéad dul síos, deir siad gur iondúil gur réamhtheachtaithe fireanna a
bhíonn ag banscríbhneoirí. Is ionann na scríbhneoirí fireanna seo agus
údarás patrarcach, dar leo, toisc go mbíonn íomhánna na bhfear
steiréitipiciúil agus antoisceach – bíonn an bhean ina maighdean nó ina
striapach. Ní hionann an tuiscint a bhíonn acu ar mhná agus an tuiscint
a bhíonn ag mná nó ag banscríbhneoirí orthu féin. Tuigtear do Gilbert
agus Gubar nach 'imní an scáthaithe' a bhíonn ar bhanscríbhneoirí ach
'imní na húdarthachta' – an eagla nach dual don bhean scríobh go
cruthaitheach agus an bhraistint nach féidir léi bheith ina
réamhtheachtaí. Braitheann an banscríbhneoir nár cheart do mhná dul
i mbun pinn den chéad dul síos.

Fágann na cúinsí agus na tuiscintí seo go léir a rian ar shaothar na
mban, dar le Gilbert agus Gubar. Tá siad den tuairim gur mó an bac a
chuireann 'imní na húdarthachta' ar mhná ná an bac a chuireann 'imní
an scáthaithe' ar fhir:

> In comparison to the "male" tradition of strong, father-son combat,
> however, this female anxiety of authorship is profoundly debilitating.
> Handed down not from one woman to another but from the stern literary
> "fathers" of patriarchy to all their "inferiorized" female descendants, it is
> in many ways the germ of a dis-ease or, at any rate, a disaffection, a
> disturbance, a distrust, that spreads like a stain throughout the style and
> the structure of much literature by women, especially [...] throughout
> literature by women before the twentieth century. (Gilbert & Gubar
> 1984: 51)

Ar an ábhar sin, maíonn Gilbert agus Gubar nach aon ionadh é go
bhfearann an banscríbhneoir fáilte roimh a réamhtheachtaithe
baineanna. Tugann siad uchtach di, cruthaíonn siad gur féidir cur i
gcoinne údarás liteartha na patrarcachta. Tugann siad dlisteanacht dá
tionscnamh.

Tá cuid den amhras seo faoi stádas an bhanfhíle le rianú i
dtraidisiún na hÉireann fosta agus is téama é seo, mar a fheicfidh
muid, a thagann chun tosaigh go rímhinic i bhfilíocht na mban
Éireannach. Ní haon ábhar iontais é seo nuair a smaoinítear ar
mhaíomh Sheáin Uí Ríordáin (1978: 45) gur filíocht agus nach file an
bhean, agus ar chur síos neamhbháúil John Montague ar stádas an
bhanfhile: 'Psychologically, a female poet has always seemed an
absurdity, because of the necessarily intense relationship between the
poet and the Muse' (Montague 1974: 22).

Déanfar na tuiscintí seo faoi imní an scáthaithe agus imní na húdarthachta a iniúchadh i bhfianaise thograí fileata Boland agus Ní Dhomhnaill. An bhfuil na téarmaí seo bailí do bhanscríbhneoirí nó do bhanfhilí beag beann ar an traidisiún liteartha lena mbaineann siad? An bhfreagraíonn an tuiscint atá ag Boland agus ag Ní Dhomhnaill araon ar an traidisiún liteartha agus a n-ionad ann, mar a léirítear í ina gcuid próis, don tuiscint atá le rianú ina gcuid filíochta?

Faoi Scáth Yeats

Cíorann Boland an dá réimse imní ina scríbhinní próis agus ina cuid filíochta. Is fíor do David Wheatley (2004: 105) a deir: 'Boland's work, then, is characterized by its simultaneous self-insertion into and contestation of literary history'. Is minic an traidisiún liteartha á lochtú ag Boland. Tuigtear di go ndearna an t-íomháineachas simpliú ar thaithí na mban agus gur chuir sé bac ar an chruthaitheacht bhaineann.[4] Is é imeallú na mban sa traidisiún liteartha agus na deacrachtaí a chruthaigh ganntanas na réamhtheachtaithe a bhí ag banfhilí na fichiú haoise ábhar na haiste 'The Woman Poet: Her Dilemma' (1986) agus an phaimfléid *A Kind of Scar* (1989b). De réir Boland, is í an deacracht is mó atá ag an bhanfhile ná a taithí shainiúil féin a chur in oiriúint do thraidisiún liteartha nach n-áiríonn na braistintí sin mar ábhar dlisteanach filíochta. Cuireann sí síos ar an rogha atá ag an bhanfhile rómánsú a dhéanamh ar a taithí féin le hábhar fóirsteanach filíochta a dhéanamh di nó neamhaird a thabhairt uirthi, í a fhágáil ar lár ó dhioscúrsa na filíochta. Anuas air sin, tráchtann Boland ar an dearcadh atá inmheánaithe ag mná, is é sin nach dual dóibh bheith ina bhfilí. Tagraíonn sí don idirdhealú is gnách do mhná a dhéanamh idir dánta a scríobh agus bheith ina bhfilí. Is maith a léiríonn féinbhreithiúnas Mháire Mhac an tSaoi an fhadhb a rianaíonn Boland. Dar le Mhac an tSaoi (in Davitt 1984: 50), 'Banfhile agus mionfhile mise, is maith liom filíocht a scríobh ach ní aithním mé féin mar fhile ach mar dhuine a scríobhann filíocht ó am go chéile'. Bac síceolaíochta seachas bacanna socheacnamaíocha is mó a bhíonn ar an bhanfhile a shárú, dar le Boland:[5]

> And I will realize, without too much being said, that the distance between writing poetry and being a poet is one that she has found in her life and her time just too difficult, too far and too dangerous to travel. [...] On the surface that distance seems to be made up of details: lack of

money, lack of like minds and so on. But this is deceptive. In essence the distance is psychosexual, made so by a profound fracture between her sense of the obligations of her womanhood and the shadowy demands of her gift. (OL: 247)

Is trí mheán a scéil phearsanta féin a dhéanann Boland an t-ábhar a chardáil.[6] Admhaíonn sí go ndeachaigh imní na húdarthachta i bhfeidhm uirthi nuair a thosaigh sí ar an fhilíocht a scríobh. Shéan sí, i dtús a dreasa mar fhile, an brú seo idir saol iarbhír na mban, a saol pearsanta féin san áireamh, agus an aeistéitic sheanbhunaithe. Chloígh sí le coinbhinsiúin an traidisiúin liteartha ó thaobh ábhair agus foirme de. Mar is léir ón ráiteas seo a leanas, ba chiúta í an aithris ar fhilí fireanna chun údarás agus dlisteanacht a ghnóthú dá cuid filíochta:

> I looked with care and interest at the sketch of Keats in his death sweat, of Shelley with his shirt collar undone. They moved and interested me. I could feel the enticement to feel like that, to develop some precocious maleness which would carry me towards it. (OL: 80)

Dála fhilí fireanna na haoise, ba faoi scáth Yeats a chuaigh Boland i mbun pinn.[7] Cuireann Derek Mahon síos ar an dóigh a raibh Boland gafa le Yeats, go raibh an chuma ar an scéal go raibh uirthi teacht chun réitigh le hoidhreacht liteartha Yeats bealach amháin nó eile. Rianaíonn sé an tionchar a fheictear dó a bhí ag Yeats ar luathfhilíocht Boland:

> The Yeatsian influence, both narrative and lyrical, is pervasive; the peremptory, hieratic note, the assumption of exalted purpose and manifest destiny, the frank redeployment of myth, legend and traditional symbolism, the sometimes quaint language – "the magic, tragic town", "a peacock of all chivalry" – and a powerful sense of history conceived as theatre, combined with high old rhetoric. (Mahon 1993: 25)

De réir a chéile, ámh, tuigeadh di go raibh difríochtaí ollmhóra idir na cúinsí as ar eascair a cuidse filíochta agus filíocht Yeats. B'fhacthas di gur mór an tábhacht a bhain leis an deighilt inscne a bhí eatarthu:

> It began as a small doubt and widened, in my twenties and thirties, into a pervasive sense of unease. Yes, his best poems showed him nameless and powerless before old age and approaching death. But he had moved to that position from solid recognitions. Before he even lifted his pen, his

life awaited him in poetry. He was Irish. A man. A nationalist. A disappointed lover. Even his aging was recorded. The values were set. I was to learn how hard it would be to set different values. (OL: 25)

Thug sí droim láimhe go poiblí do pholaitíocht chultúrtha Yeats i 1974 in alt a foilsíodh in *The Irish Times*. Tuigeadh di nár fhóir idéal na haontachta cultúrtha do chúinsí na linne agus trioblóidí Thuaisceart Éireann ag géarú:

I have shared in and spread the damaging fantasies of the writer I have admired and loved most in my life: William Yeats. […] Once and for all I feel we should rid ourselves of Yeats's delusion; let us rid at last any longing for cultural unity in a country whose most precious contribution may be precisely its insight into the anguish of disunity… (Boland 1974)

Is furasta an próiseas seo a rianú ar luathshaothar filíochta Boland. Ní chuirtear béim ar inscne an ghutha fhileata sa chnuasach luath *New Territory* (1967). Diomaite de na dánta 'Athene's Song' (CP: 3) agus 'The Malediction' (CP: 12-13), dánta ina bhfuil pearsa mhiotasach bhaineann mar chéad phearsa iontu, ní thugtar aon leid faoi inscne an fhile sna dánta eile. Go deimhin, sa dán 'New Territory' (CP: 4-5) is i dtéarmaí fireanna amháin a dhéantar cur síos ar phróiseas an chruthaithe agus ar bhua na fáistine, bua a samhlaíodh go traidisiúnta leis an fhile. Is meafar é an turas fionnachtana farraige do ghairm an fhile; dála na n-eachtránaithe a aimsíonn tíortha nó mór-ranna nua, is dual d'fhilí réimsí nua samhlaíochta a thabhairt chun solais. Ní cheistítear cúrsaí inscne sna téarmaí tagartha seo:

Several things announced the fact to us:
The captain's Spanish tears
Falling like doubloons in the headstrong light
And then of course the fuss–
The crew jostling and interspersing cheers
With wagers. Overnight
As we went down to our cabins, nursing the last
Of the grog, talking as usual of conquest,
Land hove into sight. [...]
Out of dark man comes to life and into it
He goes and loves and dies
(His element being the dark and not the light of day.)
So the ambitious wit
Of poets and exploring ships have been his eyes–

Riding the dark for joy–
And so Isaiah of the sacred text is eagle-eyed because
By peering down the unlit centuries
He glimpsed the holy boy. (CP: 4-5)

Is leor sracfhéachaint a thabhairt ar theidil dhánta a luathshaothair
le tionchar na gluaiseachta Angla-Éireannaí a shonrú gona béim ar an
mhiotaseolaíocht agus ar na finscéalta réamh-Chríostaí. Luaim dánta
ar nós 'Tiernan's Lament' agus 'Tír na nÓg' as an chnuasach *Twenty-
Three Poems* (1962);[8] an tsraith 'Three Songs for a Legend' (CP: 11-
13), bunaithe ar an fhinscéal *Oidhe Chlainne Lir* agus 'The Winning
of Etain' (CP: 15-24) as an scéal miotaseolaíochta *Tochmarc Étaíne* sa
chnuasach *New Territory* (1967). Tá tionchar Yeats le brath ar na teidil
'Dream of a Cathleen Ní Houlihan 1960' agus 'Thoor Ballylee
Haunted' sa chnuasach *Twenty-Three Poems* chomh maith.

Admhaíonn Boland tionchar Yeats go neamhbhalbh sa dán 'Yeats
in Civil War' (CP: 8) ina dtugann sí le fios go leanfaidh sí a
eiseamláir, go rachaidh sí ar bord long na samhlaíochta agus go
seolfaidh sí amach ó chuan an tsaoil iarbhír:

Somehow you arranged your escape
Aboard a spirit ship which every day
Hoisted sail out of fire and rape
On that ship your mind was stowaway.

    The sun mounted on a wasted place.
    But the wind at every door and turn
    Blew the smell of honey in your face
    Where there was none.

Whatever I may learn
    You are its sum, struggling to survive–
    A fantasy of honey your reprieve. (CP: 8)

Bhí a leithéid seo d'éalú ar siúl ag Boland cheana féin sa mhéid is go
raibh cúl á thabhairt aici do shaindearcadh na mban agus dá
coimhlintí inmheánacha féin agus í ag séanadh a banúlachta le stádas
a ghnothú sa traidisiún liteartha. Is cinnte gur sheachain Boland an
pholaitíocht inscneach ina luathfhilíocht. Níl aon pheirspictíocht
fheimineach á léiriú sna dánta seo. Tá an rómánsachas éilíteach a
mholann an file anseo, an t-éalú ó imeachtaí gránna na staire trí
mheán na samhlaíochta, bunoscionn leis an bhéim a chuireann Boland

ar an saol iarbhír agus an dúil ar leith a chuireann sí i stair ábharaíoch
na mban sna cnuasaigh a leanann.

Is admhálacha fileata i dtaobh an neamairt a rinne Boland sa saol
iarbhír ina cuid filíochta, chomh maith le rún aithrí, iad na dánta
'Tirade for the Mimic Muse' sa chnuasach *In Her Own Image* (1980)
agus 'Tirade for the Lyric Muse' sa chnuasach *The Journey* (1987). Cé
go bpléitear an téama céanna a bheag nó a mhór sna dánta 'Tirade for
the Mimic Muse' (CP: 55-56) agus 'Tirade for the Lyric Muse' (CP:
130-31), rud atá le sonrú ar an dá theideal, tá difear suntasach idir an
dóigh a gcuirtear an chéad phearsa, an file baineann, i láthair sa dá
dhán. Banfhile feargach a bhfuil rún díoltais aici a chuirtear os ár
gcomhair sa luathdhán. Is le teann dímheasa agus feirge a scaoileann
sí a racht leis an bhé bhréige:

> I've caught you out. You slut. You fat trout.
> So here you are fumed in candle-stink.
> Its yellow balm exhumes you for the glass.
> How you arch, how you pout in it!
> How you poach your face in it!
> Anyone would think you were a whore –
> An ageing out-of-work kind-hearted tart.
> I know you for the ruthless bitch you are:
> Our criminal, our tricoteuse, our Muse –
> Our Muse of Mimic Art. (CP: 55)

Tugtar le fios go bhfuil an file féin saor ó locht; go raibh sí faoi bhois
an chait ag bé bhréige nár thug léargas ná léiriú di ar a saol mar
mháthair, mar bhean chéile agus mar bhean tí. A luaithe a thuigeann
sí an scéal fógraíonn sí nach bhfuil sí sásta páirt a ghlacadh sa
chomhcheilg liteartha seo a dhéanann teibiú ar an bhean sa litríocht
agus dídhaonnú ar an bhean shaolta dá réir sin. Móidíonn sí go
mbainfidh sí úsáid níos eiticiúla as an teanga le rún na bé bréige a
scaoileadh:

> Your luck ran out. Look. My words leap
> Among your pinks, your stench pots and sticks.
> They scatter shadow, swivel brushes, blushers.
> Make your face naked,
> Strip your mind naked,
> Drench your skin in a woman's tears.
> I will wake you from your sluttish sleep.

I will show you true reflections, terrors.
You are the Muse of all our mirrors.
Look in them and weep. (CP: 56)

Is léiriú íorónta ar thionchar domhain fo-chomhfhiosach na hidé-
eolaíochta frithbhanda an úsáid a bhaineann an file baineann as
téarmaí maslacha frithbhanda. Tá an dán féin, dar ndóigh, bunaithe ar
chodarsnacht dhénártha a chuirtear síos don idé-eolaíocht
phatrarcach, mar atá, an bhean ainglí v. an bhean dhiabhalta.

Sa dán a foilsíodh seacht mbliana níos moille, 'Tirade for the Lyric
Muse' (CP: 130-31), léirítear tuiscint níos grinne ar chúrsaí teanga sa
mhéid is go dtuigeann an file nach raibh an t-athláithriú a rinne sí féin
ar mhná saor ó locht ach oiread. Tuigtear di fosta nach mbeidh an
bréagnú chomh furasta is a tugadh le fios sa dán thuas. Tá níos mó i
gceist ná diúltú don choinbhinsiún agus don bhé bhréige; caithfidh sí
an t-íomháineachas a mhúnlú chun a críche féin. Is i gcomhar leis an
bhé bhréige a thugann sí faoin rún meisiasach atá aici:

We have been sisters
in the crime.
Let us be sisters
in the physic:

Listen
Bend your ear darned head.
Turn your good ear.
Share my music. (CP: 130-31)

Is mór an difear idir umhlaíocht an fhile bhaininn a ghlacann chuici
guth fireann sa dán 'New Territory' (CP: 4-5) agus an file baineann sa
dán 'Bright-Cut Irish Silver' (CP: 145) a mhaíonn as bua na filíochta a
bheith aici in ainneoin gur bean í. Is mar bhua pribhléideach
oidhreachtúil agus, thar rud ar bith eile, fireann, a dhéanann an chéad
phearsa cur síos ar bhua na filíochta. Is le teann mórtais a dhéanann an
t-insteoir baineann cur síos ar bhua na filíochta, nach bhfuil aici le
hoidhreacht ná le ceart, ach trí sheans. Is suntasach an bhéim a chuirtear
ar an easpa iarrachta ar a páirt siúd – murab ionann is na filí fireanna a
luaitear sa dán, ní raibh uirthi an cheird a fhoghlaim:

I take it down
from time to time, to feel
the smooth path of silver meet the cicatrice of skill.

These scars, I tell myself, are learned.
This gift for wounding an artery of rock
was passed on from father to son, to the father
of the next son;

is an aptitude
for injuring earth while inferring it in curves and surfaces;

is this cold potency which has come,
by time and chance,

into my hands (CP: 145)

Ní ceiliúradh neamhcháilithe ar bhua na filíochta atá sa dán seo.
Leagann an chéad phearsa béim ar mhianach scriostach an bhua agus
samhlaítear di gur úsáid fhoréigneach a bhaineadh filí fireanna as an
bhua go traidisiúnta. Cé go léiríonn an file amhras faoin úsáid mhí-
eiticiúil is féidir a bhaint as an bhua féin, is ar a tuiscint féin ar
chontúirtí na ceirde a tharraingítear aird. Tá féinmhuinín le brath sa
líne dheiridh – tuigtear don léitheoir nach ionann an cheird a bheith i
lámha na bhfear agus ina lámha siúd.

Boland agus a Réamhtheachtaithe Liteartha Baineanna

Más údar imní a bhí i réamhtheachtaithe fireanna Boland, cad faoina
cuid réamhtheachtaithe baineanna? Ar fháiltigh sí rompu faoi mar is
dual don bhanfhile, dar le Gilbert agus Gubar? An raibh
réamhtheachtaithe baineanna ann le fáiltiú rompu? Rinne Dennis J.
Hannon agus Nancy Means Wright (1990) mionstaidéar ar líon beag
na mbanfhilí in Éirinn ar cuireadh saothar leo i gcló i gcnuasaigh
filíochta roimh lár na n-ochtóidí. Rianaíonn siad líon beag na mban ar
foilsíodh filíocht dá gcuid i gcnuasaigh éagsúla filíochta a cuireadh i
gcló idir 1958 agus 1990. Mar shampla, ba le fir 89% den fhilíocht a
foilsíodh in Éirinn sa bhliain 1983. Is sna hochtóidí a cuireadh
díolamaí d'fhilíocht na mban i gcló den chéad uair diolamaí ar nós
The Midland Review (1986) le Nuala Archer, *Pillars of the House*
(1988) le A.A. Kelly agus *Wildish Things* (1989) le hAilbhe Smyth.
Mar a luadh sa réamhrá, shroich an cheist chigilteach seo
buaicphointe i 1991 nuair a foilsíodh *The Field Day Anthology of
Irish Writing Vol I-III*. Cáineadh an togra go láidir as an neamhhiontas
a rinneadh de shaothar na mban trí chéile. I rannóg na filíochta
comhaimseartha, mar shampla, ní luaitear ach triúr ban i gcomparáid

le cúig fhear is tríocha.

Más rud é go raibh imní an scáthaithe le sárú ag Boland agus í ag iarraidh an fód a sheasamh i gcoinne luachanna agus i gcoinne thuiscintí áirithe a réamhtheachtaithe fireanna, malairt scéil ar fad a bhí ann maidir lena réamhtheachtaithe baineanna is cosúil. Pléann sí cás an bhanfhile go mion san aiste 'The Woman Poet: Her Dilemma' (1986) agus sa phaimfléad *A Kind of Scar* (1989b). De réir a cuntais féin, bíonn ar bhanfhilí teacht chun réitigh lena laghad tionchair a bhíonn ag réamhtheachtaithe baineanna orthu. Leagann sí béim ar a lárnaí atá ciúnas na staire faoi thaithí agus faoi shaol na mban, i dtogra fileata an bhanfhile:

> It is difficult, if not impossible, to explain to men who are poets – writing as they are with centuries of expression behind them – how emblematic are the unexpressed lives of other women to the woman poet, how intimately they are her own. And how, in many ways, that silence is as much part of her tradition as the troubadours are of theirs. (OL: 248)

Sa phaimfléad *A Kind of Scar* (1989b), díríonn Boland ar a saintaithí phearsanta agus ar thionchar laghad na n-eiseamláirí baineanna ar a saothar féin:

> Irish poetry was predominantly male. Here or there you found a small eloquence, like *After Aughrim* by Emily Lawless. Now and again, in discussion, you heard a woman's name. But the lived vocation, the craft witnessed by a human life – that was missing. And I missed it. Not in the beginning, perhaps. But later, when perceptions of womanhood began to redirect my own work, what I regretted was the absence of an expressed poetic life which would have dignified and revealed mine. The influence of absences should not be underestimated. Isolation itself can have a powerful effect in the life of a young writer. (Boland 1989: 11)

Ina cuid scríbhinní próis luann Boland (OL: 250) Sylvia Plath, Adrienne Rich[10] agus Elizabeth Bishop mar bhanfhilí a chuaigh i bhfeidhm uirthi, ach deir sí nach raibh banfhile Éireannach, óg ná aosta, beo ná marbh, ar a haithne aici nuair a chuaigh sí i mbun filíocht a scríobh. Deir sí go hachomair, 'I was [...] a woman in a literary tradition which simplified them. I was also a poet lacking the precedent and example of previous Irish women poets' (Boland 1989: 22).

Faightear léargas iomadúil i bhfilíocht Boland ar an dóigh a ndeachaigh teirce na n-eiseamláirí baineanna i bhfeidhm uirthi. Sa dán 'The Journey' (CP: 120-22) caíonn an chéad phearsa an fhulaingt dhaonna, agus fulaingt na mban go háirithe, nár áiríodh riamh mar ábhar dlisteanach filíochta, dar léi, mar gheall ar dhearcadh cúng patrarcach na héigse. Tá sé le tuiscint as an dán gurb iad na banfhilí, leithéidí Sappho agus reacaire an dáin, a thuigeann an mhí-úsáid a baineadh as an teanga le rómánsú a dhéanamh ar mhothúcháin dhaonna agus ar chúinsí coscracha na beatha daonna. In éagmais ghuth na mban, cailltear léargas tábhachtach ar an chine daonna, dar leis an chéad phearsa.[11] Ainmnítear Sappho, an banfhile Gréigise (c. 500 RC), mar dhuine den fhíorbheagán réamhtheachtaithe baineanna atá ag an fhile. Cuirtear béim ar an easpa cumhachta atá ag Sappho agus ag reacaire an dáin mar mhionlach i dtraidisiún láidir patrarcach. Ina theannta sin, tugtar le fios sa dán go bhfuil an deis caillte, nach féidir leis an fhile cothrom na féinne a thabhairt do mhothúcháin agus do thaithí na mban a chuaigh roimpi. Ní féidir anois ach aitheantas a thabhairt don chiúnas i dtaobh na fulaingthe seo, mar a mhíníonn Sappho don bhanfhile óg:

> I whispered, 'let me be
> let me at least be their witness,' but she said
> 'what you have seen is beyond speech,
> beyond song, only not beyond love;
>
> 'remember it, you will remember it'
> and I heard her say but she was fading fast
> as we emerged under the stars of heaven,
> 'there are not many of us; you are dear
>
> 'and stand beside me as my own daughter.
> I have brought you here so you will know forever
> the silences in which are our beginnings,
> in which we have an origin like water. (CP: 122)

Sa léamh a dhéanann Catriona Clutterbuck (1999: 283-84) ar an dán áirithe seo díríonn sí ar thoise féintagrach an dáin, á rá gur mór ag Boland a thaispeáint nach féidir athghabháil shimplí a dhéanamh ar an am atá caite ná nach féidir leis an bhanfhile comhaimseartha ceangal simplí a mhaíomh le banfhilí na cianaimsire. Creidim, ámh, nach bhfuil an toise féintagrach seo chomh radacach agus a thugann léamh Clutterbuck le fios. Freagraíonn an íomhá den bhanfhile aonaránach do mhaíomh Boland gurb é an ciúnas is oidhreacht do bhanfhilí a linne ceal réamhtheachtaithe baineanna. Níor mhór an cheist a chur, áfach, an é nach raibh mná ag saothrú na filíochta roimpi nó an amhlaidh nach bhfuil Boland sásta aitheantas a thabhairt dóibh? Ní cóir neamhiontas a dhéanamh ach an oiread den bhlas láidir meisiasach atá ar an dán. Is beannaithe í insteoir an dáin mar gheall ar laghad na réamhtheachtaithe atá aici. Tá an fothéacs meisiasach céanna ag roinnt le cuntais phróis Boland ar stair litríocht na mban in Éirinn. Dá theirce iad na banfhilí san am a chuaigh thart, is é is tábhachtaí agus is ceannródaíche saothar an bhanfhile chomhaimseartha, i.e. saothar Boland féin. Tuilleann an t-athláithriú a dhéanann Boland ar chás an bhanfhile i ndánta ar nós 'The Journey' (CP: 120-22) agus an cur síos a dhéanann sí ar thraidisiún na mban ina scríbhinní próis breis airde criticiúla.

Ní thagann dearcadh Boland ar ghannchuid na mbanfhilí le breithiúnas tráchtairí litearta eile. Tagraíodh cheana do na cnuasaigh d'fhilíocht na mban a foilsíodh le linn na n-ochtóidí. I bhfianaise na hoibre scolártha atá ar siúl le beagnach fiche bliain anuas agus na saothair le mná a tiomsaíodh agus a cnuasaíodh sa dá imleabhar den saothar *The Field Day Anthology of Irish Writing* (2002), is deacair glacadh scun scan le cuntas Boland ar stair liteartha na mban. Cé gur beag tráchtaire a cheistigh cuntas Boland go nuige seo,[12] is mithid an cheist a chur an amhlaidh go mbraitheann teirce na mbanfhilí ar an léamh ar leith a dhéanann Boland ar stair liteartha na hÉireann?

Aithníonn Anne Fogarty (1999: 258) gur chuir teacht chun cinn na mbanfhilí féinmhuiníneacha, macasamhail Boland agus Ní Dhomhnaill, sa dara leath den fhichiú haois bac áirithe ar ríomh na staire liteartha toisc gur glacadh leo mar cheannródaithe litearta. Ní thuigtear do Fogarty, áfach, gur ag cothú cháil a ceannródaíochta féin atá Boland nuair a leagann sí béim ar ghanntanas na mbanfhilí a chuaigh roimpi. Ar aon dul le Clutterbuck, maíonn Fogarty nach mian le Boland saothair na mban a thainig chun cinn le blianta beaga anuas a áireamh mar shaintraidisiún liteartha baineann; nach dual di simpliú a dhéanamh ar chastachtaí na staire. Is ar an easpa nó ar an chiúnas seo a bhunaíonn Boland a togra fileata, dar le Fogarty:

> The apparent absence of female predecessors is combated, not by claiming ownership of foremothers, but by reimagining the lyric poem as an open space that allows movement from inside to outside and permits thereby the forging of connections between the ordinary world

of private experience and the public forms of the artistic text. (Fogarty 1999: 260)

Seoladh an philibín óna nead atá sa léamh seo, áfach. Seachnaíonn Fogarty an cheist sa mhéid is nach dtugann sí aghaidh ar an fháth nach dtugann Boland an t-aitheantas is lú do na réamhtheachtaithe céanna. Cé go dtuigtear dúinn ó argoint Fogarty gur leasc le Boland ceangal simplí a dhéanamh idir í féin agus na scríbhneoirí baineanna a tháinig roimpi, gur leasc léi athscríobh simplí a dhéanamh ar an stair liteartha, is é sin go díreach an rud atá ar siúl aici nuair a dhéanann sí neamhiontas iomlán de na banfhilí a tháinig roimpi agus díobh siúd a bhí ag saothrú na filíochta go comhaimseartha léi. Ní fheictear dom gur leor an leisce chun simplithe mar mhíniú sásúil ar an fháth nach dtugann Boland aitheantas ceart ina cuid filíochta ná ina cuid próis dá réamhtheachtaithe baineanna. Leoga, faoi mar áitíonn Margaret Kelleher (2001), is féidir saothar réamhtheachtaithe a áireamh gan simpliú a dhéanamh ar an stair liteartha:

> ... in becoming aware of their existence, rereading their aims and ambitions from the distance of a century, one's reaction may be less one of "celebratory identification" with predecessors and foremothers and more a consciousness of our own historicity and vulnerabilities. (Kelleher 2001: 8)

Is í Gerardine Meaney (1993; 1997) an té a bhfuil an cíoradh is criticiúla déanta aici ar an ghné seo de shaothar Boland. Tuigtear di gur mó an creathú a bhaintear as an traidisiún nuair a chaithfear glacadh leis an uile chineál scríbhneoireachta seachas an scríbhneoireacht ar féidir athléamh feimineach a dhéanamh uirthi (Meaney 2002: 767). Dearbhaíonn sí (1993: 145) gurb é ceann de na fáthanna nach n-áiríonn Boland filí ar nós Mary Eva Kelly agus Emily Lawless[13] mar réamhtheachtaithe baineanna ná go dtagann an úsáid a bhaineann siadsan as an siombalachas baineann salach ar bhraistintí feimineacha Boland. Cruthaíonn na léamha a dhéanann Meaney (1993: 145) agus Spurgeon Thompson (1997: 94-105) ar an dán 'The Patriot Mother' le Mary Eva Kelly agus 'Britannia's Wreath' le Charlotte Gubbins, áfach, go bhfuil athmhúnlú criticiúil déanta ag na banfhilí seo ar shiombailí inscneacha na hidé-eolaíochta polaitiúla a raibh siad faoina tionchar. Tá a leithéid chéanna áitithe ag Gregory A. Schirmer (1998) i taca le cuid de bhanfhilíocht ré na hAthbheochana:

The emergence of women's voices is one manifestation of the broadening of poetic discourse that characterized the revival. Moreover, in the context of the tradition of woman poets in Ireland, beginning with Mary Barber, Constantia Grierson, and Laetitia Pilkington in the early decades of the eighteenth century, the work of women associated with the revival was particularly successful in employing a feminine, at times feminist, perspective to interrogate conventional, male-dominated aesthetics and political and cultural assumptions. Some of these writers examine with authority and scepticism traditional cultural icons, particularly nationalist symbols portraying Ireland as feminine. (Schirmer 1998: 194-95)

I bhfianaise na n-athléamh thuasluaite, is cosúil go bhfuil dlúthbhaint idir easpa nó teirce na réamhtheachtaithe ag Boland agus an léirléamh róchúng a dhéanann sí ar a saotharsan. Nuair a thagraíonn Boland do shaothrú na banfhilíochta ag tús na fichiú haoise mar 'a small eloquence', ní thugann sí cothrom na Féinne do na banscríbhneoirí a mhúnlaigh idé-eolaíocht pholaitiúil an tromlaigh chun a gcríche aeistéitiúla féin.

Tugann Boland le fios in agallamh le Kathleen Fraser gurb í neamhbhuaine cháil na mbanscríbhneoirí is cás léi. Ní hé nach raibh mná ann riamh anall a shaothraigh an fhilíocht, dar léi, ach níor ghnóthaigh a saotharsan aitheantas canónta agus níor mhair a gcáil dá réir sin:

Every generation, over and over again, women write and write solidly. But then it's as if they'd written in sand: Their names disappear, their effects blur away. They don't continue in a living, tense dialogue with the tradition they were part of, or resistant to. It seems to me that this mechanism of erasure has to be dismantled. (Fraser 1997: 397)

Tá sé le tuiscint as an ráiteas seo gur faoi scríbhneoirí an lae inniu atá sé dul i ngleic le saothar a réamhtheachtaithe agus athbhreithniú a dhéanamh ar an chanóin dá réir. Is cosúil, áfach, gur cuid den rún ciúnaithe é saothar Boland féin a thagraíonn de shíor don chiúnas as a n-eascraíonn filíocht na mban agus do ghanntanas na n-eiseamláirí baineanna a bhí ar fáil di nuair a chuaigh sí i mbun pinn.

Feictear do Fogarty (1999: 271), ámh, go bhfuil aird á tabhairt ag Boland le blianta beaga anuas ar a réamhtheachtaithe baineanna: 'Yet, equally, Boland's aesthetic acknowledges the urgent necessity of tracking down the silenced, female ghosts of Irish history'. Luann sí

mar fhianaise an aiste 'Daughters of Colony' (1997) ina dtráchtann
Boland ar chaoineadh Airt Uí Laoghaire a chum Eibhlín Dubh Ní
Chonaill agus ar an léargas úrnua a thugann scoláireacht Angela
Bourke (1991) ar an chaoineadh. Ní tóraíocht phráinneach atá i gceist
anseo, áfach, ó tharla go raibh corradh is tríocha bliain caite ag
Boland i mbun scríbhneoireachta sular thug sí aird ar an chaoineadh
iomráiteach. Ní taibhse liteartha í Eibhlín Dubh ach oiread ó tharla
gurb í seo an banfhile is mó cáil i dtraidisiún liteartha na hÉireann, an
bhean a fuair aitheantas i mbeagnach gach aon chnuasach filíochta sa
chéad seo caite dá choimeádaí é i leith na banfhilíochta. Is í an cheist
i ndáiríre ná cad a thug ar Boland, ar feadh blianta fada, neamhiontas
a dhéanamh de chaoineadh Airt Uí Laoghaire agus den stádas
íocónach a bhain an caoineadh amach i gcanóin na litríochta?

Creidim go bhfuil freagra na ceiste le fáil sa tráchtaireacht a
dhéanann Boland ar an chaoineadh san alt 'Daughters of Colony'
(1997). Aisteach an rud, i ndiaidh do Boland aitheantas a thabhairt do
shárscoláireacht Bourke, tugann sí le fios nach n-athróidh an léargas
nua seo an gaol atá aici le hEibhlín Dubh mar réamhtheachtaí. Is ar an
bhearna idir í féin agus an bhean stairiúil, Eibhlín Dubh Ní Chonaill,
a dhíríonn Boland aird an léitheora:

> The young aristocratic woman may never become clear now. [...] It is
> impossible to recover her. This infinitely interesting woman is being lost
> in the definitions and inventions that have everything to do with the wish
> list of a postcolonial movement and little to do with the subtle historical
> abyss her language and gestures reached across. (Boland 1997: 18)

Dearbhaíonn Fogarty (1999: 259) gur leisce chun simplithe a
thugann ar Boland béim a leagan ar an deighilt seo idir í féin agus
banfhile na hochtú haoise déag, go bhfuil aitheantas á thabhairt ag
Boland d'eileachas agus stairiúlacht na mná úd. Creidim gur
tábhachtaí ag Boland bailíocht a léimh ar ionad imeallaithe na mban i
dtraidisiún liteartha na hÉireann a chosaint agus tábhacht eiseamláir
Eibhlín Dubh a shéanadh dá réir. Trí bhéim a chur ar an bhearna idir
í féin agus Eibhlín Dubh ó thaobh ama agus ó thaobh taithí de,
deimhníonn Boland arís eile an dóigh nach raibh réamhtheachtaí
baineann ar fáil di. Is ar an chaillteanas a dhíríonn Boland a haird, an
ciúnú a rinneadh ar ghuth stairiúil na mná seo nuair a baineadh
earraíocht pholaitiúil as an chaoineadh. Léiríonn an scoláireacht a

bhfuil Boland ag brath uirthi, áfach, an t-athléamh agus an athbheatha a cheadaíonn obair léannta aisghabhála. Baineann an ciúnas agus an míléamh a chuireann Boland i leith na critice – 'its [Caoineadh Airt Uí Laoghaire] origins become gradually obscured by the contemporary interpretations' (Boland 1997: 17) – lena haineolas féin agus leis an easpa cur amach atá aici ar chritic chomhaimseartha na Gaeilge. Áitíonn Louis Cullen (1996) gur rómánsachas atá ann an caoineadh a áireamh mar shaothar aon duine amháin. Ardaíonn tráchtaireacht Cullen agus Uí Bhuachalla (1996) ceisteanna spreagúla faoi údarthacht Eibhlín Dubh féin. Ní fheictear dom, áfach, go bhfuil bunús an chaointe ag éirí doiléir mar thoradh ar na mionléamha caolchúiseacha seo. Ina choinne sin, tarraingíonn na léamha contrártha agus na díospóireachtaí a leanann astu aird ar an bhunfhoinse, cinntíonn siad cáil Eibhlín Dubh Ní Chonaill agus músclaíonn siad tuilleadh ceisteanna faoin bhean stairiúil agus faoi dhálaí cumtha agus aithrise an chaointe. Is ríléir gur 'mechanism of erasure' atá i dtráchtaireacht Anglalárnach Boland nach dtugann aird ar na himpleachtaí atá ag díospóireachtaí reatha dá cuntas féin ar thraidisiún liteartha na mban.

Boland agus Traidisiún Liteartha na Gaeilge

Spreagann an t-alt 'Daughters of Colony' (1997) agus an méid atá pléite thuas ceist maidir le seasamh Boland i leith thraidisiún liteartha na Gaeilge. Cé gur mór aici na difríochtaí idir í féin agus Eibhlín Dubh a bhéimniú, is suntasach nach gcuireann sí mórán béime ar an bhearna theangeolaíoch eatarthu. Cé go gcáineann Boland an coilíniú a rinneadh ar an phearsa stairiúil trí stádas íocónach a bhronnadh uirthi a tháinig le tuiscintí cultúir na naoú haoise déag, agus an coilíniú a rinneadh ar bhrí an chaointe trí neamart a dhéanamh in inscne an údair, ní léirítear íogaireacht shuntasach sa tráchtaireacht a dhéanann Boland féin ar an chaoineadh. In ainneoin nach bhfuil Gaeilge ar a toil ag Boland, tugann sí an breithiúnas seo ar aistriúchán Dermot Bolger: '...Dermot Bolger […] is able to eloquently upstage the old fixities of the Lament for Art O'Leary in a fine translation of it' (Boland 1996b: 139).[14] Ní thugtar aon aird sa léirmheas seo ar shainchúinsí cumtha an chaointe, ar shainchúinsí stairiúla a reacaireachta, ar cheist chigilteach an aistriúcháin ná ar éagumas an údair a leithéid de phróiseas a mheas. Más faoi Boland íogaireacht a éileamh i leith cúrsaí inscne sa léann iarchoilíneach mar dhóigh le léargas níos cruinne a fháil ar an am atá caite, ní mór di an t-easnamh suntasach ina tráchtaireacht féin, mar atá cúrsaí teanga, a aithint.

Is ceist íogair í ceist na teanga a thagann chun cinn go minic nuair a phléitear litríocht Bhéarla na hÉireann. Sa réamhrá a chuir sé leis an díolaim *The Faber Book of Irish Verse* (1974), pléann John Montague an fhadhb sa bhreis a thuigtear dó a bheith ag scríbhneoirí Éireannacha nach bhfuil Gaeilge ar a dtoil acu: 'But the anomaly remains: Irish literature in English is in the uneasy position that the larger part of its past lies in another language' (Montague 1974: 21-22). Is beag plé a dhéanann Boland, áfach, ina scríbhinní próis ná ina cuid filíochta ar stair theangeolaíoch na hÉireann. Is go neamhleithscéalach a labhraíonn sí faoina heaspa cumais sa teanga, á rá nárbh é seo an rud ba mhó a ghoill uirthi nuair a d'fhill sí ar Éirinn: 'Language. At first this was what I lacked. Not just the historic speech of the country. I lacked that too, but so did others. This was a deeper loss; I returned to find that my vocabulary of belonging was missing' (OL: 55). Murab ionann is Kinsella (1970) agus Montague (1974), ní thugann Boland le fios ina scríbhinní próis go mothaíonn sí stoite toisc nach bhfuil teacht aici ar mhórchuid de shaíocht liteartha na tíre. Ina choinne sin, áitíonn sí gurb iad cúrsaí inscne seachas cúrsaí teanga a bhí ina n-ábhar imní agus buartha aici:

> On the one hand, there was that light and fragrance of nineteenth century England, compromised by the tenor strains of the drawing room, and the after-dinner song; on the other, there was that outrage of the abandoned bard, the harsh musical note of defiance which offered, across my blundering attempts to be an Irish poet, an example both 'pure and terrible', [...]. According to which of these two versions of the poet's life I chose, I should have had clear access to the poetic past. (Boland 1995: 11)

Tagann an tuiscint seo a nochtann Boland i leith thraidisiúin liteartha na hÉireann leis na tuairimí a léiríonn Kinsella san aiste a luadh cheana, 'The Irish Writer' (1970). Cé go gcuireann sé síos ar an dóigh a mothaíonn sé stractha idir dhá thraidisiún, tagann sé chun réitigh leis an bhfadhb trí choincheap an traidisiúin mar rud aontaithe a bhréagnú agus tábhacht an traidisiúin don scríbhneoir aonair a cheistiú. Ar deireadh feictear dó go bhfuil an bhraistint dhaonna níos tábhachtaí ná traidisiún ar bith. Tuigtear dó go bhfuil saoirse ag an scríbhneoir a léamh féin a dhéanamh ar an traidisiún agus é a mhúnlú ar bhealach a fhóireann dá théarmaí tagartha féin:

> A writer, according to his personal scope, stands in relation to what he can use of man's total literary tradition. [...] It is not as though literature, or national life, were a corporate, national investigation of a corporate, national experience – as though a nation were a single animal, with one complex artistic feeler. [...] But for the present – especially in this present – it seems that every writer has to make the imaginative grasp at identity for himself; and if he can find no means in his inheritance to suit him, he will have to start from scratch. (Kinsella 1970: 65-66)

An tuiscint gur féidir leis an scríbhneoir an traidisiún a mhúnlú chun a chríche féin, is cúis, dar liom, le dearbhú Boland go raibh teacht aici ar thraidisiún na Gaeilge in éagmais na teanga: 'I did not speak the language of these poets; a childhood away had seen to that. But I understood that they were ghosts; that they had not been banished from the language I wrote, the poems I composed, the city I walked home through at night' (Boland 1995: 11).

Cé go bpléann Montague an aimhrialtacht a bhaineann le ceist an traidisiúin don scríbhneoir Éireannach arb é an Béarla a mheán, feictear dó go bhfuil buntáiste ag roinnt lena chás; tuigtear dó go bhfuil an scríbhneoir Éireannach iltíreach ó nádúr toisc go mbíonn air freastal ar dhá thraidisiún: 'An Irish poet seems to me in a richly ambiguous position, with the pressure of an incompletely discovered past behind him, and the whole modern world around' (Montague 1974: 37). Tugann sé le fios go mbaineann litríocht na Gaeilge leis an am atá thart fad is go mbaineann litríocht an Bhéarla leis an nua-aois. Cé go leagann sé béim ar thábhacht an dá theanga do thodhchaí na litríochta, críochnaíonn sé an réamhrá in *The Faber Book of Irish Verse* le píosa athfhriotail ó dhráma Samuel Beckett a thugann le fios go bhfuil an Ghaeilge marbh cheana féin. Feicfear gurb é an dearcadh céanna a léiríonn Boland féin i leith na teanga agus litríocht na Gaeilge ina cuid filíochta.

Ní eisceachtaí iad Boland ná Montague agus buntáiste á shamhlú acu le Béarla na hÉireann mar mheán cruthaitheach. Sa mhionscagadh a dhéanann Nic Eoin (2005: 26-44) ar ionad na Gaeilge i gcritic iarchoilíneach na hÉireann i mBéarla, léiríonn sí gurb é an chloch is mó ar phaidríní criticeoirí áirithe ná aitheantas a ghnóthú do Bhéarla na hÉireann mar mheán cruthaitheach. Sonraíonn sí a mhinice a léirítear an tuairim sa chritic iarchoilíneach i mBéarla nach ann do litríocht ná do chritic chomhaimseartha sa Ghaeilge. In ainneoin na béime a chuirtear ar an imeallú agus ar thábhacht stair na n-íochtarán sa dioscúrsa iarchoilíneach trí chéile, léiríonn Nic Eoin go háititheach go mbaineann an t-imeallú céanna leis an chritic iarchoilíneach féin a dhéanann faillí sa Ghaeilge. D'fhéadfaí an rud céanna a mhaíomh i dtaobh shaothar Boland. Is caochspota é teanga agus litríocht na Gaeilge nach gcuirtear san áireamh go minic. Luaitear an Ghaeilge corruair mar chúlra staire ach ní dhéantar aon ionramháil léannta ar an ábhar. Mar a deir Nic Eoin (2005: 40) i dtaca leis an mhórchuid den chritic iarchoilíneach i mBéarla: 'Tá sé amhail is gur leor tagairt a dhéanamh do dhíothú na teanga le go mbeidh an culbhrat cultúrtha faoi réir d'fhíorghnó na critice iarchoilíní'.

Fógraíonn Boland bás an traidisiúin Ghaelaigh sa dán 'My Country in Darkness' (LL: 13). Tá an-chosúlacht idir dán Boland agus an cur síos a dhéanann Kinsella ar an traidisiún Gaelach ina aiste 'The Irish Writer' (1970: 58) ina n-ainmníonn sé Eoghan Ruadh Ó Súilleabháin, Donnchadh Ruadh Mac Conmara, Seán Clárach Mac Domhnaill agus Tadhg Gaelach Ó Súilleabháin mar 'the tragic, almost doggerel end of Gaelic literature'. Ag tagairt dó d'Aogán Ó Rathaille deir sé, 'It is a career that begins in the full light of Gaelic culture and ends in darkness, with the Gaelic aristocracy ruined and the death-blow already delivered to the Irish language' (Kinsella 1970: 58). Ní amháin go mbaineann dán Boland macalla as íomháineachas Kinsella, ach ar aon dul lena chur síos siúd, tuigtear as an dán gur tháinig deireadh ar fad leis an traidisiún Gaelach:

After the wolves and before the elms
the Bardic Order ended in Ireland.

Only a few remained to continue
a dead art in a dying land:

This is a man
on the road from Youghal to Cahirmoyle.
He has no comfort, no food and no future.
He has no fire to recite his friendless measures by.
His riddles and flatteries will have no reward.
His patrons sheath their swords in Flanders and Madrid.

Reader of poems, lover of poetry –
in case you thought this was a gentle art,
follow this man on a moonless night
to the wretched bed he will have to make:

The Gaelic world stretches out under a hawthorn tree
and burns in the rain. This is its home,
its last frail shelter. All of it –
Limerick, the Wild Geese and what went before –
falters into cadence before he sleeps:

He shuts his eyes. Darkness falls on it. (LL: 13)

Is cóir a mheabhrú gur minic scoláirí Gaeilge i muinín fhriotal an
bháis agus stair liteartha na seachtú agus na hochtú haoise déag á
ríomh acu, rud atá pléite go mion ag Ó Buachalla (1996b).[15] I
bhfianaise scríbhinní próis Boland, is í aiste James Carney, 'The Irish
Bardic Poet' (1967) an phríomhfhoinse eolais atá aici faoi fhilíocht na
scol agus is suntasach gur mar litríocht dheireadh ré a áiríonn Carney
filíocht na mbard:

This poetry of which I speak is the verse of praise or blame which the
official poet composed for a prince or chief, and of which we have
copious examples from the earliest period of the literature down to the
sixteenth and seventeenth centuries when the Gaelic order finally came
to an end. (Carney 1967: 5)

Is í an mhóríoróin i gcás Boland, ámh, gurb é an t-athláithriú
rómánsach laochúil a dhéantar ar an am a chuaigh thart agus an
simpliú a dhéanann insintí oifigiúla na staire ar thaithí an duine, atá á
gceistiú sa chnuasach The Lost Land (1998) ina bhfuil an dán 'My
Country in Darkness'. Baineann an dán seo agus a cur síos siúd ar
Aodghán (sic) O'Rathaille, 'reduced to eating periwinkles on the
shore in Kerry' (OL: 118), le traidisiún an rómánsaithe – leis an
tuiscint gur tháinig deireadh leis an traidisiún Gaelach san ochtú haois
déag agus go mbíodh na filí, i bhfocal Uí Bhuachalla 'ag titim in
umar na haimléise ó bhreith go bás dóibh' (Ó Buachalla 1996b: 160).
Déanann sí neamhiontas d'fhilíocht chomhaimseartha na Gaeilge ar
leid í ar chastachtaí na staire. Is léir mar sin nach ann i dtólamh don
cheistiú scrupallach a fheictear do Clutterbuck (1999) a bheith lárnach
i dtogra Boland.

Léiríonn Boland tuiscint iontach simplí sa dán seo ar fhilíocht na mbard agus ar fhilíocht Ghaeilge na seachtú agus na hochtú haoise déag go speisialta, á mhaíomh nach mbíodh á chumadh ach 'friendless measures', 'riddles and flatteries'.[16] Cé gurb é 'My Country in Darkness' (LL: 13) an chéad dán sa tsraith dar teideal 'Colony', ní thagraítear do chomhthéacs polaitiúil na linne i ndáiríre ná ní thugtar aon aitheantas do na feidhmeanna éagsúla polaitiúla a bhí ag filíocht na tréimhse sin a chruthaigh agus a chothaigh féiniúlacht choiteann i measc na nGael.[17] Cuirtear in iúl i líne dheiridh an dáin go bhfuil an bard féin freagrach as an drochbhail atá air; géilleann sé don dorchacht nuair a dhruideann sé a shúile. Ní oireann a chuid filíochta do na cúinsí nua polaitiúla: 'His riddles and flatteries will have no reward/ His patrons sheath their swords in Flanders and Madrid' (LL: 13). Déantar neamhiontas de theacht aniar an chultúir Ghaelaigh agus de mhianach an aosa léinn coincheapa léirmhínithe agus múnlaí nua cruthaitheacha a ghlacadh chucu féin le dul i ngleic leis na mórathruithe polaitiúla agus cultúir. Níorbh amhlaidh gur ghlac an t-aos léinn lena gcinniúint gan cheist ná gan chath mar a mhíníonn Marc Caball:

> If the political structures which adduced the rationale for professional eulogy had been fatally undermined by crown expansion, the intellectual engagement of the Gaelic literati with the Renaissance complemented internal refashioning to produce a new literature in the seventeenth century which was at once profoundly indebted to its antecedents and enriched by Renaissance and Counter Reformation influence. (Caball 2006: 85)[18]

Is fíor do Wheatley a cháineann an simpliú scanrúil a dhéanann Boland sa dán seo ar chastachtaí na staire: 'The darkness that overtakes him [an bard] is all too convenient: the Gaelic world was not so completely silenced that Boland couldn't tell us a lot more about it if she chose' (Wheatley 2004: 110).

Siúd is nach dtráchtann Boland go sonrach ar dhánta ar leith, is nós léi an aidiacht 'bardic' a úsáid le cáilíochtaí diúltacha an traidisiúin liteartha trí chéile a chur in iúl: 'A country with a wealth of themes encourages its poets, through a bardic past and a national tradition, to diminish them from political complexity to public statement' (OL: 200). Cé gur minic a shamhlaítear aonchineálacht le filíocht na mbard faoi mar a shamhlaíonn Boland, tá léamh níos géarchúisí déanta ag scoláirí áirithe ar an chorpas liteartha seo. Ní call ach dánta pearsanta macasamhail 'M'anam do sgar riomsa a-raoir' le Muireadhach Albanach Ó Dálaigh,[19] 'Teastá Eochair Ghlais Ghaoidheal' le Giolla Brighde Mac Con Midhe[20] nó 'Ar iasacht fhuaras Aonghus' le Donnchadh Mór Ó Dálaigh,[21] a lua mar fhianaise nach féidir filíocht uile na mbard a áireamh mar chumadóireacht oifigiúil neamhphearsanta.[22] Tógann scoláireacht Mháirín Ní Dhonnchadha (2002b) ceisteanna tábhachtacha faoin tuiscint gur seánra ardliteartha nár bhain le mná agus nár shuim le mná a bhí i bhfilíocht na mbard. Díríonn sí a haird ar an tionchar a bhíodh ag mná mar léitheoirí, mar éisteoirí agus mar phátrúin. Ag tagairt di go speisialta do líon beag na ndánta moltacha faoi mhná a fhaightear sna duanairí, deir sí, 'To read these is to find a world that is not dominated by the masculinist concerns of warfare and kingship' (2002b: 295).

Ní fheictear dom mar sin gur ábhar imní í an Ghaeilge ná a traidisiún liteartha do Boland toisc gur tuiscint mhíchruinn neamhchasta atá aici ar an traidisiún a ionannaíonn sí le filíocht na cúirte. Is iad an dá fhoinse eolais ar an traidisiún liteartha Gaeilge a luaitear ina scríbhinní próis ná *The Hidden Ireland* (1924) le Daniel Corkery agus aiste James Carney 'The Irish Bardic Poet' (1967). Diomaite de thaighde Angela Bourke (1991), is beag cur amach atá aici is cosúil ar na hathléamha dúshlánacha a rinne scoláirí le blianta anuas ar ghnéithe éagsúla de thraidisiún liteartha na Gaeilge ná ar an chruth nua atá á chur ar an chanóin i bhfianaise na scoláireachta is úire atá díreach pléite. Má léitear an focal 'language' in ionad 'gender' sa sliocht seo a leanas ina bpléann Boland easpaí na critice iarchoilíní, is achoimre chuí é ar an mhóreaspa a bhaineann lena critic féin:

> Unless gender is already in place as a central part of the way in which a postcolonial critique operates, certain crucial pieces of information, such as the status and cultural background of Eibhlín Ní Chonaill as an artist, will be overwritten. And yet in many places I have been, in many arguments I have listened to, in many collections of Irish writing I have read, gender issues are often treated as a secondary and sectional part of the argument. [...] certain important balances and subtle treasures of the past depend on its [gender] centrality. (Boland 1997: 17-18)

An File Baineann i dTraidisiún Liteartha na Gaeilge

Is mithid an cheist a chur an amhlaidh go mbíonn ar an bhanfhile arb í an Ghaeilge a meán cruthaitheach aghaidh a thabhairt ar na hábhair imní chéanna agus í ag dul i mbun pinn? Is ceist í seo atá curtha ag an chriticeoir Bríona Nic Dhiarmada (1992) agus cás Boland agus Ní Dhomhnaill i dtaca leis an traidisiún liteartha Béarla agus Gaeilge faoi seach, faoi chaibidil aici. Dearbhaíonn sí go ndearnadh imeallú ar na banfhilí sa dá thraidisiún liteartha. Rianaíonn Nic Eoin (1998: 289) cosúlacht idir tuairimí Boland i leith thraidisiún liteartha an Bhéarla mar a nochtar iad sa phaimfléad *A Kind of Scar* (1989b) agus tuairimí Ní Dhomhnaill i leith thraidisiún liteartha na Gaeilge san alt 'What Foremothers?' (1992). Mar an gcéanna, déanann Anne Fogarty (1999: 258) comparáid idir alt Ní Dhomhnaill 'What Foremothers?' (1992) agus aiste Boland 'Outside History' (OL: 123-53).[23] Tuigtear di go bhfuil Ní Dhomhnaill ar aon intinn le Boland maidir le teirce na réamhtheachtaithe baineanna. In ainneoin go bhfuil breithiúnas Nic Eoin agus Fogarty ceart i dtaca leis na hailt a luann siad, ní féidir a leithéid a mhaíomh i gcónaí i bhfianaise fhilíocht agus scríbhinní eile próis Ní Dhomhnaill. Ní dual di an tseasmhacht a léiríonn Boland ina cuid argóintí. Ní amháin go nochtann Ní Dhomhnaill tuairimí éagsúla ina scríbhinní próis agus in agallaimh léi, ach is minic tuiscint eile fós le rianú ina cuid filíochta.

Tugann tráchtairí áirithe Béarla le fios gur mór an tacaíocht a thugann traidisiún na Gaeilge don bhanfhile. Maíonn Montague gur líonmhar an méid banfhilí a bhí i dtraidisiún liteartha na Gaeilge riamh anall. Cé go n-áitíonn sé, 'it is the only literature in Europe, and perhaps in the world, where one finds a succession of women poets' agus 'There is a long line of such poems, culminating in the majestic "Keen for Art O'Leary"', ní luann sé ach Líadan[24] agus Eibhlín Dubh Ní Chonaill mar chruthúnas ar a théis (Montague 1974: 22). Ní leomhfadh Eiléan Ní Chuilleanáin (1985) a leithéid a mhaíomh ceal fianaise ar stairiúlacht na mban a leagtar dánta orthu sna seanscéalta agus sna lámhscríbhinní, ach deir sí go bhfuil eiseamláirí baineanna ar fáil i litríocht na Gaeilge, bíodh siad ficseanúil nó ná bíodh, a bhéarfadh misneach don bhanfhile comhaimseartha. Tagann Biddy Jenkinson (1997) leis na tuairimí dearfacha seo i leith thraidisiún na Gaeilge. Cuireann sí go tréan i gcoinne thuairim Boland nach ann do réamhtheachtaithe baineanna do bhanfhilí na hÉireann, agus áitíonn sí nach amhlaidh an scéal i gcás na Gaeilge go speisialta. Ní gá gur mná stairiúla iad na réamhtheachtaithe baineanna, dar léi; is leor le

Jenkinson pearsana láidre ficseanúla mar ábhar inspioráide agus uchtaigh. Luann sí Aimhirgín Glúngheal, Feidelm, Medb, Mór Ríon, Lendabair, Emer agus Fand mar réamhtheachtaithe atá ar fáil di mar bhanfhile. Mar fhreagra ar an líomhain nach bhfuil iontu ach pearsana samhailteacha cruthaithe ag fir deir sí:

> It is not possible to argue the issue here. I would merely point out that from my own particular whale's back I can see over the monks' shoulders and admire the grace with which my female ancestors wield their "fleascanna fileata". (Jenkinson 1997: 64)

Ina theannta sin, ceistíonn sí údarthacht na ndánta nach bhfuil údar luaite leo agus cuireann sí i gcás gur mhná a scríobh cuid acu ar a laghad, rud atá ag teacht le breithiúnais scolártha Mháirín Ní Dhonnchadha (1994; 2002: 166-73) agus Thomas Clancy (1996).

Ní thagann tráchtairí uile na Gaeilge, ámh, le tuairimí Montague, Ní Chuilleanáin ná Jenkinson faoi thacúlacht thraidisiún liteartha na Gaeilge i gcás na banfhilíochta. Ní amháin go gcuireann an scoláire Daithí Ó hÓgáin (1982) suntas ina laghad banfhilí atá luaite i dtraidisiún liteartha na Gaeilge le míle bliain anuas, ach tagraíonn sé don tuiscint a bhí ag an phobal gur mí-ámharach an ní é, filíocht a bheith i mná agus go dtiocfadh deireadh leis an bhua i dteaghlach dá rachadh an bua sna mná; 'Coileach bán ar chearcaibh nó file mná i mbaile', 'Nuair a stadann an fhilíocht ar an mnaoi bíonn deireadh leis' a deirtí.[25] Tagraíonn Seán Ó Tuama (1986: 97) don easpa tacaíochta a thugann traidisiún na Gaeilge do bhanfhilí ó tharla nach líonmhar iad na mná atá luaite le cumadh na filíochta. Is é breithiúnas J.E. Caerwyn Williams agus Máirín Ní Mhuiríosa gur beag an rian a d'fhág mná ar litríocht na Gaeilge (1985: 301). Is mar gheall ar theirce na fianaise scríofa a d'fhág mná litearta ina ndiaidh a mholann Nic Dhonnchadha (2002: 293) nach ndíreofaí ar chúrsaí údarthachta amháin, ach go dtabharfaí aird ar an tionchar a bhí ag mná mar léitheoirí agus mar phátrúin. Tuigtear do Mháire Ní Annracháin fosta go bhfuil constaicí áirithe idir an banfhile agus traidisiún filíochta na Gaeilge. Ar an chéad dul síos, ní traidisiún neodrach é agus, ina theannta sin, deir sí gur minic nach nglactar le hábhar fhilíocht na mban mar ábhar dlisteanach filíochta (Ní Annracháin 1992: 145-83). Tagann Bríona Nic Dhiarmada (1992) leis an bhreithiúnas seo nuair a dhéanann sí comparáid idir banfhilí Gaeilge agus banfhilí Béarla in

Éirinn ó thaobh líon na réamhtheachtaithe agus an traidisiúin liteartha de. Dar le Caoimhín Mac Giolla Léith (1985: 76) gurb é an t-imeallú ba dhán don ghuth baineann i gcónaí agus nárbh aon eisceacht é traidisiún na Gaeilge.

Is i mórshaothar Nic Eoin, *B'ait Leo Bean: Gnéithe den Idé-eolaíocht Inscne i dTraidisiún Liteartha na Gaeilge* (1998), áfach, is cuimsithí a dhéantar géariniúchadh ar an ghaol idir an bhean agus traidisiún liteartha na Gaeilge. Cíorann Nic Eoin foinsí iomadúla ó na luath-mheánaoiseanna go ré na Nua-Ghaeilge agus trí ghné den ghaol á scrúdú aici, mar atá, na tuiscintí coitianta a léirítear sna foinsí seo ar an nádúr baineann, an dearcadh a léirítear i leith na cruthaitheachta baininne agus an t-ionad siombalach seachstairiúil a tugadh don bhean sa litríocht. Maíonn Nic Eoin go háititheach go raibh mná ag saothrú na litríochta i rith an ama ach go raibh a saothar á imeallú agus á áireamh mar chumadóireacht fhochaighdeánach ag na hinstitiúidí a chothaigh luachanna áirithe liteartha.

Sainchás Nuala Ní Dhomhnaill

Cé gur thug Ní Dhomhnaill aitheantas do na ceisteanna a bhí á gcur faoi ionad na mban sa traidisiún liteartha i gceardlann a thug sí sa bhliain 1986, d'áitigh sí nach raibh na ceisteanna seo ag dó na geirbe aici féin faoi mar a bhí ag banfhilí Béarla na hÉireann toisc an Ghaeilge a bheith ina meán oiriúnach le peirspictíocht na mban a chur in iúl. Faightear tuairisc níos iomláine ar an ghaol atá aici leis an traidisiún liteartha in alt léi a foilsíodh sa bhliain 1995. Is ar ársaíocht an traidisiúin a leagann sí béim. Is léir ó éirim an ailt gur tábhachtaí di an pholaitíocht teanga ná an pholaitíocht fheimineach:

> The very ancientness of the Irish literary tradition is also a great source of strength to me as a writer. This works at two levels, one that is mainly linguistic and prosodic and another that is mainly thematic and inspirational. At the linguistic level, Old Irish, though undoubtedly very difficult, is much closer to Modern Irish than, say Anglo-Saxon is to Modern English. Anyone like me with a basic primary degree in the language and a bit of practice can make a fair job of reading most of the medieval texts in the original.
>
> Thematically too, the older literature is a godsend, though I am only now slowly beginning to assess its unique possibilities to a modern writer. [...] The main advantage of all this material to me is that it is proof of

the survival until even a very late historical date of a distinct
Weltanschauung radically different from the Anglo mentality that has
since eclipsed it. (Ní Dhomhnaill 1995: 27)

Cé go dtagann tuairimí Ní Dhomhnaill le breithiúnas Ghearóid Denvir
(1987; 1988; 1999) faoin traidisiún liteartha neamhbhearnaithe is
oidhreacht don scríbhneoir comhaimseartha Gaeilge, is dearcadh é a
thagann salach ar bhreithiúnas duine de mhórscríbhneoirí na haoise
seo caite, mar atá, Máirtín Ó Direáin (1953: 14). B'fhacthas dó siúd
go raibh an bhearna idir filí na cianaimsire agus na filí
comhaimseartha rómhór le go mbeadh filí comhaimseartha in inmhe
glacadh leo mar eiseamláirí.

D'fhéadfaí a áitiú gur laghdaigh tuiscintí an traidisiúin Ghaelaigh
imní Ní Dhomhnaill maidir lena húdarás féin sa mhéid is go raibh an
tuiscint ann sa traidisiún gur bua oidhreachtúil a bhí san fhilíocht a
d'fhéadfadh bheith ag an fhear nó ag an bhean ó dhúchas. Cuireann Ó
hÓgáin síos ar an tuiscint a bhí ann gur bua oidhreachtúil í an fhilíocht
a bhain le teaghlaigh ar leith:

> Tagann móitíf an dúchais go maith leis an tsamhlaoid den fhilíocht mar
> rith na fola i gcuisle an fhile, mar gurb í fuil faoi leith na bhfilí a bheadh
> i gceist. Creidtí go raibh 'sruth filíochta' i gciníocha áirithe. 'Síorfhuil
> na mbard' a thugann Eoghan Rua Ó Súilleabháin air seo i rann atá
> leagtha air. (Ó hÓgáin 1982: 128)

Is cinnte go bhfuil an tuiscint seo le sonrú in ailt éagsúla le Ní
Dhomhnaill mar a maíonn sí as bua na filíochta a bheith ag a sinsir ar
an dá thaobh:

> My grandfather, Pádraig O Dhomhnaill (sic), was an Old Irish scholar
> and translated Old Irish poetry into modern Irish. That's on my father's
> side. On my mother's side, we get the poetry from Seán Ó
> Duinnshléibhe, one of the last of the good local poets, mentioned by
> Tomás Ó Criomhthan in *The Islandman*. (in McDiarmid & Durcan 1987:
> 42)[26]

Míníonn Ó hÓgáin (1982: 80-89) fosta gurb é ceann de na comharthaí
go raibh bua na filíochta ag duine ná go raibh bua an deisbhéil aige ón
chliabhán. Is é a leithéid seo, briseadh amach an bhua, atá i gceist ag
Ní Dhomhnaill, creidim, nuair a thuairiscíonn sí in ailt éagsúla gur
thug sí freagra deisbhéalach ar cheist Jeacksaí Uí Shé "cé leis thú?" á

rá: "Ní le héinne mé. Is liom féin mé féin" (Ní Dhomhnaill 1994: 172; 2000: 39). Sna cuntais éagsúla a thugann Ní Dhomhnaill ar an eachtra seo, cuirtear béim ar leith ar a hóige agus ar an mhianach neamhspleách a bhí inti riamh.

Dearbhaíonn Gearóid Ó Crualaoich (1986) go bhfuil tionchar an traidisiúin le sonrú go láidir ar fhilíocht Ní Dhomhnaill. Áitíonn sé go bhfuil sí ar dhuine de bheirt fhilí na fichiú haoise atá i dtiúin le cruinneshamhail nó *mentalité* na Gaeilge. I gcomparáid le filí eile na linne, cé is moite de Michael Hartnett, feictear dó go bhfuil 'níos mó den dúchas, den bhua sinseartha ann' i gcás Ní Dhomhnaill, go bhfuil oidhreacht neamhbhriste idir í agus Daithí Ó Bruadair agus Aogán Ó Rathaille (1986: 64). Tuigtear do Máire Mhac an tSaoi fosta go bhfuil guth an traidisiúin Ghaelaigh le cluinstin in athuair i bhfilíocht Ní Dhomhnaill: 'I can only express here a very humble gratitude because she has given voice to a world I thought had died, and because she has demonstrated its acute relevance to the world in which we live today' (Mhac an tSaoi 2000: 12).

Is i gcomhthéacs an bhua oidhreachtúil seo a léitear an dán 'I mBaile an tSléibhe' (DD: 79-80) go minic. Tuigtear do Denvir (1987: 50; 1988: 115), mar shampla, gur léiriú é an dán seo ar an dlúthcheangal atá ag Ní Dhomhnaill lena hoidhreacht dúchais agus leis an traidisiún. Ní áiríonn sé Ní Dhomhnaill ar dhuine de na filí a d'fhoghlaim Gaeilge agus a bhíonn ar thóir ionaid sa chointeanóid go comhfhiosach, ach ar dhuine díobh siúd a bhfuil orthu teacht 'chun réitigh dearfach mothaitheach le ceart sinseartha oidhreachta' (Denvir 1988: 112). Tá an t-idirdhealú seo bunaithe, is cosúil, ar an tuiscint gur de bhunadh Chorca Dhuibhne Ní Dhomhnaill, go bhfuil a cáilíochtaí Gaeltachta slán agus gur 'sealbhú instinctiúil an dúchais' (114) a fhaightear ina saothar siúd. Tá gach cuma ar an scéal sa dán 'I mBaile an tSléibhe' (DD: 79) nach bhfuil aon amhras ná imní ar an fhile i dtaobh dhlisteanacht a cuid cumadóireachta. I gcodarsnacht leis an fhile mná sa dán 'Bright-Cut Irish Silver' (CP: 145) a chuireann béim ar a heaspa cirt oidhreachtúil, is cosúil gur ag éileamh a cirt ar bhua oidhreachtúil na filíochta atá an file mná sa dán le Ní Dhomhnaill, bua a tháinig anuas chuici óna muintir, dúchas atá níos treise ná oiliúint:

> I mBaile an tSléibhe
> tá Cathair Léith

is laistíos dó
tigh mhuintir Dhuinnshléibhe;
as san chuaigh an file Seán
'on Oileán
is uaidh sin tháinig an ghruaig rua
agus bua na filíochta
anuas chugam
trí cheithre ghlún. (DD: 79)

Is é an léamh céanna a dhéanann Máire Ní Annracháin ar an dán, ag dearbhú go léiríonn sé an tuiscint fhíorthraidisiúnta atá ag Ní Dhomhnaill ar a bua féin: 'Bua ceart, dar léi, atá aici ó dhúchas, agus tá seo ag teacht go cruinn le dearcadh phobal na hÉireann i gcoitinne. Níl an bua sin ag trasnaíl ar phobal ná ar chaidreamh' (Ní Annracháin 1982: 167). Is dóigh liom, áfach, go n-éilíonn an dán léamh níos cruinne a thabharfadh aird ar an fhéin-athláithriú, is é sin, an dóigh a gcuireann an chéad phearsa í féin i láthair sa dán. Creidim gurb í an trasnaíl ar an phobal agus ar dhearcadh an phobail i leith na banfhilíochta is ábhar don dán. Is seasamh dásachtach é i gcoinne thuiscint an bhéaloidis go dtagann deireadh le bua na filíochta nuair a théann sé sna mná. Tuigtear go maith don fhile go gcuireann an banfhile tuiscintí traidisiúnta faoi bhua oidhreachtúil na filíochta as a riocht. Is chuige sin an tagairt don ghruaig rua, fosta, óir de réir thuiscintí an bhéaloidis, bhí idir dhraíocht agus mhí-ádh ag roinnt leis an bhean rua.

Is léir mar sin nár mhór iniúchadh géar a dhéanamh ar an tuairim gur furasta ag Ní Dhomhnaill ionad a aimsiú di féin sa traidisiún liteartha. Is dóigh liom go bhfuil an ceart ag Caoimhín Mac Giolla Léith (1989: 49) a mhaíonn gur féidir rianú a bua shinseartha sa dán 'I mBaile an tSléibhe' (DD: 79) a thuiscint mar iarracht chomhfhiosach Ní Dhomhnaill a cáilíochtaí Gaeltachta a dhearbhú, iarracht a fhágann mionsonraí maidir lena breith i Sasana agus na tréimhsí fada a chaith sí ina cónaí lasmuigh den Ghaeltacht, as an áireamh. Sílim, ámh, go dtarraingíonn an dán féin aird ar an iarracht chomhfhiosach seo. Cuireann an file béim ar a hiarracht féin an teanga a shealbhú nuair a dhéanann sí idirdhealú idir ainm an phlanda sa chaighdeán oifigiúil agus an leagan logánta canúnach: 'is sa chlós tá boladh/ lus anainne nó camán meall/ mar a thugtar air sa dúiche timpeall' (DD: 79).[27] Liostaítear ainmneacha na mbailte ar bhealach a chuirfeadh an fhoghlaim de ghlanmheabhair i gcuimhne don léitheoir. Tarraingíonn Ní Dhomhnaill anseo ar thuiscint an traidisiúin go raibh eolas fairsing ar an dinnseanchas mar cheann de chúraimí na héigse. Shílfeá go bhfuil Ní Dhomhnaill ag spraoi leis an choinbhinsiún agus liodán de logainmneacha aici mar dhearbhú eile ar a stádas féin. Tuigtear di go bhfuil tuiscint an traidisiúin á cur as a riocht aici agus dáimh le dúiche Chorca Dhuibhne á léiriú aici. Deir Nic Eoin (1998: 35) faoi bhunús inscneach an dinnseanchais: 'Tríd an mbean mar indibhid a chur ar ceal, tarraingíonn an tír féin tréithiúlacht bhaineann chuici féin'. Is ag tabhairt dhúshlán na tuisceana seo atá Ní Dhomhnaill agus í ag leagan béime ar an athghabháil threascrach atá ar bun aici.

Tacaíonn an plé a rinne Ní Dhomhnaill féin ar an cheangal casta atá aici leis an Ghaeltacht le léamha ar an dán a bhéimníonn an tóir chomhfhiosach a dhéanann sí ar a hionad sa traidisiún liteartha Gaeilge. I luathagallamh dá cuid le Louis de Paor (1989: 48) labhraíonn sí faoin 'Liombó samhlaíochta' a bhfuil sí ann dá bharr: 'Is de bhunadh na Gaeltachta mé ach ní ón nGaeltacht mé, tá glúin difríochta eadrainn', fíric a ndéanann sí athrá uirthi ina halt beatháisnéiseach 'Cé leis thú?' (2000: 41).

Imní an Scáthaithe agus an Idirthéacsúlacht
Sa réamhrá a chuir sí leis an roinn 'Courts and Coteries 1: 900-1660' in *The Field Day Anthology of Irish Writing* déanann Máirín Ní Dhonnchadha cur síos ar nós na hidirthéacsúlachta[28] i dtraidisiún liteartha na Gaeilge:

> The later poets echo, paraphrase and quote earlier ones extensively, making a dense interweave of medieval and early modern allusion. Even in its attenuated form, the tradition still perserves traces of this intricacy. (Ní Dhonnchadha 2002b: 295)[29]

Is gnách an idirthéacsúlacht i bhfilíocht Ní Dhomhnaill a mhíniú i gcomhthéacs an traidisiúin liteartha Ghaelaigh. Is 'gníomh ionclúidithe' (Denvir 2002: 42) é a dhearbhaíonn gur den ghrúpa istigh Ní Dhomhnaill agus na filí a ndéanann sí macalla orthu. I bhfianaise léamh Mhic Giolla Léith ar an dán 'I mBaile an tSléibhe', d'fhéadfaí a mhaíomh gurb í imní an fhile maidir lena hionad sa traidisiún is bun leis na tagairtí iomadúla dá réamhtheachtaithe

liteartha agus gur iarracht chomhfhiosach é a hionad sa chanóin a
chinntiú. Is iad seo na tréithe a shamhlaítear go coitianta leis an
idirthéacsúlacht mar a mhíníonn Tom Furniss agus Michael Bath:

> The work of allusion, then, can contribute to the formation and
> maintenance of a valued literary canon or tradition. By making allusions
> to a valued tradition, however, a poet not only attempts to reshape or
> reaffirm that tradition but implicitly stakes his or her claim to join it.
> (Furniss & Bath 1996: 307)

Fágann na tuiscintí seo cúrsaí inscne agus seánra as an áireamh, ámh.
I gcás Ní Dhomhnaill, tá an earraíocht a bhaineann sí as an
choinbhinsiún liteartha seo níos dúshlánaí fós sa mhéid is go bhfuil sí
á cur féin ar aon chéim leis na filí fireanna a chuaigh roimpi in
ainneoin (nó i ngeall ar) idé-eolaíocht fhrithbhaineann an traidisiúin.

Is ríléir ón dóigh a mbaineann Ní Dhomhnaill macalla criticiúil as
ábhar filíochta a réamhtheachtaithe[30] nach cead isteach umhal atá á
lorg aici, ach bheith istigh de réir a téarmaí féin agus súil aici go
mbainfidh sí preab as a bhfuil istigh cheana. Tá rún na heiriceachta le
rianú ar rogha na bhfoinsí a ndéanann sí macalla orthu. Ní i dtaobh le
filíocht na bhfear a áirítear mar ardlitríocht a fhanann Ní Dhomhnaill.
Faightear tagairtí iomadúla d'amhráin na ndaoine: 'Dónall Óg',
'Liam Ó Raghallaigh', 'Mo bhrón ar an bhfarraige' sna dánta 'Dubh'
(CA: 15-16), 'Faoitíní' (CA: 18-20) agus 'Tusa' (CA: 70) faoi seach,
gan ach an beagán a lua. Ina theannta sin, tá iliomad tagairtí do scéalta
béaloidis, rannta do pháistí, nathanna cainte; iad go léir taobh le
tagairtí ó ábhar na canóna. Ní amháin gur cás le Ní Dhomhnaill a
hionad féin sa traidisiún a dhearbhú agus macalla á bhaint aici as
iliomad saothar canónta, ach ina theannta sin, is mór aici eisiachas an
traidisiúin a cheistiú. Is geall le capall na Traí úsáid seo na
hidirthéacsúlachta aici; tá cuma na hurraime agus na dílseachta ar a
cuid dánta ach a luaithe is a fhaigheann sí cos thar thairseach an
traidisiúin isteach tá cuireadh á thabhairt aici dóibh siúd a coinníodh
amach roimhe seo.

Is mar chomhartha sóirt liteartha de chuid na gluaiseachta iarnua-
aoisí a thuigeann Mac Giolla Léith an ghné seo d'fhilíocht Ní
Dhomhnaill agus d'fhilíocht Chathail Uí Shearcaigh. Is é an difear is
mó a rianaíonn sé idir cur chuige na beirte ná go mbíonn an macalla
a bhaineann filíocht Ní Dhomhnaill as foinsí eile follasach ach is é an

macalla a cheilt a dhéantar go minic i bhfilíocht Uí Shearcaigh. Is é
an tátal a bhaineann sé as na difríochtaí seo ná go bhfuil Ó Searcaigh
faoi thionchar an nua-aoiseachais a bhéimníonn úire an tsaothair ach
gur mó an luí atá ag Ní Dhomhnaill le nósanna liteartha an iarnua-
aoiseachais:

> Ní Dhomhnaill's unabashed appropriations, bold juxtapositions,
> belligerent subversions and evangelical recuperation of pre-existing
> texts suggest that, rather than measuring itself solely by the yardstick of
> high Modernism, her work ambitiously claims affinity with a much
> wider range of aesthetic practices, from the formulaic composition of the
> Homeric epics at the very beginning of Western literature to the most
> modish of Postmodern simulacra. (Mac Giolla Léith 1996: 96-97)

D'fhéadfaí a áitiú gur chuige sin atá Ó Searcaigh féin, áfach; go
ndiúltaíonn sé do choincheap na bunúlachta agus gurb é sin an fáth
nach dual dó aitheantas soiléir a thabhairt do na 'foinsí bunaidh'.
Foilsíonn filíocht idirthéacsúil na beirte, mar sin, nádúr cros-síolrach
na teanga agus na litríochta féin. In ainneoin stádas mionlaithe an
mheáin ina scríobhann siad beirt, éilíonn a gcuid filíochta go léifí í i
gcomhthéacs litríocht an domhain mhóir.

Téann Pádraig de Paor (1997: 223-78) céim níos faide agus
ceistíonn sé an tuiscint choitianta gur taobh istigh den dioscúrsa
Gaelach a bhíonn Ní Dhomhnaill ag saothrú. Diúltaíonn sé glan don
léirmheastóireacht rómánsach a thugann le fios gur fáiscíodh Ní
Dhomhnaill as an traidisiún Gaelach. Feictear dó go bhfuil an
smaointeoireacht Jungach gaelaithe ag Ní Dhomhnaill ach nach é an
dioscúrsa baineann ná dioscúrsa na Gaeilge a bhíonn á shaothrú aici
ach an dioscúrsa iomlánaíoch. Is léamh áititheach tomhaiste é seo a
thugann léargas úr ar thionscnamh Ní Dhomhnaill. Tá ceist ann,
áfach, maidir leis an deighilt a dhéanann sé idir an Ghaeilge réamh-
Athbheochana nó 'an Ghaeilge thraidisiúnta' mar a thugann sé air,
agus an Ghaeilge iar-Athbheochana. Tuigtear dó (1997: 261) go
mbíonn 'teannas iontach contrártha idir saíocht chultúrtha an phobail
réamhliteartha réamhnua-aoisigh Ghaelaigh agus an úsáid nua-
aoiseach neamhthraidisiúnta individiúil a bhaineann Ní Dhomhnaill
as'. Is fíor dó go bhfuil teoiricí agus léargais na haoise seo á gcur ar
obair ar shaíocht na Gaeilge ag Ní Dhomhnaill. Is rómánsachas
eisintiúlach a ndiúltaíonn de Paor dó de ghnáth, áfach, atá ina
mhaíomh féin nach féidir a leithéid seo d'úsáid a bhaint as an

traidisiún, nach bhfuil an mianach sin ann. Ní féidir ionannú simplí a dhéanamh idir pobal réamhnua-aoiseach agus pobal réamhliteartha ach oiread, nuair a chuirtear san áireamh go raibh leithéidí Thomáis Uí Chriomhthain liteartha. Go deimhin, sa mhéid is gur shamhlaigh sé tábhacht lena scéal féin, d'fhéadfaí a mhaíomh go raibh tionchar inteacht ag tuiscint an nua-aoiseachais ar Ó Criomhthain féin.[31] Chomh maith leis sin, mar a léireofar ar ball, ní fhanann Ní Dhomhnaill chomh dílis do theoiricí Jung is a thugann tráchtaireacht de Paor (1997) le fios. Dealraíonn sé mar sin nach féidir saothar Ní Dhomhnaill a mhíniú go sásúil i gcomhthéacs aon dioscúrsa amháin.

Ní Dhomhnaill agus a Réamhtheachtaithe Liteartha Fireanna

In ainneoin na dtuairimí dearfacha a léiríonn Ní Dhomhnaill in ailt áirithe maidir leis an bhuntáiste atá ag an bhanfhile Éireannach arb í an Ghaeilge a meán, áitíonn sí in ailt eile gur beag tacaíocht a bhí ar fáil di mar bhanfhile sa traidisiún Gaelach. San alt 'An tAnam Mothála' (1994) tráchtann sí ar an mheon a bhí ag a muintir féin nár chóir rudaí a scríobh síos, gur geis a bhí ann dá rachadh bean i mbun scríbhneoireachta agus dá n-inseodh sí an fhírinne. Luann sí an fhéinchinsireacht a rinne Peig Sayers ar a cuid cainte agus an meon céanna a léirigh máthair Ní Dhomhnaill féin agus í ag tathaint uirthi gan aon rud a scríobh nach bhféadfadh sí a chosaint os comhar an dlí. Tuigtear di go mbaineann an meon seo leis an tír trí chéile, idir Ghaeltacht agus Ghalltacht: 'The constraints on women to hold their tongue are such that it is a wonder that any of us wind up capable of writing in either of the two official languages' (Ní Dhomhnaill 1994: 176-77). San alt 'What Foremothers?' (1992), déanann sí cur síos ar thuiscintí traidisiúnta faoin mhí-ádh a bhaineadh leis an bhanfhile agus tuairiscíonn sí go raibh seanfhocail a léirigh na tuiscintí frithbhanda seo i mbarr bata ag an phobal agus í ag fás aníos:

> I was brought up amid a welter of proverbs and formulaic phrases of the likes of: 'Na trí rudaí is measa i mbaile - tuíodóir fliuch, síoladóir tiubh agus file mná'. [...] This is the canon, as I know it. It is 'hedged with taboos, minded with false meanings' (Rich). (Ní Dhomhnaill 1992: 24-25)

I bhfianaise an dá alt thuasluaite ina mbéimníonn Ní Dhomhnaill idé-eolaíocht phatrarcach an traidisiúin liteartha, bhéifí ag dréim, dála

Boland, go raibh ar Ní Dhomhnaill cath a fhearadh i gcoinne a
réamhtheachtaithe fireanna le dlisteanacht a éileamh dá guth sainiúil
baineann. I gcodarsnacht le Boland, ámh, ní thuairiscíonn Ní
Dhomhnaill go raibh uirthi dul i ngleic le réamhtheachtaí fireann ar
leith. Murab ionann is luathshaothar Boland a bhfuil aithris ar Yeats,
ó thaobh ábhair agus stíle de, le rianú go soiléir air, níl a leithéid fíor
i dtaobh luathfhilíocht Ní Dhomhnaill. Dealraíonn sé gur imir iliomad
scríbhneoirí tionchar ar a cuid luathfhilíochta. Ainmníonn Ní
Dhomhnaill féin filí Muimhneacha na hochtú haoise déag, Aogán Ó
Rathaille agus Eoghan Rua Ó Súilleabháin, go háirithe, chomh maith
le Percy Bysshe Shelley agus John Keats mar na réamhtheachtaithe is
mó a chuaigh i bhfeidhm uirthi nuair a bhí sí ina dalta meánscoile:

> [...] I fell madly in love with the eighteenth-century Munster poets,
> starting with Aogán Ó Rathaille right through to Eoghan Rua Ó
> Súilleabhán. I also loved the Romantics, Keats and Shelley, but the
> Munster poets were my first love. (in O'Connor 1995: 590)

Is tréith shuntasach d'fhilíocht Ní Dhomhnaill é an t-athscríobh a
dhéanann sí, ó pheirspictíocht na mban, ar dhánta a réamhtheachtaithe
fireanna. Baineann an luathdhán 'Breith Anabaí Thar Lear' (DD: 73)
macalla as an dán 'Cranna Foirtil' le Máirtín Ó Direáin (1957: 54),
ach is í an bhean chráite atá i ndiaidh leanbh a chailliúint a labhraíonn
i ndán Ní Dhomhnaill. Tá toise feimineach ag roinnt leis an athscríobh
a dhéantar ar shoinéad CXXX de chuid Shakespeare (1907: 1044) sa
dán 'Mo ghrá-sa (idir lúibíní)' (FS: 29). Athscríobh feimineach ar an
nós ársa litearstha an talamh a shamhlú mar bhean atá sa dán 'Oileán'
(FS: 14) ina samhlaítear an talamh mar fhear.[32] Deir Ní Dhomhnaill
féin[33] gur mar fhreagra ar an úsáid fhorleitheadach a bhain filí fireanna
na hÉireann as an phearsa mhiotasach Suibhne, mar mhalairt ar an
bhé bhaineann, a chum sí an dán 'Muirghil ag cáiseamh Suibhne' (FS:
101-2). Ní leasc léi a casadh féin a bhaint as coinbhinsiún liteartha na
ndánta grá sna dánta 'Fear' (F: 64-65) agus 'Gan do chuid éadaigh'
(F: 66-67) mar a bhfuil an phearsa bhaineann ag baint lán a súl as a
leannán fireann. Is ar mhianta collaí na mná a leagtar béim sa dán 'An
Bhean Mhídhílis' (F: 70-71); athscríobh feimineach ar dhán Frederico
García Lorca 'Romance de la casada infiel'. Béimníonn Máire Ní
Annracháin an t-athscríobh criticiúil a dhéanann Ní Dhomhnaill ar na
hamhráin ghrá sa dán 'Leaba Shíoda' (DD: 36-37) mar a n-éiríonn léi

'an chollaíocht a cheiliúradh go hoscailte agus í ag briseadh amach ó smacht *lingua franca* na n-amhrán grá' (Ní Annracháin 1982: 160). Cé gur fhógair Ó Tuama (1986: 100) gur 'classic' é an dán seo i measc dánta leispiacha an domhain, áitíonn Ní Dhomhnaill féin (1986: 157) gur íomhá den bhé atá i gceist a thaibhsítear di in amanna mar bhean nó mar fhear nó mar pháiste. Sa chnuasach *Féar Suaithinseach* (1984) déanann sí athscríobh nua-aimseartha ó pheirspictíocht bhaineann ar chaidreamh Chú Chulainn le Medb, Deichtine agus an Mhór-Ríon, athscríobh atá pléite go mion ag Nic Dhiarmada (2005: 60-113).

Faoi Scáth an Ríordánaigh?

San alt 'What Foremothers?' (1992) béimníonn Ní Dhomhnaill an t-imeallú a rinneadh riamh anall ar an fhile mná sa traidisiún Gaelach. Luann sí go speisialta an dán 'Banfhile' le Seán Ó Ríordáin (1978: 45) mar léiriú ar an mheon patrarcach seo. Ar aon dul le mórán tráchtairí eile, tuigtear do Ní Dhomhnaill gurb é cáineadh na banfhilíochta téama an dáin. Creidim go ndéanann an léamh seo neamhiontas den toise féincheistitheach atá le brath go láidir sa dán féin, áfach. Is pearsa sheobhaineach fhireann le tuairimí láidre insteoir an dáin agus cuirtear béim ar dhearcadh antoisceach na chéad phearsan trí athrá a dhéanamh ar an líne 'Ní file ach filíocht an bhean' (1978: 45). Is i dtéarmaí foréigneacha *macho* a chuirtear síos ar bhua an fhile, téarmaí atá chomh háibhéalach sin gur deacair géilleadh don léamh litriúil frithbhaineann a dhéantar ar an dán seo go minic. Go deimhin, tá blas láidir den aoir le braistint ar an dóigh dhíspeagúil a gcuirtear síos ar chúram na héigse ar gnách léann agus bua ardintleachta a shamhlú leis: 'Cúram fireann, dúthracht raide,/ Is ea filíocht a bhaint as teanga' agus 'Le fórsa fireann, éigean buile/ is ea a thugtar an ghin slán chun beatha' (ibid).

Ardaítear ceist i rann a trí agus arís i rann a cúig faoi nádúr inscneach an bhanfhile, an fear baineann nó bean fhireann í, ceist a thugann le fios nach ann d'aon deighilt shimplí ó thaobh inscne de. Má tá an file andraigineach faoi mar a thugtar le fios sna línte: 'Fireannach baineann nó baineannach fireann/ Deacair a rá cé acu banfhile', is beag tábhacht mar sin a bhaineann le gnéas an fhile. Ar deireadh creidim gurb í eagla an fhile fhirinn agus na straitéisí cosanta a mbaineann sé úsáid astu le teacht slán, is téama don dán. Tá an Ríordánach ag tabhairt fogha faoin fheiniméan a ndéanann Fogarty

(1995: 18) tagairt dó: 'The immutable equation of poetic talent with male identity [...] one of the most jealously guarded precepts of modern Irish culture'. Is ag saighdeadh faoi imní na bhfilí fireanna atá an Ríordánach sa rann deiridh; a n-imní go mbeidh ísliú stádais i ndán dóibh má ghlactar leis an bhanfhile. Nochtann sé na hábhair bhuartha is cúis leis an cháineadh fíochmhar a dhéantar ar an bhanfhile sa dán:

Ní file ach filíocht an bhean.
Má théann na béithe le filíocht
Ní fada go nginfidh siad leanbh
gan chabhair ón bhfireann ina mbroinn

Is ní file an fear ach neamhní. (1978: 45)

Is gnách do thráchtairí tagairt a dhéanamh do chéadlíne an dáin, mar atá, 'Is ait liom bean a bheith ina file' agus éirim an dáin faoi chaibidil acu. Is ar an líne dheiridh, ámh, ar an fhocal scoir, ba chóir don tráchtaire a aird a dhíriú, dar liom. In ainneoin ghéire na teanga, tá leochaileacht an fhile a bhfuil amhras air faoina bhua féin le mothú sa líne seo. Is léir ón líne dheiridh a sheasann léi féin agus nach bhfuil mar chuid den liodán, gurb é seo ní amháin ábhar ach foinse an dáin; amhras an fhile fhirinn faoina chumas agus faoina stádas féin.[34]

Níl aon rian d'imní an scáthaithe, áfach, sa trácht a dhéanann Ní Dhomhnaill ar Ó Ríordáin ina scríbhinní próis. Is le bród leoga, a luann sí (1994: 179) an moladh a thug Ó Ríordáin (1973) do na dánta léi a foilsíodh in INNTI 3 nuair a dúirt sé faoin tsraith dánta a bhain le Mór: 'beidh trácht orthu seo feasta'. In agallamh le de Paor déanann sí cur síos ar an tacaíocht a thug Ó Ríordáin di agus í ina file óg. Tá imir den trua le brath sa chur síos a dhéanann sí air mar dhuine a bhí míshuaimhneach i measc daoine:

Is cuimhin liom Seán Ó Ríordáin go mbíodh sé thuas ina phluaisín bheag de sheomra. Is dóigh liom gurb é Davitt a thug suas ar dtúis mé ach théinn suas minic go maith ina dhiaidh san agus nuair a ghabhas trí thréimhse an-deacair ansan nuair a bhíos a naoi déag, b'eisean duine des na daoine ba mhó a chabhraigh liom ar a shlí iomrallach féin, cé go raibh sé scanraithe romham. Mar bhí sé scanraithe roimh mhná. Níor mhaith leis mná. (de Paor 1989: 44)

Níl aon rian de scáth díobhálach an Ríordánaigh le tabhairt faoi deara i bhfilíocht Ní Dhomhnaill ach oiread. Is cinnte nach scáth ná imní atá le rianú ar an fhreagra a thugann sí ar thuairimí Uí Ríordáin faoin bhanfhilíocht. Is sa tsraith 'Toircheas' (F: 105-9) a thugann Ní Dhomhnaill aghaidh ar dhán cáiliúil an Ríordánaigh. Baineann sí casadh as meafar an toirchis ag Ó Ríordáin lena mhalairt a chruthú – gur dual don bhean filíocht a scríobh. Cuireann insteoir an dáin 'Banfhile' béim ar mhí-nádúrthacht chruthaitheacht na mban. Déantar comparáid idir cumadh na filíochta agus giniúint linbh; ní thig leis an bhean leanbh a ghiniúint léi féin agus ar an dóigh chéanna, samhlaítear don insteoir nach bhfaighidh bean inspioráid ón Bhé toisc í a bheith baineann:

> Ag luí léi féin a bhíonn banfhile,
> Trom léi féin a bhíonn banfhile,
> Ní file ach filíocht an bhean.
> Á coilleadh féin a bhíonn banfhile. (Ó Ríordáin 1978: 45)

Tugann Ní Dhomhnaill freagra ar na líomhaintí seo trí bhé fhireann a chur inár láthair sa tsraith 'Leannán Sí' (F: 55-80). Sa tsraith dánta 'Toircheas' baineann Ní Dhomhnaill macalla as na línte 'Ag luí léi féin a bhíonn banfhile/ Trom léi féin a bhíonn banfhile' agus ionannú meafarach á dhéanamh aici idir an toircheas agus cumadh na filíochta.[35] Baineann na dánta 'Toircheas I' (F: 105), 'Toircheas III' (F: 107), 'Toircheas IV' (F: 108) agus 'Toircheas V' (F: 109) le teacht an earraigh, rithim na mná á cur i gcomparáid le rithim an nádúir. Tagraítear don gheimhreadh, don fhuacht, don drochaimsir, don dorchadas agus, sa dán 'Toircheas III' (F: 107) go speisialta, don fhulaingt ar cuid den phróiseas é, bíodh leanbh nó filíocht á tabhairt ar an saol. Murab ionann is na tráchtairí a shamhlaíonn deacrachtaí ar leith a bheith ag an bhean filíocht a chumadh mar gheall ar inscne na Bé, sa dán 'Toircheas III' cuireann an chéad phearsa bhaineann in iúl go bhfuil gaol ar leith aici leis an bhanríon nó leis an Bhé. Is í an crann taca a thugann fothain do thaithitheoirí an leasa: 'a shoilsíonn trí lár ár saoil mar stuaire crainn/ is sinne, mar bhábóga ceirte, ar sileadh léi' (F: 107). Má tá taithí ag pearsa na ndánta seo ar dhúlaíocht geimhridh an anama, tá ábhar dóchais i ngach ceann de na dánta: péacann an plúirín sneachta, tagann faid leis an lá, bláthaíonn mianach an fhile:

> Díreach ansan
> tagaim ar chnapán beag sabhaircíní
> ar leacan theas an leasa.

Nach rud mar seo fadó
a chuir ag scríobh filíochta mé. ('Toircheas III', F: 107)

Cé go samhlaíonn Ní Dhomhnaill an chumadóireacht le toircheas, ní
seobhaineachas inbhéartaithe atá sa tsraith 'Toircheas'. Faoi mar a
phléifear amach anseo, tugann filíocht Ní Dhomhnaill le fios go
bhfuil dhá phrionsabal shíceacha páirteach sa phróiseas cruthaitheach
faoi mar atá sa chomhriachtain fhisiciúil.

Ní Dhomhnaill agus a Réamhtheachtaithe Liteartha Baineanna

Is léir ón mhéid atá rianaithe thuas nach ionann cás Boland agus cás
Ní Dhomhnaill ó thaobh imní an scáthaithe ná imní na húdarthachta
de. Cé go raibh ar Ní Dhomhnaill ionad a éileamh di féin go
comhfhiosach i dtraidisiún liteartha na Gaeilge, murab ionann is
Boland, ní raibh uirthi dul i ngleic le réamhtheachtaí fireann faoi leith.
Tá an chuma ar an scéal gur fháiltigh Ní Dhomhnaill roimh ghnéithe
den traidisiún, i mBéarla agus i nGaeilge, a thug misneach agus
inspioráid di agus gur thug sí fogha faoi na gnéithe sin nár aontaigh sí
leo. Deir Declan Kiberd (1996: 605): 'Ní Dhomhnaill taught her
generation that the best way to protect a tradition is to attack and
subvert it'. Is mithid tuairimí Ní Dhomhnaill féin i dtaobh líon nó
laghad a réamhtheachtaithe baineanna a iniúchadh. An gcaíonn sí
teirce na réamhtheachtaithe faoi mar a dhéanann Boland nó, dála
Biddy Jenkinson, an aimsíonn sí eiseamláirí baineanna di féin i
dtraidisiún na Gaeilge?

Murab ionann is Boland arb é an t-athrá comhartha sóirt a cuid
tráchtaireachta, is é an easpa leanúnachais nó an t-athrú poirt is tréith
do thráchtaireacht Ní Dhomhnaill ar an ábhar seo. Níl sí chomh
diongbháilte le Boland ina cuid tuairimí faoina réamhtheachtaithe ná
faoi laghad na réamhtheachtaithe baineanna atá aici. Tá an chuma ar
an scéal go gcuireann sí tuairimí difriúla chun cinn ar ócáidí difriúla.
In agallaimh a rinne Ní Dhomhnaill le Lucy McDiarmid agus Michael
Durkan i 1987, le Louis de Paor i 1989 agus le Medbh McGuckian i
1995, labhraíonn sí faoi thacúlacht an traidisiúin Ghaelaigh. Luann sí
an traidisiún béil agus na banfhilí Máire Mhac an tSaoi agus Caitlín
Maude mar na foinsí inspioráide agus misnigh a bhí aici nuair a
thosaigh sí ag scríobh i dtús báire. Faoi mar a pléadh cheana, san alt
'What Foremothers?' (1992) a foilsíodh mar fhreagra ar alt a
d'fhoilsigh an file Meiriceánach Anne Stevenson sa bhliain chéanna,

maíonn Ní Dhomhnaill gur beag réamhtheachtaí baineann a bhí i dtraidisiún na Gaeilge. Is é an dearcadh céanna a léiríonn sí in dhá aiste eile: sa léacht 'The Hidden Ireland: Women's Inheritance' a ndearnadh craoladh uirthi ar raidió RTÉ1 agus a foilsíodh i bhfoirm aiste i 1996 agus sa réamhrá le roinn na filíochta comhaimseartha in *The Field Day Anthology of Irish Writing* (2002).

Is mór an difear idir a gaol gairid le banfhilí ársa na Gaeilge Líadan, Eibhlín Dubh Ní Chonaill agus Feidhleam Banfhile[36] ar chuir Ní Dhomhnaill síos air in agallamh le McDiarmid agus Durkan (1987: 43), agus a háiteamh in alt eile: 'Nowhere in the Irish tradition can I find anything but confirmation of Eavan Boland's claim that women have been nothing else but the "fictive queens and national sibyls"' (Ní Dhomhnaill 1992: 24). Leoga, diúltaíonn sí glacadh le Feidhealm, Medhbh nó Líadan mar réamhtheachtaithe á mhaíomh nach bhfuil iontu ach banfhilí ficseanúla i dtéacsanna le húdair fhireanna.[37]

Cé go dtugann sí aitheantas don scoláireacht atá ar siúl ag scoláirí Gaeilge san alt 'What Foremothers?' (1992) agus go dtuarann sí go dtabharfaidh siad téacsanna le mná chun solais agus go mbeidh léargas úr feimineach ar an traidisiún liteartha ar fáil, is ábhar iontais é go ndearna sí féin neamhhiontas de thorthaí na hoibre sin sna hailt a scríobh sí i gcaitheamh na nóchaidí. D'fhoilsigh Máirín Ní Dhonnchadha (1993; 1994; 1995), mar shampla, trí alt thábhachtacha i lár na nóchaidí, ailt inar pléadh gnéithe tábhachtacha de cheist na húdarthachta, ceist a bhfuil dúil ag Ní Dhomhnaill inti mar is léir ón idirdhealú cúramach is gnách léi a dhéanamh idir banfhilí stairiúla agus banfhilí ficseanúla a luaitear i dtéacsanna le fir. In dhá cheann de na hailt, léiríonn Ní Dhonnchadha go háititheach go bhfuil gach féidearthacht ann gur baintreach a thug móid gheanmnaíochta a chum an dán cáiliúil 'Aithbe damsa bés mara'. Sa tríú halt, 'Two Female Lovers' (1994), tuairimíonn Ní Dhonnchadha gur beirt bhan a chum an dá dhán grá atá curtha in eagar aici san alt. Tá a leithéid chéanna áitithe ag Thomas Clancy faoi údarthacht cuid d'fhilíocht na Sean-Ghaeilge. Is é an tátal a bhaineann sé (1996) as a mhionscrúdú téacsúil ar na dánta Sean-Ghaeilge 'Ísucán' agus 'Aithbe damsa bés mara', gur mná a chum iad. Tuigtear dó fosta go mb'fhéidir gur mná iad an ceathrar banfhilí a luaitear sa réamhrá próis den dara dán díobh seo. Níl aon rian, ámh, d'impleachtaí an taighde úir seo san alt 'The Hidden Ireland' (1996) mar a maíonn Ní Dhomhnaill:

We have no way of knowing, at this point in time, whether for instance Fidelm, or Liadán (sic) or the Hag of Béara was ever in category (a), a woman poet producing a text; all we can say for certainty is that they are in category (c), a woman described as a poet in a text produced by a man. (Ní Dhomhnaill 1996: 108)

In ainneoin gur scríobh Ní Dhomhnaill an réamhrá sa bhliain 1994 agus gur tuigeadh di agus an díolaim *The Field Day Anthology* á foilsiú i 2002 gur píosa stairiúil a bhí sa réamhrá faoin am sin, is aisteach liom nár thug sí an t-aitheantas is lú, i bhfonóta féin, don scoláireacht nua a bhí ag athrú dhreach na canóna agus ag caitheamh amhrais ar an tuiscint gur traidisiún eisiatach fireann é traidisiún liteartha na Gaeilge agus gur beag an rian a d'fhág na mná air go dtí lár na haoise seo caite.[38]

Tá seasamh Ní Dhomhnaill i leith na scoláireachta is úire níos aistí fós i bhfianaise a bhfuil ráite aici faoin léargas atá aici anois ar an pholaitíocht inscní agus an tóir atá aici dá réir ar eiseamláirí baineanna:

…so as far as I was concerned women poets were a natural part of any poetic or scholarly inheritance and the fact or lack of a womans' poetic tradition or inheritance didn't bother me much, which or whether, one way or the other. Now, though, twenty odd years down the road, it *does* bother me. It bothers me a lot. The fact that the few women poets in the tradition appear as distant ghostly islands in a great sea of indifference and a fog of unknowing bothers me, not just in itself but also because I know in my heart and soul that it is not the whole picture, nor the true picture, but very much the result of the vagaries of canon making. *What is going in, and what is being left out.* (Ní Dhomhnaill 1996: 107)

Shílfeá mar sin gur thábhachtaí di ná riamh aird a thabhairt ar an obair chnuasaithe agus ar an léirmheastóireacht fheimineach atá ar siúl ar thraidisiún liteartha na Gaeilge.

I gcodarsnacht leis an aitheantas is gnách do Ní Dhomhnaill a thabhairt don uchtach agus don inspioráid a thug Maude agus Mhac an tSaoi di nuair a chuaigh sí i mbun pinn,[39] is ar theirce na n-eiseamláirí a dhíríonn sí san alt 'What Foremothers?':

When I came back to boarding school from the first Scoil Gheimhridh Merriman in 1969, my ears still ringing with the stunning impromptu [...] riposte that Seán Ó Riordáin gave to Ó Cadhain's *Páipéirí Bána,*

Páipéirí Breaca [...] there was precious little in the line of role models to look up to. (Ní Dhomhnaill 1992: 25)

Admhaíonn Ní Dhomhnaill go raibh Mhac an tSaoi agus Maude ag saothrú na filíochta, ach ní thugtar le fios go raibh an teagmháil chomh dlúth ná chomh pearsanta is a thugtar le fios san agallamh le McGuckian (1995):

> *Perhaps* [Is leis an údar an bhéim] I was luckier than Eavan Boland, in that Caitlín Maude was already on the Leaving Certificate course and that Máire Mhac an tSaoi was already enshrined as one of the great trinity of poets who had dragged Irish poetry, screaming and kicking, into the twentieth century by their stunning achievements back in the fifties. [...] There was also no question of their not being very good poets, though Caitlín Maude's untimely death greatly reduced her output. But that was about it. (Ní Dhomhnaill 1992: 25-26)

Is suimiúil nach í Ní Dhomhnaill amháin a thacaíonn le cuntas Boland ar thraidisiún liteartha na hÉireann in ainneoin nach bhfreagraíonn sé go cruinn dá taithí phearsanta féin. In aiste adhmholtach léi faoi Boland, tagann cuntas Mary O'Malley ar ionad na mban i dtraidisiún liteartha na Gaeilge salach ar an chur amach a bhí aici, de réir a tuairisce féin, ar fhilíocht Mhac an tSaoi:

> It has been remarked and written that there were always women writers in Irish, true in the sense that there were women writers in ancient Greece. They were safely dead and mostly unread. [...] what I want to contend is that while there was such a tradition, and those of us who read in that language have been bolstered and fed by it, this in no way renders anything that Boland has written less accurate, nor diminishes her contribution to literary debate in Ireland. (O'Malley 1999: 253-54)

Is cosúil go gcuireann an flosc seo chun molta siabhrán ar chumas criticiúil O'Malley. Cén dóigh a bhféadfadh cuntas Boland a mhaíonn nach raibh banfhilí ag saothrú lena linn, a bheith cruinn agus neamhaird á tabhairt aici ar an bhanfhile beo beathach a luann O'Malley (1999: 253) féin mar ábhar inspioráide? Más rud é go bhfuair banfhilí comhaimseartha na Gaeilge cothabháil ó thraidisiún na Gaeilge, nach n-ardaíonn an fhíric seo ceist faoi ionadaíocht agus faoi bhailíocht chuntas Anglalárnach Boland?

Ag labhairt faoin dóigh ar glacadh léi mar fhile, faighimid dhá insint iontach éagsúil lena chéile ó Ní Dhomhnaill. San agallamh le

McGuckian deir Ní Dhomhnaill nach raibh aon fhadhb aici le
foilsitheoirí, go raibh sí ar an chéad duine de ghlúin *Innti* ar éirigh leis
nó léi cnuasach filíochta a fhoilsiú. É sin ráite, áfach, taobh amuigh de
dhomhan na Gaeilge deir sí nach raibh aon stádas aici mar fhile: 'the
whole male hegemony thing swung into action. I had two collections
finished before anyone was aware that I existed' (in O'Connor 1995:
593). Ach béimníonn sí lorg na tromláimhe patrarcaí taobh istigh de
réimse na Gaeilge fiú amháin ina haiste 'What Foremothers?':

> The usual catalogue of indignities dogged the steps of any poem I tried
> to see into print. Editors chipped and chopped with no by-your-leave.
> Totally outmoded ideas of *an caighdeán* (the standard) were brought to
> bear on what was purporting to be, after all, something other than civil
> service jargon. One poem ("An Cuairteoir") was refused publication
> because it was deemed to be blasphemous [...] When I first experimented
> with the long line it was deemed unprintable...(Ní Dhomhnaill 1992:
> 26)[40]

Maíonn sí gurb é an t-aon fháth ar éirigh léi teacht slán ná go raibh sí
ag saothrú léi ar an choigríoch agus go raibh méid áirithe bainte
amach aici sular fhill sí ar Éirinn. (Ní Dhomhnaill 1992: 15)

I gcodarsnacht le Boland a dhíríonn ar an traidisiún liteartha
amháin, déanann Ní Dhomhnaill idirdhealú idir an traidisiún liteartha
agus an traidisiún béil. Is léir go dtuigtear do Ní Dhomhnaill go bhfuil
tábhacht ar leith ag roinnt leis an traidisiún béil mar dhóigh eile leis
an saol a mhíniú, modh smaointeoireachta nach bhfuil líneach, faoi
mar atá áitithe ag Bourke (2002: 1191-97). Samhlaítear do Ní
Dhomhnaill tábhacht nach beag le filíocht bhéil na mban agus
traidisiún an chaointe:

> It didn't bother me at all [ganntanas na mbanfhilí] ... though mind you
> we had Eibhlín Dhubh Ní Chonaill, which I knew since I was twelve. I
> am forgetting something. I learned a lot of Irish poetry from my mother.
> She taught me local poetry, "Caoineadh na Luascach," the Lament of the
> Luceys, the sort of thing she knew by heart. (in O'Connor 1995: 590)

Cé go dtugann filíocht uile Ní Dhomhnaill an-aitheantas do litríocht
bhéil na mban, tagann éirim an ailt 'What Foremothers?' (1992) salach
ar an tuiscint a léiríonn sí ar thábhacht an traidisiúin ailtéarnaigh
bhaininn; ní áiríonn sí na banchaointeoirí mar réamhtheachtaithe, is
cosúil, toisc nach bhfuil aitheantas canónta faighte acu:

There may have been hundreds, even thousands of them, and yet with the
one exception of Eibhlín Dubh, none of them has made it into the canon.
Healthy line of foremothers indeed! (Ní Dhomhnaill 1992: 23)

Maidir lena comhfhilí, idir fhireann agus bhaineann, tugann Ní
Dhomhnaill aitheantas dóibh ar bhealach nach ndéanann Eavan Boland.
Ainmníonn sí Ciaran Carson, Paul Muldoon, Eiléan Ní Chuilleanáin
agus Medbh McGuckian mar fhilí a bhfuil rud inteacht le foghlaim aici
uathu (in O'Connor 1995: 605). Tagraíonn sí go speisialta don tionchar
a bhí ag céad chnuasach McGuckian ar a cuid filíochta. Deir sí gur
scríobhadh an dán 'An Casadh' (F: 11-12) faoi thionchar fhilíocht
McGuckian, a d'oscail réimse nua samhlaíochta di (in O'Connor 1995:
600). Tugann sí aitheantas ar leith dá filí comhaimseartha sa dara cuid
den chnuasach *Cead Aighnis* (1998) mar a n-aistríonn sí dánta le Paul
Celan, Medbh McGuckian, Michael Longley, Tom MacIntyre agus
Ferida Durakovic. Ina réamhrá in *The Field Day Anthology of Irish
Writing* tugann Ní Dhomhnaill (2002: 1301) aitheantas do Boland as an
dóigh ar tharraing sí aird ar an chlaonadh frithbhaineann i bhfilíocht na
hÉireann agus as an spreagadh a thug sí do bhanfhilí eile dul i mbun
pinn. In agallamh le de Paor (1989: 51) deir sí gur 'manna sa bhfásach'
iad a comh-bhanfhilí Gaeilge.

Ceist na Teanga
Sa deireadh thiar, áfach, ní hé cás na mban an chloch is mó ar phaidrín
Ní Dhomhnaill. Is mó an imní a dhéanann cúrsaí teanga di:[41]

> Yes. I feel much more strongly on the language issue than on the woman
> issue. Much as the exclusion of women in the *Field Day Anthology*
> bothers me, it angers me far more that Irish is so underrepresented there.
> That although the bardic poem was the main cultural vehicle for four
> hundred years only two of them are included, and without any
> explanatory essay on their context. Not to mention Irish polemics – the
> medieval or early modern polemics or recent polemics like Máirtín Ó
> Cadhain's wonderful *Páipéirí Bána Páipéirí Breaca*. When I went to
> Cumann Merriman and heard him give a paper saying that these short
> lyrics won't do anymore ... that's the kind of thing that sent me into Irish!
> And then Seán Ó Riordáin gave a marvellous impromptu rebuttal [...].
> Instead *Field Day* chose boring, staid bits of Irish and put miserable
> translations on them. I am far more upset about the misrepresentation of
> Irish than the misrepresentation of women. (in O'Connor 1995: 594)

Ina haiste 'The Corpse That Sits Up and Talks Back' (1995) tugann Ní Dhomhnaill le fios gur tacaíocht mhór di mar fhile, traidisiún liteartha na Gaeilge. Cuireann sí síos ar an tairbhe atá le baint as na lámhscríbhinní agus as foinsí béaloidis ó thaobh teanga agus próis de ar láimh amháin, agus ó thaobh inspioráide agus téamaí de ar an láimh eile. Tá sí ina hoidhre ar an traidisiún liteartha is sine in Iarthar na hEorpa agus má tá sí ag snámh in aghaidh easa chultúrtha agus í ag scríobh i nGaeilge, nó má tá an chuma ar an scéal nach bhfuil dóchas ar bith ann, tá sí sásta dul sa seans. Ní théann sí ar chúl sceiche sa dán 'Ceist na Teangan' (F: 128) maidir leis an réamhtheachtaí baineann atá aici sa chúinse seo – máthair Mhaoise:

ansan é a leagadh síos
i measc na ngiolcach
is coigeal na mban sí
le taobh na habhann,
féachaint n'fheadaraís,
cá dtabharfaidh an srúth é
féachaint, dála Mhaoise
an bhfóirfidh iníon Fhorainn? (F: 128)

Caíonn Ní Dhomhnaill an easpa aitheantais a thugtar don scríbhneoir Gaeilge trí chéile faoi mar a chaíonn Boland an easpa airde ar bhanfhilí:

However, outside the Irish language community I didn't exist, and as you [McGuckian] said, I've had to set out clinically to create the atmosphere whereby poetry in Irish gets put on the cultural menu. (in O'Connor 1995: 593)

Cáineann sí banscríbhneoirí an Bhéarla go háirithe. I bhfianaise na neamhshuime a léiríonn an banfhile Béarla is mó cáil sa tír i leith na Gaeilge, is deacair a shamhlú nach dírithe ar Eavan Boland atá an ráiteas seo a leanas:

The unkindest cut of all was the total lack of support or comprehension or even acknowledgement of our existence by women writing in English. [...] Many people are embarrassed by their own lack of Irish and are not woman enough to admit that it has a legitimate place on the cultural menu and a significant role to play in the life of this country. (Ní Dhomhnaill 1992: 26)

Nuair a thráchtann Boland ar 'the Irish poem' is é an dán Béarla a bhíonn i gceist aici. Míníonn duine de chomhghleacaithe Ní Dhomhnaill, Biddy Jenkinson, cúis na neamhairde seo, dar léi, cúis a bhaineann go dlúth le tábhacht na Gaeilge d'fhéiniúlacht an Éireannaigh, tábhacht a shéanann Boland:

> We [scríbhneoirí Gaeilge] have been pushed into an ironic awareness that by our passage we would convenience those who will be uneasy in their Irishness as long as there is a living Gaelic tradition to which they do not belong. (Luaite in Ní Dhomhnaill 1995: 27)

Ní chuireann Ní Dhomhnaill fiacail ann agus í ag caint ar an dóigh a ndéanann lucht an Bhéarla beag is fiú de litríocht agus de theanga na Gaeilge:

> I can well see how it suits some people to see Irish language literature as the last rictus of a dying beast. As far as they are concerned the sooner the language dies the better, so they can cannibalize it with greater equanimity, peddling their 'ethnic chic' with nice little translations from the Irish. (Ní Dhomhnaill 1995: 27)

Is léir mar sin go gcaithfear scrúdú a dhéanamh ar na cosúlachtaí dromchlacha idir an seasamh atá ag Eavan Boland agus Nuala Ní Dhomhnaill i leith thraidisiún liteartha an Bhéarla agus thraidisiún liteartha na Gaeilge faoi seach. Is for-réil fosta nach féidir saothar aon duine den bheirt a mheas gan an dá thraidisiún atá mar oidhreacht liteartha acu beirt a chur san áireamh. Má tá criticeoirí an Bhéarla ciontach go minic sa neamhiontas a dhéanann siad de litríocht na Gaeilge, is cinnte nach bhfuil criticeoirí na Gaeilge saor ó locht agus drogall orthu tionchar litríocht an Bhéarla a admháil. Dar ndóigh, ní hionann an dá chás agus níor mhór stádas domhanda an Bhéarla le taobh stádas imeallaithe na Gaeilge ina tír féin a chur san áireamh in aon phlé a dhéanfaí ar an cheist seo.[42]

Conclúid

Tá stádas mar cheannródaí bainte amach ag Eavan Boland i measc bhanscríbhneoirí na hÉireann. Tugann Medbh McGuckian, Paula Meehan, Mary O'Malley agus Nuala Ní Dhomhnaill féin aitheantas don tionchar a bhí ag Boland ar theacht chun cinn iliomad banfhilí le corradh is tríocha bliain anuas. I bhfianaise a bhfuil rianaithe agam go dtí seo, is cosúil go raibh baint nach beag ag Boland féin i gcruthú

agus i gcothú an stádais seo. Is cinnte go raibh nuálaíocht ag roinnt le
tionscnamh liteartha Boland, cé go raibh gnéithe áirithe dá cuid
filíochta nach raibh chomh nua ná chomh réabhlóideach is a thugann
an file féin le fios. Is fiú dearcadh Mary O'Donnell, file, a mheabhrú:

It is not so much that her subjects were so new – because they weren't.
Eithne Strong had been exploring some of the terrain Boland ventures
into here, and arguably with greater artistic commitment too, for many
years beforehand. But unlike Strong, Boland the poet brought with her a
critical agenda which she seemed consciously to employ to carry her
through the inevitable misunderstandings, hostilities, silly tussles and
half-baked notions about women's writings, many of which landed in her
lap. (O'Donnell 1993: 41)

Tugann litríocht na Gaeilge breis fianaise ar bhailíocht thuairim
O'Donnell. Bhí taithí áirithe ag léitheoirí na Gaeilge ar ábhar a bhain
le cúrsaí ban; luaim, mar shampla, filíocht Mháire Mhac an tSaoi, go
háirithe na cnuasaigh *Codladh an Ghaiscígh agus Véarsaí Eile* (1973)
agus *An Galar Dubhach* (1980). Murab ionann agus Boland, áfach,
níor nós leis na banfhilí Gaeilge mar Strong agus Mhac an tSaoi an
chritic a shaothrú le haird a tharraingt ar a gcuid filíochta. Cé nach
bhfuil an t-aitheantas céanna mar cheannródaí gnóthaithe ag Ní
Dhomhnaill i measc a comhfhilí, is fíor do de Paor (2006: 342) go
bhféadfaí tionchar Ní Dhomhnaill a chur san áireamh agus an borradh
atá i ndiaidh teacht ar fhilíocht Ghaeilge na mban, sna nóchaidí go
háirithe, á mhíniú.

Ní mór, áfach, dul i ngleic chriticiúil leis an chuntas a thugann
Boland uaithi ina scríbhinní próis ar stair liteartha na mban. Is ar
easpa a réamhtheachtaithe baineanna agus ar an chiúnas as a n-
eascraíonn a cuid filíochta a leagann Boland béim, rud a thugann le
fios nár tháinig aon bhean slán ó chumhacht phatrarcach na bhfear. An
baol is mó atá le reitric an chiúnais agus na cailliúna, ámh, ná go
ndéanfar faillí i scríbhinní na mban atá fós le bailiú. Cé go n-áitíonn
Fogarty (1999) gurb í aird Boland ar chastachtaí na staire is cúis leis
an bhéim ar theirce na réamhtheachtaithe liteartha, is cinnte gur
simpliú ar an stair atá sa neamhhiontas a dhéanann Boland de na
banfhilí a tháinig roimpi.

Tuigtear do Boland go bhfuil an chritic iarchoilíneach
easnamhach mar gheall ar an neamhhiontas a dhéantar inti go minic de
chúrsaí inscne. Is for-réil, áfach, ón phlé a rinneadh ar dhearcadh

Boland i leith na Gaeilge agus stair na litríochta Gaeilge, nach bhfuil
sí féin saor ón chlaonadh chun imeallaithe, ní áirím simplithe. In
ainneoin a gairme chun oscailteachta i gcúrsaí cultúir agus a maímh
nár chóir aontacht chultúir a shantú (Boland 1974), is beag aitheantas
a thugann Boland do dhifríochtaí cultúir sa phlé a dhéanann sí ar stair
agus ar thraidisiún liteartha na hÉireann. Caitheann dearcadh
Anglalárnach Boland amhras ar an fheidhm a shamhlaíonn sí lena
cuid filíochta mar ghuth hibrideach ón imeall.

I gcodarsnacht leis an imeallú a shamhlaítear a bheith déanta ar
fhilíocht Boland i dtraidisiún liteartha an Bhéarla, is minic bheith
istigh á shamhlú le filíocht Ní Dhomhnaill i dtraidisiún liteartha na
Gaeilge. Ag trácht dó ar scríbhneoirí Gaeilge na linne seo deir Denvir
go bhfuil buntáiste acu sa mhéid is go bhfuil oidhreacht fhada
liteartha ar a gcúl:

> Tá de bhuntáiste ag file na Gaeilge in Éirinn sna cúrsaí seo go bhfuil sé
> ag obair ar an taobh istigh, gur de chointeanóid an 2,000 bliain sin é den
> fhorás agus den fhorbairt a rinne an ghné sin ar leith den sícé daonna a
> fhoilsítear i dtraidisiún na Gaeilge, gaisce nach bhfuil ar chumas an té a
> mhaireas in aon alltar amuigh. (Denvir 1988: 119)

Tugann Ní Dhomhnaill tacaíocht don tuairim seo san alt 'The Corpse
that Sits Up and Talks Back' (1995). Chonacthas, áfach, nach bhfuil
leanúnachas an traidisiúin féin chomh neamhchasta sin gan caint ar
ionad na mban sa traidisiún céanna. Cé go dtugann Ní Dhomhnaill le
fios san alt thuasluaite gurb í an oidhreacht ársa liteartha is údar
misnigh agus ábhar cothabhála di, tá comhfhios eile le sonrú ina cuid
dánta. Rianaíonn Caoimhín Mac Giolla Léith an iarracht
chomhfhiosach atá le braistint sa dán 'I mBaile an tSléibhe', mar
shampla, agus Ní Dhomhnaill ag cur béime ar dhlisteanacht a gutha i
ngeall ar a bua sinseartha filíochta. Tagaim le léamh Mhic Giolla
Léith ach áitím gur chuige sin atá Ní Dhomhnaill; leagann sí béim ar
an iarracht chomhfhiosach mar go dtuigeann sí go bhfuil tuiscintí
traidisiúnta á gcur as a riocht aici. Murab ionann is Boland ar údar
imní di bailíocht a gutha i gcomhthéacs an traidisiúin, is le teann
diabhlaíochta agus easumhlaíochta a thugann Ní Dhomhnaill aghaidh
ar an cheist. Déanann sí ábhar an traidisiúin a athmhúnlú chun a
sásachta féin. Dála Mikhail Bakhtin (1993) tuigeann sí mianach
treascrach an ghrinn agus tagann sí i dtír air.[43] Pléadh an úsáid

threascrach a bhaineann Ní Dhomhnaill as gné na hidirthéacsúlachta. Is ríléir nach ag filleadh ar dheismireachtaí liteartha an traidisiúin atá Ní Dhomhnaill ach á bhforbairt faoi anáil theoiricí an iarnua-aoiseachais chun iad a chur in oiriúint dá haidhmeanna liteartha féin.

Cé gur minic tráchtairí ag déanamh comparáide idir dearcadh Boland agus dearcadh Ní Dhomhnaill maidir lena réamhtheachtaithe liteartha, léiríodh nach bhfuil Ní Dhomhnaill chomh diongbháilte le Boland ina tuairimí faoin ábhar seo. Rianaíodh na tuairiscí difriúla a thugann Ní Dhomhnaill sna hailt dhifriúla agus sna hagallaimh dhifriúla léi. Deir Margaret Kelleher i dtaobh na beirte: 'both Eavan Boland and Nuala Ní Dhomhnaill, who had written in early 1990s of the absence of predecessors have more recently recognized this more populated literary landscape' (Kelleher 2003: 87). Dála thráchtaireacht Fogarty (1999), áfach, is léir gur i dtaobh le hailt áirithe Bhéarla le Ní Dhomhnaill atá Kelleher. Mar a léiríodh thuas, is é a mhalairt atá fíor; ba mhó an t-aitheantas a thug Ní Dhomhnaill dá réamhtheachtaithe sna hagallaimh luatha a rinne sí ná sna hailt a scríobh sí ó 1992 ar aghaidh. I ndeireadh na dála, ámh, is fearr na tuairimí seo a mheas i gcomhthéacs na léitheoirí a bhfuil siad dírithe orthu seachas ó thaobh cúrsaí ama de. Is díograisí i bhfad Ní Dhomhnaill faoi na banfhilí a tháinig roimpi nuair is ar lucht léitheoireachta Gaeilge a bhíonn a cuid tráchtaireachta dírithe. Malairt scéil a bhíonn ann, is cosúil, nuair is léitheoirí Béarla a bhíonn á gcur san áireamh aici. Nuair a smaoinítear gur scríobhadh an t-alt 'What Foremothers?' (1992) mar fhreagra ar alt Anne Stevenson (1992) a léirigh dearcadh iontach rómánsach faoi thraidisiún na Gaeilge, is dóigh liom gur féidir a mhaíomh gur ag cur i gcoinne an rómánsaithe, a shamhlaíonn sí de réir dealraimh le léitheoirí Béarla, atá Ní Dhomhnaill agus béim á cur aici ina scríbhinní Béarla ar theirce a réamhtheachtaithe baineanna. Is é íoróin an scéil, áfach, ná go dtéann an cur chuige seo i gcoinne aidhmeanna ginearálta Ní Dhomhnaill traidisiún na Gaeilge a chur chun cinn mar thraidisiún a bhfuil peirspictíocht agus tuiscintí eile le fáil ann, tuiscintí atá difriúil ó bhonn le traidisiúin na mórtheangacha Eorpacha.

Ar deireadh thiar, ámh, ní hé traidisiún na mbanscríbhneoirí ná an easpa aitheantais a fhaigheann banscríbhneoirí an chloch is mó ar phaidrín Ní Dhomhnaill. Is mó a chuireann an easpa aitheantais agus tacaíochta a fhaigheann sí mar scríbhneoir Gaeilge isteach uirthi.

Tuairiscíonn sí san agallamh le Medbh McGuckian go raibh uirthi an Ghaeilge a chur ar an chlár cultúrtha ar bhealach iontach comhfhiosach agus cliniciúil. Chonacthas gur fadhb í seo a bhaineann le staid na teanga mionlaithe; gur minic nach dtugtar aitheantas don ábhar litríochta agus critice atá á scríobh sa teanga sin. Is obair leanúnach í seo agus is iad na straitéisí is mó a mbaineann Ní Dhomhnaill úsáid astu ná an léamh filíochta poiblí agus an t-aistriú go Béarla. Maidir leis an straitéis dheireanach seo, déanfar mionscrúdú ar phróiseas, ar thoradh agus ar impleachtaí an aistrithe amach anseo. Is féidir linn a rá anseo, áfach, go gcinntíonn an t-aistriú ar fhilíocht Ní Dhomhnaill nach laistigh de chomhthéacs na Gaeilge amháin a dhéanfar a cuid filíochta a phlé feasta.

Is for-réil mar sin nach féidir seasamh Boland ná Ní Dhomhnaill a mhíniú de réir pharaidím Gilbert agus Gubar gona béim ar imní an scáthaithe agus imní na húdarthachta. Dealraíonn sé gur mó an tionchar atá ag dálaí an traidisiúin náisiúnta ná cúrsaí inscne ar an seasamh atá ag an bheirt fhilí i leith an traidisiúin liteartha. Anuas air sin, ní hionann an tuiscint atá ag Boland agus ag Ní Dhomhnaill ar thraidisiún liteartha na hÉireann. Is léir mar sin nach bailí breithiúnas Fogarty mar léiriú ginearálta ar riocht an bhanfhile chomhaimseartha Éireannaigh:

> Unlike their male counterparts, it is not the anxiety of influence that serves as a goad for the individual creativity of the Irish woman writer but rather it is the entire absence of a female line of influence that acts both as a bogey and as a powerful impetus to question, refurbish, and invent poetic strategies of self-definition. (Fogarty 1999: 259)

Tagraíonn an ráiteas seo do shainchuntas Boland maidir leis an stair liteartha. Is cuntas é seo nach nglacann gach banfhile ná scoláire leis. Ina theannta sin, ní hionann cás an bhanfhile Gaeilge agus cás an bhanfhile Béarla. I bhfianaise a bhfuil rianaithe sa chaibidil seo, is cosúil nach ann don neach ionadaíoch údaí 'the Irish woman writer' agus gur baol don teoiric atá ag brath uirthi mar fhianaise.

Caibidil 2

ÉCRITURE FÉMININE

Those who write ill, and they who ne'er durst write
turn Theorists out of mere revenge and spite.

Réamhrá

Is é tuairim na coitiantachta gurb ionann banscríbhneoir nó banfhile agus scríbhneoir nó file feimineach. Leoga, is minic léargais na critice feiminí á gcur i bhfeidhm ar fhilíocht Boland agus ar fhilíocht Ní Dhomhnaill. Déanann Allen-Randolph (1991) agus Villar (2005) léamha bunaithe ar theoiricí na bhfeimineach Francach, Hélène Cixous agus Luce Irigaray, ar chuid de shaothar Boland. Áitíonn siad beirt gur chóir an cnuasach *In Her Own Image* (1980) a áireamh mar scríbhneoireacht bhaineann nó mar *écriture féminine*, mar a thuigtear an téarma seo i saothar Cixous. In ainneoin gur lú a shamhlaítear an feimineachas le filíocht Ní Dhomhnaill, is mó cardáil mhiontuairisciúil atá déanta ar an ghné fheimineach dá cuid filíochta agus dhá mhórshaothar taighde a théann i ngleic leis an cheist foilsithe le gairid. Áitíonn Bríona Nic Dhiarmada (1992; 1998; 2005) gur téacs mná agus téacs baineann nó *écriture féminine* atá i bhfilíocht Ní Dhomhnaill. Feictear do Phádraig de Paor (1997), áfach, nach bhfuil ach cosúlachtaí dromchlacha idir tionscnamh filíochta Ní Dhomhnaill agus na teoiricí feimineacha iarstruchtúracha. Dearbhaíonn sé gur faoi anáil na gluaiseachta iomlánaíche atá filíocht Ní Dhomhnaill, gur cruinne an téarma gínealárnach seachas feimineach le cur síos a dhéanamh uirthi. Is mian liom athbhreithniú a dhéanamh ar ghnéithe áirithe de na léamha seo a fhéachann le clár feimineach iarstruchtúrach a rianú i bhfilíocht na beirte. An féidir a dtograí filíochta trí chéile, idir an luathfhilíocht agus an fhilíocht dhéanach, a áireamh mar scríbhneoireacht bhaineann? An iad teoiricí feimineacha iarstruchtúracha na Fraince is mó a fhoilsíonn saintréithe fhilíocht na beirte?

Cad is '*écriture féminine*' nó Téacs Baineann ann?

Is de dhlúth agus d'inneach thogra díthógála Hélène Cixous agus

Luce Irigaray dúshlán a thabhairt don réasún agus don ord siombalach[1] trí shainteanga a fhorbairt a thabharfadh an t-ord séimeolaíoch[2] chun urlabhraíochta. Samhlaítear an tsainteanga seo le colainn na mban:

> Women must write through their bodies, they must invent the impregnable language that will wreck partitions, classes, and rhetorics, regulations and codes, they must submerge, cut through, get beyond the ultimate reserve-discourse, including the one that laughs at the very idea of pronouncing the word "silence", the one that, aiming for the impossible, stops short before the word "impossible" and writes it as "the end". (Cixous 1981: 256)

Ní bhaineann Irigaray úsáid as an téarma *écriture féminine*, ach baineann sí úsáid as an téarma '*le parler femme*'. Sáraíonn an teanga seo sainmhíniú, dar le Irigaray, óir ní fhreagraíonn sí don choincheapadh réasúnaíoch. Ní féidir le Irigaray ach cur síos a dhéanamh ar an chineál stíle a bhíonn i gceist:

> This "style" does not privilege the gaze but takes all figures back to their *tactile* birth. There she re-touches herself without ever constituting herself, or constituting herself in another kind of unity. *Simultaneity* would be her "property". A property that never fixes itself in the possible identity of the self to another form. Always *fluid* without forgetting the characteristics of fluids which are so difficult to idealize: this friction between two infinitely neighbouring forces that creates their dynamics. Her "style" resists and explodes all firmly established forms, figures, ideas, concepts. (Luaite in Moi 1985: 145)

Cé gurb iondúil go mbíonn scríbhinní Julia Kristeva san áireamh ag tráchtairí nuair a thagraíonn siad d'fheiminigh iarstruchtúracha na Fraince, is gá a mheabhrú go bhfuil difríochtaí caolchúiseacha idir teoiricí Cixous, Irigaray agus Kristeva. Diúltaíonn Kristeva, mar shampla, do choincheap seo na sainteanga baininne ar an ábhar go bhfuil a leithéid de choincheap eisintiúlach agus idéalach, dar léi: 'It is unfortunately the case that some feminists persist in adopting sulking, and even obscurantist, attitudes; those, for example, who demand a separate language for women, one made of silence, cries or touch, which has cut all ties with the language of so-called phallic communication…'(Kristeva 1987: 116). Is mór aici aird a dhíriú ar a bhfuil curtha faoi chois ag an chóras siombalach. Is é an réimse réamh-Éideapach seo a theastaíonn ó Kristeva a chur in iúl. Tuigtear di gurb í scríbhneoireacht threascrach an *avant-garde* is fearr a léiríonn teorainneacha na teanga agus an tsiombalaigh, agus leochaileacht fhéiniúlacht an duine dá réir:

> A playful language therefore gives rise to a law that is overturned, violated and pluralized, a law upheld only to allow a polyvalent, polylogical sense of play that sets the being of the law ablaze in a peaceful, relaxing void. As for desire, it is stripped down to its basic structure: rhythm, the conjunction of body and music, which is precisely what is put into play when the linguistic *I* takes hold of the law. (Kristeva 1986e: 295)

An Dearcadh Feimineach i Scríbhinní Próis Boland agus Ní Dhomhnaill

Admhaíonn Boland gur feimineach í agus dearbhaíonn sí a banúlacht mar fhoinse inspioráide agus tuisceana: 'I consider womanhood and my own as an enlightening power, and I don't invoke it as the sexual icon that it is in the work of men' (in Reizbaum 1989: 479). Áitíonn sí, áfach, nach file feimineach í: 'Yes, I'm feminist. But not a feminist poet. I'm no more a feminist poet than if I was a Marxist and thus a Marxist poet. Those ideologies stop at the boundaries of poetry' (in McWilliams Consalvo 1992: 92). Cé go n-admhaíonn Boland go ndeachaigh an ghluaiseacht fheimineach go mór chun sochair di, ceistíonn sí spriocanna scarúnacha an fheimineachais radacaigh. Feictear di go ndéanann aiste Adrienne Rich, *When We Dead Awaken* (1971), simpliú ar chás na mná cruthaithí agus ar a ceangal leis an traidisiún liteartha:

> Separatist thinking is a persuasive and dangerous influence on any woman poet writing today. It tempts her to disregard the whole poetic past as patriarchal betrayal. It pleads with her to discard the complexities of true feeling for the relative simplicity of anger. [...] Above all, it encourages her to feminize her perceptions rather than humanize her femininity. (OL: 244-45)

In ionad cúl a thabhairt don traidisiún, cuireann Boland roimpi athmhúnlú a dhéanamh ar an traidisiún agus taithí na mban a chur san áireamh:

> The separatists will identify, as I hope to, the devalued experiences that

have been left out of poetry, but they will wish to include them in
separatist structures. I am very conscious of attempting to include them
by subverting the pre-existing structures so that they have to include
them. (in Reizbaum 1989: 473)

Is í saintaithí na mban, nár tugadh aitheantas cuí di riamh sa
dioscúrsa liteartha, is cás le Boland. Creideann sí gur ábhair iad stair
agus fulaingt na mban a thabharfaidh acmhainn treascartha agus
fuascailte na filíochta chun solais (OL: 254). Tá an-iontaoibh aici as
cumhacht threascrach an tsaoil phríobháidigh:

> I wanted to see the powerful public history of my own country joined by
> the private lives and solitary perspectives, including my own, which the
> Irish poetic tradition had not yet admitted to authorship. I wanted to see
> the effect of an unrecorded life – a woman in a suburban twilight under
> a hissing streetlight – on the prescribed themes of public importance.
> [...] Besides, I had a sense of an alternative. The eloquent and
> destabilizing effect of the private voice was already something I had
> observed in the best Irish poetry. And I was sure – if only the tradition
> would admit it as subject matter – that this could throw the conventional
> Irish political poem off-balance, offering it fresh perspectives and
> different alignments. (OL: 187)

Samhlaítear an bhéim seo ar shaintaithí na mban go coitianta le
teoiricí feimineacha Angla-Mheiriceánacha a thugann tús áite do
thaithí na mban, mar a mhíníonn Mary Jacobus (1996: 299): 'In
America the flight toward empiricism takes the form of an insistence
on "woman's experience" as the ground of difference in writing'. Is é
sin le rá, go dtuigtear do na teoiriceoirí Angla-Mheiriceánacha gur
frithchaitheamh ar thaithí agus ar shaol an duine í an litríocht, agus
gurb é an comhartha sóirt atá ag litríocht na mban ná go bhfuil sí dílis
do thaithí na mban. Is minic a dhéantar teoiricí feimineacha na
Fraince a shainmhíniú i gcodarsnacht leis an chlaonadh seo chun
eimpíreachais; áirítear iad mar theoiricí idéalacha a bhfuil a mbunús i
dteoiricí teangeolaíochta, síocanailíse agus socheolaíochta. Níor chóir
teoiricí feimineacha Angla-Mheiriceánacha agus teoiricí feimineacha
Francacha a áireamh mar chodarsnacht pheire, faoi mar a áitíonn
Rachel Bowlby (1996: 274) agus í ag cur i gcoinne 'homologous
oppositions between stasis and process, theme and text, pragmatism
and theory, realism and (post)modernism'. Ina theannta sin, is cóir a
aithint gur tréithe ginearálta is bun leis na lipéid aidiachtacha

'Francach' agus 'Meiriceánach' agus go bhfuil difríochtaí suntasacha idir tuairimí na dteoiriceoirí a shamhlaítear le gach ceann de na gluaiseachtaí feimineacha seo.

Tá contúirtí an tsimplithe ag roinnt leis an éileamh a dhéanann Boland ar an fhilíocht a bheith dílis don saol príobháideach agus do thaithí na mban go háirithe. Caithfear, mar shampla, aitheantas cuí a thabhairt do na fachtóirí liteartha agus seachliteartha a bhfuil tionchar acu ar phróiseas na scríbhneoireachta féin. An bhfuil réaltacht oibiachtúil ann ar féidir athláithriú cruinn dílis a dhéanamh uirthi? Cén dóigh a dtabharfaí aitheantas d'éagsúlacht thaithí na mban? Pléann tráchtairí ar nós Gayatri Spivak (1981), Valorie Amos & Parmar Pratibha (1984), Chandra Talpade Mohanty (1988), Trinh T. Minh-ha (1989) agus Laura Donaldson (1993), gan ach an beagán a lua, an claonadh atá ag teoiriceoirí áirithe feimineacha aonchineálacht a shamhlú le taithí na mban, beag beann ar chúrsaí aicme, ar chúrsaí cultúir nó ar chúrsaí polaitíochta. Go deimhin, is minic bolgchaint agus coilíniú ar ghuth na mban curtha i leith Boland féin, rud a phléifear i gcomhthéacsanna éagsúla i gcaitheamh an leabhair.

I gcodarsnacht le Boland, is beag an bhéim a chuireann Ní Dhomhnaill ar thaithí ábharaíoch na mban. Deir sí féin nach gcuireann sí dúil sa chur chuige tuairisciúil seo:

> I have to admit that I have personally very little patience with the here-I-am-looking-at-peas-falling-off-the-plate type of poem and find that the domestic, *per se*, holds little attraction for me. I insist that filling the dishwasher is often just that, and is not necessarily always imbued with the numinosity that would turn it into a quasi-sacramental act, or the subject of a poem. (Ní Dhomhnaill 2002: 1294)

Is léir ó agallaimh agus ó scríbhinní próis Ní Dhomhnaill go bhfuil luí ar leith aici le teoiricí síceolaíocha Jung a dhíríonn ar phrionsabail shíceacha.[3] Is cosúil nach é cás na mban, ach an cás baineann, is príomhchúram di. Prionsabal síceach seachas eisint bhitheolaíoch a bhíonn i gceist ag Ní Dhomhnaill, cumhacht 'bhaineann' a bhíonn ag fir agus mná araon.[4] Is trúig bhróin agus aiféala di go bhfuil an prionsabal nó an meon 'fireann', bunaithe ar fhisic Newton agus ar fhealsúnacht Descartes, i réim ar an chóras smaointeoireachta domhanda:

An fhealsúnacht agus an meon mar dhea oibiachtúil seo tá sé bunaithe ar
íomhá mhí-réasúnta an Réasúin fhéin, agus laistiar de luíonn íomhá Dé
mar Ollathair. Agus an íomhá áirithe seo, tá a ré istigh, tá a rás rite.
Tuigtear domhsa gur bláthú íomhá Dé mar bhaineannach agus an forfhás
fuinnimh a bhaineann léi an t-aon seans fuar fánach amháin atá fágtha
againn i gcoinne an dísciú núicléach a bheartaíomar don domhan uile trí
leanúint go dall, geamhchaoch le meon atá ró-chúng is ró-chlaonta in
aghaidh oibreacha Dé mar a léirítear tríd an saol iad. (Ní Dhomhnaill
1986: 147-48)

Is mian le Ní Dhomhnaill guth a thabhairt don fhuinneamh nó don
chumhacht bhaineann seo, agus creideann sí go bhfuil an cumas sin
aici féin go speisialta mar gurb í an fhilíocht teanga nádúrtha na
cumhachta baininne agus an neamh-chomhfheasa (Ní Dhomhnaill
1986: 148). Is togra fileata treascrach a chuireann sí roimpi féin:
'Chun na fírinne a insint chím mé fhéin go minic mar shórt
treallchogaí i gcoinne an mheoin úd a chuireann gothaí na
hoibiachtúlachta air fhéin' (Ní Dhomhnaill 1986: 147).

Cé go gcreideann de Paor (1997) nach í an chritic fheimineach
iarstruchtúrach an chritic is fóirsteanaí le léirléamh a dhéanamh ar
fhilíocht Ní Dhomhnaill, aithníonn sé go bhfuil cosúlachtaí áirithe idir
a tionscnamh filíochta siúd agus na teoiricí feimineacha Francacha:
'tá an mheisiasacht dhóchasach a chuireann Ní Dhomhnaill i
gcumhacht shlánaitheach an phrionsabail bhaininn inchurtha le
dearcadh mílaoiseach an fheimineachais iarstruchtúraigh Fhrancaigh
i leith mianach réabhlóideach an "écriture féminine" mar a chuireann
Cixous síos air'(de Paor 1997: 241). Deir Ní Dhomhnaill féin (in
Dunsford 1999: 40) go n-eascraíonn na dánta is ansa léi as
brionglóidí, rud a fhreagraíonn do thuairim agus do theagasc Cixous:

We have a kind of writing which is night writing; our dreams are
absolutely shameless. We should write as we dream; [...] Our dreams are
the greater poets; if we could only write as our dreams, we'd be great
poets. [...] So at least let's not forget that we have secret authors hidden
in our unconscious – and try to go to school at night. (Cixous 1990: 22)

I bhfianaise a cuid scríbhinní próis, is cosúil gur mó an luí atá ag
Ní Dhomhnaill le hidéalachas na dteoiriceoirí Francacha ná le
turgnamhacht na dteoiriceoirí Meiriceánacha. Is mithid anois filíocht
na beirte a scrúdú, áfach, féachaint an dtagann a gcuid filíochta leis an
bhreithiúnas seo.

In Her Own Image mar Théacs Baineann

Is gnách le criticeoirí an cnuasach *In Her Own Image* (1980), a áireamh mar chloch mhíle ar leith i dtionscadal fileata Boland:

> *In Her Own Image* was indeed a radical departure with a radical result: a very visible shift in Boland's readership and constituency. Her new constituency was comprised of the women whose lives, bodies and experiences she was carefully moving to the centre of her work, and it contained a growing, largely urban, feminist contingent. (Allen Randolph 1994: 14)

Tá fianaise i dtaobh na mbraistintí feimineacha seo le tabhairt faoi deara sa chnuasach *The War Horse* (1975), ámh, agus dearcadh na mban i leith cúrsaí cogaíochta mar théama sna dánta 'Child of Our Time' (CP: 30), 'The Hanging Judge' (CP: 31), 'A Soldier's Son' (CP: 32) agus 'Naoise at Four' (CP: 45), mar shampla. Tá iontaoibh Boland as cumhacht threascrach an tsaoil phríobháidigh agus as cumhacht threascrach na taithí baininne le haithint sa dán ilmhíreach 'Suburban Woman' (CP: 50-52). Is sa chnuasach *In Her Own Image* (1980), áfach, a thagann a guth sainiúil baineann faoi bhláth mar is ceart. Pléann an cnuasach seo go comhfhiosach le híomhá na mban sa litríocht agus le hiarracht na chéad phearsan fogha a thabhairt faoi na híomhánna patrarcacha. Cé go maíonn Boland ina scríbhinní próis nach file feimineach í – nach scríobhann sí ar son na cúise feiminí – measaim go mbréagnaíonn dánta an chnuasaigh seo an t-áiteamh sin. D'fhéadfaí na lochtanna a fhaigheann sise ar rún simplithe an fheimineachais radacaigh a fháil ar an chnuasach seo.[5] Tá rian láidir d'fhearg an fheimineachais radacaigh a dhamnaíonn fir mar aintiarnaí, le sonrú i bhformhór na ndánta sa chnuasach *In Her Own Image* (1980).[6]

Bunaithe ar choincheap an *écriture féminine* mar a chuireann Cixous síos air, atá tráchtaireacht Allen-Randolph (1991) agus Villar (2005: 243-94) ar an chnuasach seo. Is éard a thuigeann Allen-Randolph (1991: 53) leis an téarma seo ná: '... a writing practice grounded in female experience, a practice which uses the female body as both vehicle and cipher, as both the site of female knowledge and writing and the interpreter of the knowledge unearthed'. Tuigtear do Villar (2005: 247) gur cineál scríbhneoireachta í ina bhfuil lorg de chollaíocht na mban le rianú ar an téacs. Tagraíonn siad beirt do bhuntuiscintí Cixous agus léirmhíniú á dhéanamh acu ar dhánta an chnuasaigh *In Her Own Image* (1980).[7] Feictear domsa, áfach, gur fearr an léargas a thugann teoiricíocht Irigaray ar ghnéithe áirithe de chnuasach seo Boland. Is ar phríomhthuiscintí Irigaray mar sin a dhíreofar aird an léitheora agus an cnuasach áirithe seo faoi chaibidil.

Is gnách teideal an chnuasaigh *In Her Own Image* (1980) a thuiscint mar leid don rún atá ag Boland siombalachas baineann an dioscúrsa liteartha a athshamhlú agus filíocht atá níos dílse do shaoltaithí na mban a chumadh. Murab ionann is na filí fireanna a chuireann a muinín sa Bhé, is mór ag Boland taithí na mban iarbhír a chur chun cinn sa dioscúrsa liteartha. Dála Irigaray, tuigtear di nach bhfuil i mBé na filíochta ach fantaisíocht na bhfear a chuireann féiniúlacht na mban ar ceal. Is é an rún athscríofa seo is ábhar don dán 'Tirade for the Mimic Muse' (CP: 55-56), ina gcuirtear béim ar mheafar an scátháin agus an fhrithchaithimh:

> And I who mazed my way to womanhood
> Through all your halls of mirrors, making faces,
> To think I waited on your trashy whim!
> Hoping your lamp and flash,
> Your glass, might show
> This world I needed nothing else to know
> But love and again love and again love.
> In a nappy stink, by a soaking wash
> Among stacked dishes
> Your glass cracked ... (CP: 56)

Is téamaí lárnacha iad an scáthántacht agus an frithchaitheamh i scríbhinní Irigaray. Dar léi, déanann an fear a *ego*, a mhise, a theilgean ar an domhan a fheidhmíonn mar scáthán agus a thaispeánann a fhrithchaitheamh féin dó. Is mar scáthán fosta a fheidhmíonn an bhean, dar léi, rud a chiallaíonn nach bhfeiceann sí a híomhá féin. Tuigtear do Irigaray go mbaineann an léiriú seo den bhean ní amháin le cúrsaí filíochta ach le dioscúrsa fealsúnachta an Iarthair trí chéile. Pléann na leabhair *Spéculum de l'autre femme* (1974) agus *Ce sexe qui n'en est pas un* (1977) an dóigh a ndearna fealsúnacht an Iarthair an prionsabal baineann a bhrú faoi chois riamh anall agus an toradh síceach a bhíonn ag an imeallú seo ar shícé na mban:

> The rejection, the exclusion of a female imaginary undoubtedly places

woman in a position where she can experience herself only fragmentarily as waste or as excess in the little structured margins of a dominant ideology, this mirror entrusted by the (masculine) "subject" with the task of reflecting and redoubling himself. The role "femininity" is prescribed moreover by this masculine specula(riza)tion and corresponds only slightly to women's desire, which is recuperated only secretly, in hiding, and in a disturbing and unpardonable manner. (Irigaray 1981: 104)

Baineann an chéad cheithre dhán eile sa chnuasach *In Her Own Image* (1980) le coimhthiú chorp na mban faoi thionchar na hidéeolaíochta patrarchaí. Mar is léir ó theidil na ndánta seo – 'In Her Own Image' (CP: 56-57), 'In His Own Image' (CP: 57-58), 'Anorexic' (CP: 58-60) agus 'Mastectomy' (CP: 60-61) – is í easláinte na mban, idir easláinte choirp agus easláinte intinne, i ngeall ar thuiscintí agus idéeolaíochtaí frithbhanda na sochaí, is cás leis an fhile.

Is í suibiachtúlacht scoilte na mban téama na ndánta 'In Her Own Image' agus 'In His Own Image'. Cur síos coimhthíoch a dhéanann céad phearsa an dáin 'In Her Own Image' uirthi féin, bean nach bhfuil in inmhe idirdhealú a dhéanamh idir a féiniúlachtsan agus féiniúlacht a linbh:

It is her eyes:
the irises are gold
and round they go
like the ring on my wedding finger,
round and round

and I can't touch
their histories or tears.
To think they were once my satellites!
They shut me out now.
Such light years!

She is not myself
anymore she is not
even in my sky
anymore and I
am not myself. (CP: 56-57)

Cuireann Irigaray suntas san easpa aitheantais a thugtar don sainghaol idir máthair agus iníon i gcultúr, i bhfealsúnacht, i gcreideamh agus i dteanga an Iarthair. Feictear di go bhfuil tionchar tromchúiseach ag an easpa tuisceana agus an easpa plé seo ar fhéiniúlacht na mban sa mhéid is go mbíonn deacrachtaí ag an bhean scaradh óna máthair:

> But there is no possibility whatsoever, within the current logic of sociocultural operations, for a daughter to situate herself with respect to her mother: because, strictly speaking, they make neither one nor two, neither has a name, meaning, sex of her own, neither can be "identified" with respect to the other [...] How can the relationship between these two women be articulated? Here "for example" is one place where the need for another "syntax", another "grammar" of culture is crucial. (Irigaray 1985: 143)

Is ionann suibiachtúlacht a bhaint amach, dar le Irigaray, agus glacadh le dlí an Athar, is é sin le rá, leis an ord siombalach. Tá an comhshamhlú seo bunoscionn leis an bhean féin, lena máthair agus le mná eile toisc nach dtugann an t-ord siombalach aitheantas ceart don tsuibiacht bhaineann, dar léi. Is mór ag Irigaray coinníollacha shuibiachtúlacht na mban a fhiosrú. Cén dóigh ar féidir leo labhairt mar mhná in áit aithris a dhéanamh ar na fir? Creideann sí nach bhfuil a leithéid bainte amach ag mná go fóill toisc nach n-aithnítear an baineann sa chóras siombalach. Is cosúil gurb é an easpa aithne a chuireann an bhean uirthi féin mar gheall ar dhioscúrsa a chuireann iallach uirthi feidhmiú mar scathán don fhireannach, is téama don dán *In His Own Image*. Is suntasach an ceangal a dhéanann Boland sa dán idir an foréigean teaghlaigh agus an dóigh a gcaitear le mná sna healaíona. Is é an múnlú foréigneach agus an easpa airde ar shuibiachtúlacht na mban a shamhlaítear le riocht na mban:

> Such a simple definition!
> How did I miss it?
> Now I see
> that all I needed
> was a hand
> to mould my mouth,
> to scald my cheek,
> was this concussion
> by whose lights I find
> my self-possession,
> where I grow complete.

He splits my lip and with his fist,
shadows my eye with a blow,
knuckles my neck to its proper angle.
What a perfectionist!
His are a sculptor's hands:
they summon
form from the void,
they bring
me to myself again.
I am a new woman. (CP: 58)

Tugann an dán 'Anorexic' (CP: 58-60) léargas ar an mhearbhall intinne ar toradh é ar an deighilt idir an bhean shaolta agus an íomhá den bhean a chruthaíonn idé-eolaíocht chinsealach na sochaí. Labhraíonn an chéad phearsa bhaineann faoina colainn féin sa tríú pearsa agus déanann sí a féinfhuath a theilgean ar an chailleach a shamhlaíonn sí lena colainn féin. Tagraítear go sonrach don ionannú is gnách a dhéanamh idir an chorparthacht, go háirithe corparthacht na mban, agus an pheacúlacht. Is í an idé-eolaíocht seo a thugann ar phearsa an dáin a colainn a shéanadh agus staid dhiaga a shantú:

Flesh is heretic.
My body is a witch.
I am burning it.

Yes I am torching
her curves and paps and wiles.
They scorch in my self denials.
[...]

Caged so
I will grow
angular and holy

past pain,
keeping his heart
such company

as will make me forget
in a small space
the fall

into forked dark,
into python needs

heaving to hips and breasts
and lips and heat
and sweat and fat and greed. (CP: 58-60)

Dar ndóigh ní call an anoireicse a thuiscint i dtólamh mar
thaispeánadh fisiceach ar fhulangacht an duine nach bhfuil smacht
aige ar dhálaí a shaoil féin. Leoga, ag trácht di ar an dán 'Féar
Suaithinseach' (F: 19) le Nuala Ní Dhomhnaill a ngabhann an
fotheideal 'Fianaise an chailín i ngreim "Anorexia"' leis, deir Bourke
(1993: 28) gurb ionann an anoireicse agus rud a rá go meafarach leis
an cholainn; fód a sheasamh i gcoinne an *status quo*. Níl an cineál sin
comhfheasa, áfach, ag roinnt le pearsa an dáin seo atá go mór faoi
anáil na hidé-eolaíochta frithbhanda a shamhlaíonn an bhean mar
mhaighdean nó mar striapach. Mar sin féin, tá gné fhéin-athfhillteach
shofaisticiúil ag roinnt leis na dánta 'In His Own Image' agus
'Anorexic'. Foilsíonn na dánta seo, a chuireann tuiscintí frithbhanda
i mbéal na chéad phearsan baininne, na claontuairimí patrarcacha sin
atá á gcáineadh acu. Tugann an straitéis seo cur chuige Irigaray chun
cuimhne óir is comhartha sóirt de chuid scríbhinní Irigaray an aithris
a dhéanann sí ar an idé-eolaíocht inscneach atá claonta, dar léi. Is mar
seo a leanas a mhíníonn sí tábhacht straitéiseach na haithrise:

> It means to resubmit herself [...] to "ideas", in particular to ideas about
> herself that are elaborated in/by a masculine logic, but so as to make
> "visible" by an effect of playful repetition, what was supposed to remain
> invisible: the cover-up of a possible operation of the feminine in
> language. (Irigaray 1985: 76)

Níl an ghéarchúis ealaíonta chéanna, áfach, ag roinnt leis an dán
'Mastectomy' (CP: 60-61) mar a bhfuil rian láidir den pharanóia agus
den seobhaineachas frithfhireann le brath sa dán tríd síos agus na
dochtúirí fireanna ag baint sult sádach as an obráid, dar le hinsteoir an
dáin. Ní thugtar aon léargas ar chastacht mhothúcháin na mná a
chaithfidh dul faoin scian, ach ligtear scód le fearg shimplí
fheimineach:

I have stopped bleeding.
I look down.
It has gone.

So they have taken off

what slacked them first,
what they have hated since:

blue-veined
white-domed
home

of wonder
and the wetness
of their dreams. (CP: 61)

Tá an dán bunaithe ar mhodh smaointeoireachta meitifisiciúil a bhraitheann ar na codarsnachtaí dénártha: fear v. bean, cumhachtach v. fulangach, loighiciúil v. mothálach. Is beag cosúlacht idir é seo agus an clár iarstruchtúrach feimineach a cheistíonn bunús na codarsnachta péire.

Maidir leis na cúig dhán eile sa chnuasach – 'Solitary' (CP: 62-63), 'Menses' (CP: 63-65), 'Witching' (CP: 65-67), 'Exhibitionist' (CP: 68-70) agus 'Making Up' (CP: 70-72) – is mar théacsanna baineanna nó *écriture féminine* a áiríonn Allen-Randolph (1991) agus Villar (2005: 243-94) iad. Is cinnte go bhfuil cosúlachtaí áirithe idir dánta seo Boland a dhéanann ceiliúradh ar chollaíocht na mban agus scríbhinní Cixous agus Irigaray. An cheist atá ann ná an samhlaítear an cholainn mar fhoinse scríbhneoireachta i ndánta seo Boland, rud a bheadh ag teacht le teoiricí Cixous agus Irigaray, nó an mó a fhreagraíonn a cuidse filíochta do theoiricí feimineacha Meiriceánacha a chuireann béim ar an cheangal idir an cleachtas liteartha agus riocht na mban sa tsochaí?

Tuigtear do Irigaray gurb í colainn agus *jouissance* na mban bunchloch an chomhfheasa bhaininn. Molann sí féin-earótachas na mban mar fhreagra ar fhallalárnachas[8] na bhfear:

> But a woman touches herself by and within herself directly, without mediation, and before any distinction between activity and passivity is possible. A woman "touches herself" constantly without anyone being able to forbid her to do so, for her sex is composed of two lips which embrace continually. Thus, within herself she is already two – but not divisible into ones – who stimulate each other. (Irigaray 1981: 100)

Déanann Boland earótachas na mban a cheiliúradh sa dán 'Solitary' (CP: 62-63). Mar is léir ó theideal an dáin, is é neamhspleáchas

earótach na mban atá á mhóradh. Tugann an t-insteoir meisiasach
dúshlán na dtuiscintí reiligiúnacha ar pheacúlacht na colainne trí úsáid
dhásachtach a bhaint as meafair eaglasta:

> Night:
> An oratory of dark,
> a chapel of unreason.
>
> Here in the shrubbery
> the shrine.
> I am its votary,
> its season.
>
> Flames
> single
> to my fingers
>
> expert
> to pick out
> their heart,
> the sacred heat
>
> none may violate.
> You could die for this.
> The gods could make you blind. (CP: 62)

Tugann na tagairtí iomadúla don solas le fios gur léas léargais an
tuiscint a aimsíonn an chéad phearsa ar an nasc idir an chollaíocht
agus an spioradáltacht; eipeafáine a thugann uirthi an deighilt is gnách
a dhéanamh idir an chollaíocht agus an spioradáltacht a bhréagnú:

> How my flesh summers,
> how my mind shadows
> meshed in this brightness
>
> how my cry
> blasphemes
> light and dark,
> screams
> land from sea,
> makes word flesh
> that now makes me
>
> animal,
> inanimate, satiate,

and back I go
to a slack tip,
a light. (CP: 63)

Braitheann éifeacht an dáin 'Menses' (CP: 63-65) ar an
chodarsnacht idir an dorchadas agus an solas fosta. Is í bitheolaíocht
na mban, a cumas síolraithe chomh maith lena mianta collaí, atá á
gceiliúradh. I dtús an dáin, samhlaítear an fhuil mhíosúil leis an
dorchadas, le fulaingt agus le nádúr ainmhíoch na mban atá i
dtuilleamaí rithimí an dúlra. Cé gur beag ag an phearsa bhaineann an
easpa neamhspleáchais bhitheolaíoch seo a shamhlaíonn sí mar
laincis uirthi – 'Only my mind is free' – tagann athrú intinne uirthi sa
rann deiridh. Déanann sí a marana ar a mianta collaí agus ar chumas
eisiach na mban leanbh a iompar:

Yes it is me
she poaches her old face in.
I am bloated with her waters.
I am barren with her blood.
Another hour
and she will addle me

till I begin
to think like her.
As when I've grown
round and obscene with child,
or when I moan
for him between the sheets,
then I begin to know
that I am bright and original
and that my light's my own. (CP: 65)

Is é an fhadhb a bhaineann lena leithéid seo de cheiliúradh ar eisint
bhitheolaíoch na mban, ná go ndéantar neamhiontas de na luachanna
soch-chultúrtha a mhúnlaíonn taithí na mban.

Is scríbhneoir mná í an chéad phearsa i ndánta deiridh an
chnuasaigh: 'Witching' (CP: 65-67), 'Exhibitionist' (CP: 68-70) agus
'Making Up' (CP: 70-72). Is é is cúram di ná íomhánna falsa agus
siombailí feitiseacha na patrarcachta a bhréagnú lena corparthacht
chollaí. Is trí mheán mheafar an dóite a chuirtear a hathshealbhú
liteartha ar an cholainn bhaineann in iúl sa dá dhán 'Witching' agus

'Exhibitionist', rud a thugann le fios go bhfuil idir mhianach scriosta
agus mhianach íonúnaithe ag roinnt le scríbhneoireacht na chéad
phearsan:

> I will
> reverse
> their arson,
>
> make
> a pyre of my haunch
>
> and so
> the last thing
> they know
>
> will be
> the stench
> of my crotch. (CP: 67)

Cé go bhfeictear do Allen-Randolph (1991: 55-56) go léirítear
tuiscint iarstruchtúrach sna dánta seo ar an réalachas liteartha mar
thógán bréige, tá rian láidir den eisintiúlachas le brath ar mhaíomh na
chéad phearsan gur fírinní agus gur dílse do thaithí na mban a healaín
filíochta féin. Is i gcodarsnacht le bréagíomhánna na bhfear a
shainmhíníonn céad phearsa an dáin 'Making Up' (CP: 70-72) a cuid
cumadóireachta baininne féin:

> Myths
> are made by men.
> The truth of this
>
> wave-raiding
> sea-heaving
> made-up
> tale
>
> of a face
> from the source
> of the morning
> is my own: (CP: 71-72)

Dearbhaíonn an dán seo an chodarsnacht dhénártha fear v. bean, ach
sa chás seo is mór ag pearsa an dáin cúrsaí cumhachta a inbhéartú
agus a cuidse filíochta/cumadóireachta a shamhlú leis an fhírinne.

In ainneoin na gcosúlachtaí dromchlacha mar sin, tá difríochtaí bunúsacha idir an cnuasach *In Her Own Image* (1980) agus teoiricíocht iarstruchtúrach Irigaray agus Cixous. Malartú cumhachta atá i gceist sna dánta 'Witching', 'Exhibitionist' agus 'Making Up'; cuireann an t-insteoir baineann i gcoinne shiombalachas inscneach na bhfear. Is ríléir go samhlaítear an bréagnú seo le slánú agus le haontú na suibiachta baininne. Is léir go samhlaíonn Boland dlisteanacht agus fírinne ar leith lena healaín filíochta féin. Ní cheistítear, áfach, cúrsaí cumhachta ná cruthú na suibiachta ann féin. Is mór an difear idir an chumhacht a shamhlaíonn an file lena hurlabhra baineann féin, agus bunús idé-eolaíoch an choincheapaithe atá thar raon na tuisceana, dar le Cixous:

> But there should be no misunderstanding: men and women are caught up in a network of millenial cultural determinations of a complexity that is practically unanalyzable: we can no more talk about "woman" than about "man" without getting caught up in an ideological theater where the multiplication of representations, images, reflections, myths, identifications constantly transforms, deforms, alters each person's imaginary order and in advance, renders all conceptualization null and void. (Cixous 1981b: 96)

Is rún díthógála atá ag Irigaray fosta; ní leor malartú cumhachta, caithfear struchtúrú na suibiachta a athrú ó bhun. Straitéis scarúnach a chuireann sí chun tosaigh; ní amháin gur gá cúrsaí cumhachta a athrú ó bhun, dar léi, ach is gá sóisialú na mban a chlaochlú fosta. Creideann sí nach n-athróidh stádas na mban sa tsochaí go dtí go mbeidh ord siombalach baineann ann a léireoidh sainchomharthaí an *Eile*.[9] Dar ndóigh, ní shíleann sí go bhfuil teacht ag an bhean ar chóras eile machnaimh agus siombalaithe díreach toisc gur bean í: 'There is no simple manageable way to leap to the outside of phallogocentrism, *nor any possible way to situate oneself there, that would result from the simple fact of being a woman*' (Irigaray 1985: 162).

Diúltaíonn Kristeva fosta don ionannú idir an bhean agus an Fhírinne a chuireann teoiricí áirithe feimineacha i gcás agus atá le haithint i gcnuasach seo Boland:

> But in this fantasy, where a woman, intended to represent Truth, takes the place of the phallus, [...] she ceases to act as an atemporal, unconscious force, splitting, defying and breaking the symbolic and

temporal order and instead substitutes herself for it as solar mistress, a priestess of the absolute. [...] A crude but enormously effective trap for "feminism": to acknowledge us, to turn us into the Truth of the temporal order, so as to keep us from functioning as its unconscious truth, an unrepresentable form beyond true and false, and beyond present-past-future. (Kristeva 1986b: 155)

Is minic ionannú á dhéanamh sna cnuasaigh a leanann *In Her Own Image* (1980) idir léargas an fhile mar bhean agus an t-athláithriú iontaofa fírinneach. Cé nach bhfuil an agóid fheimineach chomh tréan sna cnuasaigh seo, is minic gur i gcodarsnacht le hathláithriú bréagach na bhfear a dhéanann an file a tionscadal a shainmhíniú, rud a léiríonn an tréith láidir eisintiúlach atá ag roinnt le filíocht Boland trí chéile, mar is léir ó na samplaí thíos:

My muse must be better than those of men
who make theirs in the image of their myth. ('Envoi', CP: 123)

Eros look down.
See as a god sees
what a myth says: how a woman still
addresses the work of man in the dark of the night:

The power of a form. The plain
evidence that strength descended here once.
And mortal pain. And even sexual glory.

And see the difference.
This time – and this you did not ordain –
I am changing the story. ('Formal Feeling', LL: 57)

Is fíor, áfach, go n-aithníonn Boland nach bhfuil a cuid filíochta féin saor ó chontúirtí agus ó shrianta phróiseas an athláithrithe agus is minic ceisteanna eiticiúla faoi chúrsaí aeistéitice á bplé sna cnuasaigh dhéanacha léi. Ní chaitheann Boland an coincheap den fhéiniúlacht shainiúil bhaineann i dtraipisí, ámh, agus is ó pheirspictíocht shainiúil bhaineann a thugann sí aghaidh chriticiúil ar chúrsaí athláithrithe, ar chursaí aitheantais agus ar chursaí náisiúnachais. D'fhéadfaí é seo a thuiscint i gcomhthéacs an eisintiúlachais straitéisigh a mholann Spivak (1988: 13) ar mhaithe le haidhm áirithe pholaitiúil. Creidim, áfach, go bhfuil an cur chuige straitéiseach seo in easnamh sa chnuasach *In Her Own Image* (1980). Déantar róshimpliú ar chúrsaí inscne; an fhírinne agus eiticiúlacht á samhlú leis an leathcheann baineann den chodarsnacht phéire, an leathcheann a dhéantar a shainmhíniú i dtéarmaí diúltacha de ghnáth. Is léiriú é seo, áfach, ar na bundifríochtaí idir ealaín filíochta Boland sa chnuasach luath seo agus teoiricí iarstruchtúracha na bhfeimineach Francach.

Ar Thóir Sainteanga?

Faoi mar a míníodh sa réamhrá, is cuid lárnach de theoiricíocht Cixous agus Irigaray coincheap na sainteanga baininne a thabharfaidh guth don ord séimeolaíoch. Ní thagann a leithéid de theanga úr i gceist sa chnuasach seo. Leoga, sa dán 'Exhibitionist' (CP: 68-70) tugtar le fios gur athmhúnlú ar an siombalachas agus ar an íomháineachas atá ann cheana féin, is cás le pearsa an dáin:

working
from the text,
making

from this trash
and gimmickry
of sex
my aesthetic: (CP: 68)

Tagann téama na sainteanga baininne chun cinn sna cnuasaigh a leanann, áfach. Sa dán 'The Muse Mother' (CP: 92-93) as an chnuasach *Night Feed* (1982), mar shampla, tugtar le fios nach bhfóireann an teanga choinbhinsiúnach do ghnó an fhile – nach féidir taithí na máthar a chur in iúl go sásúil inti. Santaíonn an file teanga idéalach nach ndéanfaidh athraonadh ar thaithí na mban agus nach gcuirfidh as a riocht í, ach teanga íonghlan a dhéanfaidh athláithriú cruinn ar thaithí ábharaíoch na máthar:

If I could only decline her –
lost noun
out of context,
stray figure of speech –
from this rainy street

again to her roots,
she might teach me
a new language:

to be a sibyl
able to sing the past
in pure syllables,
limning hymns sung
to belly wheat or a woman –

able to speak at last
my mother's tongue. (CP: 93)

Sa chnuasach is déanaí léi, *Code* (2001), is ar an úsáid threascrach
is féidir leis an bhean a bhaint as an ghnáth-theanga, a dhíríonn an file
a haird. Sa dán 'Code' (C: 28-29) cuireann an file in éadan an
neamhiontais a rinneadh, dar léi, de chruthaitheacht na mban riamh
anall. Tá fúithi Grace Murray, an bhean a chum an teanga
ríomhaireachta COBOL, a shlánú ó réimsí an chiúnais agus na
díchuimhne agus buanaíocht a thabhairt di trí dhán a chumadh in
ómós di. Dearbhaíonn Boland tábhacht an chur chuige chuimsithigh.
Roinneann baol an imeallaithe le coincheap shainteanga na mban
nach bhfeidhmíonn laistigh den chóras siombalach. Tuigtear don fhile
go bhfuil rogha eile ann; go mbaineann féidearthachtaí treascracha le
sainúsáid agus le códú na gnáth-theanga:

Let there be language –
  even if we use it differently:
    I never made it timeless as you have.
    I never made it numerate as you did.
      And yet I use it here to imagine
        how at your desk in the twilight
          legend, history and myth of course,
            are gathering in Wolfeboro New Hampshire,
              as if to a memory. As if to a source.

[...]

I am writing at a screen as blue
  as any hill, as any lake, composing this
    to show you how the world begins again:
      One word at a time.
        One woman to another. (C: 29)

Baineann togra Cixous agus Irigaray go dlúth le dúshlán a
thabhairt don ord siombalach – iad beag beann ar chúrsaí comhréire
agus ar fhoirmeacha caighdeánta na gnáth-theanga ina gcuid

scríbhinní féin. Tá an chuma ar an scéal gur mó an chosúlacht atá idir filíocht Boland agus tuairimí Kristeva, a dhiúltaíonn do choincheap na sainteanga baininne ach a aithníonn mianach treascrach san úsáid a bhaineann scríbhneoirí *avant-garde* as an teanga. Más é an réimse réamh-Éideapach atá faoi chois ag an ord siombalach is cás le Kristeva, ámh, is é cuntas na mban ar an am atá caite – cuntas atá imeallaithe ag dioscúrsa na staire agus na litríochta, dar léi – is cás le Boland, rud a léiríonn an claonadh eimpíreach a bhaineann lena tionscnamh.

Má thugann Boland dúshlán na tuisceana patrarcaí faoi ábhar dlisteanach na filíochta, déanann sí é de réir rialacha an tsiombalaigh. Fágtar an loighic, an chomhréir gan cheistiú. Aithníonn Allen-Randolph féin an difear seo ach déanann sí beag is fiú de, rud a léiríonn, dar liom, a thánaistí atá an ceangal a dhéanann sí idir filíocht Boland agus an *écriture féminine*. Teipeann ar a téis ar deireadh nuair a deir sí:

> The *theme* [liomsa an bhéim] of the poem ['Making Up'] and of the volume, is the necessity for the woman poet to re-imagine women and reshape tradition by feeling her way into words which dignify, reveal, and revalue female experience in all of its complexity'. (Allen-Randolph 1991: 59)

Is ar bhonn téamúil amháin a thugann Boland aghaidh ar chur i láthair na mban sa litríocht. Má phléann sí gnéithe de thaithí na mban nach raibh mórán iomrá orthu i bhfilíocht na hÉireann roimhe sin, ní hionann sin is a rá go dtugann sí dúshlán an chórais theangeolaíoch. Ag trácht di ar an chineál filíochta a scríobhadh de réir chlár na bhfeimineach radacach, deir Jan Montefiore: 'The poetry of woman-centred sexuality which emerged from this analysis is not, as it has been claimed to be, "a new language" because it articulates women's authentic experience: because experience and language do not coincide, and there is nothing gendered about poetic form' (Montefiore 2004: 180).

I gcás an chnuasaigh *In Her Own Image* (1980) mar sin, is cosúla i bhfad tuiscintí feimineacha Boland gona mbéim ar mhalartú cumhachta, ar aontú na suibiachta agus ar fhírinne an téacs bhaininn, le tuiscintí feimineacha Méiriceánacha ná le teoiricí na bhfeimineach iarstruchtúrach Francach. Fóireann an achoimre a dhéanann

Montefiore ar an difríocht idir an dá ghluaiseacht mar achoimre chuí ar an mhéid atá áitithe agam thuas:

> These radical feminist arguments for a poetry which is a language of authentic female being are a long way, politically and theoretically, from Irigarayan notions of a female language and identity. In particular, their insistence on the ideal of female identity as a seamless unity divides American radical feminists from those who use the Lacanian psychoanalytic notions of the Imaginary and the Symbolic. (Montefiore 2004: 137)

Is mó an luí atá ag filíocht Boland le tuiscintí eimpíreacha na dteoiriceoirí Angla-Mheiriceánacha ar an cheangal idir an chollaíocht agus an téacsúlacht. Is ar thaithí na mban agus ar a taithí féin mar mháthair agus mar bhean chéile sa bhruachbhaile atá filíocht Boland bunaithe ó lár na seachtóidí ar aghaidh. Cé go bhfuil cosúlachtaí áirithe idir teoiricí iarstruchtúracha na bhfeimineach Francach agus luathfhilíocht Boland, is léir go bhfuil difríochtaí suntasacha idé-eolaíochta agus polaitíochta eatarthu.

An Ghaeilge mar Uirlis Fheimineach

Murab ionann is Boland, tugann Ní Dhomhnaill (1989: 23) le fios nach call di dul i muinín teanga eile, gur leor léi an Ghaeilge mar uirlis chun cur i gcoinne na "heigeamaine patrarcaí". Áitíonn sí go bhfóireann an Ghaeilge go mór mar theanga chun an taobh baineann den tsící a fhuascailt óir, murab ionann is mórtheangacha eile na hEorpa, de réir thuiscint Ní Dhomhnaill, níor tháinig an Ghaeilge faoi anáil Ghluaiseacht na hEagnaíochta, is é sin, ní dhearnadh 'fireannú' ar an teanga. Bréagnaíonn an teanga inti féin miotas an Réasúin, dar le Ní Dhomhnaill:

> Mar is í an Ghaeilge teanga na Mórmháthar, *par excellence*. Is cuma cad a labhraímíd féin ná ár máithreacha pearsanta, an fuinneamh baineann dorcha rúnda sin atá ceilte orainn leis na céadta, b'fhéidir na mílte bliain, is i nGaeilge, más Sean-Ghaeilge féin, is fearr a ghabhaimid cur síos uirthi. (Ní Dhomhnaill 1989: 24)

Is fíor do de Paor (1997: 263) go bhfuil contúirt an tsimplithe ag roinnt le rómánsachas Ní Dhomhnaill i leith na Gaeilge; baol go ndéanfaí codarsnacht dhénártha den Bhéarla agus den Ghaeilge mar theangacha a ghabhann leis an saol eolaíoch réasúnaíoch agus an saol réamhréasúnaíoch faoi seach.[10]

Tuigtear do Ní Dhomhnaill go bhfuil dlúthbhaint idir stair na Gaeilge agus stair na mban sa mhéid is gurb é an t-imeallú a bhí i ndán don phéire:

Gach íde a tugadh uirthi [an Ghaeilge] le himeacht na staire níl ann ach scáthán den íde a tugadh ar mhná. Cuireadh faoi chois sinn araon, cuireadh lasmuigh de struchtúr sóisialta, creidimh agus cumhachta an stáit sinn. D'fhanamair faoi cheilt, gan ainm gan aibítear, ár spiorad beo inár gcuid cainte ach scoite amach ón litríocht agus fiú ón litearthacht. [...] Mar sin tá an Ghaeilge i riocht a bheith ina feithicil fíormhaith don urlabhra seo ar mheon na mban agus tá deilbh agus cruth na teanga fíoroiriúnach do litríocht na mban. (Ní Dhomhnaill 1986: 168)

Tá cosúlacht áirithe idir an dearcadh seo agus an chosúlacht a fheiceann Boland idir stair na mban agus stair an náisiúin.[11] Tá impleachtaí níos tromchúisí ag comparáid Ní Dhomhnaill, áfach, ar an ábhar go samhlaítear an réamhréasúnachas mar thréith eisintiúlach de chuid na mban agus na teanga araon, tréith a tháinig slán de bharr a n-imeallaithe:

Ar chúrsaí stairiúla atá brónach go maith ar uairibh agus ainnis a ndóthain ar an gcuid is fearr de, do tháinig an teanga Ghaeilge slán ón ngaiste intleachtúil agus ón gcoimheascar idir cheann is chorp is tréith bhunúsach don uaschultúr Eorpach. Mar a tháinig mná, ar na cúiseanna céanna, a bheag nó a mhór. (Ní Dhomhnaill 1989: 23)

Ní dearcadh treascrach a nochtann Ní Dhomhnaill anseo mar a molann sí na tréithe sin a shamhlaítí le mná i rith na staire agus an chumhacht á roinnt go héagothrom. Tugann sí tacaíocht don íomhá steiréitipiciúil a chuireann an bhean i láthair mar dhuine mothálach, míréasúnaíoch, fulangach agus neamhintleachtúil. Is mór an difear idir an dioscúrsa ailtéarnach a shamhlaíonn sí leis an Ghaeilge agus leis an bhean mar gheall ar na tréithe eisintiúlacha seo agus tuairimí na bhfeimineach Francach faoi struchtúrú na suibiachta agus faoi thionchar na ndioscúrsaí difriúla cultúrtha agus polaitíochta ar shuibiachtúlacht an duine. Leoga, is í an tréith eisintiúlach mheitifisiciúil seo a shamhlaíonn de Paor (1997: 242) le filíocht Ní Dhomhnaill trí chéile, rud a thugann air a mhaíomh nach féidir a cuid filíochta a áireamh mar *écriture féminine*.

Ní mór, áfach, filíocht Ní Dhomhnaill a chur san áireamh agus cíoradh a dhéanamh ar na difríochtaí idir a scríbhinní próis agus a cuid filíochta. In ainneoin an rómánsachais i leith na teanga agus an mhaímh aisti, bíodh is go gcuireann sí i gcás gurb í an Ghaeilge teanga nádúrtha na Mór-Mháthar agus an neamh-chomhfheasa (Ní Dhomhnaill 1989: 24), is láimhseáil chomhfhiosach ar an teanga a bhíonn ar siúl aici féin ina cuid filíochta. Aithníonn Ann Rosalind Jones an tréith seo – úsáid chomhfhiosach shofaisticiúil na teanga – i scríbhinní na bhfeimineach Francach agus maíonn sí gur chóir don léirmheastóireacht aird chriticiúil a thabhairt ar an tréith seo:

> But as Irigaray's erudition and plays with the speaking voice show (as do Cixous's mischievous puns and citations of languages from Greek through German to Portuguese, and Wittig's fantastic neologisms and revision of conventional genres), they are doing so deliberately, on a level of feminist theory and literary self-consciousness that goes far beyond the body and the unconscious. That is also how they need to be read. [...] Women's writing will be more accessible to writers and readers alike if we recognize it as a conscious response to socioliterary realities, rather than accept it as an overflow of one woman's unmediated communication with her body. (Jones 1996: 329-30)

Tá a leithéid chéanna fíor i gcás fhilíocht Ní Dhomhnaill; ní mór aird chriticiúil a thabhairt ar an athshaothrú sofaisticiúil a dhéanann sí go féin-chomhfhiosach ar shaíocht na teanga.

Cé go gcuireann Ní Dhomhnaill béim ar íospairt agus ar imeallú na mban agus na Gaeilge ina scríbhinní próis, ní hiad seo na téamaí a bhíonn i dtreis ina cuid filíochta. Is ar chosúlacht dhearfach a leagann sí béim sa dán 'Ceist na Teangan'; ar theacht aniar na mban agus na Gaeilge le linn na staire chomh maith leis an dóigh ar éirigh leo an fód a sheasamh in ainneoin gach deacrachta:

> Cuirim mo dhóchas ar snámh
> i mbáidín teangan
> faoi mar a leagfá naíonán
> i gcliabhán
> a bheadh fite fuaite
> de dhuilleoga feileastraim
> is bitiúman agus pic
> bheith cuimilte lena thóin

ansan é a leagadh síos
i measc na ngiolcach
is coigeal na mban sí
le taobh na habhann,
féachaint n'fheadaraís
cá dtabharfaidh an sruth é,
féachaint, dála Mhaoise,
an bhfóirfidh iníon Fhorainn? (F: 128)

Tráthúil go leor, mar a mhíníonn Moi, samhlaíonn Cixous í féin
mar iníon Fhorainn ina cuid scríbhinní próis:

> The tears I shed at night! The waters of the world flow from my eyes, I
> wash my people in my despair, I bathe them, I lick them with my love, I
> go to the banks of the Nile to gather the peoples abandoned in wicker
> baskets; for the fate of the living I have the tireless love of a mother, that
> is why I am everywhere, my cosmic belly, I work on my world–wide
> unconscious, I throw death out, it comes back, we begin again, I am
> pregnant with beginnings. (Luaite in Moi 1985: 115-16)

Is ar an bhonn seo, creidim, a dhéanann Nic Dhiarmada léamh
feimineach ar an dán thuasluaite, á mhaíomh gurb é atá i gceist go
téamúil sa dán agus i saothar Ní Dhomhnaill trí chéile ná *écriture
féminine* na Gaeilge:

> D'fhéadfaí a rá go bhfuil an dán seo ag feidhmiú mar fhorógra ar na
> féidearthachtaí atá ann san idirghabháil a tharlaíonn nuair a chuirtear an
> baineann isteach sa teanga go comhfhiosach i slí nach ndearnadh cheana.
> [...] D'fhéadfaí a rá go bhfeidhmíonn Ní Dhomhnaill, leis, agus a comh-
> bhanfhilí mar iníonacha Fhorainn agus iad ag cur le féidearthachtaí
> ealaíonta na filíochta sa Ghaeilge. (Nic Dhiarmada 1998: 179-80)

De réir thuairimí Ní Dhomhnaill féin, áfach, ní call an acmhainn
bhaineann a shaothrú ar bhealach comhfhiosach toisc gurb ann di
cheana féin mar gheall ar chúinsí stairiúla na teanga. Ní thuigtear di
ach oiread gur le mná amháin a roinneann an chumhacht bhaineann
seo (Ní Dhomhnaill 1986: 148). Cé go bhfuil léamh grinn seo Nic
Dhiarmada an-áititheach, braithim nach le banfhilí na Gaeilge amháin
a shamhlaíonn Ní Dhomhnaill ról treascrach, ach le scríbhneoirí
Gaeilge, idir fhir agus mhná, a fhoilsíonn saintréith bhaineann na
teanga. Go deimhin, d'áiteoinn nach í an Ghaeilge amháin atá i gceist
i dteideal an dáin ar chor ar bith, ach an córas siombalach atá faoi réir

mheon réasúnaíoch na hEagnaíochta. Is sna teangacha a bhfuil malairt *Weltanschauung* caomhnaithe iontu a chuireann Ní Dhomhnaill a dóchas.

An Oscailteacht i Leith na Colainne

Is comhartha sóirt de chuid fhilíocht Ní Dhomhnaill an oscailteacht i leith na colainne agus cúrsaí collaíochta, go háirithe mianta collaí na mban. Is gné í seo a thagann le sainchomharthaí an *écriture féminine* mar a luadh thuas. Déanann Nic Dhiarmada (1992: 166; 2005: 115-47) an ghné seo d'fhilíocht Ní Dhomhnaill a mhíniú de réir thuiscintí iarstruchtúracha na bhfeimineach Francach, ag cur san áireamh sainchúinsí an traidisiúin Ghaelaigh mar a bhfuil 'dioscúrsa forbartha grá ann [...] a mbíonn mná ag feidhmiú ann mar shuibiachtaí labhartha' (Nic Dhiarmada 2005: 125). Is i dtéarmaí phósadh an dá phrionsabal shíceacha i scéimre Jung agus eispéireas na giniúna sící a dhéanann de Paor (1997: 169-222) léirléamh ar íomháineachas na collaíochta i bhfilíocht Ní Dhomhnaill. Ní mór mar sin an cheist a chur an é *écriture féminine* na Gaeilge atá i saothar Ní Dhomhnaill, faoi mar a mhaíonn Nic Dhiarmada, nó an amhlaidh nach bhfuil ach cosúlachtaí dromchlacha idir filíocht Ní Dhomhnaill agus teoiricí iarstruchtúracha feimineacha na Fraince, faoi mar atá áitithe ag de Paor?

Déantar an grá fisiciúil agus mianta collaí na mban a cheiliúradh i gcnuasaigh luatha Ní Dhomhnaill go speisialta, i ndánta ar nós 'Póg' (DD: 45), 'Dán nach Scríobhfar' (DD: 47) agus 'Feis' (F: 99-102). Leannán mná a dhéanann cur síos ar an sásamh fisiciúil a bhaineann sí as an chomhriachtain a labhraíonn sa dán 'Fáilte Bhéal na Sionna don Iasc' (DD: 88). Ní dírithe ar an chorp baineann amháin atá an dán seo, ach ina choinne sin, moltar áilleacht an leannáin fir fosta. Béimnítear gníomhaireacht na chéad phearsan baininne sa rann deiridh; ise a ghríosann a leannán, ise a bhaineann súnás pléisiúrtha amach toisc gur roghnaigh sí an duine ceart:

Léim an bhradáin
Sa doircheacht
Lann lom
Sciath airgid,
Mise atá fáiltiúil, líontach
Sleamhain,
Lán d'fheamnach,

Go caise ciúin
Go heireaball eascon.

Bia ar fad
Is ea an t-iasc seo
Gan puinn cnámh
Gan puinn putóg
Fiche punt teann
De mheatáin iata
Dírithe
Ar a nead sa chaonach néata.

Is seinim seoithín
Do mo leannán
Tonn ar thonn
Leathrann ar leathrann,
Mo thine ghealáin agus bhairlín thíos faoi
Mo rogha a thoghas féin ón iasacht. (DD: 88)

Dírithe ar nóiméad an tsúnáis atá cuid mhór de na dánta a luadh thuas. Samhlaítear ceol sí agus solas órga leis an bhuaicphointe sa dán 'Feis' (F: 99). Sa dán 'Póg' ní théitear i muinín meafar le cur síos a dhéanamh ar an mhian chollaí: 'critheann mo chromáin/ is imíonn/ a bhfuil eatarthu/ ina lacht' (DD: 45). I gcodarsnacht le dánta Boland agus le teoiricí radacacha feimineacha Angla-Mheiriceánacha, áfach, ní ar iontais na colainne baininne ná ar neamhspleáchas chollaíocht na mban atá na dánta seo dírithe. Ní hé an féin-earótachas ná an fhuil mhíosúil is ábhar d'aon cheann de dhánta Ní Dhomhnaill. Ina theannta sin, ní hiad tuiscintí Irigaray ná Cixous ar an chorp baineann mar *locus* inspioráide ná scríbhneoireachta is bun leis na dánta seo. Tagann claonta scarúnacha dá leithéid salach ar rún aontachta Ní Dhomhnaill. Tugtar faoi deara go mbaineann na dánta leis an dá ghnéas, leis an phléisiúr a bhaintear as an tsuirí fhisiciúil agus as an chomhriachtain. Is fíor, mar sin, do Louis de Paor (1994; 2006: 340) go bhfuil Ní Dhomhnaill ag cur i gcoinne na codarsnachta idir an fhisiciúlacht agus an spioradáltacht; go n-éilíonn sí aitheantas d'iomláine na comhriachtana agus d'fheidhm chomhlántach an phrionsabail fhirinn agus an phrionsabail bhaininn i réimsí uile na daonnachta.

Tagann an léamh seo le téis Phádraig de Paor (1997) a dhearbhaíonn gur mó faoi anáil shíceolaíocht Jung ná faoi anáil theoiricí áirithe feimineacha atá Ní Dhomhnaill. Caíonn an file féin an dóigh a ndéantar an prionsabal baineann a bhrú faoi chois agus a dhíbirt go críocha an neamh-chomhfheasa. Tuigtear di gur dual di mar bhanfhile an neamh-chomhfhios a thabhairt chun friotail, *logos* nó modh smaointeoireachta na bhfear a bhaint dá lúdracha:

> Our *logos* is based on women's experience, on our lives, rather than on Platonic discourse. [...] For real liberation our input has to change what *logos* actually is and the Western ego structure that it is based on it. [...] Medbh, you say that you're called a wallpaper poet, and I'm called an anti-rationalist. I'm not. But I'm for a marrying of the logical with the non-rational. (in O'Connor 1995: 597-98)

Ní ar mhaithe le mná amháin atá Ní Dhomhnaill. Tuigtear di go rachadh an t-athrú meoin seo chun sochair na bhfear chomh maith: 'Scéal maith é sin ní hamháin do na mná ach do na fearaibh chomh maith mar an taobh baineann iontu-san, a n-anam mothála, tá sé le fada an lá ag iarraidh é fhéin a shaoradh' (Ní Dhomhnaill 1986: 165).

Feis **ina Shaothar Jungach?**
Samhlaítear tábhacht ar leith leis an tríú cnuasach le Ní Dhomhnaill dar teideal *Feis* (1991). Tá sé ar cheann de 'phríomhráitis chruthaitheacha fhilíocht na Gaeilge lenár linn', dar le Gearóid Denvir (2002: 30). Creideann Nic Dhiarmada (2005: 180) gurb é atá in *Feis* ná 'cur i gcrích den chlár fileata is uaillmhianaí agus is leithne a chuir aon fhile roimhe i bhfilíocht chomhaimseartha na Nua-Ghaeilge'. Tuigtear do Nic Dhiarmada (1994; 2005: 149-180) agus de Paor (1997) araon go bhfuil próiseas an indibhidithe, mar atá sé leagtha amach ag Jung, le rianú ar struchtúr an chnuasaigh agus ar ábhar na ndánta. Áitíonn de Paor (1997: 273) gur mór idir an Jungachas gona bhéim ar an iomlánú síceach agus ar phósadh na gcodarsnachtaí dénártha, agus an feimineachas iarstruchtúrach a fhéachann leis na codarsnachtaí a dhíthógáil agus coincheap na codarsnachta dénártha a tharchéimniú. Bíodh sin mar atá, sílim go bhfuil léirstean fheimineach Ní Dhomhnaill le rianú ar an mhúnlú agus ar an léirléamh a dhéanann sí ar scéimre Jung chun a críche ealaíonta féin.

Léamha Feimineacha ar Phróiseas an Indibhidithe
Is minic próiseas an indibhidithe, mar a chuir Jung síos air, á

athmheas ag scoláirí agus cás na mban á phlé acu. Cuirtear i leith Jung go gcuireann sé béim ar an chothromaíocht idir *anima* agus *animus* ach go ndéanann sé neamhiontas dá bharr den easpa cothromaíochta idir fir agus mná sa tsochaí. Maidir le hindibhidiú na mban, cuireann Andrea Duncan (2003: 71) an cheist an dtig leis an bhean a bheith ina laoch ó tharla go samhlaítear an laoch atá lárnach i bpróiseas an indibhidithe leis an fhireannach agus leis an fhallas? Maíonn Jolande Jacobi (1965) go bhfuil cumhacht an *animus* ollmhór de thoradh an ómóis atá ag an tsochaí don phrionsabal fireann. Tagann dearcadh Emma Jung (1957: 23-27) leis an tuairim seo; maíonn sí nach ionann an teagmháil a dhéanann an fear leis an *anima* agus an teagmháil a dhéanann an bhean leis an *animus*. Dar le Tessa Adams (2003b: 108), díríonn Jung ar na contúirtí a roinneann le teilgean an *animus* gan mórán airde a thabhairt ar an tairbhe a bhaineann an bhean as glacadh leis an *animus*. Díríonn Jean Baker Miller (1976), Nancy Chodorow (1978) agus Carol Christ (1977) ar cheist an *ego*. Creideann siad go bhfuil difríochtaí móra idir *ego* na mban agus *ego* na bhfear. Is cuid lárnach d'indibhidiú na bhfear bás an *ego*, rud nach bhfóireann d'fhorbairt shíceach na mban, dar leo. I gcás na mban, tuairimíonn Wehr (1988: 103) go gcaithfidh an íomhá bhréige den bhean féin nó an 'false self' bás a fháil in áit an *ego*. Is dóigh liom go réitíonn an léirléamh a dhéanann Ní Dhomhnaill ar theoiricí Jung go mór le cuid de na tuiscintí feimineacha seo.

Teagmháil na mBan leis an *Animus*

Rianaíonn Andrea Duncan (2003b) an dóigh ar féidir le mná indibhidiú a bhaint amach go samhlaíoch trí mheán na litríochta, go háirithe nuair nach bhfuil cúinsí fabhracha sóisialta ann a thabharfadh an deis sin don bhean sa saol iarbhír. Ag trácht di ar phróiseas an indibhidithe mar a léirítear é san úrscéal *Jane Eyre* le Charlotte Brontë, mar shampla, deir Duncan: 'Jung, assuming the necessity of an engagement with the shadow, insufficiently recognized how difficult it was for a woman to articulate aggression without experiencing the other's affect or loss of love' (Duncan 2003b: 168). Tá tuiscintí na sochaí faoi iompar cuí na mban mar théama i ndánta ar nós 'An Crann' (FS: 75-76) agus 'An Bhatráil' (F: 14-15). Cuireann an t-insteoir baineann sa dá dhán in iúl nach í féin a rinne an gníomh foréigneach ach bean neamhshaolta – bean an leasa – toisc go dtuigtear di nach bhfuil a leithéid d'iompar ceadaithe do mhná. Sa dán 'An Crann' léirítear an t-uafás a thagann ar a fear céile mar gheall ar ghníomhartha bhean an leasa agus deimhníonn an chéad phearsa go dtuigeann sí dó:

> Tháinig m'fhear céile abhaile tráthnóna.
> Chonaic sé an crann.
> Bhí an gomh dearg air,
> ní nach ionadh. Dúirt sé
> "Canathaobh nár stopais í?
> nó cad is dóigh léi?
> cad a cheapfadh sí
> dá bhfaighinnse Black + Decker
> is dul chun a tí
> agus crann ansúd a bhaineas léi
> a ghearradh anuas sa ghairdín?" (FS: 75)

Cíorann Emma Jung na difríochtaí bunúsacha seo idir indibhidiú na bhfear agus na mban ina haiste 'On the Nature of the Animus' (1957). Deir sí go dtuigtear don fhear gurb uirísle an *anima* ná a nádúr fireann féin. Caithfidh sé a bhród a shárú más faoi glacadh leis an taobh baineann dá shícé. A mhalairt ar fad atá i gceist i gcás na mban, dar léi: 'What we women have to overcome in our relation to the animus is not pride but lack of self-confidence and the resistance of inertia. For us, it is not as though we had to demean ourselves (unless we have been identified with the animus), but as if we had to lift ourselves' (E. Jung 1957: 23). Is é an *animus* agus an teagmháil a dhéanann pearsa bhaineann na ndánta leis is téama don roinn 'An Leannán Sí' (55-80) sa díolaim *Feis*. Is léiriú é an dán 'Chomh Leochaileach le Sliogán' (F: 58-59) ar na deacrachtaí a bhíonn ag an bhean dul i dteagmháil leis an *animus* mar gheall ar chúinsí stairiúla agus cultúrtha. Is ionann an easpa cothromaíochta idir an fear agus an bhean sa dán mar a bhfuil an chéad phearsa seasta lasmuigh de theach an fhir a shantaíonn sí agus an doras dúnta uirthi, agus an easpa cothromaíochta, ní amháin i réimsí na sícé, ach i réimsí cultúir agus sóisialta fosta. Tá umhlaíocht na chéad phearsan agus neamhshuim an leannáin nó deorantacht an *animus*, curtha in iúl go héifeachtach sa chéad rann:

> Chomh leochaileach le sliogán
> a caitheadh suas ar chladach
> seasaim lasmuigh ded dhoras

san iarnóin.
Clingeann an clog i bhfad istigh
go neamheaglach
is baineann macalla as na seomraí folmha
im chomhair. (F: 58)

Tuigtear don phearsa bhaineann seo gur staid idéalach nach mbainfear
amach choíche an t-indibhidiú; is i réimse na miotaseolaíochta
amháin a tharlaíonn an *hieros gamos*. Is deacair pósadh an dá
phrionsabal a shamhlú i réimsí lasmuigh den tsícé toisc nach ar
comhchéim atá an prionsabal baineann agus an prionsabal fireann sa
saol iarbhír. Is grá éagmaiseach é an grá idir an bhean agus an *animus*.
Meabhraíonn an tagairt do Dheastógáil na Maighdine Muire sa rann
thíos, an difear idir stádas beannaithe na Maighdine Muire agus stádas
na mná iarbhír:

Is mo léan mo cheann mailéid,
mo chloigeann peirce,
os comhair an dorais iata seo
cad leis a bhfuil mo shúil?
Nuair a chlingeann an clog
ar chuma an Aingil Mhuire
ab ann a cheapaim go n-osclóidh na Flaithis
is go dtuirlingeoidh orm colúr?

Mar is istigh sa sícé amháin
a tharlaíonn míorúiltí
an cheana, an mhaithiúnachais
is an ghrá
mar is i dtaibhrithe amháin
a bhíonn an ghrian is an ré ag soilsiú
le chéile is spéir na maidne
orthu araon ag láú. (F: 59)

Filltear ar an téama seo sa dán 'An Máistir Dorcha' (13-14) sa
chéad chnuasach eile le Ní Dhomhnaill, *Cead Aighnis* (1998). An
caidreamh éagothrom idir 'An Máistir Dorcha' agus an cailín atá ar
aimsir aige is ábhar don dán. Cé go bhfuil siad spleách ar a chéile, 'Is
maith mar a tharla; máistir ag lorg cailín/ is cailín ag lorg máistir'
(CA: 13), go fóill féin is baolach don chailín atá níos óige agus níos
boichte:

Is tá sé féin saibhir thar meon.
Tá trucailí óir agus seoda aige.
Ní bheadh i gcarn airgid Déamair
ach cac capaill suas leo.

Ó táimse in aimsir ag an mbás,
is baolach ná beidh mé saor riamh uaidh.
Ní heol dom mo thuarastal ná mo phá
nó an bhfaighidh mé pá plaic nó cead aighnis uaidh. (CA: 13-14)

Céim síos an *Animus*

Mar a luadh cheana, tuigtear do Duncan (2003b) gurb iad sainchúinsí
indibhidiú na mban atá á léiriú ag Charlotte Brontë san úrscéal *Jane
Eyre* (1847). Freagraíonn ísliú stádais Rochester, an carachtar fireann
a shiombalaíonn *animus* Jane, do thuairimí Emma Jung faoin dóigh a
gcaithfidh an bhean le dul i ngleic leis an *animus*.

> It seems therefore that if experience of the animus is to be different from
> cultural experience or inflated compensation, then any dialogue of
> emotional honesty with the animus must begin with a form which can
> endure woman's own self-image. The animus must, therefore, *descend*.
> (Duncan 2003b: 161)

Tá an chéim síos seo mar théama i roinnt de na dánta sa roinn *An
Leannán Sí*. Léiríonn pearsa bhaineann na ndánta neamhspleáchas
dalba agus í ag caitheamh le pearsana fireanna na ndánta. Sa dán 'An
Coilichín Márta' (F: 55), mar shampla, móidíonn an bhean nach
ngéillfidh sí do mhianta an fhir:

> Is má thagann sé aríst chugam
> tá's agam a chleas.
> Má ghaibheann sé bog is cruaidh orm
> ní dhéanfaidh sé an bheart.
> Mar ní dhíolfadsa mo choilichín Márta le haon chaptaen loinge,
> – dá bhreátha é. (F: 55)

Maidir leis an laoch/leannán sa dán 'An Ghríobh Ingneach' (F: 61)
cuirtear in iúl dúinn gurb é grá na mná dósan, seachas a stádas féin, a
dhealaíonn ó chách é:

> Níor thaoiseach tíre é, ná gaiscíoch airm
> ná maith ná móruasal a choinneodh an domhan ina dhorn

ach fear mar éinne acu, leis an ndifríocht seo amháin:
go bhfuil mo chroí is m'ae istigh ina lár. (F: 61)

Sna dánta 'Fear' (F: 64-65) agus 'Gan do chuid Éadaigh' (F: 66-67) is
ag an chéad phearsa bhaineann atá an lámh in uachtar agus í ina
gliúcaí. Tá dinimicí cumhachta na n-amhrán grá á gcur as a riocht ag
an phearsa bhaineann. Mar an gcéanna, sa dán 'Mise ag Tiomáint' (F:
79), cuirtear in iúl go ndéanfaidh an bhean agus a leannán an turas le
chéile, ach gurb í síud a bheidh i gceannas:

> Raghainn thar an Bhóinn leat,
> raghainn go Tír Eoghain leat,
> raghainn go Gaoth Dobhair leat,
> a fhir istigh im chroí.
>
> [...]
> Anois druid sall ansan sa suíochán,
> mar tar éis an tsaoil, is liomsa an carr,
> is ní chlúdóidh an t-árachas
> aon timpist fan na slí.
>
> Sea, raghad tríd an sáile leat,
> ó Dhoire go Cill Airne leat,
> raghainn ar aistear fada leat,
> ach is mise an tiománaí! (F: 79)

Tá siúráil ag roinnt leis an phearsa bhaineann seo nach raibh sa dán
'Chomh Leochaileach le Sliogán' (F: 58-59), mar shampla.[12]

Ardú an *Anima*
Ní fhreagraíonn an léargas feimineach ar chúrsaí diagachta a nochtar
sa dán 'Mac Airt' (F: 77) don ionannú a dhéanann Jung idir an
diagacht agus an fireannach:

> The dogmatization of the *Assumptio Mariae* points to the *hiero gamos* in
> the pleroma, this in turn implies, as we have said, the future birth of the
> divine child, who, in accordance with the divine trend towards
> incarnation, will choose as his birthplace the empirical man. The
> metaphysical process is known to the psychology of the unconscious as
> the individuation process. (Jung 1952: 467)

Murab ionann is Jung a shamhlaíonn an diagacht leis an fhireannach
amháin, tuigtear don fhile, iar saolú a hiníne, go bhfuil an mianach

céanna sa pháiste baineann:

> Is má bheirtear mac dom
> mar thuar an tAingeal,
> ní Dáibhí a thabharfad air
> ná Immanuel.

> Ná Íosa ach oiread –
> tá sé sin ann cheana.
> Sé an t-ainm a bhaistfead
> air ná Cormac.

fonóta feimineach bliain ina dhiaidh sin:

> Mar a tharlaíonn,
> séard a bhí agam sa deireadh
> ná iníon.
> Tá clúmh mín ar gach orlach
> dona corp
> is ní baol di –
> tá sí ciotarúnta grabhsach. (F: 77)

Is sa roinn 'An Leannán Sí' (F: 55-80) fosta a fhaightear an dán 'An Bhean Mhídhílis' (F: 70-71). An fear atá faoi dhraíocht ag an leannán mná sa dán seo, ach ní heol dó í a bheith pósta:

> Bhí mus úr a cholainne
> mar ghairdín i ndiaidh báistí
> is bhí a chraiceann chomh slim
> chomh síodúil sin lem chneas féin
> agus is mór an abairt sin
> is nuair a bhíos ag tabhairt
> pléisiúra dhó
> d'fhéach sé sa dá shúil orm
> is fuaireas mothú pabhair is tuisceana
> nár bhraitheas ó táim posta. (F: 71)

Ní haon *hieros gamos* a bhí i gceist leis an teacht le chéile seo, áfach, mar is léir ó ainriocht na timpeallachta atá millte le bruscar. Foilsítear léirléamh eile is féidir a dhéanamh ar an dán nuair a chuirtear an méid seo san áireamh; 'mídhílis' di féin thar aon duine eile, atá an bhean seo. Ní leor bheith ag spallaíocht leis an *animus*, ní rachaidh a leithéid de theagmháil éadomhain chun sochair d'fhorbairt shíceach an duine:

Bhí boladh lofa ós na clathacha
is dramhaíl ag bun na gcrann
is bhí an port féarach taobh liom
breac le cac gadhar na gcomharsan
is nuair a thráigh ar an éirí air
tháinig aithis is ceann faoi air
is nár dhom ba mhaith an mhaise ansan
ná dúrt leis go rabhas pósta. (F: 71)

Tagann forbairt ar an téama seo sa leathbhreac de dhán a leanann
'An Bhean Mhídhílis' – dán dar teideal 'An Taobh Tuathail' (F: 72).
Más rud é gur mhothaigh an phearsa bhaineann go raibh an lámh in
uachtar aici ar an fhear sa dán thuasluaite, a mhalairt de scéal atá
amhlaidh sa dán seo. Aithníonn an t-insteoir mná go bhfuil a leannán
tar éis luí le bean eile. I dtéarmaí síceacha, más é an *animus* a íslíodh
sa chéad dán, is don *anima* a thugtar céim síos sa cheann seo.

Mar ochón, mo chrá
ach is fíor a rá
go bhfuil trí gháire
níos géire ná an bás féin –
gáire cú fhealltaigh,
gáire sneachta ag leá,
is gáire do leannáin
iar luí le bean eile dhó. (F: 72)

Má dhéantar an dá dhán a léamh i dteannta a chéile, is léir gurb é an
easpa tairbhe a bhaineann le malartú cumhachta is cás leis an fhile.
Fantar laistigh de théarmaí tagartha na faidhbe agus ní théitear i ngleic
le préamhacha na héagothromaíochta. Léirítear an gá atá le
fíorchothromaíocht, i réimsí uile an tsaoil, má táthar le céim nua
daonnachta a bhaint amach, ar bhonn pearsanta agus ag leibhéal na
sochaí. Tagann tuiscint Ní Dhomhnaill ar spleáchas an dá phrionsabal
i bpróiseas an indibhidithe leis an mhéid a deir Duncan faoin
indibhidiú:

When we consider the efforts of women toward individuation, these
cannot be isolated events of (female) endeavour, but are culturally bound
up with man's own "false-sense" and essentially entwined. The authentic
individuation of woman is as incumbent upon man's own search for an
authentic self as it is upon its own. (Duncan 2003b: 153)

Teagmháil na mBan leis an *Animus* – Contúirteach nó Tairbheach?

Is díol suime an t-idirdhealú a dhéanann Jung idir nádúr agus tairbhe theagmháil an fhir lena *anima* agus teagmháil na mná lena *animus*. Aithníonn Adams (2003b) an toise frithbhanda a bhaineann le léiriú aontaobhach Jung. Is chun sochair don fhear a théann an teagmháil leis an *anima*, fad is go leagann Jung béim ar chontúirt na teagmhála leis an *animus* i gcás na mná. Feictear d'Adams go bhfuil impleachtaí móra aige seo do chumas indibhidithe na mban:

> That is to say the animus is seen as a compensatory agency in contrast with the creative dynamic of the anima. By positing that women are in need of curbing their "fanciful natures", Jung locates the task of the animus as the task of women tempering their female awkwardness in a legitimated male world. (Adams 2003b: 110)

Siúd is go dtugann Ní Dhomhnaill aitheantas don chontúirt a roinneann leis an teagmháil leis an *animus* i ndánta ar nós 'Stigmata' (F: 73) agus 'An Prionsa Dubh' (F: 74), pléann dánta eile, leithéidí 'An Boghaisín' (F: 57) agus 'Blodeuwedd' (F: 62), an tairbhe a bhaineann an bhean as an teagmháil chéanna. Murab ionann is Jung, ní shéanann Ní Dhomhnaill cumas na mban glacadh leis an phrionsabal síceach eile agus tairbhe a bhaint as. Déantar forbairt ar an téama seo sa chnuasach is déanaí léi *Cead Aighnis* (1998). I ndánta ar nós 'Plutónium' (CA: 25-26), 'Aurora Borealis'[13] (CA: 89-90) agus 'Ophyris Apiferal/Magairlín na Beiche' (CA: 48) déantar dioscúrsa an bhéaloidis a neas-suí le dioscúrsa na heolaíochta; tugtar sainmhínithe béaloidis in éineacht le sainmhínithe eolaíochta ar na feiniméin nádúrtha chéanna. Is léiriú meafarach ar theacht le chéile an dá phrionsabal atá sa mheascadh friotail seo. Is cur chuige comhfhiosach é a sháraíonn, ní amháin teorainneacha idir réimsí éagsúla teanga, ach fosta idir réimsí áirithe eolais a shamhlaítear a bheith eolaíoch oibiachtúil agus réimsí eile eolais a cheaptar a bheith suibiachtúil. 'Filíocht na hEolaíochta' atá baiste ag Ní Dhomhnaill ar an aicme seo cumadóireachta:

> Tuigeadh dom dá bhféadfainn an trí réimse difriúil eispéiris agus teangan a thabhairt le chéile: - ceann na heolaíochta, ceann an mhiotais agus na seandálaíochta agus ceann an ghnáthshaoil laethúil mar is eol dúinn faoi láthair é, go raibh seans ann go mbeadh dán agam. Go gcruthódh cimilt

na réimsí sin ar a chéile an sórt úd geite nárbh fholáir a bheith ann, de réir an Ríordánaigh, chun dán a chruthú. (Ní Dhomhnaill 1998b: 8-9)

Is cur chuige é seo atá le rianú ar na scríbhinní is déanaí le Julia Kristeva dar le Anne-Marie Smith. Feictear di go bhfuil rún treascartha i gceist leis an mheascadh cód seo: '... Kristeva juxtaposes literary analysis with references to patients' case-histories and personal reflections. This has been seen as a transgressive activity which destabilises our idea of discipline, of traditional lit. crit., of clinical research' (Smith 1998: 67-68). D'fhéadfaí an rud céanna a mhaíomh i gcás Ní Dhomhnaill; go dtugann na dánta prósúla seo a bhfuil téarmaí agus míniúcháin eolaíocha iontu, dúshlán do thuiscintí traidisiúnta maidir le foirm agus le hábhar dlisteanach na filíochta. Ina theannta sin, is bealach é seo le cur i gcoinne an ionannaithe shimplí a dhéantar idir an fear agus *Logos* agus an bhean agus *Eros*. Más rud é gur mhaígh Ní Dhomhnaill corradh is cúig bliana déag ó shin go raibh an Ghaeilge fóirsteanach mar uirlis fheimineach toisc nach ndearnadh fireannú ar shaíocht na teanga, is léir gur mór aici anois acmhainn na teanga a fhorbairt le dul i ngleic le réimsí an *Logos*. B'fhéidir gur freagra é seo ar na contúirtí a d'aithin de Paor (1997: 263) le tuairimí Ní Dhomhnaill: go samhlófaí an Ghaeilge leis an neamh-chomhfhios agus leis an spioradáltacht amháin, fad is go samhlófaí an Béarla le heolaíocht agus leis an saol nua-aimseartha.

Íomhá Bhaineann Dé

Ag trácht di ar an phlé a dhéanann Jung ina chuid scríbhinní ar an neach diaga, cuireann Margaret Clarke (2003: 188-89) suntas san easpa gradaim a thugann sé don bhaineann: cé gur gnách le Jung ionannú a dhéanamh idir an neamh-chomhfhios, an baineann agus an neach diaga, is mar fhireannach amháin a thagraíonn sé do Dhia. Agus í ag trácht ar thraidisiún fealsúnachta an Iarthair, molann Irigaray go ndéanfaí athshamhlú ar cad is Dia ann:

> *Could we not imagine the divine differently?* We could abandon the object-entity God – letting him keep his name for the time being – to restore to him a form of energy that would inspire us to develop fully into ourselves, and to live fully our relation to the other, to others, and to the world around us. In that case, there would be no more being, fixed once and for all, but rather a changeable, perfectible way of being, thus an indeterminate absolute that determines us nonetheless. (Irigaray 2004: 172)

Tapaíonn Ní Dhomhnaill an deis sa roinn dar teideal 'An
Spéirbhean' (F: 113-30) mianach diaga a shamhlú leis an bhaineann,
nó leis na réimsí sin a shamhlaítear leis an phrionsabal baineann – an
fhilíocht, an dúlra agus an béaloideas. Pearsa bhaineann atá i dtiúin
lena nádúr baineann mar mháthair, leis an dúlra nó le réimse na
samhlaíochta trí mheán na filíochta, a chuirtear in iúl i ngach ceann de
na dánta. Acmhainn spioradálta na réimsí éagsúla seo, agus creideamh
na pearsan baininne a fhágann go n-aithníonn sí an acmhainn seo, is
téama do dhánta na sraithe. Cé go bhfuil rómánsachas i gceist leis an
slánú a shamhlaítear leis an mháithreachas, leis an dúlra nó leis an
fhilíocht sna dánta, is minic tagairt do chúinsí coscracha a dhéanann
maolú ar an chlaonadh chun idéalaithe agus rómánsachais.

Sa dán 'Caora Fíniúna' (F: 113) is é an máithreachas agus a
caidreamh lena páistí is údar misnigh don fhile. Gan amhras, is ábhar
buartha agus bróin fás aníos na bpáistí agus a bhfuil d'fhulaingt i ndán
dóibh. Mar a phléifear ar ball, is minic an bás ina fhothéama sna dánta
a dhéanann ceiliúradh ar an mháithreachas agus ar bheatha an linbh.
Cumhacht shlánaitheach na filíochta is ábhar do na dánta 'Primavera'
(F: 114) agus 'Éirigh, a Éinín' (F: 129-30). Luaitear dúshláin an tsaoil
i gcás na mná sa dán deireanach – leanbh máchaileach á thiomáint
roimpi i dteas an lae, féitheacha borrtha aici, stocaí laisteacha ag
gearradh a cos agus a cuid féintrua ag cur lena duairceas. Is é an toise
daonna de na scéalta béaloidis agus an rómánsú a dhéantar ar an
chruatan, is cás leis an fhile sa dán 'Béaloideas':

Tá scata seanduine cois na tine i mbothán
ag caint ar so is ar súd,
is ag tabhairt scéalta don mbailitheoir.
"Ó", arsa fear acu, "na mná a bhí anso fadó
bhí ceol iontu". "Is ní haon tae a bhí á ól acu"
arsa fear eile, "ach bainne gabhair is arán cruithneachtan
is coirce, póire is meacain bhána is iasc is bairnigh".
"Bhí bean i gCill Uru, i bparóiste Fionntrá
a thug ocht gcliabh déag iascán aníos as Faill
na Beirdrí ar a drom is do siúlaigh abhaile tráthnóna.
Saolaíodh cúpla di an oíche chéanna"

"Ba mhaith ann í".

"B'fhiú bia a thabhairt di".

Tugaim faoi ndeara
ná hiarrann éinne acu ar mhair an cúpla. (F: 117)

Is ar shuaimhneas nó ar fhaoiseamh sealadach a dhéantar cur síos
i gcuid mhór de dhánta na sraithe. Sna dánta 'Caora Fíniúna' (F: 113)
agus 'Éirigh, a Éinín' (F: 129-30), díríonn an file ar an am i láthair:

Anois is leor liom
mo lámha a líonadh
leis na fíniúna, na caora ('Caora Fíniúna', F: 113)

Chímse an gáire agus is fearr liom é ná fáth a goil
is tuigim gur mhaith an díol ort an moladh, do rud chomh beag,
do scaltarnach mire mar fhianaise ar an aiteas is an phian
a bhaineann le marthain, mo dhálta féin, a éinín. ('Éirigh, a Éinín', F:
130)

Sa dán 'Ceist na Teangan' (F: 128), ní féidir leis an fhile an toradh a
bheidh ar a cuid iarrachtaí a thuar; is leor léi an sásamh a bhaineann
sí as filíocht a scríobh i nGaeilge faoi láthair, beag beann ar thodhchaí
na teanga. I ndánta ar nós 'An Sceach Gheal' (F: 115) agus 'Loch a'
Dúin' (F: 120-22), dírítear ar oscailteacht an pháiste i leith na
samhlaíochta agus an tsoineantacht a chuireann ar a chumas
creideamh i rudaí gan anailís réasúnaíoch a dhéanamh orthu. Tuigtear
don fhile, áfach, nach mairfidh an tsaoirse shamhlaíoch ná an
creideamh ach ar feadh scaithimh:

[...] Fad uathu fós
an scoilt idir an croí is an aigne
idir an Láithreach, an tuar is an tairngreacht,
an Modh Foshuiteach is an Aimsir Chaite. ('Loch a' Dúin', F: 120)

Tugann an file le fios go gcaithfidh sí féin iarracht chomhfhiosach a
dhéanamh leis an draíocht sin a athchruthú di féin:

Is do phiocas toirtín den dtím fiain
"ris a ráitear lus mhic rí na mbrat"
chun a chur i gcuimhne dhom ar feadh scaithimhín eile
an draíocht a bhí ag roinnt leis an loch. (F: 122)

Is léir mar sin nach staid bhuan atá i gceist. Tá an sonas a ndéantar
cur síos air sna dánta seo, chomh mealltach agus chomh héalaitheach
le spéirbhean na n-aislingí. Dála na spéirmhná a shantaítear ach nach

bhfaightear, is staid iomlánaithe í seo nach mbaintear amach riamh. Tugtar le fios i línte deireanacha dhán deiridh an chnuasaigh gur den bheatha an tsíorchoimhlint idir an t-áthas agus an phian: 'do scaltarnach mire mar fhianaise ar an aiteas is an phian/ a bhaineann le marthain, mo dhálta féin, a éinín' (F: 130). Críochnaíonn an cnuasach *Feis* (1991) le béim ar an tsíorchoimhlint a bhfuil cur síos ag Wehr (1988: 72) uirthi i gcomhthéacs theoiricí Jung: 'The opposites and contradictions constantly threaten the unity of the personality and entangle life again and again in their dichotomies'. Leoga, is í an choimhlint bunchloch phróiseas an indibhidithe Jungaigh, dar le Samuels: 'Work on 'the opposites' is a central part of analysis and a final reconciliation is impossible. Individuation is not, in Jung's view, an elimination of conflict, more an increased consciousness of it, and of its potential' (Samuels 1985: 103). Sílim gur chuige sin atá Ní Dhomhnaill agus gur míléamh atá ann an spéirbhean a shamhlú le comhlánú agus le sintéis.

Is gnách do chriticeoirí béim a leagan ar struchtúr líneach an chnuasaigh *Feis*,[14] go deimhin feictear do de Paor (1997: 243) go bhfuil 'eacnamaíocht libidiniúil fhireannach' le brath ar struchtúr líneach an chnuasaigh; léiriú eile, dar leis, ar an bhundifear idir tionscnamh fileata Ní Dhomhnaill agus an feimineachas iarstruchtúrach. Áitím, áfach, go bhfuil tábhacht nach beag leis an éiginnteacht agus leis an neamhbhuaine atá le rianú i ndánta na sraithe 'Spéirbhean' (F: 113-30). Is léir nach bhfuil deireadh leis an indibhidiú, go bhfuil an próiseas le tosú as an nua arís; go gcuirfear cibé cothromaíocht atá aimsithe as a riocht. Tacaíonn an chéad chnuasach eile le Ní Dhomhnaill leis an léamh seo. Ní hí an spéirbhean atá i réim sa chéad chuid den chnuasach *Cead Aighnis* (1998) ach 'an máistir dorcha'. Cineálacha éagsúla báis is ábhar don tsraith dar teideal 'An Máistir Dorcha', idir bhás fisiciúil, bhás mothálach agus bhás síceach. Má chuirtear béim sa chnuasach *Feis* ar an tábhacht a bhaineann le teagmháil a dhéanamh leis an neamh-chomhfhios, léiríonn an tsraith seo an chríoch dhorcha atá i ndán don té a ligeann don neamh-chomhfhios dul i bhfeidhm air agus smacht a fháil air.

Is léir, mar sin, nach bhfreagraíonn an cnuasach *Feis* (1991) go hiomlán do phróiseas an indibhidithe faoi mar a rianaíonn Jung é. Cé go bhfoilsíonn léamha Nic Dhiarmada (1994; 2005: 149-180) agus de

Paor (1997: 87-105) gnéithe tábhachtacha de thionscnamh filíochta Ní Dhomhnaill, creidim nach dtugtar dóthain airde ina dtráchtaireacht siúd ar an sainléamh a dhéanann Ní Dhomhnaill féin ar theoiricí Jung ó pheirspictíocht na mban.

Jungachas v. Teoiricí Feimineacha Iarstruchtúracha

Ardaíonn an léamh atá déanta agamsa anseo ceisteanna faoi áiteamh de Paor (1997) nach bhfuil ach cosúlachtaí dromchlacha idir an feimineachas iarstruchtúrach agus tionscnamh filíochta Ní Dhomhnaill atá lonnaithe, dar leis, sa rómánsachas iarnua-aoiseach. Is cosúil, áfach, go bhfuil cuid de na codarsnachtaí móra a aimsíonn sé idir an feimineachas iarstruchtúrach agus filíocht Ní Dhomhnaill bunaithe ar léamh a dhéanann ionannú idir teoiricí Jung agus tionscnamh Ní Dhomhnaill; léamh nach gcuireann san áireamh an t-athmhúnlú a dhéanann Ní Dhomhnaill féin ar thuairimí Jung.

An chodarsnacht is mó a fheiceann de Paor (1997: 239) idir filíocht Ní Dhomhnaill agus an feimineachas iarstruchtúrach ná go bhfuil filíocht Ní Dhomhnaill bunaithe ar phósadh sintéiseach na gcodarsnachtaí, ach go bhféachann an feimineachas iarstruchtúrach leis na codarsnachtaí péire a shéanadh. Is róshimpliú é seo, áfach, ar thuiscint Jung ar na codarsnachtaí péire mar a bhfuil brí leathcheann amháin ag brath ar bhrí an leathchinn eile, mar a mhíníonn Andrew Samuels: 'Jung suggests that it is fruitless to search for the primary member of a pair of opposites – they are truly linked and cannot be separated; they involve each other' (Samuels 1985: 92). Ina theannta sin, níor mhór tábhacht na coimhlinte i smaointeoireacht Jung a chur san áireamh i dtólamh.

Ag trácht dó ar bhuaicphointe phróiseas an indibhidithe, cuireann de Paor (1997: 243) síos ar íomhá phríomhshamhaltach an 'duine féin' nó 'das Selbst' mar shuibiachtúlacht 'iomlánaíoch, aontaithe, sheasmhach, chríochnúil'. Tá an léamh seo bunaithe ar an tuiscint gur staid atá sa 'duine féin'. Is tuiscint í seo atá bunoscionn le dearcadh Jung féin a leagann béim ar an phróiseas agus a thugann le fios nach mbainfidh an duine an staid sin amach choíche: 'The goal is important only as an idea; the essential thing is the *opus* which leads to the goal; *that* is the goal of a lifetime' (Jung 1966: 200). Maíonn an tIar-Jungach Lopez-Pedraza, mar shampla, nach gá go gcuirfeadh aontacht na suibiachta deireadh le hiolracht ná le hilghnéitheacht na sícé: 'the many *contains* unity of the one *without losing* the possibilities of the many' (luaite in Samuels 1985: 107). Áitíonn Hillman (1981) go bhfuil an tsícé polalárnach agus nár chóir barraíocht béime a chur ar an tsuibiacht aontaithe. Tuigtear dó go bhfuil an díscaoileadh chomh tábhachtach leis an aontú, go bhfuil an éagsúlacht shíceolaíoch chomh tairbheach leis an aontacht shíceolaíoch. Déanann Hillman athléamh ar an indibhidiú agus ar choincheap 'an duine féin' mar shuibiacht aontaithe, á mhaíomh nach ionann an tuiscint shíceolaíoch agus tuiscint diagachta ar an fheiniméan céanna:

> [There are] two views of completion, a psychological wholeness where individuation shows itself in multiple relations, and a theological wholeness where individuation shows itself in degrees of approximation to an ideal or unity. (Luaite in Samuels 1985: 108)

I bhfianaise na n-athléamh seo ar theoiricí Jung, d'fhéadfaí cosúlachtaí móra a rianú idir 'das Selbst' agus an tsuibiachtúlacht iarstruchtúrach. Creidim gur fíor do Duncan (2003b: 147) go bhfuil cosúlachtaí idir tuiscintí Kristeva agus Irigaray ar an tsuibiachtúlacht bhaineann agus an t-indibhidiú mar a rianaíonn Jung é. Béimníonn Kristeva agus Irigaray an éagothroime idir an dá ghnéas, ámh, rud a ndéantar neamhaird di go minic i smaointeoireacht Jung.

Creidim, áfach, go bhfuil cosúlachtaí eile idir togra Jung agus togra na bhfeimineach iar-struchtúrach, cosúlachtaí nach dtéitear i ngleic leo i dtráchtaireacht de Paor. Is ar chodarsnacht phéire, mar atá, an t-ord séimeolaíoch agus an t-ord siombalach, a bhfuil dialactaic eatarthu, atá anailís Kristeva bunaithe. Go deimhin, tuigtear do Adams (2003:60) gur réamhtheachtaí Jung a chuir an baineann i gcás mar aircitíopa agus go bhfuil dlúthbhaint idir an coincheap seo agus an t-ord séimeolaíoch ag Kristeva. Maíonn de Paor, áfach, go bhfuil Ní Dhomhnaill faoi thionchar an mheoin fhirinn sa mhéid is go n-úsáideann sí íomhánna atá bunaithe ar 'eacnamaíocht libidiniúil "fhireann"':[15]

> An chruthaíocht ó dhearcadh na heacnamaíochta firinscní a bhíonn i gceist leis an 'fheis', an chomhriachtain mar phróiseas líneach, le críoch, le sprioc, le deireadh. Intreá, buaiciú is torthúlacht a bhíonn chun tosaigh i gcleachtadh na cruthaíochta ag an té a bhíonn faoi réir na heacnamaíochta libidiniúla fireannaí. (de Paor 1997: 245)

'Leagan síceach den bhean fhulangach histéireach agus den fhear laochúil gníomhach atá sa "Chailleach" is sa "Leannán Sí", dar le de Paor (1997: 244). Is locht é a fhaigheann feiminigh ar nós Mary Daly (1984) agus Nancy Chodorow (1978) ar theoiricí síceolaíochta Jung, teoiricí atá bunaithe ar íomhánna steiréitipiciúla, dar leo. Is fiú a mheabhrú, ámh, gur siombailí iad an *Logos* agus *Eros* a chuireann síos ar phrionsabail shíceacha agus nach mbaineann le gnéas an duine. Shamhlaigh Jung an tábhacht chéanna leis an dá phrionsabal agus tuigeadh dó go raibh an dá phrionsabal i ngach aon duine.[16] Mar a léiríodh cheana, ní amháin go gcreideann Ní Dhomhnaill sa déghnéasacht shíceach seo, ach cuireann sí béim ar spleáchas an dá phrionsabal.

Cosnaíonn Ní Dhomhnaill í féin i gcoinne na líomhna agus dearbhaíonn sí go neamhleithscéalach gur maith a thuig sí impleachtaí a rogha íomháineachais agus í i mbun pinn. D'fhéadfaí an dearcadh seo a thuiscint i dtéarmaí an léimh a chuireann Samuels chun cinn i dtaca le teoiricí Jung: 'Animus and anima are ways of communicating otherness, difference, that which is momentarily unavailable because of unconsciousness' (Samuels 1985: 214). Is léir go dtuigtear do Ní Dhomhnaill nach bhfuil tábhacht ar leith ag roinnt le hinscne na n-íomhánna ná na siombailí:

> [...] But I am for a marrying of the logical with the non-rational. The sovereignty-myth story I have as a framing metaphor to my book *Feis* is basically it. The king is the ego energy. A lot of feminists would say why a man, but this is an energy that in me images itself as male. I have dreams about men. I have dreams about women. I have dreams about children. I have dreams about animals. But there is a certain type of energy that dreams itself, *taibhsíonn sé* in Irish, I mean it dreams itself, it images itself as male. (in O'Connor 1995: 598)

Go deimhin, má ghlactar leis an *anima* agus *animus* mar lipéid a dhéanann cur síos ar an *Eile*, faoi mar a mholann teoiriceoirí iar-Jungacha,[17] is féidir filíocht Ní Dhomhnaill a léamh i gcomhthéacs tuiscintí iarstruchtúracha faoi sholúbthacht inscne an duine. Ag cur síos di ar sheasamh Julia Kristeva, deir Anne-Marie Smith:

> We might now see Kristeva's work as a whole in relation to two fundamental projects: that of constituting an identity, and that of speaking unspeakable truths, having confidence in the monsters which

inhabit our nightmares and fantasies. Symbolising these monsters is tantamount to speaking the unspeakable, representing the unrepresentable. In this sense identity cannot then become fixed and totalitarian but must remain open, mobile and tolerant of difference; for accepting the difference in oneself, be this in the form of strangeness, monstrosity, femininity or masculinity will involve being tolerant of oneself – which is fundamental to psychic health – and open to the alterity of the other, which will check the reactionary activities of racism, repression or misogyny. (Smith 1998: 69)

Mar an gcéanna, agus í ag cur síos ar thuairimí Irigaray, deir Whitford:

> Our society is dominated by a destructive imaginary (whose apotheosis is scientific ideology elevated to the status of a privileged truth) and which is constructed over a buried act of matricide. For there to be a hope of renewal, the male imaginary needs to recognize its own unconscious, and cut the umbilical cord which still attaches it to the mother, while the female imaginary needs to find a voice. (Whitford 1991: 33)

Is amhlaidh go gceadaíonn filíocht Ní Dhomhnaill léamh a réitíonn le rún díthógála na dteoiricí iarstruchtúracha feimineacha.

Feictear mar sin, go ndeachaigh teoiricí Jung go mór i bhfeidhm ar shaothar Ní Dhomhnaill, rud atá le sonrú go speisialta ón dara cnuasach i leith. Níor mhór a aithint, áfach, go n-imríonn léargas feimineach Ní Dhomhnaill tionchar ar an mhúnlú a dhéanann sí ar thuairimí Jung. Na móréagsúlachtaí a aimsíonn de Paor idir togra Ní Dhomhnaill agus an feimineachas iarstruchtúrach, is éagsúlachtaí iad dáiríre idir togra Jung agus tuairimí na bhfeimineach iarstruchtúrach. Ní thugtar dothain aitheantais do léirléamh agus d'athmhúnlú sainiúil Ní Dhomhnaill féin a thacaíonn leis na hathléamha iarstruchtúracha atá á ndéanamh ar shíceolaíocht Jung le blianta beaga anuas. Agus é ag iarraidh togra Ní Dhomhnaill a rangú, téann de Paor (1997: 251) féin i muinín codarsnachtaí loma: 'ba chruinne an téarma "gínealárnach" in ionad "feimineach", "iomlánaíoch" in ionad iarstruchtúrach...'. Mar thoradh ar a fhlosc chun codarsnachta ní chuirtear suntas i dtréithe áirithe de thionscnamh Ní Dhomhnaill a sháraíonn rangú daingean eolaíoch.

Conclúid

Is léir gur mór ag Boland agus Ní Dhomhnaill araon, an léargas atá acu mar mhná a chur i bhfeidhm ar a gcuid filíochta, bíodh cúrsaí soch-chultúrtha, cúrsaí staire nó cúrsaí síceolaíochta i gceist. Chonacthas go bhfuil tréimhsí ar leith le rianú i saothar na beirte ina bhfuil an guth agóideach feimineach i dtreis, ach go dtagann maolú ar an fhilíocht seo agus go ndírítear ar chúrsaí féiniúlachta faoi anáil choincheapa léirmhínithe an iarstruchtúrachais. I measc na ndifríochtaí is suntasaí idir filíocht na beirte, áfach, tá dearcadh an fhile i leith a tionscnaimh. Ní théann Boland i muinín an ghrinn le dúshlán an traidisiúin liteartha a thabhairt ná tuairimí na patrarcachta a cheistiú. Mar is léir ó na dánta léi a pléadh i rith na caibidle seo, is iondúil go mbíonn ton na ndánta dáiríre agus sollúnta.[18] Ina choinne sin, braitear go mbíonn Ní Dhomhnaill idir shúgradh agus dáiríre i dtólamh, nach samhlaíonn sí tromchúis lena cuid filíochta. Is úsáid threascrach, ámh, a bhaineann sí as an ghreann chun cur i gcoinne tuairimí atá patrarcach, dar léi – cúngaigeantacht chaomhnóirí na teanga agus an traidisiúin liteartha san áireamh.[19]

Is cinnte go bhfuil gnéithe feimineacha ag roinnt le saothar Ní Dhomhnaill agus le saothar Boland araon. Dála Cixous agus Irigaray, déanann Boland colainn na mban a cheiliúradh ina cuid filíochta, go háirithe sa chnuasach *In Her Own Image* (1980). Is mar ábhar scríbhneoireachta seachas mar fhoinse scríbhneoireachta, áfach, a áiríonn Boland an cholainn. Murab ionann is scríbhinní Irigaray agus Cixous, ní bhaineann sí úsáid iontach treascrach as foirm ná as comhréir na teanga mar bhealach le sainteanga na colainne baininne a chur in iúl. Is ar thaithí laethúil na mban agus ar eispéireas an mháithreachais is mó a leagann Boland béim, rud atá go mór i dtiúin le teoiricí eimpíreacha feimineacha na nAngla-Mheiriceánach. Luíonn an cur chuige seo leis an iniúchadh a dhéanann Boland ar athláithriú na mban sa litríocht agus ar an imeallú a dhéantar ar chúrsaí ban i ndioscúrsa na staireolaíochta sna cnuasaigh a leanann *In Her Own Image* (1980). Sna cnuasaigh dhéanacha léi faightear léargas iarstruchtúrach ar dhioscúrsaí liteartha agus ar an tsuibiachtúlacht, cé gur mór ag Boland i gcónaí béim a leagan ar shainpheirspictíocht na mban.

Siúd is go ndéanann Ní Dhomhnaill ceiliúradh ina cuid filíochta ar an cholainn agus ar chúrsaí collaíochta, ní fhreagraíonn an ceiliúradh seo do rún scarúnach na dteoiriceoirí Francacha a dhíríonn ar an cholainn bhaineann amháin agus a shamhlaíonn sainteanga léi. Bíodh is go bhfuil dánta tábhachtacha scríofa aici faoi shaintaithí na mban, is teirce i bhfad líon na ndánta follasacha feimineacha atá aici ná atá ag Boland. Tá roinnt dánta, go háirithe ina luathshaothar, a cháineann na srianta a chuirtear ar mhná sa tsochaí agus an teagasc a dhéanann maighdean nó striapach den bhean. Is léir ón chnuasach *Feis* (1990), áfach, gur tábhachtaí do Ní Dhomhnaill an prionsabal síceach baineann atá, dar léi, curtha faoi chois ag meon fireann, ná cás na mban. Ní hionann sin is a rá nach bhfuil léargas feimineach le rianú ar na dánta seo. Glacadh leis i gcritic na Gaeilge go nuige seo go raibh togra filíochta Ní Dhomhnaill bunaithe go dlúth ar scéimre Jung. Nuair a scrúdaítear a cuid filíochta, ámh, agus an cnuasach *Feis* (1991) go speisialta, feictear nach mbaineann sí úsáid neamhcháilithe as scéimre Jung. Fágann an t-athléamh a dhéanann Ní Dhomhnaill ar thuairimí Jung faoi phróiseas an indibhidithe, áfach, gur mó ná cosúlachtaí dromchlacha atá idir a saothar siúd agus tréithe áirithe den fheimineachas iarstruchtúrach.

Caibidil 3

NIGHT FEED – AG COTHÚ LINBH

Look sharply after your thoughts. They come unlooked for like a
bird seen on your trees, and if you turn to your usual talks,
disappear, and you shall never find that perception again. Never,
I say, but for years perhaps, and I know not what events and
worlds may lie between you and its return.
Ralph Waldo Emerson.

I see them, showering like stars on to the world ...
These pure small images ...
Their footsoles are untouched. They are walkers of air.
Sylvia Plath.

Réamhrá

Más ceist chigilteach í ceist na máithreacha liteartha ar a dtugann
Boland agus Ní Dhomhnaill freagraí difriúla, is cinnte go bhfuil siad
aontaithe ar ghné bhunúsach amháin dá saoil; sainiúlacht an
mháithreachais mar thaithí dhaonna. Is díol spéise, mar sin, féachaint
cén dóigh a dtéann eispéireas an mháithreachais i bhfeidhm ar na mná
seo mar fhilí. Déanann siad beirt gnéithe áirithe den taithí seo a
chardáil: an toircheas, an tseanaois agus an tsíordhruidim i dtreo an
bháis. Tá sraith iomlán dánta ag Boland ina luathchnuasach *Night*
Feed (1982) a phléann na gnéithe éagsúla seo den ghaol idir an
mháthair agus an leanbh nuashaolaithe. Téann siad beirt i muinín na
miotaseolaíochta, i muinín mhiotas Ceres agus Persephone go
háirithe, chun cúrsaí máithreachais a phlé, amanna chun uilíocht ról
na máthar a chur in iúl agus amanna eile chun 'miotas an
mháithreachais' - na bréagíomhánna agus na claontuairimí - a cheartú.
    Cé gurbh éasca an dúil seo i dtéama an mháithreachais a mhíniú i
dtéarmaí beathaisnéiseacha, níor mhór cuimhneamh gur gnéithe
áirithe den mháithreachas ba bhun le cuid de na díospóireachtaí poiblí
ba ghéire agus ba choscraí le linn na n-ochtóidí agus na nóchaidí agus
Boland agus Ní Dhomhnaill ag teacht chun cinn mar fhilí aitheanta.
Bhí reifrinn bhunreachta faoin ghinmhilleadh sa bhliain 1983 agus

arís sa bhliain 1992 agus ba naimhdeach an díospóireacht phoiblí faoin ábhar, go háirithe an dara babhta, as siocair go raibh cás cailín óig ceithre bliana déag d'aois a bhí torrach de bharr éignithe, ina dhlúthchuid den phlé. I 1984 fuarthas beirt leanaí nuashaolaithe marbh i gcontae Chiarraí agus rinneadh géarleanúint ar mháthair shingil neamhchiontach, Joanne Hayes, a d'admhaigh an chóir agus í faoi bhrú ó na gardaí. I 1985 fuair Anne Lovett, cúig bliana déag d'aois, bás de dhroim linbh in aice dhealbh na Maighdine Muire sa Ghrán Ard, Co. Longfoirt. Ag trácht dó ar an phlé poiblí ar chlár raidió Gay Byrne a mhúscail cás an déagóra, deir Fintan O'Toole, 'A sort of secret history of modern Ireland emerged that day with stories from every decade since the 1940s, stories that had been told to no one, stories that had been bottled up and swallowed down' (O'Toole 1990: 174-75).

An Máithreachas agus Teoiricí Feimineacha

Sula ndéantar cíoradh ar théama an mháithreachais i bhfilíocht Boland agus Ní Dhomhnaill, is fiú spléachadh a thabhairt ar an chritic ábhartha fheimineach agus an chardáil a dhéanann an bheirt fhilí ar thaithí na máthar a shuíomh i gcomhthéacs na critice sin. I gcaitheamh na seascaidí agus ag tús na seachtóidí ba iad féinriar agus comhionannas na mban an rosc catha a bhí ag feiminigh. Creideadh gurb é an dris chosáin ba mhó a chuir bac ar na mná ná an tuiscint gurb í an bhean amháin a bhí freagrach as cúram leanaí. Ag druidim le deireadh na seachtóidí, áfach, tosaíodh ar choincheap an fhéinriair agus an bhéim a leagtaí ar chearta eisiacha an duine aonair a cheistiú. Rinneadh athluacháil ar na tréithe a shamhlaítí go dlúth leis an mháithreachas – an aire agus an muintearas – agus féachadh le haitheantas a éileamh i gcúrsaí soch-chultúrtha agus polaitíochta do thábhacht shainpheirspictíocht na máthar. Ní rabhthas ag cur i gcoinne chinniúint bhitheolaíoch na mban a thuilleadh, ach in éadan laghad an smachta agus theirce na roghanna a bhí ag mná i dtaobh chúraimí agus chleachtais na máthar.[1] Ina leabhar *Of Woman Born* déanann Adrienne Rich idirdhealú idir dhá bhrí dhifriúla an fhocail 'máithreachas': 'the *potential relationship* of any woman to her powers of reproduction and to children; and the *instiiution*, which aims at ensuring that that potential – and all women – shall remain under male control' (Rich 1977: 13).

Tá athbhreithniú déanta ag teoiriceoirí feimineacha ar thuairimí seo Rich agus coincheapa léirmhínithe an iarstruchtúrachais in úsáid acu. Áitíonn Christine Everingham (1994), mar shampla, nach dtugann an dearcadh seo aon aitheantas don dóigh a gcruthaíonn an mháthair bríonna cultúrtha agus cineálacha éagsúla suibiachtúlachta nuair a dhéanann sí léirmhíniú ar éilimh an pháiste agus nuair a fhreastalaíonn sí air de réir nósanna agus thuiscintí na sochaí. Dar le Evelyn Nakano Glenn (1994: 1-29) ba chóir go mbeadh gníomhaireacht na mban agus na bhfear lárnach do choincheap an mháithreachais mar thógán sóisialta. Ar an dóigh chéanna, cuireann tráchtairí mar Sharon Macdonald (1993) agus Helen Callaway (1993) i gcoinne na deighilte seo idir an bhitheolaíocht agus cúrsaí cultúrtha á mhaíomh go bhfuil luachanna cultúrtha agus sóisialta ag roinnt le próiseas 'nádúrtha' na breithe.

An Mháthair Ghrámhar

Ina scríbhinní próis, agus mar a fheicfimid, ina gcuid filíochta fosta, dearbhaíonn Ní Dhomhnaill agus Boland tábhacht an mháithreachais sa chéad bhrí thuas ag Rich. Faoi anáil an dearcaidh a leagann béim ar na difríochtaí idir fir agus mná, ceiliúrann siad beirt an chruthaitheacht a bhaineann le saineispéireas na máthar, dar leo. Deir Boland, 'Well I had two children, which is the perfect number as far as I am concerned. It is the greatest act of creativity and the one which is most likely to make you question other forms of creativity' (in Power 1999: 151). Tugann dearbhú seo Boland tuairimí duine de mhórtheoiricí na freacnairce chun cuimhne maidir le tábhacht an mháithreachais. Ina haiste *Women's Time* deimhníonn Julia Kristeva an tionchar a bhíonn ag breith linbh ar shaol na máthar agus a riachtanaí atá sé aitheantas ceart a thabhairt don eispéireas:

> The arrival of the child, [...] leads the mother into the labyrinths of an experience that, without the child, she would only rarely encounter: love for an other. Not for herself, nor for an identical being, and still less for another person with whom 'I' fuse (love or sexual passion). But the slow, difficult and delightful apprenticeship in attentiveness, gentleness, forgetting oneself. (Kristeva 1986d: 206)

Cíorann Boland agus Ní Dhomhnaill dinimic an mháithreachais, an ceangal seo a bhíonn idir an leanbh nuabheirthe agus an mháthair.

Déanann siad iniúchadh ar an réimse mothúchán ar de dhlúth agus
d'inneach an chaidrimh é. Bréagnaíonn a gcuid dánta an tuiscint gur
srathair ar an bhean é cúram na bpáistí. Is minic téamaí agus tuiscintí
i gcomhar acu. Is é an suíomh céanna atá i gceist sa dán 'Night Feed'
le Boland agus sa dán 'Cothú Linbh' le Ní Dhomhnaill – an bhean ina
suí ag bodhránacht an lae chun an leanbh a chothú:

> This is dawn.
> Believe me
> This is your season, little daughter.
> The moment daisies open,
> The hour mercurial rainwater
> Makes a mirror for sparrows.
> It's time we drowned our sorrows.
>
> I tiptoe in.
> I lift you up
> Wriggling
> In your rosy, zipped sleeper.
> Yes, this is the hour
> For the early bird and me
> When finder is keeper.
>
> I crook the bottle.
> How you suckle!
> This is the best I can be,
> Housewife
> To this nursery
> Where you hold on,
> Dear life.
>
> A silt of milk.
> The last suck.
> And now your eyes are open,
> Birth-coloured and offended.
> Earth wakes.
> You go back to sleep.
> The feed is ended.
>
> Worms turn.
> Stars go in.
> Even the moon is losing face.
> Poplars stilt for dawn

And we begin
The long fall from grace.
I tuck you in. (CP: 88)

B'fhéidir go ndéarfaí nach athluacháil ná athbhreithniú ar shaintaithí
na mban atá anseo ar chor ar bith, ach aiséirí 'The Angel of the
House', athdhearbhú ar idéal na dea-mháthar a fhreastalaíonn de shíor
agus go neamhleithleasach ar éilimh a clainne. Is cinnte go bhfuil blas
láidir an rómánsachais agus an aicmeachais ar an dán seo, ach is
deacair gan suntas a chur sna tagairtí don fhulaingt dhaonna a
thuigeann don mháthair a bheith i ndán dóibh beirt, á dhearbhú: 'It's
time we drowned our sorrows'. In ainneoin shoineantacht an pháiste,
tuarann an mháthair go mbeidh a páiste ar an taobh tuathail den idé-
eolaíocht Chaitliceach a mhórann an maighdeanas. Tugann dearcadh
seo Boland focail Kristeva chun cuimhne mar a dtráchtann sí ar a
lochtaí atá an dioscúrsa Caitliceach i dtaca leis an mháithreachas de:

A woman will only have the choice to live her life either *hyper-
abstractly* [...] in order thus to earn divine grace and homologation with
symbolic order; or merely *different*, other, fallen... (Kristeva 1986c: 173)

Déanann Boland an cumann speisialta daonna a neas-shuí le teagasc
na hEaglaise Caitlicí a dhéanann an mháthair agus a hiníon a imeallú.
Is go dásachtach a fhógraíonn pearsa an dáin sna línte deireanacha
nach mbeidh sí féin ná a hiníon lán de ghrásta.

Beathú linbh atá mar ábhar fosta sa dán 'Ag Cothú Linbh' le Ní
Dhomhnaill. Is cur síos i bhfad níos meafaraí a fhaightear an babhta
seo, ámh:

As ceo meala an bhainne
as brothall scamallach maothail
éiríonn an ghrian de dhroim
na maolchnoc
mar ghine óir
le cur i do ghlaic,
a stór.

Ólann tú do shá ó mo chíoch
is titeann siar i do shuan
isteach i dtaibhreamh buan,
tá gáire ar do ghnúis.
Cad tá ag gabháil trí do cheann,

tusa ná fuil
ach le coicíos ann?

[...]
Tusa mo mhuicín a chuaigh
ar an margadh,
a d'fhan age baile,
a fuair arán agus im
is ná fuair dada.
Is mór liom de ghreim tú
agus is beag liom de dhá ghreim,
is maith liom do chuid feola
ach ní maith liom do chuid anraith.

Is cé hiad pátrúin bhunaidh
na laoch is na bhfathach
munar thusa is mise? (FS: 36)

Bíodh is nach dtugann Ní Dhomhnaill léargas iontach tuairisciúil ná
coincréiteach ar imeachtaí laethúla na máthar, dála na síscéalta a
dtagraítear dóibh sa dán, baineann an dán seo le taithí níos uilíche ná
taithí phríobháideach na máthar aonair. Tugann an líne dheireanach le
fios go n-áiríonn an file a máithreachas mar bhunchloch na
daonnachta, braistint a thugann léireasc Eva Feder Kittay (1999: 23)
chun cuimhne: 'My mother is also a mother's child'. Fantar dílis don
nádúr baineann agus an leanbh á chothú le bainne cíche. Is
miontuairisc thábhachtach nó threascrach fiú é seo nuair a
chuimhnítear ar an chotadh agus ar an náire a bhíodh ar mhná an
chíoch a thabhairt do leanaí go hoscailte.[2]

Ar aon dul le dán Boland, is doiligh gan suntas a chur san
fhothéacs dorcha a bhaineann leis an dán seo. Tá an fothéacs seo níos
urchóidí fós siocair gur trí mheán rannta do pháistí a thagraítear do na
contúirtí agus na bagairtí a shamhlaíonn an mháthair a bheith i ndán
dá páiste, rud a thugann le fios uilíocht na gcontúirtí nach féidir a
aithint go furasta. Níos coscraí fós, is cosúil gurb í an mháthair féin
an sionnach i gcraiceann na caorach. Tugann na línte deiridh le fios
gurb é an páiste an laoch agus gurb ise an fathach; dála na bólachta,
is ag teacht i dtír ar mhianach cothaithe a mháthar atá an páiste, ach
is é guth bagrach na máthar féin atá ag teacht thar a ghuaille aniar.
Fillfear ar an ghné seo d'fhilíocht Ní Dhomhnaill ar ball.

In ainneoin na ndifríochtaí idir an dá dhán a pléadh thuas, tá rian láidir den eisintiúlachas le sonrú ar thuiscintí na beirte ar an nádúr baineann agus ar chumas nádúrtha na máthar aire a thabhairt do pháiste. Murab ionann is teoiriceoirí na linne seo, leithéidí Everingham (1994) a cheistíonn na foshuímh eisintiúlacha seo agus a áiríonn cothú an linbh mar ghníomh sóisialaithe seachas gníomh nádúrtha, ní chuige sin atá Boland ná Ní Dhomhnaill sna dánta seo. Ní ceistiú ach comóradh a dhéanann siad ar eisint na máthar. Is ionann dearcadh trasstairiúil Ní Dhomhnaill nuair a chuireann sí an cheist 'Is cé hiad pátrúin bhunaidh na laoch is na bhfathach munar thusa is mise?' agus dearcadh Boland nuair a chuireann sise na ceisteanna reitriciúla:

> On those summer evenings, if my thoughts had not been full of details and children, I could have wondered where myth begins. Is it in the fears for harvest and the need for rain? Are its roots in the desire to make the strange familiar, to domesticate the thunder and give a shape to the frost? Or does it have, as Kavanagh argues, a more local and ritual source? Is there something about the repeated action – about lifting a child, clearing a dish, watching the seasons return to a tree and depart from a vista – which reveals a deeper meaning to existence and heals some of the worst abrasions of time? (OL: 168-69)

An tSúil Mhillteach

Má phléann Boland agus Ní Dhomhnaill beirt lúcháir na máthar óige, ní dhéanann siad faillí i mbrón na mná a chaill leanbh ná crá na mná nach bhfuil cumas síolraithe inti. Is téamaí iad seo leoga, a dhéantar a phlé sa chéad chnuasach filíochta leo beirt sular foilsíodh na dánta thuasphléite. Is truamhéalach riocht na máthar i ndán Ní Dhomhnaill 'Breith Anabaí Thar Lear' (DD: 73). Bhí an leanbh lonnaithe, eispéireas an iompair á bhlaiseadh ag an bhean agus go tobann sciobadh gach rud ar shiúl uaithi. Tá an-léiriú ar nádúr agus ar chastacht na mothúchán daonna i rann deiridh an dáin go háirithe. Is iad an grá, an dea-thoil agus an cineáltas na mothúcháin is mó a shamhlaítear leis an mháithreachas de ghnáth. Sa dán seo, áfach, tagann an chontúirt a eascraíonn as an dlúthcheangal mothúchánach chun solais. Admhaíonn an bhean go bhfuil eagla uirthi go bhfaighidh an t-éad an lámh in uachtar uirthi má théann sí chun leanbh a dlúthcharad a fheiceáil:

> Is ní raghad
> ag féachaint linbh

nuabheirthe mo dhlúthcharad
ar eagla mo shúil mhillteach
do luí air le formad. (DD: 73)

Tagraíonn an tsúil mhillteach, dar ndóigh, do thuiscint na ndaoine
go mbíodh dhá bhaol ag bagairt ar an bhean agus ar an leanbh
nuashaolaithe nó go deimhin an leanbh sa bhroinn, eadhon, an slua sí
agus an drochshúil.[3] Luann Ó Héalaí (1992) an maothachán, an tine,
an tlú agus an t-arán i measc na nithe a raibh draíocht ag roinnt leo san
úsáid a mbaintí astu mar chosaint ar an mháthair agus ar an leanbh. Is
suntasach go luann pearsa an dáin cuid de na rudaí seo mar léiriú ar
nósanna a nuamhuintire, rud a léiríonn uilíocht roinnt den ábhar
béaloidis maidir leis an réimse seo saoil. In ainneoin a n-iarrachtaí,
áfach, ní éiríonn le pearsa an dáin an ghin a chosaint.

Sa dara cnuasach, *The War Horse* (1975), tráchtann Boland ar
ábhar atá níos cigiltí fós ná breith anabaí; an neamhthorthúlacht.[4] Is
meafar iad bóithre an Ghorta Mhóir sa dán 'The Famine Road' (CP:
29-30) do chorp mná nach bhfuil in inmhe páiste a iompar. Ní minic
gurb eol do dhaoine gurb ann do bhóithre na n-oibreacha poiblí ná cén
bunús a bhí leo. Ar an dóigh chéanna, is é an ciúnas a shamhlaítear go
minic le scéal agus le bail na mná seisce. Sclábhaíocht agus fulaingt
in aisce a bhí i dtógáil na mbóithre sin nach gcomhlíonfadh choíche
feidhm an iompair agus is amhlaidh a dhearbhaíonn an guth
míthrócaireach sa dán 'The Famine Road':

'Idle as trout in light Colonel Jones
these Irish, give them no coins at all; their bones
need toil, their characters no less.' Trevelyan's
seal blooded the deal table. The Relief
Committee deliberated: 'Might it be safe,
Colonel, to give them roads, roads to force
from nowhere, going nowhere of course?'

one out of every ten and then
another third of those again
women – in a case like yours.

Sick, directionless they worked fork, stick
were iron years away; after all could
they not blood their knuckles on rock, suck

April hailstones for water and for food?
Why for that, cunning as housewives, each eyed-
as if at a corner butcher – the other's buttock.

anything may have caused it, spores,
a childhood accident; one sees
day after day these mysteries.

Dusk: they will work tomorrow without him.
They know it and walk clear. He has become
a typhoid pariah, his blood tainted, although
he shares it with some there. No more than snow
attends its own flakes where they settle
and melt, will they pray by his death rattle.

You never will, never you know
but take it well woman, grow
your garden, keep house, good bye.

'It has gone better than we expected, Lord
Trevelyan, sedition, idleness, cured
in one; from parish to parish, field to field;
the wretches work till they are quite worn,
then fester by their work; we march the corn
to the ships in peace. This Tuesday I saw bones
out of my carriage window. Your servant Jones.'

Barren, never to know the load
of his child in you, what is your body
now if not a famine road? (CP: 29-30)

Murab ionann is dán Ní Dhomhnaill a dhíríonn ar dhianmhothúcháin
na chéad phearsan, tá rian láidir den teagasc agus den fhearg
fheimineach le sonrú i ndán Boland. Is geall le cur síos fileata é ar an
locht a fhaigheann Rich (1977: réamhrá) ar an chóras leighis: 'a
system notable for its arrogance and sometimes brutal indifference
toward women'.[5] Athchruthaíonn Boland dinimic na cumhachta seo
sa dán; an dochtúir fireann cumhachtach i gcodarsnacht leis an
bhanothar neamhchumhachtach, an meon loighciúil míthrócaireach
fireann á chur i gcontrárthacht leis na mothúcháin íogaire bhaineanna.
Is ionann coilíniú polaitiúil na hÉireann agus coilíniú chorp na mban,
dar léi. Dá chliste í an chomparáid idir bóithre an Ghorta Mhóir agus
corp seasc na mná, baineann rian láidir na cúise feiminí agus na

contrárthachtaí dénártha atá seanchaite agus róshimplí, d'éifeacht an dáin.

Sainchaidreamh na Máthar agus na hIníne

Ina haiste cháiliúil 'Stabat Mater' mar a n-éilíonn Kristeva dioscúrsa úr iarmhaighdeanúil ar an mháithreachas, tugtar le fios go mbaineann an máithreachas leis an ord séimeolaíoch. Cuirtear an deighilt idir dioscúrsa réamhréasúnaíoch an oird shéimeolaíoch agus dioscúrsa loighiciúil an oird shiombalaigh in iúl trí mheán an chló: tá cló dorcha ar chur síos fileata Kristeva ar a taithí phearsanta féin ar an mháithreachas agus gnáthchló ar na míreanna a dhéanann cur síos tuairisciúil ar theacht chun cinn chultas na Maighdine Muire. I gceann de na míreanna pearsanta, tagraíonn Kristeva don ghaol speisialta corpartha a bhíonn idir mná, ar iníon gach duine díobh:

> [...]Women doubtless
> reproduce among themselves
> the strange gamut of forgotten
> body relationships with their
> mothers. Complicity in the
> unspoken, connivance of the
> inexpressible, of a wink, a tone
> of voice, a gesture, a tinge, a
> scent. [...] The
> community of women is a
> community of dolphins. (Kristeva 1986c: 180-81)

Áitíonn sí gur meafair iad na deora agus an bainne don chumarsáid shéimeolaíoch, focail atá luaite ag Boland agus Ní Dhomhnaill sna dánta a phléann gaol na máthar leis an leanbh nuashaolaithe. Nuair a d'fhoilsigh Adrienne Rich *Of Woman Born* bliain sular fhoilsigh Kristeva an aiste thuasluaite, mhaígh sí a leithéid chéanna:

> Mothers and daughters have always exchanged with each other – beyond the verbally transmitted lore of female survival – a knowledge that is subliminal, subversive, preverbal: the knowledge flowing between two alike bodies, one of which has spent nine months inside the other. (Rich 1977: 220)

Is minic a shiombalaíonn an gaol idir máthair agus iníon an tsainchumarsáid seo i scríbhinní feimineacha.[6] I bhfianaise fhilíocht

Boland agus Ní Dhomhnaill, is léir go dtuigtear dóibh beirt ceangal ar leith a bheith acu lena gclann iníonacha. Is é an gaol seo is ábhar do na dánta 'The Pomegranate' (CP: 184-85) agus 'An Prionsa Dubh' (F: 74-75); dánta a tharraingíonn ar mhiotas Ceres agus Persephone le huilíocht a dtaithí mar mháithreacha agus dosheachantacht na scarúna leis an pháiste a chur in iúl.

Dála Persephone a chaill a soineantacht mhaighdeanúil nuair a d'ith sí an phomagránait, tá iníon na chéad phearsan ar shéala an rud céanna a dhéanamh sa dán 'The Pomegranate' le Boland:

> She could have come home and been safe
> and ended the story and all
> our heart broken searching but she reached
> out a hand and plucked a pomegranate. (CP: 184)

Is dosheachanta an ní é scaradh na máthar óna hiníon anois. Cé gur mian leis an mháthair gan scaoileadh léi, an caidreamh bunaidh idir an bheirt a choinneáil slán ó imeachtaí an tsaoil, tuigtear di a leithleasaí a bheadh a leithéid de ghníomh. Is suntasach go mbraitheann taithí úr chéadfaíoch na hiníne ar chiúnas na máthar. Ar aon dul le tuairimí Kristeva agus Rich, tugtar le fios nach trí mheán an oird shiombalaigh a dhéantar an t-eolas idir máithreacha agus iníonacha a sheachadadh:

> [...] But what else
> can a mother give her daughter but such
> beautiful rifts in time?
> If I defer the grief I will diminish the gift.
> The legend will be hers as well as mine.
> She will enter it. As I have.
> She will wake up. She will hold
> the papery flushed skin in her hand.
> And to her lips. I will say nothing. (CP: 185)

Is é an téama céanna, teacht in aibíochta na hiníne, is ábhar do dhán Ní Dhomhnaill 'An Prionsa Dubh'. Is ionann síolta na pomagránaite a ithe agus rince leis an phrionsa dubh. Arís, rianaíonn an chéad phearsa na cosúlachtaí idir a taithí féin agus taithí a hiníne. Ní fhanann sí ciúin faoina taithí, ámh:

> Is a iníon bháin, tóg toise cruinn dó,
> ní maith an earra é, níl sé iontaofa,

is dúnmharfóir é, is máistir pionsa,
is sár-rinceoir é, ach cá ngabhann an rince
ach trí thinte ifrinn leis an bprionsa dubh. (F: 74)

Dála na máthar i ndán Boland, áfach, tuigeann an mháthair seo gur cuid den saol iad an fhulaingt agus an strácáil agus gur dual dá hiníon aghaidh a thabhairt ar dhúshláin uile an tsaoil. Tá faoiseamh áirithe le braistint sa rann deiridh mar a mbaintear úsáid as an dara pearsa iolra le comhfhulaingt agus comhghuaillíocht na máthar agus na hiníne a chur in iúl. Tugtar le fios leoga, gur fearrde an mháthair an teagmháil seo leis an phrionsa dubh, dá phianmhaire í, agus gurb amhlaidh a bheidh an scéal ag a hiníon:

Mar sin, a mhaoineach, dein an ní a deir do chroí leat,
toisc gur ghabhas-sa tríd seo leis ná bíodh aon ró-imní ort.
Ní sháróidh an bás sinn, ach ní shaorfaidh choíche,
ní lú ná mar a aontóidh an saol seo le chéile
sinne, agus ár bprionsa dubh. (F: 75)

Scaradh na Máthar ón Iníon

Tá taithí ag an mháthair ar an tsuibiachtúlacht scaoilte agus is as an taithí shainiúil shíceolaíoch sin a thuarann Kristeva a thiocfaidh eitic úr. É sin ráite, tugann sí aitheantas don tsíocóis a roinneann le taithí na máthar ar an tsuibiachtúlacht scaoilte, go háirithe iar rugadh an leanbh:

**My body and ...him.
No connection. Nothing to do
with it. And this, as early as
the first gestures, cries, steps,
long before *its* personality has
become my opponent.The
child, whether *he* or *she* is ire-
mediably an other. To say that
there are no sexual relation-
ships constitutes a skimpy
assertion when confronting the
flash that bedazzles me when I
confront the abyss between
what was mine and is
henceforth but irreparably
alien.** (Kristeva 1986c: 178-79)

Mar is léir ó na dánta a pléadh cheana, is téama é scaradh na máthar ón iníon atá le rianú fiú sna dánta luatha nuair is é cothú an linbh is cás leis an mháthair. Ní haon ionadh é go dtarraingíonn Boland agus Ní Dhomhnaill araon ar an mhiotaseolaíocht agus ar an bhéaloideas chun a bpian, atá fíorphearsanta agus ag an am céanna iontach uilíoch, a chur in iúl. Ina theannta sin, cuireann an scaradh iallach orthu aghaidh a thabhairt ar an chríoch dhosheachanta atá i ndán do gach duine, an bás:

> Caught up in the great cycle of the species, she (*the mother*) affirms life in the teeth of time and death: in this she glimpses immortality; but in her flesh she feels the truth of Hegel's words: 'The birth of children is the death of parents'. (De Beauvoir 1993: 523)

Is líonmhaire go mór dánta Boland ar an ábhar seo. Is é imeacht na leanaí is ábhar do na dánta 'Partings', 'Endings' agus 'Fruit on a Straight-Sided Tray' ina luathchnuasach *Night Feed* (1982). Tagann an téama seo chun tosaigh arís ina cnuasach déanach *The Lost Land* (1998). Tá leanúnachas san íomháineachas fiú amháin. Sa luathdhán 'Endings' (CP: 93-94), in ainneoin áilleacht na gcrann atá faoi bhláth, samhlaíonn an file cailleadh agus neamhthorthúlacht leo:

> It's a night
> white things ember in:
> jasmine and the shine –
> flowering, opaline –
> of the apple trees.
>
> If I lean
> I can see
> what it is the branches end in:
>
> The leaf.
> The reach.
> The blossom.
> The abandon. (CP: 94)

Filltear ar íomhá an bhlátha sa dán dar teideal 'Blossom' (LL: 40-41) sa chnuasach *The Lost Land*. Tá brón na máthar i bhfad níos treise sa dán seo ar an ábhar go bhfuil am an scartha buailte léi. Ní raibh an bláth in aice láimhe sa luathdhán, ach sa dán seo labhraíonn an bláth ar pearsantú ar a hiníon é, leis an mháthair go díreach. Tá éiginnteacht ag roinnt le féiniúlacht an fhile mar mháthair. In ainneoin thréithe fisiciúla a hiníne a léiríonn leanúnachas géiniteach, is mór an t-athrú atá ag teacht ar chaidreamh na beirte:

> In other seasons
> I knew every leaf on this tree.
> Now I stand here
> almost without seeing them
>
> and so lost in grief
> I hardly notice what is happening
> as the light increases and the blossom speaks,
> and turns to me
> with blonde hair and my eyebrows and says –
>
> *imagine if I stayed here,*
> *even for the sake of your love,*
> *what would happen to the summer?*
> *To the fruit?*
>
> Then holds out a dawn-soaked hand to me,
> whose fingers I counted at birth
> years ago.
>
> And touches mine for the last time.
>
> And falls to earth. (LL: 40-41)

Tá íomhá an chrainn, an bhlátha agus an chodarsnacht idir an solas agus an dorchadas le fáil sna dánta 'Daughter' (LL: 42-43) agus 'Ceres Looks at the Morning' (LL: 44), dánta a théann i ngleic leis na téamaí céanna. Suntasach go leor, diúltaítear do mhiotas Ceres sa chéad dán díobh seo toisc nach bhfreagraíonn sé don saol mar atá ná do thaithí an fhile ar chúrsaí ama atá líneach: 'The earth shows its age and makes a promise/ only myth can keep. *Summer. Daughter.*' (LL: 43). Sa dara dán, áfach, is é nádúr timthriallach an ama is ábhar dóchais don fhile:

> Beautiful morning
> look at me as a daughter would
> look: with that love and that curiosity –
> as to what she came from.
> And what she will become. (LL: 44)

Is teirce líon na ndánta ag Ní Dhomhnaill a phléann scaradh na máthar lena páistí. Beartaíonn an file sa dán 'Caora Fíniúna' (F: 113) ina tríú cnuasach, gan bheith ag déanamh buartha go fóill ach sult a bhaint as comhluadar na bpáistí. Anois, áfach, agus am na cinniúna ag druidim leis an fhile níl a dearcadh chomh tomhaiste céanna. Tá an t-athrú le braistint sa dán 'Cadenza' a thagann sa chéad chuid den chnuasach *Cead Aighnis,* ina bpléitear téama an bháis. Bréagnaíonn an mháthair rómánsachas amhrán a hiníne a mhaíonn:

'Tá crainnín caorthainn faoi bhun, ó, na coille seo
is beimíd le chéile go lá bán ann'. (CA: 74)

Diúltaíonn an mháthair sa dán don rómánsachas soineanta seo. Is geall le harraing ag gabháil trína croí an tuiscint nach bhfreagraíonn an t-amhrán don saol iarbhír. Ceolann an mháthair:

Canaim
      as díseart
          oighearta
               na cailliúna
                    an t-aon scol
amháin
      amhráin
          atá i dtiúin liom:

'Anois, a stóirín, ó tá tú ag imeacht uaim
Is ó tharla nach tú atá i ndán dom
Seo dhuitse póigín ar bharraibh mo chuid méar
Is a stóirín mo chúig chéad slán leat'. (CA: 75)

Eitic na hAire agus an tSíochánaíocht

Is mar mháithreacha a bhfuil dualgas orthu ní amháin i leith a gclainne féin, ach i leith na glúine óige trí chéile a phléann an bheirt fhilí cúrsaí cogaíochta. Ar aon dul le Carol Gilligan (1982: 147) a dhearbhaíonn 'morality is a matter of care', tuigtear do Boland agus Ní Dhomhnaill araon go bhféadfaí na saintréithe a shamhlaítear leis an mháithreachas, mar atá, an aire agus an cothú, a chur i bhfeidhm ar na struchtúir shóisialaithe agus ar an pholaitíocht dhomhanda. Is é an slad a dhéantar ar leanaí neamhurchóideacha le linn tréimhsí cogaíochta agus an fhreagracht atá ar an tsochaí trí chéile eitic nua a chuardach nach bhfuil bunaithe ar an fhoréigean is téama don dán

'Child of Our Time' le Boland.[7] Mothaíonn an file go bhfuil a glúin féin tar éis cliseadh ar an ghlúin óg toisc nach raibh siad i dtiúin lena gcuid riachtanas. In áit an leanbh nuashaolaithe a bheith ag foghlaim ó dhaoine fásta, caithfidh na daoine fásta foghlaim ó bhás an linbh agus féachaint chuige nach dtarlóidh a leithéid arís:

> We who should have known how to instruct
> With rhymes for your waking, rhythms for your sleep,
> Names for the animals you took to bed,
> Tales to distract, legends to protect
> Later an idiom for you to keep
> And living, learn, must learn from you dead,
>
> To make our broken images, rebuild
> Themselves around your limbs, your broken
> Image, find for your sake whose life our idle
> Talk has cost, a new language. Child
> Of our time, our times have robbed your cradle.
> Sleep in a world your final sleep has woken. (CP: 30)

Is í samhail na smidiríní a fhaightear sa dán 'Aubade' (FS: 33) le Ní Dhomhnaill fosta agus cur síos á dhéanamh aici ar mhian na dtuismitheoirí an chuid is fearr a dhéanamh den saol neamhfhoirfe ar mhaithe leis na páistí:

> Ach ní cuma linn go bhfuil an oíche aréir
> thart, is go gcaithfear glacadh le pé rud a sheolfaidh
> an lá inniu an tslí; go gcaithfear imeacht is cromadh síos
> arís is píosaí beaga brealsúnta ár saoil a dhlúthú
> le chéile ar chuma éigin, chun gur féidir
> lenár leanaí uisce a ól as babhlaí briste
> in ionad as a mbosa, ní cuma linne é. (FS: 33)

Sa dán 'Dán do Mhelissa' (FS: 104) léiríonn Ní Dhomhnaill muinín as na tréithe sin is gnách a shamhlú le mná agus le máithreacha agus molann sí go ndéanfaí na tréithe seo a chur i bhfeidhm ar luachanna a fheictear di a bheith rófhireann agus antoisceach. Seo a leanas an míniú a thugann an file féin ar an dán:

> I wrote the poem for my daughter Melissa 'Dán do Mhelissa'. In it I postulate an alternative Eden, or what would have been written maybe, if a woman had been the author of Genesis, because in that case I don't think our first parents would ever have been put out, punished maybe,

but in a different, more subtle way perhaps, but not banished from the garden. (Ní Dhomhnaill 1994: 174)

Cé gur gnách an dán a thuiscint mar athscríobh feimineach ar Gheiniseas, sílim go bhfuil an dán fréamhaithe i dtuiscintí feimineacha ar bhunús patrarcach na polaitíochta domhanda. Tá anchosúlacht idir íomháineachas dhán Ní Dhomhnaill agus cuntas Betty Reardon ar an ghá atá le léargais an fheimineachais a chur i bhfeidhm ar léann na síochána. Tuigtear do Reardon go bhfuil an t-athrú síceach ag leibhéal an duine aonair chomh tábhachtach céanna le hathruithe polaitíochta agus eacnamaíochta ar leibhéal domhanda: 'The lion can lie down with the lamb in a nurturing rather than devouring relationship, only if each is able to transform its reality by transforming itself' (1989: 25). Tá tuairimí seo Reardon anchóngarach do thuiscintí Jungacha Ní Dhomhnaill maidir leis an ghá atá le cothromaíocht idir an prionsabal baineann agus an prionsabal fireann sa tsícé agus i gcúrsaí an tsaoil. Is í an fhís Útóipeach seo a shantaíonn an mháthair dá hiníon; an domhan ina mbeadh an duine i dtiúin lena nádúr comhlánaithe féin agus mar a gceiliúrfaí mianta daonna an duine. Tugann an rann deiridh le fios, áfach, gurb eol don mháthair nach mar sin a bheidh agus go mbeidh ar a hiníon fulaingt, dá mhéad an grá agus an mhian chosanta atá ag a máthair:

Bheadh an damh ag súgradh leis an madra allta
an naíonán ag gleáchas leis an nathair nimhe,
luífeadh an leon leis an uan caorach
sa domhan úrnua a bhronnfainn ort mín mín.

Bheadh geataí an ghairdín ar leathadh go moch is go déanach,
ní bheadh claimhte lasrach á fhearadh ag Ceiribín,
níor ghá dhuit duilliúr fige mar naprún íochtair
sa domhan úrnua a bhronnfainn ort mín mín.

A iníon bhán, seo dearbhú ó do mháithrín
go mbeirim ar láimh duit an ghealach is an ghrian
is go seasfainn le mo chorp idir dhá bhró an mhuilinn
i muilte Dé chun nach meilfí tú mín mín. (FS: 104)

Is é an téama agus, leoga, na mothúcháin chéanna a phléitear sa dán 'The Ghost of my Mother Comforts Me' le Paula Meehan (1996: 53):

Because I am your mother I will protect you

as I promised you in childhood.
You will walk freely on the planet,
my beloved daughter. Fear not
the lightening bolts of a Catholic god, or any other,
for I have placed my body and soul between you and all harm.

I gcodarsnacht le húsáid na haimsire fáistinigh ag Meehan, tugann an
modh coinníollach i ndán Ní Dhomhnaill le fios go dtuigtear don
chéad phearsa gur móid in aisce í seo; meilfear an iníon beag beann
ar iarrachtaí cosanta na máthar. Nuair a chuirtear san áireamh na
tagairtí do phionós Dé sa dá dhán seo agus tagairt Boland sa dán
'Night Feed' (CP: 88) don titim ó ghrásta, is léir gur mó an imní ná an
sólás a mhúsclaíonn teagasc na hEaglaise Caitlicí i measc na
mbanfhilí seo.

An Mháthair Ghránna

Mar a míníodh cheana, nuair a tosaíodh ar idéal an mháithreachais a
cheistiú agus a cháineadh mar institiúid ansmachtúil de chuid na
bhfear, féachadh leis an deis a thapú taobh dorcha an mháithreachais
a phlé go hoscailte mar chruthúnas nach rud 'nádúrtha' baineann a bhí
sa mháithreachas ar chor ar bith agus mar thacaíocht do cheart na
mban diúltú do 'ghairm' na máthar. Ba cháithnín faoin fhiacail ag
Simone de Beauvoir, mar shampla, miotas na máthar foirfe:

> [...] but what gives mother love its difficulty and its grandeur is the fact
> that it implies no reciprocity; [...] This generosity merits the laudation
> that men never tire of conferring upon her; but distortion begins when
> the religion of Maternity proclaims that all mothers are saintly. [...] This
> cruel aspect of maternity has always been known, but it has in the past
> been hypocritically attributed to the figure of the cruel stepmother,
> punishing the offspring of a 'good' mother who is dead. In recent
> literature the 'bad' mother has been frequently portrayed, and if such
> types seem somewhat exceptional, it is because most women have the
> morality and decency to repress their spontaneous impulses;
> nevertheless these impulses suddenly flash out at times in angry scenes,
> slaps, punishments, and the like. (de Beauvoir 1993: 539-40)

Freagraíonn an feiniméan a ndéanann de Beauvoir cur síos air thuas,
don rud a dtugann Rich institiúid an mháithreachais air - an t-idéal
cruthaithe agus cothaithe ag córais chultúrtha agus
shochpholaitíochta. Deimhníonn Rich (1977: 24-25) go mórtasach go

bhfuil an rás chóir a bheith rite ag an idéal céanna: 'The words are being spoken now, are being written down; the taboos are being broken, the masks of motherhood are cracking through'. Ní théann Rich ar chúl sceiche maidir lena taithí féin:

> My children cause me the most exquisite suffering of which I have any experience. It is the suffering of ambivalence: the murderous alternation between bitter resentment and raw-edged nerves, and blissful gratification and tenderness. Sometimes I seem to myself, in my feelings toward these tiny guiltless beings, a monster of selfishness and intolerance. Their voices wear away at my nerves, their constant needs, above all their need for simplicity and patience, fill me with despair at my own failures, despair too at my fate, which is to serve a function for which I am not fitted. (Rich 1977: 21)

Ní hionann sin is a rá gur sonc in éadan an mhaithreachais a bhíonn i gceist leis an phlé a dhéantar ar an mháthair chruálach nó ar dhrochthaithí na máthar, cé gur léiriú é nach bua inbheirthe bitheolaíoch atá sa mháithreachas. Ba shimpliú fealltach é, áfach, taobh dorcha an chúraim a shéanadh óir is fianaise é ar chumhacht agus ar dhocheansaitheacht mhothúcháin an duine agus ar thréine ghrá na máthar. Bréagnaíonn an t-iniúchadh ar an ghné sin den mháithreachas an t-ionannú simplí a dhéantar go minic idir suibiachtúlacht na máthar agus an linbh. Is cóir i dtólamh mianta aonair na máthar agus an pháiste a chur san áireamh agus a aithint go dtagann riachtanais agus éilimh na beirte salach ar a chéile in amanna.

Tá an tréith fhoréigneach a ndéanann Rich cur síos uirthi mar théama an dáin 'In Her Own Image' (CP: 56-57) le Boland. Nuair a chuimhnítear gur foilsíodh an dán seo faoi bhean ag marú a linbh i 1980 sular tháinig scannal poiblí na 'Kerry babies' chun solais i 1984 agus sular pléadh imeachtaí dá leithéid go hoscailte sna meáin, tuigtear a cheannródaíche a bhí filíocht Boland ag an am. Bhí iomrá lena leithéid d'ábhar cheana sa traidisiún béil agus líon mór scéalta faoin naímharfóir mná gan aithrí le fáil i dtraidisiún na hÉireann, faoi mar a mhínigh Anne O'Connor (1991; 2005).[8] Lasmuigh de réimse an bhéaloidis, áfach, rinneadh an fhíric a shéanadh agus rinneadh neamhiontas de na cúiseanna ábharaíocha ba chúis léi.[9]

Is suimiúil gur easláinte intinne a thugann ar phearsa an dáin 'In Her Own Image' a hiníon a mharú. D'fhéadfaí a mhaíomh nach athshamhlú nuálach atá sa léiriú seo den mháthair fhoréigneach tharla go dtugtar le fios gur fadhb phearsanta seachas córas éagórach socheacnamaíochta is cúis leis an ainghníomh.[10] Dar ndóigh, nuair a smaoinítear ar an chiúnas a lean macasamhail na ngníomhartha seo in Éirinn na linne, is cinnte gur léargas radacach ar ghné áirithe den mháithreachas a bhí i gceist leis an dán seo. Is sruth smaointe na mná atá ag iarraidh ciall a bhaint as a suibiachtúlacht scaoilte atá sa dán. Ag trácht di ar an idirdhealú is gá don mháthair a dhéanamh idir a féiniúlachtsan agus féiniúlacht an linbh, deir Kristeva: 'Trying to think through that abyss: staggering vertigo. No identity holds up' (1986: 179). Is cosúil gur fadhbanna féinaitheantais is cúis le gníomh maraithe na máthar seo:

> She is not myself
> anymore she is not
> even in my sky
> anymore and I
> am not myself.
>
> I will not disfigure
> her pretty face.
> Let her wear amethyst thumbprints,
> a family heirloom,
> a sort of burial necklace
>
> and I know just the place:
> Where the wall glooms,
> where the lettuce seeds,
> where the jasmine springs
> no surprises.
>
> I will bed her.
> She will bloom there,
> second nature to me,
> the one perfection
>   among compromises. (CP: 57)

Foilsíodh an dán seo i gcnuasach conspóideach Boland *In Her Own Image* (1980), cnuasach ina dtugtar fogha feimineach faoi ghnéithe éagsúla den chultúr a fheictear don fhile a bheith patrarcach. Is mar léiriú ar thionchar urchóideach na hidé-eolaíochta patrarcaí ar mhná a dhéantar téamaí ar nós an fhoréigin teaghlaigh, na hanoireicse agus na maisteachtóime a chíoradh sa chnuasach seo. Sa chomhthéacs seo is cinnte gur agóid fheimineach é an dán 'In Her Own Image' i gcoinne idéal na máthar foirfe agus i gcoinne na hidé-eolaíochta a thugann neamhaird ar riachtanais phearsanta na máthar. Ní dhéantar tuilleadh cíortha ar an ghné fhoréigneach seo den mháithreachas i gcnuasaigh eile Boland, áfach.

Tá an tréith seo de thionscadal fileata Ní Dhomhnaill pléite ag tráchtairí éagsúla. Ba é Ó Tuama (1986: 109) a chuir suntas sa 'ngné dhorcha mhíthaitneamhach de mháthair ghránna a aithníonn sí go follas anois, sa nádúr baineannach', de chéaduair agus filíocht Ní Dhomhnaill faoi chaibidil aige. Feictear do de Paor (1997: 3) gur 'íomhá do chrá inmheánach na néaróise' atá sa mháthair dhiúltach. Creidim go gceadaíonn filíocht Ní Dhomhnaill an tríú léamh; gur mór ag an fhile a thaispeáint gur tógán sóisialta é an máithreachas agus go bhfuil gnáthnósanna agus taithí na máthar á múnlú ag fachtóirí éagsúla cultúrtha, eacnamaíochta, polaitíochta agus sóisialta. Ní leor, mar sin, íomhá na máthar diúltaí a thuiscint i dtéarmaí eisintiúlacha baineanna. Sa dán 'Hotline' (F: 16), mar shampla, léirítear an brú atá á chur ar an chéad phearsa, ar máthair óg í, glacadh le nósanna an phobail agus pionós fisiciúil a chur ar a páiste, rud nach dtagann leis an tuiscint atá aici féin ar a dualgas i leith a clainne. Tá cur síos déanta ag Ó Héalaí (1992: 110-13) ar an chosc a bhí ar chion a léiriú do leanaí go traidisiúnta toisc go gcreidtí go mbainfeadh an drochshúil don leanbh ar léiríodh cion míchuí dó. Is léir ó bhéaloideas an Bhlascaoid go raibh brú ar an duine aonair tuiscintí traidisiúnta an phobail seo a leanúint, rud a thaispeánann an tionchar a bhíonn ag tuiscintí cultúrtha ar chúram na máthar agus na dtuismitheoirí.

Is iad an brú agus an fhearg, a bhfuil cur síos déanta ag Rich orthu thuas, na mothúcháin a fhaigheann an lámh in uachtar ar an bhean sa dán 'An Bhatráil' (F: 14-15). Tagann Ní Dhomhnaill i dtír ar dhioscúrsa an bhéaloidis mar a ndéantar ábhair íogaire agus tréithe diúltacha daonna a phlé go meafarach. Agus í ag trácht ar fheidhmeanna na síscéalta, deir Bourke: 'Is bealach freisin iad le deacrachtaí an tsaoil a phlé, agus le solúbthacht áirithe a thabhairt isteach i gcóras sóisialta a bhí sách dian sa chaoi ar chaith sé leis an duine aonair' (1992: 80). Sníonn Ní Dhomhnaill an dioscúrsa traidisiúnta, gona thuiscintí ar na bagairtí a bhíodh ar mháithreacha agus ar an pháiste nuabheirthe, leis an dioscúrsa nua-aimseartha leighis. Cuirtear an chéad phearsa in iúl mar bhean atá i mbarr a céille, uaigneach agus faoi smúit. Tugann sí bogmharú dá leanbh. Tráthúil go leor, is sa lios a tharlaíonn an greadadh, áit a bhfuil bean an leasa, nó tréithe séanta na máthar, i mbarr a réime. Ina theannta sin, is léiriú é suíomh an leasa ar a imeallaithe atá an bhean seo sa tsochaí chomhaimseartha. Creideann sí leoga, go bhfuil an chloch sa mhuinchille ag an tsochaí trí chéile di agus go bhfuil a bun is a cíoradh uirthi féin anois. Ní shamhlaíonn an mháthair gurbh ise a ghortaigh an leanbh agus déantar an gníomh a theilgean ar fhórsaí an tsaoil eile, mar atá, banaltraí an leasa. Tugtar an-léargas dúinn ar aigne na mná a dhéanann a gníomhartha féin a theilgean ar fhórsaí seachtracha agus a chreideann gurb í féin an t-aon chosaint atá ag an pháiste i gcoinne na bhfórsaí naimhdeacha seo:

Thugas mo leanbhán liom aréir ón lios
ar éigean.
Bhí sé lán suas de mhíola is de chnathacha
is a chraiceann chomh smiotaithe is chomh gargraithe
go bhfuilim ó mhaidin ag cur céiríní teo lena thóin
is ag cuimilt *Sudocream* dá chabhail
ó bhonn a choise go clár a éadain.

Trí bhanaltra a bhí aige ann
is deoch bhainne tugtha ag beirt acu dó.
Dá mbeadh an tríú duine acu tar éis tál air
bheadh deireadh go deo agam leis.
Bhíodar á chaitheamh go neamheaglach
ó dhuine go céile,
á chur ó láimh go láimh, ag rá
"Seo mo leanbhsa, chughat do leanbhsa.
Seo mo leanbhsa, chughat do leanbhsa."

Thangas eatarthu isteach de gheit
is rugas ar chiotóg air.
Thairrigíos trí huaire é tré urla an tsnáith ghlais
a bhí i mo phóca agam.
Nuair a tháinig an fear caol dubh romham
ag doras an leasa
dúrt leis an áit a fhágaint láithreach
nó go sáfainn é.
Thugas faobhar na scine coise duibhe
don sceach a bhí sa tslí
romham is a dhá cheann i dtalamh aige.

Bhuel, tá san go maith is níl go holc.
Tá fíor na croise bainte agam
as tlú na tine
is é buailte trasna an chliabháin agam.
Is má chuireann siad aon rud eile nach liom
isteach ann
an diabhal ná gurb é an chaor dhearg
a gheobhaidh sé!
Chaithfinn é a chur i ngort ansan.
Níl aon seans riamh go bhféadfainn dul in aon ghaobhar
d'aon ospidéal leis.
Mar atá
beidh mo leordhóthain dalladh agam
ag iarraidh a chur in iúl dóibh
nach mise a thug an bhatráil dheireanach seo dó. (F: 14-15)

Ag an am céanna, is dual don mháthair an leanbh a chosaint.
Déanann Rich (1977: 22) cur síos ina dialann ar na mothúcháin
chontrártha seo: 'That curious primitive reaction of protectiveness,
the beast defending her cub, when anyone attacks or criticizes him –
And yet no one more hard on him than I!' Seo go díreach an mothú a
gcuireann Ní Dhomhnaill síos air sa tríú agus sa cheathrú rann - an
mháthair ag déanamh a seacht ndícheall an leanbh a shaoradh ón lios
agus ansin ag bagairt aghaidh a caoraíochta air. Tá an chorraíl aigne
le mothú sa rann deiridh go háirithe, í anonn is anall idir bagairtí agus
iarrachtaí cosanta, ag déanamh a marana ar a mbeadh le déanamh leis
an chorp dá maródh sí é.

Is léiriú iontach báúil a thugann Ní Dhomhnaill dúinn ar chumha
na máthar óige atá sractha idir grá as cuimse don leanbh agus fearg
dhocheansaithe. Tá eachtraí an leasa agus eachtraí an ospidéil fite
fuaite ina chéile, rud a chuireann béim ní amháin ar uilíocht na
faidhbe, ach ar an easpa plé oscailte a dhéantar ar an fhoréigean i
gcoinne leanaí sa tsochaí chomhaimseartha. Is ionann an t-ospidéal
agus struchtúir na sochaí trí chéile nach bhfreastalaíonn ar leithéid na
máthar seo. Tá toise polaitiúil ag roinnt leis an dán seo nach raibh sa
dán 'Ag Cothú Linbh' (FS: 36-37) a foilsíodh seacht mbliana roimhe.
Is ar an cheangal príobháideach rúndiamhair idir an mháthair agus an
leanbh a bhí an bhéim sa luathdhán. Ar fhreagrachtaí na sochaí i leith
na máthar agus an pháiste atá an bhéim an uair seo. Is léargas iontach
íogair a thugann Ní Dhomhnaill sa dán seo, léargas a shnámhann in

aghaidh an easa a cheiliúrann príobháideachas an ghaoil idir máithreacha agus páistí. Go deimhin, is ar an téis seo go bhfuil dualgas ar an tsochaí freastal ar mháithreacha agus tacú leo aire a thabhairt do pháistí nó dóibh siúd atá spleách orthu, atá leabhar ceannródaíoch Eva Feder Kittay bunaithe. Is é coincheap an 'doulia' – go mbeidh cuidiú le fáil ag an duine a thug cuidiú tráth – bunchloch a téise:

> *Doulia*, so conceived, requires that the value of receiving care and giving care would be publicly acknowledged; that the burdens and cost incurred by doing the work of caring for dependents would not fall to the dependency worker alone (even when that dependency work is freely assumed); and that the commitment to preserving caring *relations* would be assumed by the society. (Kittay 1999: 109)

Tá cosúlacht áirithe idir eitic seo na haire agus eitic Útóipeach Kristeva bunaithe ar shaintaithí na máthar, go háirithe taithí na máthar ar an tsuibiachtúlacht scaoilte. Is dual don mháthair, dar le Kristeva, cúram a dhéanamh den Eile:

> Although it concerns
> every women's body, the hetero-
> geneity that cannot be subsumed
> in the signifier nevertheless
> explodes violently with pregnancy
> (the threshold of culture and
> nature) and the child's arrival
> (which extracts woman out of her
> oneness and gives her the possi-
> bility – but not the certainty – of
> reaching out to the other, the
> ethical). (Kristeva 1986c: 182)

Peirspictíocht an Linbh

Déanann teoiriceoirí iarstruchtúracha feimineacha an máithreachas agus an óige araon a áireamh mar thógán sóisialta. Tuigtear dóibh nár mhór dul i ngleic chriticiúil leis an dá choincheap agus aitheantas a thabhairt do mhianta agus do shainriachtanais na máthar agus an pháiste, chomh maith leis an dóigh a dtagann na riachtanais seo salach ar a chéile in amanna.[11] Ón mhéid atá pléite againn go dtí seo, is léir gurb iondúil gurb í peirspictíocht na máthar a fhaightear sna cuntais, idir phróis agus fhileata, a théann i ngleic leis an ghné dhorcha fhoréigneach den mháithreachas. Tréith shuntasach de thionscadal Ní Dhomhnaill, mar sin féin, is ea an léargas a fhaightear ar pheirspictíocht an pháiste. Sna dánta 'Máthair' (DD: 28), 'Athair' (DD: 29) agus 'Mairnéalach' (CA: 27) faightear léargas na hiníne, ag tréimhsí éagsúla dá saol, ar an chaidreamh casta atá aici lena tuismitheoirí.

Sa luathdhán 'Máthair' (DD: 28) déantar cur síos ar ghrá coinníollach míthrócaireach idir máthair agus iníon. Cuireann pearsa an dáin in iúl go mothaíonn sí gur bréagfhéile atá i gcuid bronntanas a máthar, gur mór léi dá hiníon an bheatha féin:

> Do thugais dom gúna
> is thógais arís é;
> do thugais dom capall
> a dhíolais i m'éagmais;
> do thugais dom cláirseach
> is d'iarrais thar n-ais é;
> do thugais dom beatha.
>
> Féile Uí Bhriain
> is a dhá shúil ina dhiaidh. (DD: 28)

Feictear don iníon gurb í a suibiachtúlacht neamhspleách is údar feirge don mháthair. Dá ndéanfadh an iníon a rogha ruda leis na bronntanais, a beatha san áireamh, ní ghlacfadh an mháthair leo mar ghníomhartha bailí. Dhéanfaí iad a mhíniú mar fhrithghníomhartha in éadan na máthar:

> le d'aigne mheánaoiseach
> d'fhógrófá marbh mé,
> is ar cháipéisí leighis
> do scríobhfaí na focail
> mí-bhuíoch, scitsifréineach. (DD: 28)

Tá an choimhlint idir máthair agus iníon mar fheiniméan pléite ag Kristeva i dtéarmaí cultúrtha; tuigtear di go bhfuil a leithéid de choimhlint dosheachanta in éagmais aon dioscúrsa a théann i ngleic leis an mháithreachas agus le taithí na máthar sa tsochaí chomhaimseartha. Is mar choimhlint idir suibiachtúlacht na máthar agus na hiníne a dhéanann Kristeva cur síos ar an fheiniméan:

[...] when the other woman
posits herself as such, that is,
as singular and inevitably in
opposition, 'I' am startled, so
much that 'I' no longer know
what is going on. [...]
I do not see her
as herself but beyond her I
aim at the claim to singularity,
the unacceptable ambition to
be something other than a
child or a fold in the plasma
that constitutes us, an echo of
the cosmos that unifies us. (Kristeva 1986c: 181-82)

Creidim gur ceart dán seo Ní Dhomhnaill a thuiscint i dtéarmaí
atá níos leithne ná cás pearsanta na chéad phearsan. Ar an chéad dul
síos is cóir an dán 'Máthair' a léamh i gcomhar leis an dán 'Athair',
ina gcuireann an chéad phearsa síos ar an dóigh ar ghoill imeacht a
hathar go mór uirthi, agus gan inti ach girseach óg ag an am. B'fhéidir
go léiríonn an easpa cinnteachta sa dán faoi chúrsaí ama gur chuma
leis an pháiste cén t-am den bhliain a bhí ann, toisc go raibh an
geimhreadh ina croí istigh in éagmais a hathar. Ar an láimh eile,
b'fhéidir go léiríonn sé gur mhothaigh an páiste go raibh an t-athair as
láthair i rith an ama:

N'fheadar fós
an ar maidin
nó an tráthnóna
a chonac ann é
ina sheasamh
leis an ngeata
is hata mór dubh
ar a cheann
an raibh
aimsir an dúluachair
ag teacht
nó ag imeacht uainn
nó an cuimhin liom
i ndáiríre é
is nach taibhreamh

a d'fhan i m'cheann
ach pé rud eile de
bhí sé fuar fuar fuar fuar
bhí scáilí fada dorcha
is grian mhí-lítheach bhán ... (DD: 29).

Is cosúil, ámh, ó ghanntanas na mionsonraí gur mar choimhthíoch a
d'áirigh an páiste an t-athair, duine a raibh cion aici air ach nach raibh
mórán aithne aici air. Tá an grá éagmaiseach seo i gcodarsnacht glan
leis an ghráin uileláithreach a dtráchtar uirthi sa dán 'Máthair'.
Tacaíonn tráchtaireacht an fhile féin leis an léamh atá á chur chun cinn
agamsa a thagraíonn do nósanna cultúrtha a mhunlaíonn tuiscint an
duine aonair ar chúram na máthar agus an athar. Míníonn Ní
Dhomhnaill gur dánta iad seo a d'eascair as cúinsí pearsanta, ach
feictear di go bhfuil siad bailí mar léiriú ar chúrsaí clainne in Éirinn
na linne sin:

> They are both *'dhá thaobh na scillinge céanna'* – the two sides of the
> same shilling – in that they complement each other directly. What that
> particular shilling refers to is a specific dynamic of the Irish family
> which was considered to be pretty normal at the time I was growing up,
> but which from the vantage point of Turkey, where I wrote the two
> poems, seemed to me to be highly dysfunctional – namely, a situation
> where gender-based role-differentiation was highly exaggerated. In
> effect the father was basically an absentee father, not there emotionally
> or even physically for his children, while the mother was very much
> there, even too much so, to the point where she was living vicariously
> through her children...(RD: 165)

Sa dán 'Mairnéalach' (CA: 27), a foilsíodh corradh agus fiche
bliain i ndiaidh an dá dhán is déanaí pléite agam, tá casadh eile sa
ghaol idir an mháthair agus an iníon as siocair an mháthair a bheith
imithe in aois leanbaí agus is ar an iníon anois atá freagracht na haire.
Cé gur truamhéalach an cur síos a dhéantar ar an mháthair
dhearmadach nach n-aithníonn a dúiche féin ná a muintir, is é is cás
leis an chéad phearsa ná an moladh a thug a máthair di gan choinne:

> 'Is diabhal an mairnéalach tú,' a deir sí liom, is ní i gcogar
> a rá gur thugas abhaile slán sábháilte í, gan cháim, ar bhog-shodar,
> gur threoraíos a báidín guagach thar chuilithe an ghuairneáin
> is go raibh sí tagaithe chun cuain arís slán sábháilte socair.

Mo mháthair,
nár labhair, ina céill, aon fhocal molta riamh liom,
ná mise léi. (CA: 27)

Is ar bhonn níos uilíche, ag baint úsáide as an tríú pearsa, a phléitear an choimhlint idir máthair agus iníon sa tríú sraith den chnuasach *Cead Aighnis*. Sa tsraith 'Na Murúcha a Thriomaigh', a phléifear ina hiomláine sa chéad chaibidil eile, tá trí dhán a dhéanann cur síos ar an chaidreamh foréigneach idir an mhurúch agus a hiníon. Sna dánta 'Bás agus Aiséirí na Murúiche' (CA: 134-35), 'Briseadh an Tí' (CA: 138) agus 'An Mhurúch agus a hIníon' (CA: 145), is é teacht in inmhe na hiníne, an dúil a chuireann sí ina collaíocht féin agus an caidreamh collaí réamhphósta atá aici, is cúis le foréigean na máthar:

Roinnt blianta níos dhéanaí
nuair a fuair sí ag dul amach le buachaillí í
is gur thuig sí go raibh sí ag luí leo
is go raibh sí istigh léi féin ina thaobh,
– 'bien dans sa peau' – mar a déarfá
chuir an méid sin as a meabhair ar fad í.
'Toice bheag ghránna' a thug sí uirthi,
'leadhbóg, calbóiseas mná, straoille, striapach',
is ar eagla na míthuisceana dúirt sí in athuair é
sa tarna teanga oifigiúil
'you filthy little prostitute'. ('An Mhurúch agus a hIníon' CA: 145)

In ainneoin na ndánta seo ar fad a bheith sa tríú pearsa, is léir bá a bheith ag an reacaire leis an iníon. Sa dán áirithe seo, is suimiúil gur sa chéad phearsa a chuireann reacaire an dáin in éadan bhreith bhéil na máthar féin maidir le cúrsaí collaíochta, is é sin le rá, cuirtear ar ceal an spás is gnách don fhile a chruthú idir í féin agus guth an reacaire:

Blianta fada ina dhiaidh sin
nuair a bhí sí ag druidim chun deireadh a saoil
is an scéal ar fad is iliomad scéalta eile mar é
imithe chun sánais,
'An t-aon rud a shábháil mé riamh,' a dúirt sí
'ná go raibh eagla orm roimh fhearaibh.'

N'fheadarsa.
Deinim amach gurb é díreach a mhalairt ghlan é. (CA: 145)

Sa dán 'Bás agus Aiséirí na Murúiche' (CA: 134-35) tugtar aghaidh go neamhbhalbh ar fhoréigean fisiciúil na máthar agus ar an tionchar fadmharthanach síceach atá aige ar an iníon. Tráchtar ar scéimh na hiníne agus tugtar le fios gur údar imní agus éada í don mháthair. Is ar an scéimh seo atá gníomhartha foréigneacha smachta na murúiche dírithe:

> Nuair a d'fhill sí ar maidin níor dhein an doras aon ghíoscán
> ach ba leor lena máthair go raibh bláth den rabhán
> fós i lámh na mná óige. Níor ghoil is níor dhein olagón
> ach théigh sí dabhach mhór copair is d'iarr sí cabhair
> na Maighdine Muire ar an rud a chuir sí roimpi.
>
> Ghaibh an mhurúch thar bráid is d'fhéach isteach sa dabhach
> chun radharc beag eile d'fháil ar a háilleacht.
> Ach cad a bhí i gcroí na daibhche, thíos ina bun
> ach bláth úd an rabháin, is é dubh dóite go tóin.
> Thapaigh an mháthair a seans is sháigh í isteach san uisce fliuchaidh
> is fágadh an mhurúch gan áilleacht is fiú gan beatha. (CA: 134)

Tráchtar i rann deiridh an dáin ar thionchar fadtréimhseach an fhoréigin; an cneá shícé nach ndéanfadh aon ghrá, dá dhílse é, a chneasú. Is léiriú fisiciúil easpa aclaíochta na murúiche óige ar an phairilis shíceach agus ar an chorraíl intinne a lean den ghreadadh. Baintear úsáid as an chéad phearsa iolra i línte deiridh an dáin le séanadh phobal na linne sin agus le heaspa tuisceana léitheoirí na freacnairce, a chur in iúl:

> Chuala go n-imíodar go Gaillimh
> áit ar tháinig a caint chuici arís, de réir a chéile
> cé go raibh luaithbhéalaíocht éigin ag roinnt de shíor léi.
> Dheineadar saol nua dóibh féin ann. Mar sin féin
> ó am go chéile, bhí dúire mar a bheadh croí crainn
> le braith ar a ceannaithe is ar a ballaibh beatha
> is easpa aiclíochta, is gan aon chumas rince
> chun gur dhóigh leat óna geáitsíocht gur i gcónra a bhí sí.
> Is b'fhéidir go raibh leis. Mar déanta na fírinne
> bhí oiread sin tarlaithe di ná samhlófaí dár leithéidne
> ach an céatadán is lú de. Ní lú ná mar a luadh é
> go dtí an lá atá inniu fiú. Níorbh le héinne a cúram.
> Dhein sí siúráil de. Bhí sí chomh ceanndána le miúil faoi. (CA: 135)

Cé gur léir bá a bheith ag an reacaire leis an iníon, tugann an tagairt don Mhaighdean Mhuire sa chúigiú rann den dán le fios nach le teann mioscaise, ach ar bhonn morálta a ghníomhaigh an mháthair. D'fhéadfaí foréigean na máthar a thuiscint i dtéarmaí theagasc frithbhanda na hEaglaise Caitlicí agus an tionchar urchóideach a imríonn sé ar an ghaol idir máithreacha agus iníonacha. Is cinnte gurb é idéal an mhaighdeanais agus peacúlacht a hiníne de réir theagasc na hEaglaise Caitlicí, is cúis leis an drochíde, idir fhisiciúil agus bhéil, a thugann an mháthair dá hiníon. É sin ráite, ní dhéantar aon iarracht an mháthair a shaoradh ó locht ar an bhonn sin. Is é creideamh neamhcheisteach na máthar agus an easpa trócaire a thaispeánann sí dá hiníon is cúram don fhile. Is soiléire ná riamh é seo sa dán 'An Mhurúch agus an Sagart Paróiste' (CA: 136-37) mar a gcuireann an reacaire síos ar an drochíde gnéis a thug an sagart don mhurúch óg agus ar ar tharla nuair a d'inis an mhurúch an scéal dá máthair:

> [...] Nuair a d'éirigh léi é insint
> blianta ina dhiaidh sin dona máthair, 'sé an freagra
> a fuair sí uaithi ná 'An sagart bocht, nach fear
> é siúd chomh maith le duine.' 'Sé dúirt sí ina bolg ná 'Bhuel
> sin é an rud deireanach a déarfad riamh leat.'
> Agus mar a tharla, b'in mar ab ea. (CA: 137)

In ainneoin an chathaithe a bheadh ann léamh beathaisnéiseach a dhéanamh ar na dánta seo, go háirithe mar gheall ar an phlé poiblí atá déanta ag an fhile féin ar an chaidreamh casta idir í féin agus a máthair,[12] creidim gur fearr iad a léamh i gcomhthéacs na cardála a dhéanann Ní Dhomhnaill ar an mháithreachas mar thógán soch-chultúrtha. Is léiriú iad na dánta ar thionchar idé-eolaíocht na sochaí, i dtaca leis an mháithreachas de, ar thaithí an pháiste. Léiríonn na luathdhánta 'Máthair' agus 'Athair' i dteannta a chéile, a easnamhaí atá an tuiscint gur cúram na máthar amháin atá sa mháithreachas; bíonn brú millteanach dá réir ar an mháthair agus ní bhíonn an deis chéanna ag an athair caidreamh folláin a chothú leis na páistí. Is é tionchar urchóideach idé-eolaíocht an mhaighdeanais ar an ghaol idir máthair agus iníon is cúram do dhánta déanacha Ní Dhomhnaill. Ní fogha simplí feimineach a thugann Ní Dhomhnaill faoi theagasc na hEaglaise Caitlicí, ach cáineann sí creideamh neamhcháilithe na máthar nach gceistíonn an teagasc frithbhanda agus nach gcosnaíonn a páiste ó chreachadóirí gnéis. An rud is suntasaí faoi na dánta déanacha seo ar fad ná an easpa réitithe ar an choimhlint idir máthair agus iníon. Tá truamhéala ag roinnt leis na dánta a léiríonn máthair ag dul in aois leanbaí agus iníon fhásta a bhfuil cuimhní gléineacha aici go fóill ar ar dúradh agus nár dúradh nuair a bhí a máthair ina céill.

Cruthaitheacht na Máthar agus an Fhile

Is iomaí trácht atá déanta ag scríbhneoirí agus ealaíontóirí ban ar a gcuid imní go ndéanfaidh an máithreachas a gcruthaitheacht ealaíonta a ídiú.[13] Ag trácht dóibh ar a dtaithí féin, deir Róisín de Buitléar agus Maree Hensey:

> In ordinary circumstances, the energy required to push a thought from an idea into a visual object is enormous. It takes huge mental and physical energy, co-ordination, rhythm, single-mindedness and a calm depth of focus. During pregnancy, your focus is diverted. [...] As an artist, there is a need to find one's own identity. (de Búitléar & Hensey 2004: 109)

Iomardaíonn an t-údar Afra-Mheiriceánach, Alice Walker, tuiscint an phobail iartharaigh go dtagann chruthaitheacht an scríbhneora agus chruthaitheacht na máthar salach ar a chéile. Is dlúthchuid de ghairm an scríbhneora an eagla roimh an chiúnas, an easpa inspioráide agus tuigtear do Walker gur féidir leis an pháiste bheith ina chuidiú seachas ina bhac:

> Dear Alice,
> Virginia Woolf had madness;
> George Eliot had ostracism,
> somebody else's husband,
> and did not dare to use
> her own name.
> Jane Austin had no privacy
> and no love life.
> The Brontë sisters never went anywhere
> and died young
> and dependent on their father.
> Zora Hurston (ah!) had no money
> and poor health.
>
> You have Rebecca – who is
> much more delightful

and less distracting
than any of the calamities
above. (Walker 1984: 382-83)

Tugann dán Walker dán Ní Dhomhnaill, 'Báidín Guagach' (FS:
107-08), chun cuimhne mar a gcuireann an file síos ar thuras na
beatha, a bhfuil le fulaingt aici ina haonar agus gan aon chinnteacht
aici go dtabharfaidh Dia luach a saothair di. Agus conair achrannach
seo na beatha á triall aici is iad na páistí an t-aon dóchas atá aici:

san eadarlinn, a leanaí,
Timuçin, Melissa
is an bhunóicín Ayşe
bíodh a fhios agaibh an méid seo

faid a mhairim beo; –
Cé go mb'fhéidir
gurb é an t-iarta an t-ancaire,
sibhse na clocha róid. (FS: 107-8)

Cé go dtaispeánann filíocht Ní Dhomhnaill agus Boland gur féidir
leis an dá chineál cruthaitheachta a chéile a chothú, tugann scríbhinní
próis Boland le fios go raibh uirthi an nasc seo a chuardach go
comhfhiosach agus nach ceangal siombóiseach é a d'fhás as féin:

My children were born. I entered a world of routine out of which, slowly
and mysteriously, a world of vision manifested itself. For all that, it was a
commonsense and familiar world, a stretch of road with whitebeam trees
and driveways where cars – the same, for all I knew, which had just moved
down the hillside – returned at dusk and left first thing in the morning.

It was not just that I lived there. I learned to do that, and with full
attention. Nor that I wrote poems there. I learned to do that too. The
challenge was in making the connection, was in the care with which I
perceived that the same tree and daylight frost were not just recurrences
but had the power to alter my view of the elegy, the pastoral and the
nature poem. (OL: 192)

Baineann an t-athshamhlú seo go dlúth le tuiscintí na sochaí ar cad is
file agus filíocht ann, dar léi. Feictear di (OL: 251) go n-athraíonn
stádas an scríbhneora bhaininn nuair a phósann sí agus nuair a bhíonn
leanaí aici: is mar bhean chéile agus mar mháthair a áirítear í go
príomha seachas mar scríbhneoir. Tá dánta ag Ní Dhomhnaill agus

Boland araon a chíorann an nasc seo idir cruthaitheacht na máthar agus cruthaitheacht an ealaíontóra.

Is i dtéarmaí cogaíochta a chuirtear síos ar chúram na máthar nó na mná céile agus cúram an fhile sa dán 'Suburban Woman' (CP: 50-52) le Boland. Is é an brú ama agus easpa faille na mná dul i mbun pinn is cás leis an fhile sa chúigiú cuid den dán. Is í an chruthaitheacht an t-íobartach sa chath laethúil seo:

> Her kitchen blind down – a white flag –
> the day's assault over, now she will shrug
>
> a hundred small surrenders off as images
> still born, unwritten metaphors, blank pages. (CP: 52)

Is amhlaidh a chuireann céad phearsa an dáin i gcoinne na ndálaí seo. Tá rún aici filíocht a chumadh a thabharfaidh cuntas ar shaol na mná seo a ndéantar faillí ann de ghnáth agus nach samhlaítear mar ábhar fóirsteanach filíochta.

> hopes unreprieved, hours taken hostage –
> will newly wake, while I, on a new page
>
> will watch, like town and country, word, thought
> look for ascendancy, poise, retreat
>
> leaving each line maimed, my forces used.
> Defeated we survive, we two, housed
>
> together in my compromise, my craft –
> who are of one another the first draft. (CP: 52)

Is é an comhréiteach seo idir cúraimí na mná mar bhean chéile/mháthair agus mar fhile is ábhar don dán 'The Women' (CP: 114). Is é atá suntasach faoin dán seo a foilsíodh aon bhliain déag níos moille ná an ceann atá díreach pléite, nach i dtéarmaí catha a shamhlaítear na héilimh dhifriúla ar am an fhile, ach mar chúraimí a chomhlánaíonn a chéile. Is i ngeall ar a taithí mar bhean chéile agus mar mháthair a scríobhann an chéad phearsa filíocht atá eiticiúil, filíocht a bhréagnaíonn na híomhánna idéalaithe den bhean a fhaightear rómhinic sa litríocht, dar léi:

> The hour of change, of metamorphosis,
> of shape-shifting instabilities.
> My time of sixth sense and second sight

when in the words I choose, the lines I write,
they rise like visions and appear to me:

women of work, of leisure, of the night,
in stove-coloured silks, in lace, in nothing,
with crewel needles, with books, with wide-open legs

who fled the hot breath of the god pursuing,
who ran from the split hoof and the thick lips
and fell and grieved and healed into myth [...] (CP: 114)

Ina choinne sin, is tearmann é an teach agus an obair tí a bhfuil
rialtacht ag roinnt léi, nuair a thránn inspioráid an fhile:

and getting sick of it and standing up
and going downstairs in the last brightness

into a landscape without emphasis,
light, linear, precisely planned,
a hemisphere of tiered, aired cotton,

a hot terrain of linen from the iron,
folded in and over, stacked high,
neatened flat, stoving heat and white. (CP: 114)

Cíorann Ní Dhomhnaill an téama seo chomh maith. Téann sí i
muinín an ghrinn agus na háibhéile sa dán 'Fíorláir na Filíochta' chun
cur síos a dhéanamh ar an ghaol atá idir a saol mar fhile agus a saol
mar mháthair agus mar bhean chéile. Murab ionann is Boland, a
léiríonn comhoiriúnacht an dá shaoil, baineann Ní Dhomhnaill úsáid
as meafar na lárach agus as sonraí béaloidis a léiríonn cé chomh fada
óna chéile agus atá saol na filíochta atá préamhaithe i ndioscúrsa ársa
agus saol nua-aimseartha na mná tí atá préamhaithe in ithir na
teicneolaíochta. Is ionann filíocht a scríobh agus fíorláir a bheith
folaithe faoi chabha an staighre i dteach i lár na cathrach (macalla den
scannán *Into the West*). Is údar grinn iad na deacrachtaí praiticiúla a
ghabhann leis seo, ach is léargas iad chomh maith ar na deacrachtaí a
bhíonn ag an bhean tí nó ag an mháthair a dteastaíonn uaithi dul i
mbun pinn. I lár an lae bíonn callán ann agus ní chluintear an láir –
tugtar tús áite do chúraimí na mná tí, ach um thráthnóna agus an
timireacht thart fán teach críochnaithe, bíonn am aici do chumadh na
filíochta agus tugann sí cead a cinn don fhíorláir:

Sa lá bíonn sí discréideach.
Sa chlapsholas ní dh'aithneofá í
thar ghnáth-thranglam an tí: – cótaí báistí, buataisí,
an 'chaise-longue' a bhíonn ag teastáil don lá gréine,
nó ceann des na heilimintí breise a bhíonn ag gabháilt leis an *hoover*.

Ach san oíche tugaim cead a cinn di.
Caithim uaim an ceanrach is an béalbhach.
Scaoilim na giortaí, bainim di an diallait.
Ligim na srianta léi. Is léi an tigh go léir. (CA: 82)

In ainneoin gach deacrachta, is fiú don fhile an stró ar fad a chuireann an láir nó féith na filíochta uirthi a fhulaingt, óir saorann an fhilíocht í ó fheachtaí an duaircis agus ardaíonn sí í os cionn ghnáthchúraimí an tsaoil chuig réimse eile ar fad:

Ach cén fáth go gcothaíonn tú í mar sin, cloisim tú ag rá.
Tá, gurb í mo dhóchas is m'aonábhar slánaithe í. (CA: 83)

Is suntasach go samhlaíonn an bheirt fhilí scríobh na filíochta le teacht na hoíche nuair atá obair an tí déanta agus gach duine eile imithe a luí. Is cinnte go léiríonn siad dearcadh sainiúil an Iarthair a éilíonn suaimhneas agus ciúnas mar choinníollacha oibre nó cruthaitheachta. Sa leabhar *In Search of Our Mothers' Gardens* (1984) tráchtann Alice Walker ar an mhalairt tuisceana atá ann i measc scríbhneoirí na hAfraice, mar shampla. Luann sí Buchi Emecheta a thiomnaigh a leabhar *Second Class Citizen* dá páistí, 'without whose sweet background noises this book would not have been written'. Deir Walker:

In this way, she integrates the profession of writer into the cultural concept of mother/worker that she retains from Ibo society. Just as the African mother has traditionally planted crops, pounded maize, and done her washing with her baby strapped to her back, so Adah can write a novel with her children playing in the same room. [...] The notion that this is remotely possible causes a rethinking of traditional Western ideas about how art is produced. [...] It raises fundamental questions about how creative and prosaic life is to be lived and to what purpose...(Walker 1984: 69-70)

Ag caint faoi mhná gorma trí chéile meabhraíonn Patricia Hills Collins dúinn:

…women of colour have performed motherwork that challenges social constructions of work and family as separate spheres, of male and female gender roles as similarly dichotimized, and of the search for autonomy as the guiding human quest. (Collins 1994: 47)

Conclúid

Deir Adrienne Rich 'For me, poetry was where I lived as no-one's mother, where I existed as myself' (1977: 31). Ní hamhlaidh an scéal i gcás Boland ná Ní Dhomhnaill. Ag teacht le tuiscintí feimineacha a linne ar shainiúlacht thaithí agus eispéireas na máthar, déanann Boland agus Ní Dhomhnaill araon ceiliúradh ar a máithreachas agus ar eispéireas na máthar – ar an chaidreamh speisialta a fhásann idir an mháthair agus an páiste. Bhí ceannródaíocht ag roinnt le cnuasach Boland *Night Feed* (1982) ina raibh sraith iomlán dánta a phléigh gnéithe éagsúla den ghaol idir an mháthair agus an leanbh nuashaolaithe. Bhí tost criticiúil faoin chnuasach seo, dar le Jody Allen-Randolph (1994: 14), toisc gur bhraith léitheoirí áirithe feimineacha go raibh an ceiliúradh ar ról na máthar agus na mná tí ais-chéimnitheach.[14] Is ar an ghaol príobháideach idir an mháthair agus an iníon is gnách do Boland díriú ina cuid filíochta trí chéile, rud a chiallaíonn gur mar bhua eisintiúlach a léirítear an máithreachas seachas mar thógán sóisialta. Níor mhór aitheantas a thabhairt, ámh, don léiriú a thug Boland ar thaobh dorcha an mháithreachais sa dán 'In Her Own Image' a foilsíodh i 1980 sula raibh aon phlé oscailte in Éirinn ar naímharú, ar ghinmhilleadh ná ar mháithreacha singil. Ba léargas radacach é seo a sheachain Boland ó shin i leith. Dá éifeachtaí cuid de na dánta ina bpléitear taithí shainiúil na máthar, áfach, is é an rómánsachas an tréith is mó a roinneann leo.

Is i bhfilíocht Ní Dhomhnaill is mó a dhéantar scagadh ar an mháithreachas mar thógán sóisialta sa mhéid is go dtugtar aitheantas don bhrú a bhíonn ar an mháthair dearcadh an phobail a chur san áireamh. Toisc go léiríonn sí an tréith fhoréigneach mar thréith dhaonna seachas mar thréith phaiteolaíoch agus an bhatráil mar ghníomh a eascraíonn as cumha, eagla agus easpa tacaíochta, ceistíonn sí an tuairim gur bua inbheirthe é an máithreachas agus nach dtagann mianta na máthar agus an pháiste salach ar a chéile. Ní fhanann Ní Dhomhnaill i dtaobh le peirspictíocht na máthar amháin, ámh. Tugtar cluas le héisteacht d'fhianaise an pháiste, go háirithe an páiste a bhfuil taithí dhiúltach aige ar ghrá na máthar. Tá dánta cumhachtacha ag Ní Dhomhnaill a chuireann síos ar an chaidreamh achrannach idir iníon agus máthair ó pheirspictíocht na hiníne. Sa tsraith 'Na Murúcha a Thriomaigh', cé gur sa tríú pearsa a dhéantar cur síos ar an chaidreamh foréigneach idir máthair agus iníon, is léir bá a bheith ag an reacaire le cás na hiníne. Is gné í seo den óige nach gcuirtear suntas inti go minic, mar atá, sainriachtanais agus féiniúlacht an pháiste.

Ní amháin go bhfuil an máithreachas mar ábhar inspioráide agus mar fhoinse eolais d'fhilíocht na beirte, ach cíorann siad beirt an próiseas seo - freastal an dá thrá. Mar is dual do Boland a chreideann gur beart polaitiúil é saol príobháideach na mban a chur os comhair an phobail, samhlaíonn sí dáiríreacht agus tromchúis leis an dá chúram. Cé go dtráchtann Boland go mion agus go minic ina cuid scríbhinní próis ar na deacrachtaí a bhíonn i ndán don bhean agus don mháthair ar scríbhneoir í, tugann a cuid filíochta le fios go bhfuil na deacrachtaí agus na bacanna seo sáraithe aici féin. Ní hamhlaidh an scéal le filíocht Ní Dhomhnaill. Tugann a cuidse filíochta le fios go bhfuil teannas síoraí idir gairm na filíochta agus a cúraimí mar mháthair agus go bhfuil an baol ann i dtólamh go mbainfear dá cothrom í. Mothaítear, áfach, go n-eascraíonn cuid dá fuinneamh fileata as an dinimic seo. Ar deireadh cothaíonn an dá ghairm a chéile; feictear dóibh beirt go bhfuil cruthaíocht mháithriúil i gcumadh na filíochta agus go bhfuil filíocht in eispéireas na máthar.

Caibidil 4

FROM MYTH INTO HISTORY

It is my contention that our poetry lacks a center,
such as mythology was for the ancients, and the
essential shortcomings of modern poetry
in relation to that of antiquity may be
summed up in these words:
we have no mythology.
– Fredrich Schlegel.

Réamhrá

Ag trácht di ar fheidhm na miotaseolaíochta i bhfilíocht Adrienne Rich, Muriel Rukeyser agus Denise Levertov, deir Rachel Blau DuPlessis:

> Criticizing the nature of myth is one of the reimaginations of culture that women writers consciously undertake, for their own lives allow them to see the culturally repressive function of archetypes, and their own experiences of personal and social change, recorded in poems of consciousness and politics, belie the illusion of a timeless, unhistorical pattern controlling reality. (DuPlessis 1979: 300)

Léiríodh sa chaibidil dheireanach an earraíocht a bhaineann Ní Dhomhnaill agus Boland araon as miotas Ceres agus Persephone agus téama an mháithreachais á chardáil acu. Is gné í seo d'fhilíocht na beirte, eadhon, an úsáid a bhaineann siad as an mhiotaseolaíocht agus as an bhéaloideas ina dtionscadail fhileata a thuilleann tuilleadh iniúchta. An iad na tuiscintí feimineacha céanna is bun leis an athscríobh a dhéanann Boland agus Ní Dhomhnaill ar mhiotais faoi leith? Cén bhaint atá ag am timthriallach na miotaseolaíochta le ham líneach na staire, dar leo? An é an feimineachas an uirlis chritice is fóirsteanaí le hathshaothrú na miotaseolaíochta agus an bhéaloidis a mhíniú i gcomhthéacs shaothar na beirte?

Miotaseolaíocht v. Béaloideas

Is gá i dtús báire idirdhealú a dhéanamh idir cad is miotaseolaíocht agus cad is béaloideas ann. Ón Ghréigis 'muthos' a chiallaíonn 'focal' nó 'caint' a thagann an focal miotas. Déantar é a shainmhíniú i gcodarsnacht leis an fhocal 'logos' a bhfuil an bhrí 'focal' leis fosta, ach focal a mhúsclaíonn plé agus díospóireacht. Nuair a úsáidtear 'muthos' sa chiall 'miotas' is éard atá i gceist ná scéalta faoi dhéithe agus neacha osnádúrtha. Is scéal naofa atá sa mhiotas a mhíníonn bunús an domhain agus baineann sé le tréimhse ama atá difriúil ó bhun leis an am stairiúil (Bole 1987: 261).[1] Ina leabhar *Four Theories of Myth in Twentieth-Century History,* rianaíonn Ivan Strenski tuairimí mhórscoláirí miotaseolaíochta na fichiú haoise, mar atá, Ernst Cassirer, Bronislaw Malinowski, Mircea Eliade agus Claude Lévi-Strauss. Cuireann sé suntas in éagsúlacht na dteoiricí agus an dóigh nach dtagraíonn na scoláirí do thaighde a chéile, rud a thugann air a mhaíomh nach bhfuil a leithéid de rud ann agus miotas: 'Rather, what exists is the artifact "myth" along with the "industry" manufacturing the concept as it is used here and there' (Strenski 1987: 194). Leoga, is é an tsainchiall atá leis an fhocal 'miotas' sa ghnáthchaint ná scéal nach bhfuil fíor.

Is cosúil go bhfuil an fhadhb chéanna ann maidir leis an tsainchiall atá ag an téarma 'béaloideas'. I bhfocail Dhiarmuda Uí Ghiolláin:

"Folklore", however, is a word bulging with ideological weight, a relatively new addition to the English language, describing a phenomenon that was only visible from above, to members of the elite. Scholars have constantly questioned its definitions and indeed the very usefulness of the concept itself. (Ó Giolláin 2000: 2)

I gcomhthéacs an phlé a dhéanfar sa chaibidil seo, déanfar scéalta béaloidis a shainmhíniú i gcodarsnacht le scéalta miotaseolaíochta. Ar an chéad dul síos, ní déithe a bhíonn i neacha osnádúrtha an bhéaloidis ach cailleacha, sióga agus arrachtaigh. Ina theannta sin, ní de bhunadh na huasaicme iad na laochra de ghnáth, ach de bhunadh na cosmhuintire (Day 1984: 19). Difríocht thábhachtach eile idir an mhiotaseolaíocht agus an béaloideas ná cúrsaí ama: titeann eachtraí na scéalta béaloidis amach go minic i réimse ama atá cosúil leis an am stairiúil a bhfuil cur amach againn air.

Tuiscint Jungach Ní Dhomhnaill ar an Mhiotaseolaíocht agus ar an Bhéaloideas

Is de dhlúth agus d'inneach thogra fileata Ní Dhomhnaill an

mhiotaseolaíocht agus an béaloideas. Tá an-chuid taighde déanta cheana féin ar an earraíocht fhorleathan a bhaineann Nuala Ní Dhomhnaill as an mhiotaseolaíocht agus as an bhéaloideas ina cuid filíochta.[2] Is iondúil go ndéantar an ghné seo dá tionscadal filíochta a léirmhíniú mar léiriú ar an athmhúnlú feimineach a dhéanann Ní Dhomhnaill ar ábhar an traidisiúin liteartha agus an traidisiúin bhéil, nó mar chruthúnas ar leanúnachas an traidisiúin liteartha ar de í, nó mar fhianaise ar an neamhaird iarnua-aoiseach a dhéanann sí de phrionsabal na bunúlachta. Ag snámh dó in aghaidh shruth na léirmheastóireachta, diúltaíonn Pádraig de Paor (1997: 201) 'úsáid athdhúchasach' Ní Dhomhnaill a thuiscint mar léiriú ar leanúnachas an traidisiúin Ghaelaigh, á mhaíomh gur cuid den rómánsachas iarnua-aoiseach éicifheimineach í úsáid na miotaseolaíochta ag Ní Dhomhnaill. Téann de Paor níos faide in alt eile dá chuid agus áitíonn sé gur 'impiriúlacht na nua-aimsearthachta' agus 'coilíneachas spioradálta' atá in úsáid an bhéaloidis sa litríocht agus sa chultúr comhaimseartha trí chéile (de Paor 2000: 24). Sula dtugann muid aghaidh ar na ceisteanna tábhachtacha seo atá tógtha ag de Paor, ní mór tuiscint Ní Dhomhnaill féin ar an mhiotaseolaíocht agus ar an bhéaloideas agus, dar ndóigh, ar an úsáid a bhaineann sí astu ina cuid filíochta, a fhiosrú.

Is léir go samhlaíonn Ní Dhomhnaill feidhm eiseach leis an mhiotaseolaíocht; go dtuigtear di go gcuidíonn an mhiotaseolaíocht linn saol an duine a thuiscint. Is furasta tionchar theoiricí Jung a rianú ar thuiscint Ní Dhomhnaill ar fheidhm agus ar thábhacht na miotaseolaíochta. Tuigtear do Jung go bhfuil dhá shraith sa neamh-chomhfhios: an neamh-chomhfhios pearsanta agus an neamh-chomhfhios comhchoiteann. Cuimsíonn an neamh-chomhfhios pearsanta na himeachtaí a bhaineann le saoltaithí shainiúil atá ligthe i ndearmad nó brúite faoi chois ag an duine. Baineann an neamh-chomhfhios comhchoiteann le taithí an chine dhaonna. Is iad na haircitíopanna ábhar an neamh-chomhfheasa. Ní féidir le haircitíopanna iad féin a chur in iúl ach amháin trí mheán siombailí nó íomhánna. Íomhánna aircitíopacha a thugann Jung ar na híomhánna a chuireann ábhar an neamh-chomhfheasa i gcás go siombalach. Bunaithe ar íomhánna aircitíopacha atá an mhiotaseolaíocht, dar le Jung. Ní féidir leis an íomhá aircitíopach bríonna uile an aircitíopa neamh-chomhfhiosaigh a thabhairt le fios, áfach. Is é sin le rá, ní hé go nochtann an mhiotaseolaíocht an neamh-chomhfhios, ach go bhfoilsítear an neamh-chomhfhios trí mheán na miotaseolaíochta:

> [...] the myth deals with traditional forms of incalculable age. [...] Myths on this level are as a rule tribal history handed down from generation to generation by word of mouth. [...] The primitive mentality does not *invent* myths, it *experiences* them. Myths are original revelations of the preconscious psyche, involuntary statements about unconscious psychic happenings, and anything but allegories of physical processes. (Jung & Kerényi 1973: 72-73)

Tá an-chosúlacht idir tuiscintí Jung agus tuiscint Ní Dhomhnaill ar olltábhacht na miotaseolaíochta. Cosaint i gcoinne aintiarnas an mheoin réasunaíoch atá sa mhiotaseolaíocht, dar léi:

> I think it is downright pernicious to underestimate myth; it's like pretending that the unconscious doesn't exist, and that we are just composed of rationality. Myth is a basic, fundamental structuring of our reality, a narrative that we place on the chaos of sensation to make sense of our lives. The myth of the end of myth-making is the worst myth of all; it means that the unconscious has been finally cut off and is irretrievable. (in O'Connor 1995: 604)

Go deimhin, tagann cur chuige athbhreithnitheach Ní Dhomhnaill le tuiscintí Jung maidir leis an ghá atá le hathshaothrú na miotaseolaíochta. Fíricí uilíocha atá sa mhiotaseolaíocht dar le Jung, ach ag an am céanna, maíonn sé gur gá an mhiotaseolaíocht a chur in oiriúint do chultúir agus do réanna difriúla: 'Mythological motifs frequently appear, but clothed in modern dress; for instance, instead of the eagle of Zeus, or the great rock, there is an airplane; the fight with the dragon is a railway smash; [...] the Pluto who abducts Persephone is a reckless chauffeur, and so on' (Jung 1966: 97). Is ceart aird a thabhairt, áfach, ar mhianach ceistitheach athshaothrú Ní Dhomhnaill. Cuireann sí in éadan na hidé-eolaíochta frithbhaininne a cuireadh i bhfeidhm ar an mhiotaseolaíocht le linn na staire, dar léi, go háirithe le teacht chun cinn na Críostaíochta. Tuigtear di go bhfuil an t-athléamh seo riachtanach, go gcaomhnaíonn sé naofacht na miotaseolaíochta (in O'Connor 1995: 604).

Is tuiscint rómánsach mar sin atá ag Ní Dhomhnaill ar an mhiotaseolaíocht agus ar a tábhacht. Bainim úsáid as an fhocal 'rómánsach' sa chiall a leanas:

[...] romantics see myth as eternal, not merely a primitive, possession. Nothing can supersede it. Where rationalists believe that science better serves its explanatory *function* than myth, romantics believe that nothing duplicates the psychological or metaphysical *content* of myth. Read symbolically rather than, as for many rationalists, literally, myth refers not to the physical world described by science but to either the human mind or ultimate reality. [...] For romantics, moderns as well as "primitives" not merely can have but must have myth. Rationalists contend that without some explanation of the environment, be that explanation mythic or scientific, humans would be perplexed, but romantics assert that without the revelation found exclusively in myth, humans would be unfulfilled. [...] Romantics assume that myth is effective not merely when it is accepted as true but because it *is* true: the wisdom it offers would not be wisdom if it proved false. (Segal 1999: 136)

Dála Jung, creideann Ní Dhomhnaill gurb í an mhiotaseolaíocht teanga dhúchais an neamh-chomhfheasa. Is cosúil go samhlaíonn sí an fheidhm chéanna leis an bhéaloideas; go dtagraíonn sé do réaltacht shíceolaíoch a sháraíonn acmhainn léirmhínithe na ndioscúrsaí loighiciúla. Téann Ní Dhomhnaill i muinín struchtúr agus scéalta na miotaseolaíochta agus an bhéaloidis araon, le teanga nó dioscúrsa a aimsiú a bhéarfas cead aighnis don mhéid atá curtha faoi chois ag an réasún, bíodh an duine aonair nó an pobal i gceist. Leoga, i ndánta áirithe ar nós 'An bhean a ghaibh isteach' (FS: 70-71) agus 'Fuadach' (FS: 65-66) tugtar le fios nach í an file a roghnaíonn an dioscúrsa béaloideasúil, ach go dtagann sí faoi thionchar an bhéaloidis dá hainneoin féin:

Do shiúl bean an leasa
isteach im dhán.
Níor dhún sí doras ann.
Níor iarr sí cead. (FS: 65)

Cé go dtugann Ní Dhomhnaill le fios gurb amhlaidh a cumadh na dánta faoin phearsa Mór Mumhan ar an dóigh éadoilteanach seo, ní théann sí ar cúl sceiche riamh maidir leis an dua a chuireann sí uirthi féin eolas a chur ar an bhéaloideas atá caomhnaithe i mbailiúcháin Roinn Bhéaloideas Éireann. Má ionchollaíonn sí mar fhile paradacsa na linne seo, faoi mar a mhaíonn de Paor (2000: 5) – 'an bhean bhruachbhailteach ardliteartha faoi dhraíocht ag saol tuaithe béaloideasúil a seanmhuintire; an bhean a thriallann ar an chartlann bhéaloideasa leis an ríomhaire glúine' – ba chóir impleachtaí an pharadacsa sin dá cuid filíochta a mheas. An eascraíonn teannas cruthaitheach as a théann chun sochair na filíochta, nó an bhfuil ceist faoi bharántúlacht a tionscadail filíochta dá bharr?

Athscríobh Feimineach na Miotas?

Tá an-chardáil déanta ag Alicia Ostriker (1986) ar an athscríobh a dhéanann banfhilí Meiriceánacha ar an mhiotaseolaíocht ina gcuid filíochta. Aithníonn Ostriker téamaí áirithe atá coitianta san fhilíocht athbhreithnitheach seo: cuirtear i gcoinne steiréitíopanna atá bunaithe ar chúrsaí inscne; déantar an gaol idir mná agus ginealas na mban a fhiosrú; déantar íomhánna de thorthúlacht agus de chruthaitheacht na mban a nascadh le chéile; samhlaítear tábhacht nua leis an bhandia; leagtar béim ar thábhacht na colainne i gcúrsaí spioradálta; cuirtear i gcoinne an nóis liteartha an fhírinne a shamhlú le mná lácha, fulangacha; tugtar cead aighnis do mhná deamhanta agus do chailleacha. B'fhurasta samplaí de na téamaí seo ar fad a aimsiú i bhfilíocht Ní Dhomhnaill agus, go deimhin, i bhfilíocht Boland araon.

Is i gcomhthéacs léamh feimineach seo Ostriker a phléann Nic Dhiarmada (2005: 59-74) an t-athscríobh a dhéanann Ní Dhomhnaill ar ábhar miotaseolaíochta agus béaloidis. Ceann de na fáthanna a dtéann banfhilí na Gaeilge i muinín na miotaseolaíochta, dar léi, ná mar gheall ar na híomhánna láidre ban atá ar fáil i bhfoinsí liteartha na Sean- agus na Mean-Ghaeilge.[3] Tuigtear do Nic Dhiarmada gur straitéis chosanta ag Ní Dhomhnaill í an úsáid a bhaineann sí as ábhar miotaseolaíochta agus as ábhar béaloidis, straitéis i gcoinne na critice a shamhlaíonn liriciúlacht le filíocht na mban agus a dhéanann léamh beathaisnéiseach ar an saothar. Ina theannta sin, léiríonn sí go héifeachtach nach cumadóireacht bhunúil athbhreithnitheach a bhíonn i gceist ag Ní Dhomhnaill i gcónaí, ach go dtagann sí i dtír ar ghné na hidirthéacsúlachta i stair na bhfoinsí liteartha agus athshealbhú á dhéanamh aici ar phearsana baineanna na miotaseolaíochta Ceiltí. Siúd is go dtugann tráchtaireacht Nic Dhiarmada an-léargas ar an ghné seo de luathshaothar Ní Dhomhnaill, baineann na dánta a phléitear go mion leis an chéad dá chnuasach le Ní Dhomhnaill, cnuasaigh a bhfuil guth agóideach feimineach le cluinstin iontu go soiléir. Ní shílim, áfach, gurb iad coincheapa

léirmhínithe na critice feiminí is mó a chaitheann léas ar an ghné seo
de shaothar Ní Dhomhnaill trí chéile, go háirithe má chuirtear an
cnuasach *Cead Aighnis* san áireamh. Comparáid idir dán le Boland
agus dán le Ní Dhomhnaill atá bunaithe ar mhiotas Daphne agus
Apollo is fearr a léireoidh an t-áiteamh seo.

Daphne agus Apollo
Ráiteas láidir feimineach a dhiúltaíonn d'fheidhm theagascach na
miotaseolaíochta agus a bhréagnaíonn idéal an mhaighdeanais é dán
Boland, 'Daphne with her Thighs in Bark' (CP: 80-81).[4] Is mar bhean
chomhaimseartha a labhraíonn Daphne. Ní fheictear don chéad
phearsa seo gur rud beannaithe do-athraithe atá sa mhiotaseolaíocht,
ámh, agus tuigtear di go mbeidh slánú i gceist do mhná má insíonn
sise a taobhsan den scéal:

> I have written this
>
> so that,
> in the next myth,
> my sister will be wiser.
>
> Let her learn from me:
> the opposite of passion
> is not virtue
> but routine.
> [...]
>
> He snouted past.
> What a fool I was!
>
> I shall be here forever,
> setting out the tea,
> among the coppers and the branching alloys and
> the tin shine of this kitchen;
> laying saucers on the pine table. (CP: 80-81)

Comhairlíonn an chéad phearsa do mhná eile athluacháil a dhéanamh
ar an ghrá collaí:

> Save face, sister.
> Fall. Stumble.
> Rut with him.
> His rough heat will keep you warm and

you will be better off than me,
with your memories
down the garden,
at the start of March,
unable to keep your eyes
off the chestnut tree –

just the way
it thrusts and hardens. (CP: 81-82)

Tá an-chosúlacht idir línte deiridh an dáin seo agus dánta Ní Dhomhnaill 'Fear' (F: 64-65) agus 'Gan do chuid Éadaigh' (F: 66-67), mar a bhfuil an chéad phearsa bhaineann ina gliúcaí ag baint lán na súl as corp an fhir.

Ní hé cás Daphne is cúram do Ní Dhomhnaill ina dán siúd dar teideal 'Daphne agus Apollo', ach scéal Apollo féin. Diúltaíonn sí don léamh feimineach a dhéantar go minic ar an phearsa mhiotasach, Apollo. Faoi mar atá sonraithe ag Nic Dhiarmada i gcás mhiotaseolaíocht na Gaeilge (2005: 75-93), aithníonn Ní Dhomhnaill féidearthachtaí eile sa mhiotas áirithe seo. Cuireann sí i gcás gur duine lách a bhí in Apollo nach mbeadh i ndiaidh éigniú a dhéanamh ar Daphne. Luíonn sé seo le pearsantacht Apollo mar a léirítear é i saothar Ovid *Metamorphoses*:

I implore you, nymph, daughter of Peneus, do not run away! Though I pursue you, I am no enemy. Stay, sweet nymph! You flee as the lamb flees the wolf, or the deer the lion, as doves on fluttering wings fly from an eagle, as all creatures flee their natural foes! But it is love that drives me to follow you. Alas, how I fear lest you trip and fall, lest briars scratch your innocent legs, and I be the cause of your hurting yourself. These are rough places through which you are running – go less swiftly, I beg of you, slow your flight, and I in turn shall pursue less swiftly! (Ovid 1955: 42)

Is í an torthúlacht is mó a shamhlaíonn Ní Dhomhnaill leis an chumann seo. Is ar an chomhlánú spioradálta nó síceach, seachas ar an phléisiúr collaí a dhíríonn an file. Ní fheictear di go ndéanfaí ábhar filíochta den bhean, faoi mar a thuarann Boland sa dán 'Daphne Heard with Horror the Addresses of the God' (CP: 153), mar shampla, ach creideann sí go mbronnfaí inspioráid ar an fhile baineann:

Ach glacaimís leis, ar son na hargóna,
nár dhiúltaís dó. Gur phlab comhlaí
do chroí ar dianleathadh, in ionad dúnadh
i gcoinne comhacht na heipeafáine.
Nó cad a tharlódh? Ní hamhlaidh a réabfadh sé
tríd' chroí is trí t'ae; ar éigin
a ghabhfadh tú le neart fóiréigin. Tar éis an tsaoil
is é dia na gréine é, a bhronnann
scallaí inspioráide orainn mar fhéirín.

Is ar maidin nuair a thaibhsíonn an dia céanna
aniar thar íor is mullach ard na sléibhte,
músclaíonn sé an ghaoth a chorraíonn uiscí na bóchna.
Cuireann an ceoltóir a lír i dtiúin is i gcordaibh.
Péacann an nathair uisce a cheann fiosrach in airde.
Canann na héin.   Labhrann fiú an eala mhaon. (CA: 22)

Tá difríocht shuntasach idir athbhreithniú feimineach Boland
agus athshaothrú Ní Dhomhnaill a dhéanann cúram de chúrsaí inscne,
idir fhireann agus bhaineann. Más é Apollo an máistir dorcha sa dán
seo, is léir gur mór ag Ní Dhomhnaill athluacháil a dhéanamh ar an
phearsa nó ar an phrionsabal síceach fireann ó pheirspictíocht na
mban. Dá léifí an dán seo i dtéarmaí Jungacha, is é glacadh leis an
animus agus an comhlánú síceach is cás le Ní Dhomhnaill. Faoi mar
a pléadh cheana, ámh, is gnách le Jung an chontúirt a bhaineann le
teagmháil na mná leis an *animus* a bhéimniú ina chuid scríbhinní. Ní
dán a fhreagraíonn go dílis do scéimre Jung atá sa dán seo mar sin,
ach dán gínealárnach a chuireann san áireamh peirspictíocht na mban
ar phróiseas an indibhidithe.

Athscríobh na Miotas – Tacú leis an *Status Quo*?
An earraíocht a bhaineann Ní Dhomhnaill as an mhiotaseolaíocht
agus as an bhéaloideas, feictear do de Paor go dtagann sí salach ar
fheidhm fhuascailteach pholaitiúil na gluaiseachta feiminí. I
bhfilíocht Ní Dhomhnaill, dar le de Paor, cuirtear in iúl gur fadhb
phearsanta shíceach í fadhb na caillí nó an coimhthíos a mhothaíonn
an duine sa chultúr caipitlíoch, agus gur féidir í a leigheas ag leibhéal
an duine aonair. Fágtar gan cheistiú, dá réir, na coinníollacha stairiúla
agus teangeolaíocha is bun leis an choimhthiú, dar leis. Áitíonn sé
nach dtugann 'timchaint na miotaseolaíochta' aghaidh ar bhunús

ábharaíoch na faidhbe ach, ina choinne sin, go ndéanann filíocht Ní Dhomhnaill athdhoiléiriú nó athmhistéiriú ar staid na mban sa tsochaí (de Paor 1997: 119-68). Tá tráchtaireacht de Paor ag teacht le roinnt de na léamha feimineacha a dhéantar ar theoiricí Jung, léamha a bhéimníonn an neamhiontas a dhéanann Jung de chúinsí ábharaíocha soch-chultúrtha, dar le leithéidí Goldenberg (1976), Daly (1984), Jacobi (1965) agus Duncan (2003). Cé go bhfuil an t-easnamh seo ar theoiricí Jung, ní shílim gur féidir an rud céanna a mhaíomh faoi fhilíocht Ní Dhomhnaill toisc go gcuireann an file a cló féin ar choincheapa Jung.

Maidir le ceist na caillí, nó 'na scáile' i dtéarmaí Jungacha, is cinnte gur mar fhadhb phearsanta a léirítear í i ndánta ar nós 'Boladh na Fola' (F: 17), 'An Sprid sa Staighre' (F: 18-19) agus 'An Poll sa Staighre' (F: 26), mar shampla. Tá dánta eile sa tsraith 'Cailleach' (F: 11-51), áfach, a fhéachann leis an taobh seo den neamh-chomhfhios a iniúchadh i gcomhthéacs na sochaí. Más é an duine aonair atá i gceist go príomha sa dán 'An Bhatráil' (F: 14-15), mar shampla, is é cleachtas na sochaí trí chéile agus na nósanna cultúrtha is bun leis an chineál seo foréigin i gcoinne leanaí is ábhar don dán 'Hotline' (F: 16). Maidir leis an dán 'Cailleach' (F: 31), déantar cur síos ar theacht chun cinn an phríomhshamhaltais thras-stairiúil, bandia na talún, i dtaibhreamh na chéad phearsan agus i samhlaíocht a hiníne. Is iondúil nach ndéantar iniúchadh ar an tionchar atá ag an phríomhshamhaltas seo ar mhná, go háirithe i saothar cruthaitheach na Gaeilge.[5] Tugann an dán léargas ar thionchar na hidé-eolaíochta inscní ar thuiscint na mban orthu féin agus ar an timpeallacht:

Taibhríodh dom gur mé an talamh,
gur mé paróiste Fionntrá
ar a fhaid is ar a leithead.
[...]

Bhí an taibhreamh chomh beo
nuair a dhúisíos ar maidin
gur fhéachas síos féachaint an raibh,
de sheans, mo dhá chois fliuch.
Ansan d'imíos is dhearmhadas
a raibh tarlaithe, ó,
tá dhá bhliain is breis
anois ann, déarfainn

go dtí le fíordhéanaí
cuireadh i gcuimhne arís dom
fuíoll mo thromluí
de bharr líonrith m'iníne.

Bhíomair thíos ar an dtráigh
is bhí sí traochta.
Do chas sí abhaile
ach do leanas-sa orm ag siúl romham.
Ní fada gur chuala í
ag teacht chugam agus saothar uirthi,
í ag pusaíl ghoil le teann coisíochta.
"Cad tá ort?" "Ó, a Mhaim, táim sceimhlithe.
Tuigeadh dom go raibh na cnoic ag bogadaíl,
gur fathach mná a bhí ag luascadh a cíocha,
is go n-éireodh sí aniar agus mise d'íosfadh". (F: 31)

Is suimiúil gur mar chailleach chraosach atá ag lorg íobartach a
thaibhrítear dóibh beirt an talamh, rud a thaispeánann an t-athrú a
tháinig ar an siombalachas baineann le linn na staire agus an chéim
síos a tugadh don bhandia cothaitheach. Ardaíonn an dán seo
ceisteanna tábhachtacha faoi chomhpháirteachas na mban sa chóras
patrarcach, ceisteanna atá aitheanta ag Mary Condren i gcomhthéacs
na gluaiseachta feiminí trí chéile:

The needs of the colonial system have inscribed themselves in the bodies
and psyches of women and men in the patriarchal system. Thus, the
question of the necessity for female symbol systems is of central
importance to any analysis of female subordination and the ways in
which female desire is complicit in the patriarchal social order. (Condren
1997: 129)

Ina choinne sin, d'fhéadfaí a mhaíomh nach í an chailleach a
ndearnadh imeallú uirthi sa traidisiún liteartha agus sa tsochaí
phatrarcach a thaibhsítear do chéad phearsa an dáin, ach an chailleach
mar a caomhnaíodh í sa traidisiún béil; bean, dar le Ó Crualaoich, atá
chomh fiáin agus chomh docheansaithe leis an timpeallacht féin, ach
bean a chothaíonn agus a thugann dlisteanacht d'fheidhmeanna na
mban glúine, na mban caointe agus na mban feasa. Leagann sé béim
ar leith ar an difear ollmhór idir léiriú na caillí agus na mná feasa sa
traidisiún liteartha agus sa traidisiún béil:

As such, the vernacular, oral narrative traditions of the *cailleach* and the *bean feasa* [...] give expression to a less patriarchal cultural discourse than is involved in many ways in the case of either the learned, written literature of the pre-modern era or much of the creative writing tradition of the contemporary world as both of these are interpreted and evaluated within feminist theory. (Ó Crualaoich 2003: 31)

Tógtar tuilleadh ceisteanna sna dánta 'An tSeanbhean Bhocht' (F: 28-29) agus 'Caitlín' (F: 32) faoin siombalachas baineann agus faoin úsáid a baineadh as chun críche polaitiúla, téamaí a bhfillfear orthu ar ball. Is léir, ámh, nach mar fhadhb shíceach an duine aonair amháin a shamhlaíonn Ní Dhomhnaill fadhb na caillí agus go dtugtar aitheantas ina cuid filíochta do bhunús soch-pholaitiúil na caillí.

Maidir leis an athdhoiléiriú agus an athmhistéiriú a dhéantar ar staid na mban, dar le de Paor, mar gheall ar an úsáid a bhaintear as an mhiotaseolaíocht agus as an bhéaloideas i bhfilíocht Ní Dhomhnaill, is cinnte gur fíor dó i gcásanna áirithe. Is deacracht í seo a bhaineann go dlúth le nádúr idirthéacsúil fhilíocht Ní Dhomhnaill trí chéile faoi mar atá aitheanta ag tráchtairí éagsúla.[6] Is suimiúil an léamh, ámh, a dhéanann de Paor ar an dán 'Thar mo chionn' (FS: 72-74)[7] mar léiriú ar an athdhoiléiriú seo. Is dán é seo, mar a míníodh cheana, ina ndéantar bás an déagóra Anne Lovett in Eanáir 1984 a chardáil laistigh de fhráma tagartha an bhéaloidis agus an tuiscint go raibh lámh ag na sióga i mbás an chailín óig a cailleadh de dhroim linbh. Áitíonn de Paor go seachnaítear an t-ábhar cigilteach tríd an locht a theilgean ar neach neamhshaolta – bean a' leasa. Fágann seo, dar leis, go bhfuil an dán mar chuid de chultúr an tosta ba bhun leis an tragóid agus go bhfuil sé dá réir sin: 'taobh amuigh go hiomlán de réimse na moráltachta, na teiripe ná na ceartpholaitíochta' (de Paor 1997: 156). Caithfear cuimhneamh, ámh, gur ag scríobh so bhliain 1997 a bhí de Paor agus é ag maíomh nach raibh aon rud doráite a thuilleadh, 'go bhfuil an saol sin thart' (de Paor 1997: 158). Foilsíodh cnuasach Ní Dhomhnaill sa bhliain 1984, áfach, an bhliain chéanna a tharla an tragóid. Is cuid de chultúr sin an tséanta agus an chiúnais é an dán seo agus is chuige sin atá Ní Dhomhnaill, creidim. Déanann an chéad phearsa iarracht í féin a shaoradh ó locht sa séú rann nuair a thugann sí míniú ar an neamhhiontas a rinne sí de thuar bhean a' leasa:

Níor chuireas nath nó suim
i gcaint seo bhean an leasa,

is mó rud ráite aici-sin cheana
ag cur dallamullóg ar mo leithéidse
is bhí sceitimíní geala orm
gur thugas na cosa liom
chomh rábach an turas san. (FS: 73)

Cé go ndéantar iarracht an milleán a chur ar bhean a' leasa sa rann deiridh, is é a comhchiontacht is cás leis an fhile dáiríre, mar is léir ó theideal an dáin. Más thar ceann na chéad phearsan a bhásaigh an cailín óg, is thar a ceann siúd a d'fheidhmigh bean an leasa fosta, tharla nach ndearna insteoir an dáin aon iarracht stop a chur léi. Sa mhéid is go mothaíonn céad phearsa an dáin freagrach as bás cailín óig nach raibh ar a haithne fiú amháin, is léir nach bhfuil neamhiontas á dhéanamh den struchtúr sóisialta agus d'idirspleáchas an duine.

Athbheatha an Bhéaloidis
Cuireann Angela Bourke (1992) agus Gearóid Ó Crualaoich (2003) béim ar an dóigh ar fheidhmigh na scéalta béaloidis, ní amháin ar leibhéal an phobail, ach fosta ar leibhéal príobháideach an duine aonair, fíric a ndéantar neamhshuim di go minic, dar leo. Cuireann siad beirt béim ar ról gníomhach an éisteora. Ag teacht le teoiricí léitheoireachta iarstruchtúracha, diúltaíonn Ó Crualaoich don tuiscint go bhfuil brí chinnte ag an téacs agus féiniúlacht aontaithe ag an léitheoir (2003: 35). I gcás na síscéalta, deir Bourke go ndéantaí rudaí a phlé iontu ar bhealach neodrach meafarach a thugadh deis don duine a bhrí féin a bhaint astu (Bourke 1992: 84-85), rud a áitíonn Ó Crualaoich i dtaobh an tseanchais faoin chailleach agus faoin bhean feasa (2003: 21-22). Téann Diarmuid Ó Giolláin (2000: 174) i muinín théarmaíocht Lauri Honko agus é ag cur síos ar 'the second life of folklore' – an úsáid a bhaintear as ábhar béaloidis i gcomhthéacsanna atá difriúil ó bhun leis an bhun-chomhthéacs cultúrtha. Is cuid dhlúth den tréimhse iarnua-aoiseach, dar leis, an t-athshaothrú cruthaitheach seo ar an bhéaloideas.

Is beag tairbhe, ámh, a shamhlaíonn de Paor le hathbheatha an bhéaloidis: 'Tá an *second life of folklore* ar nós na "beatha" a bhíonn ag an vaimpír is ag a chuid íobartach. Is ag maireachtáil go síoraí i réimse na neamhbheo is neamh-mharbh a bhíonn an béaloideas traidisiúnta feasta' (de Paor 2000: 24). Baineann cuid den neamhbharántúlacht a shamhlaíonn de Paor le húsáid an bhéaloidis

leis an chreideamh féin-chomhfhiosach a bhíonn ag daoine
comhaimseartha sa saol eile, dar leis. Is léir, áfach, go raibh castacht
áirithe ag roinnt riamh anall leis an chreideamh a bhí ag daoine i
scéalta an traidisiúin bhéil, mar atá mínithe ag Ó Crualaoich:

> In the way that these traditional oral narratives operated in the
> communities where they were given renewed expression and
> transmission, there was an ambiguous 'operational' belief in their truth,
> a truth of the kind posited by folklore scholarship for all legend
> narration. (Ó Crualaoich 2003: 22)

Is é tuairim Patricia Lysaght (1986: 219-22; 1991: 28) go raibh an
scéalaí traidisiúnta i bhfad níos criticiúla faoi ábhar na scéalta ná mar
a thugtar le fios de ghnáth. Ní raibh ar an scéalaí an scéal a
chreidbheáil ach an nasc idir an finscéal agus córas smaointeoireachta
na ndaoine a thuiscint. Tá castachtaí cheist an chreidimh rianaithe go
héifeachtach ag Bourke sa leabhar *The Burning of Bridget Cleary*.
Dearbhaíonn sí nach mbaineann an débhrí i leith an tsaoil eile leis an
tsochaí chomhaimseartha amháin:

> It is rare, and perhaps always has been, to meet people who
> unequivocally believe that a race of supernatural beings lives invisibly
> alongside humans and shares their landscape. It is much less rare,
> however, for stories to be told about such beings, or for features of the
> environment, both physical and social, to be explained by reference to
> them. (Bourke 1999: 28)

Aontaím mar sin le Nic Eoin (2002: 37-38) a dhearbhaíonn gur minic
a bhíonn an saothar nua cruthaitheach níos gaire do mhianach
cruthaitheach na mbunfhoinsí ná mar a thuigtear, nuair a chuirtear san
áireamh an ilbhrí agus an ilfheidhm a bhaineann leis an bhéaloideas
féin. I sainchás Ní Dhomhnaill, creidim go bhfuil an t-athshaothrú a
dhéanann sí ar ábhar béaloidis níos cóngaraí do thualangacht an
bhunábhair ná mar a thugann tráchtaireacht de Paor le fios. Is cosúil
nach leis an úsáid chomhaimseartha a bhaintear as an bhéaloideas a
bhaineann an 'leathnú ar spiorad ceannródaíoch impiriúil na nua-
aimsearthachta', faoi mar a thuairimíonn de Paor (2000: 24), ach leis
an chineál léirmheastóireachta nach dtugann an t-aitheantas cuí
d'ilfheidhmeanna agus d'ilbhríonna ábhar an traidisiúin bhéil ná don
dóigh ar féidir leis na scéalta seo feidhmiú sa tsochaí chomhaimseartha
mar litríocht a thagraíonn d'eispéireas uilíoch an duine dhaonna.

Dúshláin an Réasúin

Rinneadh trácht cheana ar an léamh a dhéanann léirmheastóirí éagsúla ar idirthéacsúlacht fhilíocht Ní Dhomhnaill i dtaca le traidisiún na Gaeilge de. Is léiriú í a cuid filíochta ar nádúr cros-síolrach na suibiachta agus an chultúir chomhaimseartha, ainneoin go dtugann Ní Dhomhnaill le fios go minic gur mhair an Ghaeilge agus cultúr na Gaeilge beag beann ar aon tionchar ón taobh amuigh.[8] Is mór aici peirspictíocht ón imeall a thabhairt ar mhórinsintí na linne. Déanann Ní Dhomhnaill athshealbhú agus comhshamhlú ar ábhair éagsúla mar dhóigh le cur i gcoinne chultúr Angla-lárnach an mhóraimh, cultúr a fheictear di a bheith rómhór i dtuilleamaí na hintleachta agus an réasúin. Má theipeann ar an léitheoir meabhair a bhaint as cuid de na tagairtí idirthéacsúla, éiríonn le Ní Dhomhnaill a áitiú ar an léitheoir straitéis eile léitheoireachta a thriail, agus is chuige sin atá sí. 'Scriptible text' a thugann Roland Barthes (1974) ar an chineál seo scríbhneoireachta nach soláthraíonn brí chinnte amháin, ach a chuireann iachall ar an léitheoir bheith rannpháirteach agus an bhrí a lorg; forchiall seachas sainchiall an téacs a chuardach.

Is comhartha sóirt de chuid idirthéacsúlacht Ní Dhomhnaill é pósadh caolchúiseach an réalachais agus na draíochta. Tuigtear di go bhfuil acmhainn ar leith sa Ghaeilge le dul i ngleic leis an 'saol eile' ar dhóigh shamhlaíoch, agus luann sí traidisiún an dinnseanchais agus an fuinneamh síceach a roinneann le seanfhocail Ghaeilge mar fhianaise ar thréith shainiúil seo na teanga (Ní Dhomhnaill 1994). 'Réalachas draíochta' a thug an criticeoir Veiniséalach, Arutro Uslar-Pietris, ar sheánra áirithe cumadóireachta ó Mheiriceá Theas mar a ndéantar an réalachas agus an fhantaisíocht a fhí le chéile. 'Lo real maravilloso americano' an téarma a chum Alejo Carpentier le cur síos a dhéanamh ar an tuiscint dhraíochtúil a bhí ag dúchasaigh na Cairibe ar an saol. Ní dhéantar an saol mar atá a thraschéimniú ná a threascairt de rogha ar an draíocht, dar leis, ach foilsítear an draíocht ar de dhlúth agus d'inneach an tsaoil iarbhír í. Is modh scríbhneoireachta é an réalachas draíochta nach ngéilleann don oibiachtúlacht ná don mheon réasúnaíoch:

It is precisely the notion of the ex-centric, in the sense of speaking from the margin, from a place "other" than "the" or "a" center, that seems to me an essential feature of that strain of postmodernism we call magic realism. [...] Magic realism thus reveals itself as a *ruse* to invade and take

over the dominant discourse(s). It is a way of access to the main body of
"Western" literature for authors not sharing in, or not writing from the
perspective of, the privileged centers of this literature for reasons of
language, class, race, or gender, and yet avoiding epigonism by avoiding
the adoption of views of the hegemonic forces together with their
discourse. (D'Haen 1995: 194-95)

Is minic a thagann an dá dhomhan – an domhan eimpíreach agus an
domhan neamhshaolta – le chéile i bhfilíocht Ní Dhomhnaill.
Diúltaíonn sí don lipéad 'anti-rationalist': 'I'm not. But I am for a
marrying of the logical with the non-rational' (in O'Connor 1995:
598). Siúlann neacha ón saol eile isteach ina cuid dánta gan aon
leithscéal ná iarraim cúis, agus, mar is dual do scríbhneoirí a
chleachtann an réalachas draíochta, ní dhéantar aon iarracht míniú
loighiciúil a thabhairt ar na himeachtaí seo.

Is cur síos fileata é an dán 'Clann Horatio' (FS: 84-85) ar
thuiscintí an fhile ar an réalachas agus ar theorainneacha an
réasúnachais. B'fhurasta míléamh a dhéanamh ar an dán seo; an
baineannach a shamhlú le modh tuisceana atá pisreogach agus an
fireannach a shamhlú leis an réasúnachas. Tá dinimicí inscneacha an
dáin níos casta ná sin, áfach. Luaitear i rann a ceathair go bhfuil fear
i nDún Chaoin a bhfuil an tuiscint chéanna aige ar an saol thart
timpeall air is atá ag an fhile mná, rud a bhaineann an bonn den
chodarsnacht dhénártha fireann/baineann, réasúnaí/frithréasúnaí. Is
cosúil nach í an chodarsnacht dhénártha is bun le córas
smaointeoireachta an fhile: 'cé ná creidimid puinn i faic/ fós ní
bhréagnaímid éinní' (FS: 84-85). Is modh dialachtaiciúil
smaointeoireachta a chleachtann an file, modh atá frithráiteach.[9]

Feictear do de Paor (1997: 6) gur mó den 'amhras iarnua-aoiseach
ná den phisreogacht thraidisiúnta' atá sna línte sin 'cé ná creidimid
puinn i faic/ fós ní bhréagnaimid éinní' (FS: 85). Creidim gur cruinne
a rá go bhfuil an t-amhras agus an creideamh i gceist sna línte úd, cur
chuige a thugann dúshlán an chórais smaointeoireachta réasúnaíoch.
Baineann línte deiridh an dáin – 'mar tá níos mó ar thalamh is ar
neamh/ ná mar is eol díbhse, a chlann Horatio' – macalla as focail
cháiliúla Hamlet. Meabhraítear dúinn, ar bhealach an-chliste, go
bhfuil forlámhas an réasúin teoranta ó thaobh ama agus cultúir de; is
é sin go raibh agus go bhfuil féidearthachtaí nó *Weltanschauung* eile
ann nach bhfuil i dtuilleamaí an réasúin amháin. Ní fheictear don fhile

go gcaithfidh bealaí éagsúla tuisceana a bheith comheisiach.
Leoga, deir John Fowles gurb é an modh dialachtaiciúil smaointeoireachta
seo is cúis leis an easpa suime sa réalachas draíochta sa Bhreatain: 'I
think the main problem with magical realism in this country is a
moral, or puritanical one [...] what the British will not accept is that
magic realists can have their cake and eat it – both "bend" reality *and*
be really serious' (Luaite in Delbaere-Garant 1995: 252). Léim an dá
bhruach is cás le Ní Dhomhnaill mar dhóigh le cur i gcoinne 'an
mheoin úd a chuireann gothaí na hoibiachtúlachta air fhéin' (Ní
Dhomhnaill 1986: 147). Is léir, mar sin, go n-éilíonn nádúr
idirthéacsúil fhilíocht Ní Dhomhnaill cur chuige criticiúil a chuireann
san áireamh an t-athmhúnlú comhfhiosach a dhéanann sí ar ábhar
miotaseolaíochta agus béaloidis le dioscúrsa ailtéarnach ceistitheach a
chruthú.

An Mhiotaseolaíocht v. an Stair i saothar Boland

Ní call ach teidil dhánta Boland a scagadh le tábhacht na
miotaseolaíochta ina cuid filíochta a thuiscint. Áirím teidil ar nós
'Athene's Song', 'The Winning of Etain', 'Daphne with Her Thighs
in Bark', 'Listen. This is the Noise of Myth', 'The Making of an Irish
Goddess', 'Anna Liffey', 'Horace Odes', gan trácht ar na dánta nach
bhfuil na tagairtí miotasacha chomh follasach sa teideal iontu. I
bhfianaise dánta áirithe le Boland ar nós 'Making Up' (CP: 70-72)
agus 'Listen. This is the Noise of Myth' (CP: 124-26), d'fhéadfaí
frithrómánsachas a shamhlú le seasamh Boland i leith na
miotaseolaíochta. Is léir go samhlaíonn an file feidhm ansmachtach
leis an mhiotaseolaíocht, á rá 'Myths/ are made by men' (CP: 71).
Tugann teideal an dáin 'Invention. Legend. Myth' (CP: 126) le fios
nach gá aon idirdhealú a dhéanamh idir an mhiotaseolaíocht, an
fhinscéalaíocht agus an chumadóireacht. Sa dá dhán thuasluaite
cuireann an file in éadan an tsimplithe a fheictear di a bheith á
dhéanamh ag an mhiotaseolaíocht ar shaol iarbhír na mban agus
móidíonn sí go ndéanfaidh sí athscríobh leasaitheach a chuirfidh an
toise ábharaíoch daonna san áireamh. Leoga, is cosúil gur mar
chodarsnacht dhénártha a shamhlaíonn an file an stair agus an
mhiotaseolaíocht nuair a mhaíonn sí 'out of myth into history I
move...' (CP: 160). Nuair a dhéantar scagadh ar na dánta seo i
gcomhthéacs a saothair iomláin, áfach, idir fhilíocht agus phrós, is léir

nach bhfuil a tuiscint ar chúrsaí miotaseolaíochta ná ar chúrsaí staire
baileach chomh neamhchasta.

Is seasamh défhiúsach i leith na miotaseolaíochta atá le sonrú i
saothar Boland trí chéile. Is cosúil ón chur síos a dhéanann sí ar an
toise miotasach a shamhlaigh sí lena saol mar mháthair
bhruachbhailteach go dtuigtear di go bhfreagraíonn an
mhiotaseolaíocht do riachtanais eiseacha an duine:

> When I reached a point in the road where I could see the children at the
> end of it [...] I would stand there with my hand held sickle-shaped to my
> eyes. [...] Then I would feel all the sweet, unliterate melancholy of
> women who must have stood as I did, throughout continents and
> centuries, feeling the timelessness of that particular instant and the cruel
> time underneath its surface. (OL: 167-68)

Is ar an tuiscint seo gurb ionann cás na máthar agus cás Ceres, a
dhéanann Boland an caidreamh idir máthair agus iníon a chardáil sna
dánta 'The Making of an Irish Goddess' (CP: 150-51) agus 'The
Pomegranate' (CP: 184-85).

Is suimiúil gur mar fhinscéal a thagraíonn Boland do mhiotas
Ceres agus Persephone sa dán 'The Pomegranate' (CP: 184-85).
D'fhéadfaí gurb é an comhbhá a mhothaíonn an file le carachtair agus
imeachtaí an scéil, a thugann uirthi é a shamhlú, go comhfhiosach nó
go neamhchomhfhiosach, le réimse ama atá níos gaire dá tréimhse
stairiúil féin. Ina dhiaidh sin agus uile, mar a luadh cheana, is minic
nach ndéanann Boland aon idirdhealú idir 'legend', 'myth' agus
'invention'. Sa dán áirithe seo, áfach, níl sainchiallacha diúltacha ag
roinnt leis na focail 'legend' agus 'story', agus cuntas ag an fhile ar an
bhrí a bhain sí as an mhiotas áirithe seo i dtréimhsí éagsúla dá saol.

> The only legend I have ever loved is
> the story of a daughter lost in hell.
> And found and rescued there.
> Love and blackmail are the gist of it.
> Ceres and Persephone the names.
> And the best thing about the legend is
> I can enter it anywhere. (CP: 184)

I rith a hóige i Londain, b'fhacthas don fhile, dála Persephone, go
raibh sí ar deoraíocht in áit choimhthíoch dhorcha. Is mór an difear
idir 'the crackling dusk of the underworld' mar a raibh an páiste

uaigneach aonaránach i Londain agus an t-athrú meanman a mhothaigh an file agus í ina máthair ag cuardach a hiníne faoi chlapsholas an tsamhraidh i nDún Droma. Ach tá scéal Ceres ar eolas go maith ag an fhile agus is maith is feasach di an chailliúint atá i ndán di. Cé go bhfuil cathú uirthi gníomhú dá réir agus críoch an mhiotais a athrú, tuigtear di nach dual di an insint thimthriallach a chur as a riocht. Braitheann éifeacht an mhiotais ar léamh agus ar athshealbhú sainiúil an duine aonair, sa chás seo, athinsint na hiníne:

> But what else
> can a mother give her daughter but such
> beautiful rifts in time?
> If I defer the grief I will diminish the gift.
> The legend will be hers as well as mine.
> She will enter it. As I have. (CP: 185)

Cé go bhféadfaí a mhaíomh gur léiriú ar choimeádachas na miotaseolaíochta í an easpa athraithe a thagann ar an mhiotas, ní shílim gur chuige sin atá Boland. Dearbhaíonn an miotas seo an tábhacht atá le féinriar an duine aonair sa mhéid is go dtuigtear don mháthair go gcaithfidh sí cead a cinn a thabhairt dá hiníon agus ligean di a cuid féin a dhéanamh den insint. Maireann an miotas mar gheall ar an síor-athmhúnlú a dhéanann an duine aonair air.

In ainneoin gurb é am timthriallach na miotaseolaíochta is ábhar don dán, is ó pheirspictíocht áirithe stairiúil a dhéantar an t-am sin a phlé. Leoga, tá greann áirithe ag roinnt le teacht le chéile an dá réimse ama seo sa dán:

> She put out her hand and pulled down
> the French sound for apple and
> the noise of stone and the proof
> that even in the place of death,
> at the heart of legend, in the midst
> of rocks full of unshed tears
> ready to be diamonds by the time
> the story was told, a child can be
> hungry. (CP: 184-85)

Is é an trasnú seo idir an dá réimse ama is cúram do Boland. Go deimhin, tuigtear di go ngintear an fhilíocht ag pointe trasnaithe na miotaseolaíochta agus na staire (OL: 166). Chonacthas ina cuntas próis thuasluaite go bhfuil an tuiscint atá aici ar an am timthriallach ceangailte go dlúth leis an am stairiúil: 'feeling the timelessness of that particular instant and the cruel time underneath its surface' (OL: 168). Chomh maith leis sin áitíonn sí: 'And perhaps I want to say that women poets [...] are witnesses to the fact that myth is instructed by history, although the tradition is full of poets who argue the opposite with force and eloquence' (OL: 173-74).

Tuigtear do Boland gur gá am timthriallach na miotaseolaíochta a infhilleadh agus peirspictíocht áirithe stairiúil a chur i bhfeidhm air. Is chuige sin an chéad phearsa sa dán 'The Making of an Irish Goddess':

> Ceres went to hell
> with no sense of time.
>
> When she looked back
> all she could see was
>
> the arteries of silver in the rock,
> the diligence of rivers always at one level,
> wheat at one height,
> leaves of a single colour,
> the same distance in the usual light;
>
> a seasonless, unscarred earth.
>
> But I need time –
> my flesh and that history –
> to make the same descent. (CP: 150)

Diúltaíonn Boland don léiriú teibí seachstairiúil agus roghnaíonn sí a corp féin, a bhfuil colm air, mar léiriú níos cruinne ar fhulaingt na mban san am atá thart. Tuigtear do chriticeoirí áirithe[10] go gcuireann cuntas na mná saolta insintí teibí na miotaseolaíochta agus insintí neamhiomlána na staire oifigiúla de dhroim seoil. Ní cheistítear, áfach, barántúlacht chur síos Boland ar stair an Ghorta Mhóir ná an ceangal a shamhlaíonn sí idir a corp féin agus fulaingt na mban. Cé go dtuigtear do Boland gur dlisteanaí a cuntas féin ar chúrsaí staire, is finscéalta seanchaite faoin Ghorta Mór seachas léargas úr daonna atá ina cur síos siúd ar stair na mban sa tréimhse sin. Is mór an difear idir an rann neamhphearsanta a dhéanann iarracht truamhéala a chothú sa léitheoir do mhná a mhair le linn an Ghorta Mhóir, agus an nóta pearsanta sna rannta eile mar a gcuireann an file síos go beoga ar a taithí stairiúil féin:

> In my body,
> neither young now nor fertile,
> and with the marks of childbirth
> still on it,
>
> in my gestures –
> the way I pin my hair to hide
> the stitched, healed blemish of a scar –
> must be
>
> an accurate inscription
> of that agony:
>
> the failed harvests,
> the fields rotting to the horizon,
> the children devoured by their mothers
> whose souls, they would have said,
> went straight to hell,
> followed by their own.
>
> There is no other way:
>
> myth is the wound we leave
> in the time we have –
>
> which in my case is this
> March evening
> at the foothills of the Dublin mountains,
> across which the lights have changed all day,
>
> holding up my hand
> sickle-shaped, to my eyes
> to pick out
> my own daughter from
> all the other children in the distance;
>
> her back turned to me. (CP: 151)

An Stair mar Thógán Téacsúil

Tá imeallú na mban sa stair oifigiúil, sa traidisiún liteartha agus sna healaíona trí chéile ina théama lárnach i saothar Boland. Sa chúigiú cnuasach léi, *The Journey* (1982), pléann Boland imeallú na mban sa traidisiún liteartha go háirithe. Tagann forbairt ar an téama seo sa chnuasach a leanann – *Outside History* (1989). Ní hé an traidisiún liteartha amháin is cás le Boland sa chnuasach seo, ach mar is léir ó theideal an chnuasaigh, cúrsaí staireolaíochta fosta. Is plé sofaisticiúil a fhaightear sa chnuasach seo ar theacht le chéile dhá dhioscúrsa éagsúla, mar atá, an stair agus an mhiotaseolaíocht, mar aon le mionchíoradh ar fhadhb an athláithrithe. Tá an díolaim roinnte ina trí shraith agus déantar iniúchadh ar ghné ar leith de na téamaí úd i ngach sraith. Is iondúil go ndéantar teideal an chnuasaigh a léirléamh mar thagairt do stair fholaithe na mban nár cuireadh san áireamh riamh in insintí oifigiúla na staire.[11] Sa chás seo is rud diúltach é bheith 'outside history'. Tá léamh eile déanta ag Sarah Fulford ar an teideal agus ar an chnuasach trí chéile bunaithe ar rangú ama Kristeva san aiste 'Women's Time'.[12] Is éard atá á chur chun cinn ag Boland sa chnuasach seo, dar le Fulford, ná stair ábharaíoch dhifreálach a bhréagnaíonn insintí atá líneach agus aonchineálach. Sa chás seo, deir Fulford: "Outside History" is therefore the place where history or herstory really happens' (Fulford 2000: 204). Feictear dom gur féidir an dá léamh a dhéanamh ar an teideal agus go bhfóireann an débhríocht seo do théama an chnuasaigh a cheistíonn coincheap na staire agus a fhéachann le bunús inscneach na staireolaíochta a fhoilsiú.

Sa chéad sraith 'Object Lessons' (CP: 137-47) díríonn an file a haird ar rudaí ábharaíocha mar dhóigh leis an am atá caite agus na gnéithe sin den stair nach bhfuil fianaise ina dtaobh a thabhairt chun cuimhne. Is minic foinse an ábhair mhachnaimh luaite i dteideal an dáin: 'The Black Lace Fan my Mother Gave me', 'The Rooms of Other Women Poets', 'On the Gift of "The Birds of America" by John James Audubon', 'The Shadow Doll', 'The River', 'The Latin Lesson', 'Bright-Cut Irish Silver'.

Is é an t-imeallú seo ó ollinsintí na staire is téama do dhánta na dara sraithe 'Outside History'. Díríonn Boland ar an chiúnas faoi ghnáthimeachtaí shaol na mban agus léiríonn teidil dánta ar nós 'We are Always too Late' (CP: 158) agus 'What We Lost' (CP: 159-60) an caillteanas is toradh ar an chiúnas céanna. Sa dán 'An Old Steel Engraving' (CP: 156) is meafar é an chruachghreanadóireacht d'insint na staire oifigiúla. Cuirtear béim ar an easpa gníomhaireachta, ar an dóigh nach dtiocfaidh aon athrú ar an eachtra atá á léiriú sa phíosa greanadóireachta. Is iad an easpa athraithe agus an easpa daonnachta

seo a shamhlaíonn Boland le hinsint líneach na staire oifigiúla.
Éilíonn Boland aitheantas dóibh siúd a bhí ar imeall na staire
náisiúnaíche, dar léi. Is leis an chineál seo insinte iniataí amháin a
shamhlaíonn sí gluaiseacht agus barántúlacht dá réir sin:

> Look.
> [...]
> More closely now:
> at the stillness of unfinished action in
> afternoon heat, at the spaces on the page. They widen
> to include us:
> we have found
>
> the country of our malediction where
> nothing can move until we find the word,
> nothing can stir until we say this is
>
> what happened and is happening and history
> is one of us who turns away
> while the other is
> turning the page.
>
> Is this river which
> moments ago must have flashed the morse
> of a bayonet thrust. And is moving on. (CP: 156)

Tugann na línte deiridh den dán tuiscint Walter Benjamin (1999:
247)[13] ar an stair chun cuimhne: 'The true picture of the past flits by.
The past can be seized only as an image which flashes up at the instant
when it can be recognized and is never seen again'. Tagann an cur síos
seo leis an tuiscint a léiríonn Boland ina cuid filíochta agus ina cuid
próis ar an dóigh nach féidir teacht ar thuiscint chruinn ná athláithriú
beacht a dhéanamh ar an am atá caite. Maidir leis an athláithriú is
féidir a dhéanamh ar an am atá caite, mhaígh Benjamin: 'To articulate
the past historically does not mean to recognize it "the way it really
was" [...]. It means to seize hold of a memory as it flashes up at a
moment of danger' (1999: 247). Tá an-chosúlacht idir tuiscint seo
Benjamin agus an tuiscint a léiríonn Boland ar laigí a cuid aeistéitice
féin sa dán 'Lava Cameo' (CP: 195-96):

> there is a way of making free with the past,
> a pastiche of what is

real and what is
not, which can only be
justified if you think of it

not as sculpture but syntax:

a structure extrinsic to meaning which uncovers
the inner secret of it. (CP: 196)

Cé go bhféadfaí an rud céanna a mhaíomh i gcás na miotaseolaíochta
– gur tábhachtaí na bríonna a mhúsclaíonn na miotais ná an dóigh a
bhfreagraíonn, nó nach bhfreagraíonn siad, d'fhiricí oibiachtúla – is
iondúil gurb é an réalachas an tslat tomhais a bhíonn ag Boland agus
an mhiotaseolaíocht á meas aici.

Más rud é go ndearna Boland an stair a neas-suí leis an
mhiotaseolaíocht roimhe seo, is for-réil faoi dheireadh an chnuasaigh
Outside History (1990) nach nglactar leis go bhfuil na codarsnachtaí
dénártha miotaseolaíocht/stair, cumadóireacht/fíricí oibiachtúla, bailí.
Is maith a fhóireann focail Frederic Jameson thíos don tuiscint atá aici
ar an stair mar thógán téacsúil:

> …history is not a text, not a narrative, master or otherwise, but that, as
> an absent cause, it is inaccessible to us except in textual form, and that
> our approach to it and to the Real itself necessarily passes through prior
> textualisation, its narrativization in the political unconscious. (Jameson
> 1981: 35)

Cé go léiríonn na tagairtí don mhiotaseolaíocht i bhfilíocht Boland an
toise uilíoch miotasach a bhaineann le saol an ghnáthdhuine, is cosúil
nach samhlaíonn sí acmhainn threascrach ná chriticiúil leis an
mhiotaseolaíocht. Tuigtear do Boland gur gá tuiscintí stairiúla a chur
i bhfeidhm ar an mhiotaseolaíocht le hí a chur in oiriúint don
fhreacnairc. Is cosúil nach samhlaítear di go bhféadfadh a mhalairt a
bheith fíor; go bhféadfadh an mhiotaseolaíocht léargas criticiúil a
thabhairt ar chúinsí stairiúla.[14]

An Béaloideas mar Dhioscúrsa Pisreogach

I gcodarsnacht le Ní Dhomhnaill a tharraingíonn go rábach ar ábhar
béaloidis, is cur síos ón taobh amuigh a fhaightear i bhfilíocht Boland
ar an traidisiún béil, cur síos atá maoithneach agus rómánsach go
minic. I ndánta ar nós 'On Holiday' (CP: 116-17) agus 'Whitethorn in

the West of Ireland' (CP: 152), déanann Boland cur síos ar phisreoga, ach is léir go dtuigtear di gur iarsmaí iad ó ré atá difriúil ó bhun lena tréimhse stairiúil féin:

> They used to leave milk
> out once on these windowsills
> to ward away
> the child-stealing spirits. ('On Holiday' CP: 116)

Ní mar mhodh dlisteanach eile leis an saol a thuiscint agus a léirmhíniú a phléitear na nósanna seo. Tugann an aidiacht 'superstitious' le fios gurb ionann *Weltanschauung* an bhéaloidis, ina tuairim siúd, agus tuiscint réamhréasúnaíoch an duine nach bhfuil léargas na loighice agus an eimpíreachais aige:

> You know your a's and b's
> but there's a limit now
> to what you'll believe.
>
> When dark comes I leave
> a superstitious feast
> of wheat biscuits, apples,
> orange juice out for you
> and wake to find it eaten. (CP: 117)

Ag trácht dó ar thréithe an andúchasachais rómánsaigh i litríocht Angla-Éireannach na naoú haoise déag, deir Joep Leerssen (1996: 49): ' [...] Romantic exoticism will work on a chronological as well as on a geographical axis...'. Tá na tréithe andúchasacha rómánsacha seo le sonrú fosta sna dánta thuas le Boland. Baineann an dá dhán le hIarthar na hÉireann, áit a bhfuil an file ar cuairt, agus baineann na pisreoga leis an am atá thart, is cosúil, nuair nach raibh míniú eolaíoch le fáil ar bhás linbh nó ar thinneas eallaigh:

> I had always known
> the custom was
> not to touch hawthorn.
> Not to bring it indoors for the sake of
>
> the luck
> such constraint would forfeit -
> a child might die, perhaps, or an unexplained
> fever speckle heifers. So I left it (CP: 152)

Ní thugtar aon aitheantas sna dánta seo do na léargais léannta ar
fheidhmeanna tábhachtacha síceolaíocha agus sóisialta a roinneann
leis na scéalta béaloidis, feidhmeanna a pléadh roimhe seo. Cuireann
Barbara Rieti (1991), mar shampla, i gcoinne na tuisceana gur
aineolas an phobail i gcúrsaí leighis ba bhun leis na scéalta béaloidis.
Leoga, is minic comhairle leighis á fáil ag daoine sna scéalta féin. Ina
theannta sin, mhair na scéalta agus d'insítí iad nuair nach raibh míniú
de dhíth ar na héisteoirí a thuilleadh, rud a thugann le fios go raibh
feidhm eile ag na scéalta, dar léi: '...blast stories can actually be seen
as a heightened or metaphorical representation of reality, rather than
a "prescientific" misapprehension of it' (Rieti 1991: 292).

Tá tábhacht nach beag leis an neamhhiontas a dhéanann Boland de
na gnéithe seo den bhéaloideas, go háirithe nuair a smaoinítear ar an
tóir atá aici ar insintí eile ar an stair. Is ionann an béaloideas agus an
dioscúrsa ailtéarnach seo, dar le Antonio Gramsci (1985: 189). Tá a
leithéid chéanna áitithe ag Ó Giolláin agus Ó Crualaoich i gcás na
hÉireann (1988). Faoi mar a pléadh cheana, cruthaíonn taighde
Bourke (1992; 1993; 1999) agus Uí Chrualaoich (2003) go bhfuil
teacht ar dhioscúrsa ailtéarnach i scéalta na ndaoine, tuiscintí agus
insintí ar an stair agus ar an saol atá as alt leis an traidisiún léannta
agus leis an staireolaíocht oifigiúil. Ag trácht dó ar an staireolaíocht
agus ar an easpa luacha a shamhlaíonn staraithe go minic le scéalta nó
le miotais na ndaoine, áitíonn Luke Gibbons:

> Understanding a community or a culture does not consist solely in
> establishing "neutral" facts and "objective" details: it means taking
> seriously *their* ways of structuring experience, their popular narratives,
> the distinctive manner in which they frame the social and political
> realities which affect their lives. (Gibbons 1996: 17)

Is é ióróin an scéil, dar ndóigh, gur suim le Boland a bhfuil fágtha
amach ó insintí oifigiúla na staire a fhiosrú. Diúltaíonn sí don athláithriú
a shamhlaíonn an bhean le ham síoraí timthriallach amháin agus nach
dtugann aitheantas do stairiúlacht na mban. Mar sin féin, is leis an
réimse seach-stairiúil a shamhlaítear cultúr an dreama íochtaraigh ina
cuid filíochta. Arís is nós é seo atá rianaithe ag Leerssen i gcás
scríbhneoirí áirithe Angla-Éireannacha na naoú haoise déag:

> ... evidently inspired by the notion that country, the peasantry, extra-
> historical as it is, has no regenerative or expansive energy and, passively

retentive as it is confined to be, can only lose, never regain, in the changes of historical time. (Leerssen 1996: 164)

Níl aon tuiscint ar athbheatha ábhar béaloidis ná ar ábharthacht an bhéaloidis sa tsochaí chomhaimseartha i dtionscadal Boland, idir phrós agus fhilíocht. Ní hann don 'second life of folklore' a bhfuil trácht ag Ó Giolláin air i gcás na hÉireann. Ní scrúdaítear an ceangal idir dioscúrsa an bhéaloidis agus dioscúrsaí eile na freacnairce ina saothar. Tá impleachtaí nach beag ag an easpa iniúchta seo don dóigh a dtéann Boland i ngleic leis an stair go samhlaíoch. Ar an ábhar nach n-aithníonn sí gur dioscúrsa reatha é an béaloideas a thugann súil eile ar insint na staire, is ar bhailbhe na n-íochtarán a dhíríonn Boland aird an léitheora. Samhlaíonn sí tábhacht nach beag leis an fhoilsiú a dhéanann a cuid filíochta féin, dar léi, ar bhearnaí na staire oifigiúla, gné dá cuid filíochta a phléifear ar ball i gcás an chnuasaigh *The Lost Land* (1998).

Ag Cúléisteacht le Scéalta an Traidisiúin Bhéil
Aithnítear sna dánta 'The Oral Tradition' (CP: 104-7) agus 'What We Lost' (CP: 159-60) tábhacht an traidisiúin bhéil, ach sa dá chás, mar is léir ón úsáid a bhaintear as an tríú pearsa, níl cur amach ag an fhile sa dán ar ábhar an traidisiúin. Sa dán 'The Oral Tradition' cuirtear béim ar an deighilt idir an file atá ag cúléisteacht le beirt bhan a d'fhreastail ar a léamh filíochta agus na mná féin atá ag cur scéal shin-seanmháthair duine acu trí chéile. Is ábhar iontais an eachtra don fhile óir tuigtear di, de gheit, an spléachadh a thugann a leithéid de scéal ar stair an ghnáthdhuine. Is deacair don léitheoir an díograis chéanna i leith an dáin a mhothú, áfach. Ní théann an insint neamhphearsanta i bhfeidhm ar an léitheoir, insint ar aithris é, shílfeá, ar scéal na Maighdine Muire. Is mó ag an fhile cur síos a dhéanamh ar an dóigh a ndeachaigh an scéal i bhfeidhm uirthi féin ná ligean don bhean anaithnid an scéal a reic, faoi mar is léir ón rann meafarach idir lúibíní a chuireann as d'aithris na mná:

'She could feel it coming' –
one of them was saying –
'all the way there,
across the fields at evening
and no one there, God help her

'and she had on a skirt
of cross-woven linen
and the little one
kept pulling at it.
It was nearly night ...'

(Wood hissed and split
in the open grate,
broke apart in sparks
a windfall of light
in the room's darkness)

'...when she lay down
and gave birth to him
in an open meadow.
What a child that was
to be born without a blemish!' (CP: 105-6)

Cé gur laige sa dán é nach dtéann scéal na mná i gcionn ar an
léitheoir, taispeánann sé an coimhthíos idir an file agus ábhar an
traidisiúin bhéil. Is mar iarsma ón chianaimsir a dhéantar ceiliúradh
rómánsach ar an traidisiún béil sa dán. Tá sé seo fíor go háirithe i gcás
an dara dán 'What We Lost' (CP: 159-60) mar a gcuireann an file síos
ar scéal a d'inis máthair do pháiste agus an dóigh a bhfuil an scéal
ligthe i ndearmad ó shin:

The fields are dark already.
The frail connections have been made and are broken.
The dumb-show of legend has become language,
is becoming silence and who will know that once

words were possibilities and disappointments,
were scented closets filled with love letters
and memories and lavender hemmed into muslin,
stored in sachets, aired in bed-linen;

and travelled silks and the tones of cotton
tautened into bodices, subtly shaped by breathing;
were the rooms of childhood with their griefless peace,
their hands and whispers, their candles weeping brightly? (CP: 159-60)

Is i dtéarmaí an chaillteanais agus na heaspa fianaise a phléitear stair
ábharaíoch na mban, mar sin, i bhfilíocht Boland. Tugann an dearcadh

seo dlisteanacht don athshamhlú cúramach a dhéanann an file féin ar an am atá caite. In éagmais cuntas ó bhéal na mban, samhlaítear tábhacht ar leith leis an togra athchruthaithe seo. Tá cosúlachtaí áirithe le rianú idir an dearcadh a léiríonn Boland i leith stair na mban trí chéile agus an dearcadh atá aici i leith a réamhtheachtaithe baineanna a rianaíodh cheana. Is mar cheannródaí a shamhlaíonn Boland í féin sa dá chás, urlabhraí a thugann fianaise ar mhianach imeallaithe na staireolaíochta agus an traidisiúin liteartha faoi seach.

An Dinnseanchas

Tá codarsnacht ollmhór idir an luach a shamhlaíonn Boland agus Ní Dhomhnaill a bheith leis an dinnseanchas. Cé nach dtagraíonn Boland go díreach don seánra ann féin, is léir ón dán 'Anna Liffey' (CP: 199-205) go gcreideann sí go ndéantar an baineannachas a imeallú nuair a dhéantar é a shamhlú leis an chosmas seachas leis an stair líneach. Tá an léamh seo ag teacht le breithiúnas Nic Eoin (1998: 35) a deir gurb é a fhaightear sna scéalta dinnseanchais ná 'léiriú téacsúil ar phróiseas liteartha a shamhlaíonn gníomh an ainmniúcháin le díothú cumhachtaí baineanna'.

Is é an t-idirthéacs a dtagraíonn an dán 'Anna Liffey' dó ná *Finnegans Wake* le Joyce. Athscríobh ar an chomhshamhlú a dhéanann Joyce idir an baineannach agus an t-uisce i gcás an charachtair Anna Livia Plurabelle, a chuireann Boland roimpi: 'A river is not a woman. [...]/ Any more than /A woman is a river ... (CP: 201)'. Próiseas an athláithrithe agus an simpliú is toradh ar gach iarracht athláithrithe is téama don dán seo, dar le Fulford (2002: 217). Féachann Boland le mianach simplithe an athláithrithe a sheachaint, dar le Fulford, trí fhéiniúlacht na pearsan baininne, Anna Liffey, a chur ar ceal agus ciúnas a shamhlú léi: 'In Boland's "Anna Liffey" identity is dissolving rather than resolving and in this way she resists the pull of the more traditional conception of Irish womanhood' (Fulford 2002: 217). Cé go dtuigtear do Fulford gur gníomh treascrach é seo a spreagfaidh athmhachnamh agus athshainmhíniú ar chúrsaí féiniúlachta, feictear domsa nach bhfuil i mbás seo na suibiachta inscní ach straitéis chiúnaithe a chuireann an fhéiniúlacht bhaineann ar ceal.[15] Is beag an difear idir rann deiridh Boland thíos agus achoimre Nic Eoin ar na scéalta dinnseanchais a bhaineann le réimsí uisce: 'léiriú inscneach ar phróiseas claochlaithe, próiseas inarb í an íomhá bhaineann a chuirtear ar ceal, a chailltear san éagruth' (1998: 39).

> In the end
> It will not matter
> That I was a woman. I am sure of it.
> The body is a source. Nothing more.
> There is a time for it. There is a certainty
> About the way it seeks its own dissolution.
> Consider rivers.
> They are always en route to
> Their own nothingness. From the first moment
> They are going home. And so
> When language cannot do it for us,
> Cannot make us know love will not diminish us,
> There are these phrases
> Of the ocean
> To console us.
> Particular and unafraid of their completion.
> In the end
> Everything that burdened and distinguished me
> Will be lost in this:
> I was a voice. (CP: 204-5)

Creidim gur mó an dúshlán a thugann an t-idirthéacs, saothar Joyce féin, do choincheap na féiniúlachta agus na barántúlachta ná dán Boland féin. Ní dhiúltaíonn Joyce don mhiotaseolaíocht, ach féachann sé le féidearthachtaí agus frithráite a aimsiú inti. Nascann sé an mhiotaseolaíocht Cheilteach leis an mhiotaseolaíocht Ghréagach agus déanann sé an fhéiniúlacht náisiúnta a dhíthógáil ar an dóigh sin. Tá an úsáid threascrach a bhaineann sé as an mhiotaseolaíocht rianaithe ag Kearney: 'Myth is revealed as history and history as myth. Joyce thus shows that our narrative of cultural self-identity itself is a fiction – an "epical forged cheque" – and that each of us has the freedom to reinvent our past' (Kearney 1985: 18).

Is beag suntas a chuireann Ní Dhomhnaill sna himpleachtaí atá ag siombalachas baineann na scéalta dinnseanchais do mhná stairiúla. Is tábhachtaí di an dioscúrsa coincheapúil a chuireann an dinnseanchas ar fáil leis an saol a thuiscint ar bhealach nach mbraitheann ar 'thesis, antithesis, synthesis' (Ní Dhomhnaill 1994: 181). Is minic a thráchtann sí ar an acmhainn shamhlaíoch a sholáthraíonn an dinnseanchas don duine:

> Cé fhéadfadh dul thar chomhartha bóthair atá breactha leis an logainm
> clúiteach Áth Fherdia gan an scéal ón dTáin a thabhairt chun cuimhne,
> an bheirt ghaiscíoch agus bráthair altrama ag coimheascar ag an áth ar
> feadh trí lá agus ag cur oidisí leighis agus deochanna slánaithe chun a
> chéile san oíche. (Ní Dhomhnaill 1989: 24)

Ina halt dírbheatháisnéiseach 'Cé Leis Tú? (2000), déanann sí cur síos
ar an dóigh a raibh an dinnseanchas ar bhéal na ndaoine sa sean-am
agus síos go dtí ár linn féin i gceantair áirithe, as siocair gur bhain sé
go dlúth leis an cheangal samhlaíoch a bhí acu leis an áit agus an
tuiscint a bhí acu orthu féin mar phobal. Tuigtear do Ní Dhomhnaill
go bhfuil feidhm thábhachtach shíceolaíoch agus eiseach leis an
dinnseanchas:

> Dinnseanchas, in my opinion, is the result of our emotio-imaginative
> involvement with the physical features and landscape of this island in
> which we live. In the oral tradition for many millennia, and in the written
> tradition for over 1,500 years we have been involved with this landscape,
> projecting outwards onto it our interior landscape, the 'paysage intérieur'
> which is the landscape of our souls. [...] What you have is a covenantal
> relationship with the landscape. (Ní Dhomhnaill 1994: 179-80)

Ní thugann Ní Dhomhnaill aghaidh, áfach, ar an idé-eolaíocht
fhrith-bhaineann atá le fáil go rábach sna scéalta dinnseanchais agus
atá pléite go mion ag Nic Eoin (1998: 35-52). Sílim go mbaineann an
easpa airde seo go dlúth leis an dearcadh atá ag Ní Dhomhnaill i leith
na miotaseolaíochta agus an bhéaloidis fosta, eadhon, go bhfuil
claonta áirithe idé-eolaíochta a tháinig chun cinn i gcaitheamh na
staire le rianú ar na scéalta, ach nach mbaineann siad sin ó
thualangacht chruthaitheach an bhunábhair (in O'Connor 1995: 604).
Go deimhin, tuigtear di gur léiriú líon na n-ainmneacha ban i
logainmneacha na Gaeilge ar thábhacht an bhandé nó na hollmháthar
i gcosmeolaíocht ársa na nGael (Ní Dhomhnaill 1989: 24). Luíonn sé
seo isteach leis an dearcadh rómánsach atá ag Ní Dhomhnaill ar an
Ghaeilge atá ina huirlis fhóirsteanach fheimineach, dar léi. Ní thagann
an dearcadh rómánsach seo le breithiúnas lucht acadúil, ámh, a
chaitheann amhras ar an tuiscint go raibh ardstádas ag an bhean sa
tsochaí Cheilteach.[16] Níor mhór cuimhneamh, áfach, gurb é an
traidisiún béil go príomha seachas an traidisiún léannta atá mar

fhoinse ag Ní Dhomhnaill, rud atá dearbhaithe aici féin (1994:179-81; 2000: 67). Maidir leis an traidisiún béil, áitíonn Ó Crualaoich gur lú an tionchar a bhí ag an Chríostaíocht phatrarcach ar an siombalachas baineann ann:

> This work will suggest that behind or beneath the official and learned cultural order which consigned the *cailleach* figure to the discredited margins, vernacular culture and vernacular cosmology retained a more valued and centred sense of the otherworld female that not only endured but actively informed cultural developments – artistic, political and ritual – in the course of the early modern era. (Ó Crualaoich 2003: 11).

Ní hionann sin is a rá, dar ndóigh, nach bhfuil ar Ní Dhomhnaill teacht chun réitigh le hidé-eolaíocht fhrithbhanda an dinnseanchais ar chor ar bith. Sa dán 'Ag Tiomáint Siar'[17] dearbhaíonn an file an ceangal speisialta atá aici leis an timpeallacht san áit ar chaith sí cuid dá hóige, mar atá, leathinis Chorca Dhuibhne. Ar aon dul leis an dán 'I mBaile an tSléibhe' (DD: 79-80), is athdhearbhú comhfhiosach ar a préamhacha atá ar siúl ag Ní Dhomhnaill sa dán seo. Tugann sí fogha faoin siombalachas inscneach a shamhlaíonn an ceangal idir an file agus an áit dúchais mar chaidreamh idir fear agus bean. Déantar pearsantú ar an timpeallacht ar geall le leannán í atá ag spallaíocht leis an fhile baineann: 'ag suirí liom./ ag cogarnaíl is ag sioscarnaigh'. Tá tábhacht eiseach ag na scéalta atá á reic ag an leannán/talamh; tuigtear don fhile gur cuid den phobal í ar leis na scéalta seo. Ina theannta sin, foilsítear an toise miotasach sin ina saol féin a cheanglaíonn a tréimhse stairiúil chroineolaíoch le réimse eile ama atá beannaithe agus timthriallach. Tugann líne dheiridh an dáin leid dúinn faoin dóigh a dtéann na tuiscintí seo go léir i bhfeidhm uirthi – treoraítear í i dtreo daingin shábháilte – i dtreo féinaitheantais. Simpliú a bheadh ann, áfach, ceann scríbe nó staid iomlánaithe an indibhidithe nó féiniúlacht eisintiúlach bhaineann a shamhlú leis an daingean seo. Is ríléir ón dán gur turas é seo atá déanta go minic aici agus go bhfaigheann an file léargas úr gach uile uair. Tá an chinnteacht, an daingean, an ceann scríbe, éalaitheach ach is é an turas is cúram don fhile:

> Labhrann gach cúinne den leathinis seo liom
> ina teanga féinig, teanga a thuigim.

Níl lub de choill ná cor de bhóthar
nach bhfuil ag súirí liom,
ag cogarnaíl is ag sioscarnaigh

Tá an Chonair gafa agam míle uair
má tá sé gafa aon uair amháin agam.

Fós cloisim scéalta nua uaidh gach uile uair,
léasanna tuisceana a chuireann
na carraigreacha ina seasamh i lár an bhóthair orm
faoi mar a bheadh focail ann.

Inniu tá solas ar Loch Geal
á lasadh suas mar a dheineann an Cearabuncal
uair gach seachtú bliain nuair a éiríonn seal
aníos go huachtar na loiche is croitheann
brat gainní dhi. Bailíonn
muintir na háite na sliogáin abhann seo mar bhia.

Is ar mo dheis tá Cnocán Éagóir
mar ar maraíodh tráth de réir an scéil
"seacht gcéad Seán gan féasóg",
is na Sasanaigh ag máirseáil ar Dhún an Óir.
As an gceo

nochtann leathabairt díchéillí a ceann –
"nóiníní bána is cac capaill."
Scuabann a giodam rithimiúil
síos isteach 'on Daingean mé. (F: 119)

Conclúid

Cé gur minic an t-athscríobh feimineach a dhéanann scríbhneoirí ban
ar an mhiotaseolaíocht á áireamh mar ghníomh ceannródaíoch
athbhreithnithe, is mithid cuimhneamh nach é seo an t-aon mhíniú ar
an athshaothrú a dhéantar ar ábhar miotaseolaíochta. Leoga,
dearbhaíonn Paul Ricoeur gurb é nádúr na miotaseolaíochta athléamh
criticiúil a éileamh:

> In our western culture the myth-making of man has always been linked
> with the critical instance of reason. And this is because it has had to be
> constantly interpreted and re-interpreted in different historical epochs. In
> other words, it is because the survival of myth calls for perpetual
> historical reinterpretation that it involves a critical component. (Ricoeur
> 1982: 263)

Caithfidh na tuiscintí éagsúla seo ar bhunús an athscríofa a bheith lárnach d'aon chomparáid idir filíocht Boland agus filíocht Ní Dhomhnaill. Is léir gur beag cosúlacht idir feidhm na miotaseolaíochta agus an bhéaloidis i dtionscnaimh fhileata na beirte in ainneoin na cuma athbhreithnithe feiminí atá ar roinnt dá gcuid dánta. Sa chéad dhá chnuasach le Ní Dhomhnaill a foilsíodh cuid mhór de na dánta a bhfuil athscríobh follasach feimineach déanta ar an mhiotaseolaíocht iontu. Sna cnuasaigh *Feis* agus *Cead Aighnis* déanann Ní Dhomhnaill athshaothrú ar ábhar miotaseolaíochta agus ar ábhar béaloidis laistigh de fhráma tagartha Jungach. Faoi mar a léiríodh cheana, áfach, is ó pheirspictíocht na mban a chuireann Ní Dhomhnaill coincheapa léirmhínithe Jung i bhfeidhm ar an bhunábhar. Samhlaíonn Ní Dhomhnaill tábhacht eiseach leis an mhiotaseolaíocht agus leis an bhéaloideas. Diúltaíonn sí don léamh feimineach agus don léamh réasúnaíoch a áitíonn nach bhfuil sa mhiotaseolaíocht ach cumadóireacht bhréige. Ní hé an ceangal idir an miotas agus firicí oibiachtúla ná an saol iarbhír is tábhachtaí di, ach brí bhunaidh an mhiotais.

Is mór ag Ní Dhomhnaill fogha a thabhairt faoi dhioscúrsaí ceannasacha réasúnaíocha trí úsáid idirthéacsúil a bhaint as ábhar miotaseolaíochta agus béaloidis. Creidim gur mó an léirstean a thugann teoiricí liteartha an réalachais draíochta ná teoiricí feimineacha ar an ghné seo de thionscadal Ní Dhomhnaill. Ní fheictear di gur codarsnachtaí dénártha iad modhanna braistinte agus tuisceana na miotaseolaíochta agus an réasúin. Tá cosúlacht idir an chomhoiriúnacht a shamhlaíonn Ní Dhomhnaill leis an dá mhodh tuisceana seo agus an bhunfheidhm fhuascailteach a dheimhníonn Paul Ricoeur a bheith ag an mhiotaseolaíocht agus an réasún araon: 'Only those myths are genuine which can be reinterpreted in terms of liberation. [...] Here, I think we come to recognize a fundamental convergence between the claims of myth and reason. In genuine reason as in genuine myth we find a concern for the universal liberation of man' (Ricoeur 1982: 262-63).

Is tuiscint é seo nach bhfuil i dtreis i bhfilíocht Boland ina leagtar béim ar theibíocht na miotaseolaíochta agus ar a mianach coimeádach sriantach. Is mar thionscadal athbhreithnithe feimineach is fearr athscríobh Boland a thuiscint. Ní leasc le Boland ceisteanna cigilteacha faoi athláithriú na mban sa mhiotaseolaíocht agus sa staireolaíocht a chur. Is cás léi an eiticiúlacht a bhaineann le próiseas an athláithrithe. Seachnaíonn Ní Dhomhnaill na hábhair seo cuid mhór trí chur chuige rómánsach a roghnú a dhéanann idirdhealú amhrasach idir an bhrí bhunaidh agus an úsáid idé-eolaíoch a bhaintear as an ábhar. Cé go n-áitíonn criticeoirí áirithe[18] go roghnaíonn Boland an stair mar dhóigh le cur in éadan na miotaseolaíochta, ní chuireann an léamh seo san áireamh an plé sofaisticiúil a dhéanann sí ar an cheangal idir an mhiotaseolaíocht agus córais éagsúla ama. Tuigtear do Boland gur gá léargais an dioscúrsa stairiúil a chur i bhfeidhm ar an mhiotaseolaíocht, ach ní fheictear di go bhfuil a mhalairt fíor. Is beag acmhainn critice a shamhlaíonn sí leis an mhiotaseolaíocht.

Éilíonn Boland stair ábharaíoch a thugann aitheantas do shaineispéireas na mban agus a rannpháirtíocht in imeachtaí na staire. Murab ionann is Ní Dhomhnaill, áfach, ní tharraingíonn sí ar ábhar béaloidis mar dhóigh le teacht ar dhioscúrsa ailtéarnach ná ar insintí eile ar an am atá thart. Is léir nach bhfuil léargas léann an Bhéaloidis imithe i bhfeidhm ar thuairimí Boland. Is iondúil an béaloideas á shamhlú aici le pisreogacht nó le dearcadh réamhréasúnaíoch nach bhfóireann don ré ina maireann muid. Díríonn sí ar a bhfuil caillte cheana féin agus ar neamhbhuaine ábhar an traidisiúin bhéil, tuiscint ar an traidisiún béil a thugann dlisteanacht sa bhreis don fheidhm cuimhneacháin a shamhlaíonn sí lena tionscnamh filíochta féin.

Ní foláir nó go mbaineann cúrsaí teanga go dlúth leis an mhórdhifríocht atá ann idir tuiscintí na beirte ar fheidhm na miotaseolaíochta agus an bhéaloidis. Leoga, is í stair chontrártha an dá theanga – an tionchar a bhí ag gluaiseacht na hEagnaíochta ar an Bhéarla agus a laghad tionchair a bhí aici ar an Ghaeilge – a fhágann nach furasta comparáid a dhéanamh idir filíocht na beirte sa réimse áirithe seo. Is ar an fhealsúnacht ársa saoil atá caomhnaithe sa Ghaeilge mar gheall ar stair na teanga, a leagann Ní Dhomhnaill béim i dtólamh agus tábhacht na teanga mionlaigh á háitiú aici. Tá an t-athshaothrú sofaisticiúil a dhéanann Ní Dhomhnaill ar an bhéaloideas agus ar an mhiotaseolaíocht inchreidte go hintleachtúil do léitheoirí comhaimseartha fhilíocht na Gaeilge. Ní hé seo, áfach, an domhan samhlaíochta a thaithíonn Boland agus is baolach nach mbeadh a leithéid d'ábhar inghlactha ná intuigthe ag léitheoirí Béarla na freacnairce.

Caibidil 5

MISE ÉIRE

*When historical visibility has faded, when the present tense of
testimony loses its power of arrest, then the displacements of
memory and the indirections of art offer us the image of our
psychic survival.*

Homi Bhabha.

Réamhrá

The relation between the past and history – that awkward, charged, and
sometimes mysterious distance – should be a crucial care of postcolonial
studies. In that distance so much happens. Within that space, the ideas of
shame and power and reinterpretation, which are at the heart of the
postcolonial discourse, can be recovered as raw data. (Boland 1997: 13)

I gcás chritic iarchoilíneach na hÉireann, is iad an stair, cúrsaí
cuimhne agus an t-athláithriú na mórábhair plé agus díospóireachta.[1]
Leoga, tá tionchar na paraidíme iarchoilíní le sonrú ar fhilíocht
Boland agus Ní Dhomhnaill, go háirithe ó lár na nóchaidí i leith.
Díríonn siad araon ar stair na hÉireann, ar an Ghorta Mór go
speisialta, agus ar chursaí cuimhneachán ina saothair dhéanacha, *The
Lost Land* (1998) agus *Cead Aighnis* (1998) faoi seach. Maidir le
filíocht Boland, déantar ionannú idir coilíniú polaitiúil na tíre agus
coilíniú na mban i gcúrsaí litríochta. Is é an nasc eiticiúil idir téamaí
na filíochta agus rogha íomháineachais an fhile is cás léi ina saothar
trí chéile, rud a pléadh sa chaibidil dheireanach i dtaca leis an
mhiotaseolaíocht de. Díreofar anseo, áfach, ar an athscríobh
feimineach a dhéanann Boland ar na siombailí baineanna 'Mother
Ireland' agus 'Mise Éire'. Déanfar athléamh ar an chritic a rinneadh
go nuige seo ar dhán cáiliúil Boland 'Mise Éire'. Ina theannta sin,
pléifear téamaí lárnacha an chnuasaigh *The Lost Land* i gcomhthéacs
an tsainléargais a thugann scríbhinní Paul Ricoeur ar chúrsaí cuimhne
agus cuimhneacháin.

I gcodarsnacht le Boland, is beag plé a dhéanann Ní Dhomhnaill
ina scríbhinní próis ná ina cuid filíochta ar shiombalachas inscneach an
náisiúnachais liteartha.[2] Is mó aici iniúchadh a dhéanamh ar an toradh

síceolaíoch a bhí ag próiseas an choilínithe ar mhuintir na hÉireann, téama a phléifear sa dara leath den chaibidil seo. Bainfear úsáid as coincheapa léirmhínithe na teoiricíochta iarchoilíní le léamh a dhéanamh ar an tsraith 'Na Murúcha a Thriomaigh', an tríú sraith sa chnuasach *Cead Aighnis* (1998). Cé go gceadaíonn an tsraith léamha éagsúla, is i gcomhthéacs stair an Ghorta Mhóir – a bhí go mór i mbéal an phobail tráth an ama ar foilsíodh an cnuasach – a dhéanfar í a léamh anseo. Déanann Ní Dhomhnaill plé ar leith sa tsraith ar thionchar an athraithe teanga ar na murúcha agus ar shliocht a sleachta, ábhar nach dtugtar aghaidh air go minic agus stair an Ghorta Mhóir idir chamáin. Go deimhin, in ainneoin gurb í an tsuibiacht choilínithe is cás le Boland agus le Ní Dhomhnaill sna cnuasaigh *The Lost Land* (1998) agus *Cead Aighnis* (1998) faoi seach, is é an plé a dhéantar ar stair theangeolaíoch na tíre ceann de na mórdhifríochtaí idir an dá dhíolaim.

Siombailí Baineanna an Dioscúrsa Náisiúnaíoch

Tá imeallú an bhanfhile mar thoradh ar an náisiúnachas liteartha pléite go minic ag Boland in aistí agus in agallaimh léi.[3] Mar fhile, áfach, mhothaigh sí nach bhféadfadh sí droim láimhe a thabhairt do choincheap an náisiúin, go raibh uirthi dul i ngleic leis: 'Poetry in every time draws on that reserve' (1989b: 8).[4] Tá tuairim seo Boland cáinte go láidir ag Edna Longley (1990: 16-17) toisc nach ndéanann Boland coincheap an 'náisiúin' ná idé-eolaíocht an náisiúnachais a cheistiú agus a bhréagnú, dar léi. Is fíor do Longley nach ndéanann Boland aon phlé san aiste *A Kind of Scar* (1989b) ar Thuaisceart Éireann agus an cáithnín a thugann an chríoch pholaitiúil seo do choincheap an náisiúin.[5] Ní fhéadfaí a mhaíomh, ámh, nach ndéanann Boland scagadh criticiúil ar ghnéithe áirithe d'idé-eolaíocht an náisiúnachais. Go deimhin, díríonn sí go sonrach ina cuid próis agus ina cuid filíochta ar an imeallú a rinne an dioscúrsa náisiúnaíoch, dar léi, ar an bhean sa réimse poiblí, sa réimse polaitiúil agus sa litríocht. Is í an chloch is mó ar a paidrín ná an simpliú mí-eiticiúil a d'eascair as an nós liteartha an náisiún a chur i láthair mar bhean:

> The further the Irish poem drew away from the idea of Ireland, the more real and persuasive became the images of women. Once the pendulum swung back, the simplifications started again. The idea of the defeated nation's being reborn as a triumphant woman was central to a certain kind of Irish poem. (OL: 136)

Tuigtear do Boland rún imeallaithe a bheith ag aeistéitic an
náisiúnachais, is é sin le rá go ndéantar réimsí áirithe a pholaitiú agus
go ndéantar díluacháil ar réimsí eile, go háirithe na réimsí sin is mó a
shamhlaítear le taithí na mban (OL: 197).

In ainneoin gur téama lárnach i saothar Boland siombalachas
inscneach an traidisiúin liteartha, is beag mionphlé a dhéanann sí ar
ábhar an traidisiúin liteartha agus is tearc iad na samplaí a luann sí le
claonadh inscneach na litríochta a chruthú. Cén dóigh ar cuireadh an
náisiún in iúl i bhfilíocht na hÉireann nó cad iad na híomhánna atá i
gceist ag Boland? Tráchtann sí ar na mná a d'fhulaing san am atá thart
agus a tháinig chun cinn sa litríocht mar 'fictive queens and national
sibyls' (OL: 135). Luann sí Dark Rosaleen agus Cathleen ni Houlihan
mar shamplaí den siombalachas inscneach atá i gceist aici. Deir sí go
ndearnadh ionannú idir an náisiún agus an bhean; gur samhlaíodh an
bhean mar bhé náisiúnta riamh anall i litríocht na hÉireann i nGaeilge
agus i mBéarla:

> It was, after all, common practice in Irish poetry: Mangan's *Dark
> Rosaleen* comes immediately to mind. In fact the custom and the practice
> reached back, past the songs and simplifications of the 19th century, into
> the Bardic tradition itself. Daniel Corkery refers to this in his analysis of
> the Aisling convention in *The Hidden Ireland*. (Boland 1989b: 17-18)

Thuigfeá as an sliocht seo gur baineadh úsáid leanúnach
neamhathraitheach as an siombalachas baineann sa litríocht; úsáid a
raibh a préamhacha i dtraidisiún liteartha na Gaeilge agus a tháinig
faoi bhláth i litríocht Bhéarla na hÉireann san ochtú agus sa naoú
haois déag. Is achoimre chonspóideach reitriciúil í seo, úfach, nach
dtugann aon aitheantas do chastachtaí stair na litríochta i gceachtar
den dá theanga. Tráchtann Richard Kearney (1984) agus Rosalind
Clark (1991), mar shampla, ar na fórsaí seachliteartha a mhúnlaigh an
siombalachas baineann le linn na staire. Faightear an scagadh is
críochnúla ar na foinsí liteartha i leabhar Nic Eoin (1997) a phléann
na hathruithe a tháinig ar an siombalachas baineann i litríocht na
Gaeilge ó na luath-mheánaoiseanna go dtí an naoú haois déag. Cé go
dtagraíonn Boland don 'Aisling convention' amhail is gur foirm
mhonailiotach liteartha atá i gceist, cruthaíonn Ó Buachalla (1996)
ina staidéar mórthaibhseach ar an aisling pholaitiúil idir 1603 agus
1788, nach raibh an fhoirm seo chomh haonchineálach agus a thugtar

le fios de ghnáth.[6] Is cosúil, ámh, gur ar fhoinse amháin a foilsíodh i 1924, mar atá, *The Hidden Ireland* le Daniel Corkery, atá achoimre Boland ar thraidisiún liteartha na Gaeilge bunaithe. Is cóir a mheabhrú, áfach, gur sa bhliain 1989 a céadfhoilsíodh aiste seo Boland, tráth nach raibh foilseacháin ar nós *The Field Day Anthology of Irish Writing Vol. I-V*[7] ann le cuid den taighde ab úire ar thraidisiún liteartha na Gaeilge a chur ar fáil do léitheoirí Béarla.

Is suimiúil go luann Boland dán le James Clarence Mangan (1903: 3-5), 'Dark Rosaleen', go speisialta agus mí-eiticiúlacht an tsiombalachais inscnigh faoi chaibidil aici. Ní luaitear gur aistriúchán é dán Mangan ar an amhrán Gaeilge 'Róisín Dubh',[8] rud atá tábhachtach ar bhealaí éagsúla. Ar an chéad dul síos, níorbh í an dílseacht litriúil ba shuim le Mangan agus é ag aistriú, rud atá pléite go mion ag na scoláirí David Lloyd (1987) agus Robert Welch (1988). Maidir le haistriúchán Mangan den dán áirithe seo, is fíor do Welch (1988: 114) go bhfuil an t-aistriúchán Béarla lomlán d'íomhánna d'fhuil, d'ár, d'fhoréigean agus de thubaistí nádúrtha nach bhfuil sa bhunamhrán. Ina theannta sin, seachnaíonn Mangan na tagairtí san amhrán Gaeilge do chúrsaí collaíochta, tagairtí a thugann le fios gur dlúthchaidreamh le bean shaolta is téama don amhrán: 'bhéarfainn póg don chailín óg a bhéarfadh a hóighe dom/ is dhéanfainn cleas ar chúl an leasa le mo Róisín Dubh'. Ceiltear na tréithe tíriúla den amhrán traidisiúnta grá in aistriúchán Mangan agus is mar bhanríon Victeoiriach a thráchtann sé ar 'My Dark Rosaleen', 'My virgin flower, my flower of flowers' (1903: 5).[9] Murab ionann is an t-amhrán Gaeilge a cheadaíonn léamha éagsúla, is léir gur pearsantú baineann ar an náisiún í 'Dark Rosaleen' agus gur teachtaireacht pholaitiúil amháin is cás le Mangan.[10]

Meabhraítear rabhadh Patricia Coughlan agus í ag caint faoi athláithriú na mban i bhfilíocht John Montague agus Seamus Heaney agus faoin athshaothrú a dhéanann siad ar ábhar ó thraidisiún liteartha na Gaeilge:

> It might be a mistake to assume that the inherited material itself offers only irremediably disempowering representations of women, however evident such disempowerment is in current masculine *uses* of it. (Coughlan 1991: 95)

Níor mhór a chur san áireamh fosta, dar ndóigh, go bhféadfadh a mhalairt a bheith fíor, go bhféadfaí athscríobh athbhreithnitheach a dhéanamh ar an bhunábhar. Is éard is tábhachtaí, áfach, ná go n-aithneofaí mianach claochlaithe an aistrithe agus an léargas sainiúil a fhaightear ar litríocht na hÉireann sa dá theanga má chuirtear an mianach seo san áireamh.

Ní thugann tráchtaireacht Boland aon aitheantas don athscríobh criticiúil atá déanta ag scríbhneoirí baineanna eile ar na siombailí baineanna seo. Pléann Antoinette Quinn (2002), mar shampla, an t-athmhúnlú criticiúil a rinne Katharine Tynan agus Lady Gregory ar na siombailí baineanna 'Dark Rosaleen' agus 'Kathleen Ní Houlihan' faoi seach. Cé go mbaineann Tynan úsáid as an ainm 'Dark Rose' ina dán den teideal céanna, seachnaíonn sí na tagairtí fáthchiallacha don tír toisc gur bac iad ar léiriú an fhíorghrá, dar léi:[11]

> I love you, love you for your own sweet sake.
> Ere the first bird awakens the first brake,
> I dream of you and your quiet seas.
> Let others tell your history, memories,
> Counting your heroes. Not for these or those
> I love you; only for yourself, Dark Rose. (Tynan 1930: 31)

Maidir leis an phearsa liteartha eile, Cathleen Ni Houlihan, siúd is gur thug W.B. Yeats[12] le fios gur líonmhar na tagairtí di sa traidisiún liteartha Gaeilge, deir Nic Eoin (1996: 9-11) nach bhfuil ach dhá amhrán i nGaeilge ón ochtú haois déag ina mbaintear úsáid as an ainm 'Caitlín Ní Uallacháin' agus nár tháinig sí chun cinn mar shiombail pholaitiúil go dtí lár na naoú haoise déag. Is ó shin i leith, agus faoi thionchar Yeats go háirithe, a baineadh úsáid fhorleathan as an ainm agus as an tsiombail.

In alt a foilsíodh sa bhliain 1997, áitíonn Boland gur chóir cúram a dhéanamh de chúrsaí inscne agus léargas an léinn iarchoilínigh á chur i bhfeidhm ar litríocht na hÉireann. Is é an locht atá ar thráchtaireacht Boland féin ná a oiread béime a chuireann sí ar chúrsaí inscne agus a laghad béime a chuireann sí ar chomhthéacs an choilínithe in Éirinn. Níor mhór an úsáid a bhaintí as siombailí baineanna mar phearsantú ar an náisiún a léamh i gcomhthéacs reitric inscneach an dioscúrsa choilínigh, áfach. Sa chomhthéacs seo, is féidir an pearsantú baineann a thuiscint mar fhrithbheart straitéiseach.[13]

Ní dhéanann Boland idirdhealú idir feidhm an tsiombalachais bhaininn sa litríocht le taobh a fheidhm sa traidisiún béil. I gcás na n-ainmneacha pearsanta; Caitlín Ní Uallacháin, Móirín Ní Chuilleanáin agus Síle Ní Ghadhra, mar shampla, aithnítear gur ar bhonn meatonaimeach a d'fheidhmigh siad i measc an phobail. Is é an míniú a thugann Nic Eoin (1996; 1997: 220-23) ar an úsáid a baineadh as gnáthainmneacha mar ainmneacha ar Éirinn ná an éifeacht mhothúchánach a bhí ag a leithéid de fhriotal ar an chosmhuintir. B'fhurasta comhbhá a chothú leis an íomhá bhaineann agus daoine a mhisniú trí úsáid a bhaint as ainm tíriúil a raibh fonn ar fáil cheana faoin teideal céanna go minic. Ag trácht dó ar an úsáid a bhain na Buachaillí Bána as ainmneacha ban, maíonn Gibbons (1996: 140-43) gur chuidigh an pearsantú seo an agóidíocht a shuíomh i gcomhthéacs níos leithne ná sa chomhthéacs áitiúil amháin. Tuigtear dó gur féinchosaint ó chúinsí a raibh sé róphianmhar dul i ngleic leo ba ea an dioscúrsa siombalach a raibh na Buachaillí Bána ina mhuinín. Tuigtear do Lloyd gur gá idirdhealú a dhéanamh idir feidhm mheatonaimeach an phearsantaithe i ndioscúrsa an phobail agus feidhm mheafarach an phearsantaithe faoi thionchar idé-eolaíocht an stáit. Deir sé go mbaintí úsáid mheafarach as na pearsana baineanna seo le féiniúlacht náisiúnta a bhí aonchineálach a chur chun cinn ar mhaithe le haidhmeanna polaitiúla an stáit: 'It refines out of the popular, with its excess and overdetermination, an image around which to form the desire of political subjects' (Lloyd 1999: 36). Nuair a chuirtear na léamha éagsúla seo san áireamh, tuigtear a easnamhaí atá cuid de thráchtaireacht Boland a dhéanann an siombalachas baineann a mheas de réir shlat tomhais na linne seo, beag beann ar an chomhthéacs stairiúil, ar chúrsaí teanga agus ar an athrú a tháinig ar an siombalachas i gcaitheamh an ama.

Athscríobh Feimineach Boland – 'Mise Éire'

Is mithid iniúchadh a dhéanamh ar an dóigh a dtéann Boland féin i ngleic leis na siombailí baineanna seo ina cuid filíochta. Sa dán 'Mise Éire' (CP: 102-3) tugtar guth don phearsa bhaineann a dhiúltaíonn feidhmiú mar shiombail don náisiún feasta:

I won't go back to it –

my nation displaced
into old dactyls,

oaths made
by the animal tallows
of the candle –

[...]
No. I won't go back.
My roots are brutal: (CP: 102)

Cuireann an phearsa bhaineann seo i gcoinne an cheangail mhí-
eiticiúil idir an tsiombail agus an rud fírinneach. Diúltaíonn sí don
chur síos rómánsach bréagach a dhéantar ar eachtraí gránna na staire
sna bailéid pholaitiúla:

land of the Gulf Stream,
the small farm,
the scalded memory,
the songs
that bandage up the history,
the words
that make a rhythm of the crime (CP: 102)

Tá rún aici an saol mar atá a nochtadh agus fulaingt na mban a chur
ar shúile an léitheora:

No. I won't go back.
My roots are brutal:

I am the woman –
a sloven's mix
of silk at the wrists,
a sort of dove-strut
in the precincts of the garrison –

who practises
the quick frictions,
the rictus of delight
and gets cambric for it,
rice-coloured silks.

I am the woman
in the gansy-coat
on board the 'Mary Belle',
in the huddling cold ... (CP: 102)

Tá an dán seo ar cheann de na dánta le Boland is mó a bhíonn faoi chaibidil ag criticeoirí éagsúla. Is iondúil go nglactar leis mar athscríobh ar dhán iomráiteach Phádraig Mhic Phiarais den teideal céanna. Tuigtear do chriticeoirí áirithe, Hagen agus Zelman (1991: 446-48), Conboy (2000: 195) agus Villar (2005: 365-72) san áireamh, go ndéanann Boland athshealbhú ar an tsiombail bhaineann agus go ligeann sí don chéad phearsa bhaineann labhairt mar striapach agus mar bhean atá ag dul ar imirce, athláithriú atá níos dílse do thaithí stairiúil na mban, dar leo. Tá Meaney ar dhuine den fhíorbheagán criticeoirí[14] a cheistíonn an nuáil a bhaineann le dán Boland, dán atá bunaithe, dar léi, ar íomhánna steiréitipiciúla nach gceistíonn an chodarsnacht dhénártha máthair v. striapach (Meaney 1993: 146).

Braitheann léamh na gcriticeoirí seo ar fad, áfach, ar thuiscint áirithe ar dhán an Phiarsaigh, nó ba chirte a rá, ar thuiscint faoi leith ar an aistriúchán Béarla. Is sampla maith den léamh áirithe seo a leithéid thíos ag Hagen agus Zelman:

> The title of the latter poem (rendered into English as "I Am Ireland") is particularly evocative, for it echoes both *Cathleen Ni Houlihan* and Patrick Pearse's poem "I Am Ireland", two prototypical examples of the "Ireland is a woman" tradition. (Hagen & Zelman 1991: 446)

Feictear láithreach na míthuiscintí a bhíonn de thoradh ar chúrsaí aistriúcháin in amanna, go háirithe nuair nach gcuirtear gné dhiacronach na teanga san áireamh. Ní hionann, dar ndóigh, Éire agus Ireland. Pearsa mhiotasach í Éire; bandia an fhlaithis a bhronnann dlisteanacht ar réimeas an rí stairiúil trí mheán pósta shiombalaigh. Mar a mhíníonn Ó Buachalla go hachomair: 'Ba bhean í Éire is ba thír í, bhí feidhm ghnéasach is feidhm pholaitiúil aici, bhí idir fhlaithiúnas is torthúlacht i gceist, bhí comhcoibhneas iomlán idir riocht fisiciúil na mná is riocht polaitiúil na tíre...' (Ó Buachalla 1996: 477). Is ar thraidisiún ársa réamhpholaitiúil bhandia na talún a tharraingíonn Mac Piarais nuair a luann sé 'Éire' agus 'an Chailleach Béarra'.[15] Áitíonn Meaney (1993: 146) gur leagan déanach polaitiúil den Chailleach Béarra mar fhlaitheas Éireann atá in úsáid ag Mac Piarais, úsáid nach dtugann aitheantas do nádúr ilbhríoch na siombaile, dar léi. Is míléamh é seo, ámh, atá bunaithe ar an aistriúchán Béarla nach mbaineann na macallaí idirthéacsúla céanna as traidisiún liteartha ná as traidisiún béil na Gaeilge.

Tarraingíonn Mac Piarais ar thuiscintí an traidisiúin Ghaelaigh maidir le hosnádúrthacht mháthair Chú Chulainn sa dara rann dá dhán: 'Mór mo ghlór:/ Mé do rug Cú Chulainn cróga'. Is féidir an tríú rann: 'Mór mo náir:/ Mo chlann féin do dhíol a máthair', a léamh i dtiúin le filíocht pholaitiúil na seachtú haoise déag mar a bpléitear cás na tíre i dtéarmaí na moráltachta agus mar a léirítear an tír mar leannán mídhílis a dhíol a clann nó mar mháthair ar thréig a clann í.[16] Do b'fhéidir dán an Phiarsaigh a léamh mar sin mar léiriú ar an chlaochlú atá tagtha ar an siombalachas baineann i gcaitheamh na staire – ó bhandia na talún a raibh ollchumhacht aici go seanbhean thréigthe a samhlaítear fulangacht agus éagumas léi. Go deimhin, d'fhéadfaí a mhaíomh go bhfuil Mac Piarais féin ag ceistiú pholaitíocht an tsiombalachais bhaininn. Sa chás seo, baineann uaigneas na chéad phearsan sa rann deiridh leis an easpa tuisceana atá ag léitheoirí comhaimseartha ar thábhacht agus ar ilghnéitheacht na siombaile. Nuair a smaoinítear ar an dóigh a dtugtar cead aighnis don tsiombail féin, nuair a mheabhraítear gurb í Éire féin atá ag labhairt sa dán agus go leagtar béim ar mhothúcháin dhaonna sa dá rann deiridh, is deacair gan an dán seo, a foilsíodh den chéad uair sa bhliain 1912, a áireamh mar dhán atá chomh nuálach le dán Boland. Is íorónta an rud é go tugann tuairimí Boland ar eitic na haeistéitice breithiúnas criticiúil an Phiarsaigh ar litríocht na hÉireann, idir Ghaeilge agus Bhéarla, chun cuimhne:

> And secondly, Irish poets, most conservative of races, retained an obsolete machinery and an outworn set of symbols long after the machinery had become unnecessary and the symbols had ceased to be convincing. There is a place for symbols in literature, but there can be no excuse for using symbols in which you do not yourself believe. That way lies insincerity, and without sincerity there can be no literature. (Pearse 1918: 149)

Is ainneoin na cuma radacaí atá ar an athshamhlú a dhéanann Boland ar an íomhá bhaineann den náisiún, áitím gur léiriú an-choimeádach ar ról na mban in imeachtaí na staire a fhaightear sa dán 'Mise Éire' léi. Is mar striapach agus mar imirceach mná a labhraíonn céad phearsa an dáin agus rún aici díomua na mban le linn na staire a chur ina luí ar an léitheoir. Níor mhór a mheabhrú, áfach, go bhféadfaí malairt léimh a dhéanamh ar imirce na mban – nach gá í a thuiscint i dtéarmaí na fulangachta agus an díomua. I gcomhthéacsanna áirithe is féidir an imirce a thuiscint mar dhiúltú do chúinsí áirithe socheacnamaíochta agus polaitiúla sa tír dhúchais. Is léiriú stairiúil í an imirce, go háirithe sa dara leath den naoú haois déag, ar chastacht ghaol na mban leis an náisiún agus leis an náisiúnachas. Is fianaise í ar an dúshlán a thug gníomhartha áirithe de chuid na mban d'ollchumhacht dhioscúrsa an tromlaigh, faoi mar atá mínithe thíos:[17]

> The possibility of an economically productive life, the fulfilment of personal aspirations, such as control over their own finances, the choice of a marriage partner, or indeed the choice not to marry at all, and the promise of a certain level of independence made emigration an attractive proposition for a large number of women. (Luddy & McLoughlin 2002: 569)

Tuigtear do Boland gur 'súil eile' ar an stair atá in athláithriú a dáin féin a chuireann béim ar fhulaingt agus ar dhíomua na mban. Is tréithe iad seo, ámh, a shamhlaítear leis an chosmhuintir de ghnáth, dar le Ranajit Guha (1988), Gibbons (1996: 137-43) agus Lloyd (1999). Is minic sa staireolaíocht oifigiúil nach samhlaítear comhfhios polaitiúil leis an dream atá thíos ach, ina choinne sin, cuirtear a gcuid gníomhartha in iúl mar fhrithghníomhartha foréigneacha nó fulangacha ar chúinsí nach bhfuil smacht acu orthu. Sa mhéid is go bhfanann Boland i dtaobh le friotal an ansmachta agus an chaillteanais sa dán 'Mise Éire', tá íoróin ar leith ag roinnt le rann deiridh an dáin:

> a new language
> is a kind of scar
> and heals after a while
> into a passable imitation
> of what went before. (CP: 103)

Is mar theanga nua a shamhlaíonn an file an pheirspictíocht úr a thugann sí ar an siombalachas baineann agus ar stair ábharaíoch na mban. Aithníonn sí, ámh, nach féidir léi teorainneacha an chórais theangeolaíoch a shárú; nach mbeidh ina hathláithriú féin *i ndiaidh tamaill* ach aithris ar a bhfuil ann cheana. Is amhlaidh, áfach, gurb ann don tréith choimeádach sin cheana féin mar is beag nuáil atá ag roinnt le hathscríobh Boland, athscríobh a chuireann na pearsana baineanna seo i láthair mar íospartaigh fhulangacha ar buadh orthu.

Seanmhná Cantalacha – 'Caitlín' agus 'An tSeanbhean Bhocht'
I gcodarsnacht leis an athscríobh lándáiríre a dhéanann Boland ar an

phearsa 'Mise Éire' agus 'Mother Ireland'[18] sna dánta den teideal
céanna, is i muinín na scigaithrise a théann Ní Dhomhnaill sna dánta
'An tSeanbhean Bhocht' (F: 28-29) agus 'Caitlín' (F: 32). Is mar
sheanmhná ardaicmeacha cantalacha lán d'fhéintábhacht a chuirtear
na siombailí cáiliúla baineanna seo in iúl. Is beag trácht atá déanta ag
léirmheastóirí ar na dánta seo.[19] Ní fheictear do Declan Kiberd (1996:
604) go bhfuil mórán éifeachta leis an 'programmatic assault' a
dhéanann Ní Dhomhnaill ar an phearsantú ar an náisiún – an
tseanbhean bhocht. Ag trácht dó ar an dán céanna, deir de Paor (1997:
219) go bhfreagraíonn athscríobh Ní Dhomhnaill do steiréitíopa eile
atá chomh seanchaite céanna, mar atá, Éire mar mháthair phlúchtach
phiúratánach ar mian lena páistí éalú uaithi le teacht slán. Is fíor do de
Paor, cé go gcreidim gur chuige sin Ní Dhomhnaill. Is mór aici
léargas a thabhairt ar a sheanchaite, ach ag an am céanna, a
chumhachtaí agus a uileláithrí atá na híomhánna steiréitipiciúla
baineanna – bíodh an mháthair ghránna nó an mháthair ghrámhar i
gceist. Is suimiúil gur mar chuid den tsraith 'An Chailleach' sa
chnuasach *Feis* (1991) a foilsíodh na dánta seo. Mar a pléadh cheana,
is iondúil an tsraith seo á léamh mar léiriú ar an taobh sin den tsícé atá
séanta nó curtha faoi chois agus nach mór aghaidh a thabhairt uirthi
má táthar le forbairt shíceach a dhéanamh. Murab ionann is Boland,
ní hí an easpa dílseachta do thaithí ábharaíoch na mban is cúram do
Ní Dhomhnaill go príomha, ach cumhacht urchóideach na hidé-
eolaíochta as a n-eascraíonn na siombailí seo. Tráchtann Ní
Dhomhnaill ar chontúirt an tséanta shícigh san alt 'What
Foremothers?':

> If these images are not engaged with in playful dialogue, if we do not
> take them seriously, then they will wreak a terrible revenge by
> manifesting somatically as illnesses, or being acted out blindly and
> irrationally, as we see being acted out at this very moment in the sack of
> Sarajevo, as ethnic and historic tensions, long brushed under the carpet
> of a monolithic Marxism, explode to the surface. (Ní Dhomhnaill 1992:
> 28)

Cé gur beag an difear idir an dá dhán 'An tSeanbhean Bhocht' (F:
28-29) agus 'Caitlín' (F: 32) ó thaobh ábhair de, is cliste i bhfad an
dara dán díobh seo ar *pastiche* é de línte ó dhánta agus ó amhráin
iomadúla Ghaeilge:

Ní fhéadfá í a thabhairt in aon áit leat,
do thabharfadh sí náire is aithis duit.

Díreach toisc go raibh sí an-mhór ina *vamp*
thiar ins na fichidí, is gur dhamhas sí an Searlastan
le tonntracha méiríneacha ina gruaig dhualach thrilseánach;
gur phabhsae gléigeal í thiar i naoi déag sé déag,
go bhfacthas fornacht i gConnacht í, mar áille na háille,
is ag taisteal bhóithre na Mumhan, mar ghile na gile;
go raibh sí beo bocht, gan locht,
a píob mar an eala, ag teacht taobh leis an dtoinn
is a héadan mar shneachta... (F: 32)

Tugann an dán seo léargas dúinn ar an mhianach treascrach a shamhlaíonn Ní Dhomhnaill leis an idirthéacsúlacht. Dála na híomhá féin, is bailiúchán de nathanna seanchaite ar beag an ceangal atá acu le fíormhothúcháin an duine dhaonna ná le doimhneas an chaidrimh dhaonna atá sa dán. Is go criticiúil a théann Ní Dhomhnaill i ngleic leis an siombalachas inscneach seo atá tagtha le hoidhreacht chuici. Diúltaíonn sí d'idé-eolaíocht an náisiúnachais atá chomh cúngaigeanta aisbhreithnitheach agus chomh leithleasach le seanbhean na ndánta seo.

Sa dán 'Eithne Uathach' (CA: 59) tugann Ní Dhomhnaill arís faoin idé-eolaíocht mharfach a chothaíonn an cineál seo siombalachais. Ní hé siombalachas inscneach an náisiúnachais is cás léi, ach an mhí-úsáid fhrithdhaonna atá á baint as an siombalachas baineann. Tagraíonn an dán do mharú triúr ball den IRA i nGiobráltar i mí an Mhárta 1988. Is mór ag Ní Dhomhnaill bunús caipitlíoch na hidé-eolaíochta marfaí a chur in iúl. Ar aon dul le Déisibh Mumhan, is é an brabús is cúram dóibh siúd a chothaíonn an idé-eolaíocht áirithe seo agus a thagann i dtír ar idéil pholaitiúla na ndaoine atá sásta bás a fháil ar son an náisiúin, dar léi:

An chéad bhean a luaitear
i mórshaothar Chéitinn
'Foras Feasa ar Éirinn'
d'itheadh sí leanaí

óir 'do bhí ar daltachas
ag Déisibh Mumhan:
agus do hoileadh leo
ar fheoil naíon í',

chun gur luaithede
a bheadh sí in-nuachair
de bharr gur tairngríodh
go bhfaighidís talamh
ón bhfear a phósfadh sí.

Seans go bhfuil sí fós á dhéanamh.
Nó cad déarfá
le Seán Savage, Máiréad Farrell
agus Dan McCann? (CA: 59)

Tugann Ní Dhomhnaill aitheantas sa dán don ghaol casta a bhíonn ag
mná le gluaiseacht an náisiúnachais agus an dóigh a dtagann siad faoi
thionchar na hidé-eolaíochta náisiúnaíche a áirítear go minic mar idé-
eolaíocht mharfach fhrithbhaineann.[20] Ní téama é seo a dhéantar
mionscagadh air i bhfilíocht Ní Dhomhnaill trí chéile, ámh.

Mná agus an Náisiúnachas i bhFilíocht Boland
Díríonn Boland ar an cheangal idir mná agus gluaiseacht an
náisiúnachais sa chnuasach *The Lost Land* (1998) go háirithe. Is é is
cás le Boland go príomha ná an t-imeallú a dhéanann idé-eolaíocht
laochúil an náisiúnachais ar mhná. Cuireann sí go láidir i gcoinne an
choilínithe a dhéanann gluaiseacht an náisiúnachais, dar léi, ar
choincheap an tírghrá agus na saorántachta. Sa dán 'Heroic' (LL: 50)
tráchtann insteoir an dáin ar an dóigh a ndeachaigh dealbha de laochra
tírghrácha i bhfeidhm uirthi. Sa dán 'Unheroic' (LL: 24), áfach,
diúltaíonn an file don stair laochúil fhireann agus dá leachtaí
cuimhneacháin. Dearbhaíonn sí nach bhfuil a dílseacht náisiúnaíoch
féin bunaithe ar ghníomhartha gaile ach ar chomhbhá leis an
ghnáthdhuine agus aird aici ar fhulaingt a comhthíreach:

Mostly I went home. I got my coat
and walked bare-headed to the river
past the wet, bronze and unbroken skin
of those who learned their time and knew their country.

How do I know my country? Let me tell you
it has been hard to do. And when I do
go back to difficult knowledge, it is not
to that street or those men raised
high above the certainties they stood on –
Ireland hero history – but how

I went behind the linen room and up
the stone stairs and climbed to the top.
And stood for a moment there, concealed
by shadows. In a hiding place.
Waiting to see.
Wanting to look again.
Into the patient face of the unhealed. (LL: 24)

Ní amháin go ndiúltaíonn an file don chineál staire a shiombalaíonn
na dealbha, ach diúltaíonn sí don díchuimhne a cheadaíonn na
dealbha seo as siocair go bhfuasclaíonn siad an duine aonair agus an
pobal ó fhreagracht an chuimhneacháin. Ligtear don saoránach
dearmad a dhéanamh ar an toise daonna neamhlaochúil den am atá
thart agus a raibh d'fhulaingt agus de chastachtaí ag roinnt leis.

Is é idé-eolaíocht an laochais, go háirithe siombalachas an doirte
fola, is téama don dán 'Whose?' (LL: 58). Leoga, i bhfianaise na
tagartha sa dara líne d'acmhainn íonghlanta na fola, is é is dóichí gurb
é an Piarsach an tírghráthóir atá i gceist sa dán. Is í an dílseacht
náisiúnaíoch chéanna a spreagann pearsana an dáin chun gnímh, ach
tá codarsnacht idir gníomhartha marfacha an laoich fhirinn agus an
dóigh neamhfhoréigneach chruthaitheach a gcuireann an file
baineann a tírghrá in iúl:

Beautiful land the patriot said
and rinsed it with his blood. And the sun rose.
And the river burned. The earth leaned
towards him: Shadows grew long. Ran red.

Beautiful land I whispered. But the roads
stayed put. Stars froze over the suburb.
Shadows iced up. Nothing moved.
Except my hand across the page. And these words. (LL: 58)

Ardaíonn an dán ceist faoin tábhacht pholaitiúil is gnách a shamhlú le
gníomhartha gaisce agus faoin easpa tábhachta polaitiúla is gnáth a
shamhlú le birt chruthaitheacha. Is é íoróin an scéil, áfach, go háirithe
i gcás stair an Phiarsaigh agus Éirí Amach 1916, gur beag ciall atá leis
an deighilt seo a luann Boland, go háirithe nuair ba scríbhneoirí agus
lucht léinn na príomhpháirtithe san Éirí Amach. I bhfocail Kiberd:
'When 1916 rebels struck, the authorities had no doubt that a "poets'
insurrection" would have to be countered by something more than

gunboats: it would require a programme of intellectual counter-
revolution as well' (Kiberd 1996: 285).

Is athluacháil ar choincheap an tírghrá mar sin is cúram do Boland
sna dánta seo. Ardaítear ceisteanna iontu maidir le tuiscintí
traidisiúnta ar cad is saorántacht ann. Ar aon dul leis an athbhreithniú
feimineach atá déanta ar choincheap na saorántachta le blianta beaga
anuas,[21] leagann na dánta seo béim ar an toise eiticiúil a bhaineann leis
an tsaorántacht; an cúram a dhéanann mná go háirithe de leas a
gcomhshaoránaithe. Ina theannta sin, aithnítear sna dánta nár chóir an
tsaoránacht a thuiscint i gcomhthéacs an réimse phoiblí amháin.

Mná agus an Náisiúnachas
Is é is suntasaí, áfach, faoin chardáil ar fad a dhéanann Boland ar idé-
eolaíocht agus ar shiombalachas inscneach an náisiúnachais ina
scríbhinní próis agus ina cuid filíochta ná a choimeádaí atá an léamh
a dhéanann sí ar ról na mban sa ghluaiseacht náisiúnaíoch. Is ceart
idirdhealú a dhéanamh idir an 'subaltern' mar a shamhlaigh Gramsci
é agus an úsáid a bhaintear as an téarma sa chritic iarchoilíneach.[22]
Tuigeadh do Gramsci gur shantaigh an aicme íochtarach
rannpháirtíocht i struchtúir chumhachta an mhóraimh; is é sin le rá go
raibh na struchtúir sin i ndiaidh dul i bhfeidhm orthu. Is minic an
dream íochtarach curtha in iúl sa chritic liteartha iarchoilíneach, ámh,
mar dhream atá chomh mór faoi chois nach bhfuil na dioscúrsaí
cumhachta seo i ndiaidh dul i bhfeidhm orthu ar chor ar bith. Tá an
baol ann go samhlófaí an aicme íochtarach le barántúlacht pholaitiúil
agus chultúrtha dá réir sin. Is é an t-idéalú rómánsach seo a fhaightear
i bhfilíocht Boland mar a léirítear na mná mar dhaoine nach raibh
páirteach i gcúrsaí polaitíochta ar chor ar bith.

Cuireann Margaret Ward (1998) i gcoinne na tuairime gur
dioscúrsa fireann ann féin é an náisiúnachas, á mhaíomh go
mbraitheann rannpháirtíocht na mban ar chúinsí áirithe stairiúla agus
cultúrtha. Rianaíonn sí tréimhsí éagsúla i ngluaiseacht náisiúnaíoch
na hÉireann agus na hathruithe a tháinig ar idé-eolaíocht inscneach na
gluaiseachta sna tréimhsí sin mar chruthúnas ar a téis. Aithníonn sí
baol ar leith leis an chineál tráchtaireachta a bhéimníonn fearúlacht na
gluaiseachta agus a chuireann treise dá réir le híomhánna
steiréitipiciúla den bhean fhulangach neamhpholaitiúil. Meabhraíonn
sí don léitheoir: 'Irish women *have* been active on their own behalf

and they have not lived in a vacuum, unaware of radical debate' (1998: 145). Go deimhin, áitíonn Carol Coulter (1993: 3) gur thug an náisiúnachas deis do mhná i dtíortha a bhí coilínithe páirt a ghlacadh sa réimse polaitiúil. I gcás na hÉireann luann sí go sonrach an pháirt a ghlac mná i ngluaiseachtaí sóisialta na naoú haoise déag (14-16) agus an dóigh ar baineadh úsáid straitéiseach as cúrsaí inscne sna gluaiseachtaí seo – fir á gcóiriú féin mar mhná agus ag feidhmiú go minic faoi ainmneacha ban. Cé gur minic a shamhlaítear go dtagann luachanna agus dualgais an náisiúnachais salach ar luachanna agus dualgais an teaghlaigh,[23] féachann Coulter (1993: 9-12) le hathbhreithniú a dhéanamh ar an deighilt seo idir an réimse poiblí polaitiúil agus réimse príobháideach an teaghlaigh. Tuigtear di nach bhfeidhmíonn an teaghlach i gcónaí mar mhionsamhail den tsochaí, go háirithe i dtíortha atá coilínithe. Sna cásanna seo, is minic a chothaítear idé-eolaíocht cheannairceach i measc bhaill an teaghlaigh, rud a spreagann comhghuaillíocht idir fir agus mná, dar léi.

Pléadh cheana an simpliú a dhéanann Boland ar stair liteartha na mban agus easpa réamhtheachtaithe á caí aici. Is i dtaca leis an oibiachtú a dhéantaí ar mhná a phléann Boland tionchar an náisiúnachais ar chúrsaí litríochta, cur chuige a dhéanann neamhiontas iomlán de na dóigheanna éagsúla a ndeachaigh banfhilí i ngleic le hidé-eolaíocht agus le siombalachas an náisiúnachais. Tugann ráitis, ar nós 'A poetic landscape that was once politicised through women is now politicised by them' (1995: 486), le fios nárbh ann do bhanfhilí a raibh comhfhios polaitiúil acu go dtí le déanaí. I bhfianaise na tráchtaireachta a dhéanann Meaney (1993: 145) agus Thompson (1997) ar fhilíocht Mary Kelly agus Charlotte Gubins, chomh maith leis an phlé a dhéanann Quinn (2002) ar an náisiúnachas liteartha agus saothrú na litríochta ag mná sna blianta 1845-1916, tuigtear a easnamhaí atá cuntas Boland. Ní gá an náisiúnachas liteartha a ionannú le himeallú na mban mar scríbhneoirí. Leoga, is amhlaidh a thug an ghluaiseacht pholaitiúil deis do mhná ar nós Ellen O'Leary, Fanny Parnell, Ethna Carbery agus mná eile nach iad, dul i mbun pinn agus filíocht a fhoilsiú ar leathanaigh an *Nation*. Is gá aitheantas a thabhairt don athmhúnlú a rinne banfhilí ar shiombalachas an náisiúnachais agus an aontachais, fiú agus iad ag tacú le haidhmeanna polaitiúla na ngluaiseachtaí sin. Is cosúil nach leis an náisiúnachas liteartha a bhaineann an t-imeallú a chuireann

Boland i gcás, ach lena tráchtaireacht féin a dhéanann neamhiontas dá 'scandalous and unwanted predecessors', faoi mar a thugann Meaney (1993: 145) orthu. Ní raibh an ceangal idir banscríbhneoirí agus an náisiúnachas liteartha riamh chomh neamhchasta is a thugann tráchtaireacht Boland le fios.

'Colony' – Sraith Cuimhneachán

Tugann Boland cuntas ina scríbhinní próis ar an bhealach ar bheartaigh sí dul i ngleic choincheapúil leis an imeallú a mhothaigh sí mar fhile baineann laistigh de thraidisiún liteartha na hÉireann:

> I was excited by the idea that if there really was an emblematic relationship between the defeats of womanhood and the suffering of a nation, I need only prove the first in order to reveal the second. If so, then Irishness and womanhood, those tormenting fragments of my youth, could at last stand in for one another. (Boland 1989b: 21)

Déantar an nasc seo idir a baineannachas agus stair choilíníoch na tíre a chíoradh sa chnuasach *The Lost Land* (1998), go speisialta sa tsraith 'Colony' (LL: 13-31). I ndánta mar 'The Harbour' (LL: 14), 'Witness' (LL: 15), 'Daughters of Colony' (LL: 16-17), agus 'The Scar' (LL: 19-20), dírítear go speisialta ar chathair Bhaile Átha Cliath agus déantar ceangal idir stair chasta na cathrach agus an file mar dhuine a ionchollaíonn cuid den fhulaingt stairiúil sin:

> From Dalkey Island
> to the North Wall,
> to the blue distance seizing its perimeter,
> its old divisions are deep within it.
>
> And in me also.
> And always will be: ('Witness' LL: 15)

Is léiriú meafarach an colm i ndánta iomadúla na sraithe ar thoradh fadmharthanach an choilíneachais; bíodh coilíniú stairiúil polaitiúil, nó coilíniú idé-eolaíoch inscneach i gceist ag Boland:

> Emblem of this old,
> torn and traded city,
> altered by its river, its weather,
> I turn to you as if there were –
>
> one flawed head towards another. ('The Scar' LL: 20)

Tagann meafar an choilm chun cinn arís eile sa tráchtaireacht faoi chúrsaí cuimhne agus tráma. Díríonn Paul Ricoeur ar mheafar an choilm agus bunús chuimhne an phobail á mhíniú aige:

> Let us recall that most events to do with the founding of any community are acts and events of violence. So we could say that collective identity is rooted in founding events which are violent events. In a sense, collective memory is a kind of storage of such violent blows, wounds and scars. (Ricoeur 1999: 8)

Is é an síorfhilleadh ar dhroch-chuimhní na staire a fhágann nach féidir aghaidh a thabhairt ar an am atá le teacht, dar leis. Is cuimhne phaiteolaíoch í seo atá dírithe rómhór ar an am a caitheadh. Ina choinne sin, is féidir oiliúint a chur ar an chuimhne le himeachtaí trámacha na staire a thuiscint i dtéarmaí an cheachta is féidir a fhoghlaim agus a theagasc don chéad ghlúin eile. Is dírithe ar an am atá le teacht atá an cineál cuimhne seo a dtugann Ricoeur cuimhne phragmatach uirthi. Is í an tríú cineál cuimhne a aithníonn sé ná an chuimhne eiteapholaitiúil. Ní amháin go bhfuil dualgas ar an phobal cuimhne a choinneáil ar imeachtaí na staire mar dhóigh le brí na n-imeachtaí stairiúla a mhíniú don ghlúin nua, ach tá an chuimhne ar imeachtaí na staire riachtanach le cur i gcoinne an nóis ceiliúradh a dhéanamh ar bhuaiteoirí amháin agus dearmad a dhéanamh orthu siúd a chailleann.

Tugann coincheapa léirmhínithe Ricoeur léirstean faoi leith ar an tsraith 'Colony' (LL: 13-31) le Boland. Is cosúil gur cuimhne eiteapholaitiúil ar imeachtaí na staire is cás le Boland sa tsraith seo. Cuireann an file roimpi sa dán 'Witness' (LL: 15) bheith ina finné dóibh siúd a ndéantar dearmad nó imeallú orthu go hiondúil i gcuntais oifigiúla na staire agus na litríochta. Tuigtear di go bhfuil tábhacht eiticiúil leis an chuimhneamh seo ar an dream íochtarach:

> Out of my mouth they come:
> The spurred and booted garrisons.
> The men and women
> they dispossessed. (LL: 15)

Eascraíonn ceisteanna tábhachtacha as a leithéid de thionscadal, áfach. An bhfuil taithí agus guth an fhile ionadaíoch ar thaithí stairiúil na n-íochtarán? An bhfuil ceangal bailí idir stair choilíníoch na tíre agus fulaingt phearsanta an duine aonair nár mhair le linn na tréimhse sin? An féidir leis an duine aonair labhairt thar ceann na marbh? Is deacair a thuigbheáil cén dóigh a bhfuil a cuid filíochta féin saor ón fhadhb eiticiúil a shamhlaíonn Boland le filíocht pholaitiúil an traidisiúin liteartha:

> I have never felt I owned Irish history; I never felt entitled to the Irish experience. There have been Irish poets who have written the political poem with exactly this sense of ownership and entitlement. I doubt those credentials. It is a weakness and not a strength of the Irish poetic tradition that it encourages its poets to act as envoys of dispossession. (Boland 1995: 489)

Tá cuid mhór den léirmheastóireacht ar fhilíocht Boland dírithe ar an tábhacht ionadaíoch a shamhlaíonn Boland lena taithí féin agus an ról a ghlacann sí chuici féin mar urlabhraí dá réir. I léirmheas géarchúiseach ar an phaimfléad 'A Kind of Scar' (1989b) aithníonn Meaney (1993: 140) an simpliú atá mar thoradh ar an ionannú a dhéanann Boland idir a náisiúntacht agus a bandacht, ionannú a dhéanann neamhiontas de na difríochtaí idir mná ó thaobh aicme sóisialta, oideachais, cumhachta agus maoine de, dar léi. D'fhéadfaí an difríocht theangeolaíoch a chur san áireamh anseo fosta, cé nach dual do Boland mórán béime a leagan ar na himpleachtaí atá ag stair theangeolaíoch na hÉireann dá hiarrachtaí aisghabhála agus cuimhneacháin. Ceistíonn David Lloyd an tuiscint gur féidir labhairt thar ceann an dreama íochtaraigh agus luann sé ceist na teanga go sonrach:

> The very nature of the non-modern manifestations of the subaltern renders them opaque, often inaccessible, and only to be recovered through painstaking empirical research which, for earlier centuries, is frequently dependent on a subtle grasp of the Irish language. (Lloyd 1999: 38)

Seachnaíonn Boland na ceisteanna cigilteacha seo, ina cuid luathfhilíochta go speisialta, trí bhéim a chur ar theibíochtaí ar nós chomhfhulaingt na mban agus imeallú na mban ó dhioscúrsaí cumhachtacha na staire. Aisteach go leor, in ainneoin na béime a chuireann Boland ar an stair ábharaíoch, seachnaíonn mórchuid dá tráchtaireachtsan an stair ábharaíoch chéanna.

Dírítear ar na hábhair seo i gcuid den léirmheastóireacht a rinneadh ar an chnuasach *The Lost Land* (1998).[24] I léirmheas feanntach, cuireann Peter MacDonald (1999: 89) in éadan an tseasaimh ionadaíoch a shamhlaíonn Boland lena taithí féin: '*The Lost Land* provides a near perfect example of the perils of writing poems about Ireland and its history, especially when the poet is given to an exaggerated sense of the significance of her own experience'. Níl an cáineadh seo gan bhunús, ach is ait iad léamha a dhéanann neamhiontas iomlán den amhras a léiríonn an file féin, sa chnuasach seo go speisialta, faoi phróiseas an athláithrithe agus na cuimhne. Sa tsraith 'The Colony' (LL: 13-31), cuireann an file béim ar an easpa teagmhála pearsanta idir í féin agus na daoine a dtráchtar orthu sna dánta. Sa dán 'Daughters of Colony', mar shampla, níl teagmháil súl ná radharc ceart ag an insteoir ar aghaidheanna na mban óg ar mian léi labhairt thar a gceann: 'See: they pull the brims of their hats/ down against a gust from the harbour./ They cover/ their faces....' (LL: 17). Sna dánta 'The Colonists' (LL: 25-26) agus 'The Dream of Colony' (LL: 27-28) níl i bpearsana na ndánta ach taibhsí nach dtugann aon léargas iontaofa dá réir ar an am a chuaigh thart. Nuair a chuirtear san áireamh a laghad tráchta atá sa tsraith ar phearsana eile, idir phearsana stairiúla agus phearsana ficseanúla, agus an bhéim a chuirtear ar ról an fhile i ngach uile dhán, is ríléir gurb é próiseas an chuimhneacháin is cás le Boland. I ngach dán pléitear gné inteacht den dualgas atá ar an fhile, dar le Boland, fianaise a thabhairt orthu siúd nach ndéantar trácht orthu sa staireolaíocht oifigiúil agus pléitear na dúshláin a bhaineann leis an athláithriú féin.

Is i gcomhthéacs na cuimhne eiticiúla is fearr dánta ar nós 'The Harbour' (LL:14), 'Daughters of Colony' (LL: 16-17) agus 'The Colonists' (LL: 25-26) a léamh. Tugtar aitheantas sna dánta seo do pheirspictíocht eile ar an stair – scéal na gcoilíneach – rud a léiríonn a shuibiachtúla atá an chuimhne. Míníonn Ricoeur (1999: 9) an tábhacht atá leis an chur chuige seo: 'This exercise of memory is here an exercise in *telling otherwise*, and also in letting others tell their own history, especially the founding events which are the ground of a collective memory'. An fhadhb atá leis na dánta seo, áfach, ná nach dtugtar dóthain aitheantais do shainiúlacht na leaganacha eile den stair. Is nós leis an fhile cosúlachtaí, dá theibí iad, a lorg mar léiriú ar dhlisteanacht a róil mar fhinné. Áitíonn an file sa dán 'Daughters of Colony', mar shampla:

> I put my words between them
> and the silence

the failing light has consigned them to:

I am a daughter of the colony.
I share their broken speech, their other-whereness. (LL: 16)

Tuigtear do Villar (2005: 568-91) go gcuireann Boland i gcoinne tuiscintí eisintiúlacha ar an fhéiniúlacht náisiúnaíoch sa tsraith seo agus gur cás léi nádúr hibrideach na féiniúlachta iarchoilíní a léiriú. Is san idirspás, nó sa tríú spás mar a thugann Bhabha air,[25] a fheidhmíonn filíocht Boland de réir an léimh seo. Sa mhéid is go ndéanann Boland neamhhiontas de chúrsaí aicme agus teanga, áfach, feictear domsa go bhfuil rún láidir comhshamhlaithe ag roinnt leis an tsraith seo, agus go deimhin le filíocht Boland trí chéile.[26] Is fiú, sa chás seo, rabhadh Lloyd faoi fhánaíocht na suibiachta a thabhairt chun cuimhne: 'it is perhaps cautionary to recall that the legitimating capacity of the imperial subject is his ability to be everywhere (and therefore nowhere) 'at home'' (Lloyd 1993: 123).

Béimníonn Ricoeur an ceangal idir an chuimhne eiticiúil agus an leigheas. Tá an mhóitíf seo den chailliúint thrámatach agus den bhiseach le fáil i dteideal agus i dtíolacadh an chnuasaigh: *The Lost Land* – 'for Mary Robinson who found it'. Is meafar iad na coilm, a bhfuil tagairtí iomadúla dóibh sa chnuasach seo, don fhulaingt agus don chneasú in éineacht. Is léiriú iad fosta ar an tionchar fadtéarmach a bhíonn ag an fhulaingt ar an duine. Cé go maíonn Rose Atfield (1997) gur mór ag Boland tionchar an choilíneachais ar chúrsaí féiniúlachta a thabhairt chun solais agus *athchruthú* a dhéanamh ar an tsuibiacht trí mheán a cuid filíochta, ní chreidim gur chuige sin atá sí. Is mór aici béim a leagan ar an dóigh a bhfuil an tsuibiacht iarchoilíneach ina suibiacht chlaochlaithe de bharr a taithí. I dtaca le teoiricí iarchoilíneacha agus le teoiricí na teiripe, deir Lloyd:

> ...in the processes of each what is to be produced is not recovery in the sense of a retrieval of a lost self or a lost culture; the processes instead elicit out of apprehended loss and its perpetuated damage a subject whose very condition is transformation. (Lloyd 2000: 215)

Is í an tsuibiacht chlaochlaithe seo a labhraíonn i ndánta na sraithe seo agus a dhéanann ionannú idir a stair phearsanta féin agus stair na tíre. Is suntasach gur ar theacht aniar na suibiachta a leagtar béim agus ar a hinniúlacht feidhmiú mar fhinné:

City of shadows and of the gradual
capitulations to the last invader
this is the final one: signed in water
and witnessed in granite and ugly bronze and gun-metal.

And by me. I am your citizen: composed of
your fictions, your compromise, I am
a part of your story and its outcome.
And ready to record its contradictions. ('The Harbour' LL: 14)

'Na Murúcha a Thriomaigh' – Sraith Eile Cuimhneachán?

Is í staid na suibiachta iarchoilíní is téama don tsraith 'Na Murúcha a
Thriomaigh' sa chnuasach *Cead Aighnis* (1998) fosta. Baineann
teideal an chnuasaigh féin macalla as téama frithchoilíneach an
amhráin aitheanta 'Droimeann donn dílis',[27] cé go seachnaíonn Ní
Dhomhnaill frithShasanachas an amhráin agus an cáineadh eiticiúil a
dhéantar ar lucht an chinsil ann. Sa tsraith 'Na Murúcha a
Thriomaigh' (CA: 101-51) déanann Ní Dhomhnaill mionphlé ar
eispéireas an choilíneachais; na fadhbanna a bhíonn ag an chine atá
coilínithe teacht chun réitigh le cultúr agus le teagasc cultúrtha an
choilínigh, an dóigh a nglactar leis an díluacháil a dhéanann an
coilíneach ar an chultúr dúchasach chomh maith leis an chostas
millteanach síceach a íocann an dream atá faoi chois as a n-oidhreacht
a shéanadh. Mar is dual do Ní Dhomhnaill, leagann sí béim ar leith ar
an choilíniú teangeolaíoch a rinneadh ar mhuintir na hÉireann agus ar
an choimhthiú a fheictear di a d'eascair as sin.

Foilsíodh an cnuasach filíochta *Cead Aighnis* sa bhliain 1998, cé
gur foilsíodh dánta aonair i bhfoilseacháin éagsúla tamall beag de
bhlianta roimhe sin. Tráth an ama chéanna bhí comóradh oifigiúil an
Ghorta Mhóir ar siúl a mhair ó 1995 go 1997. Cé nach luaitear an
Gorta Mór go sonrach sa tsraith, is deacair gan í a léamh i
gcomhthéacs stair an Ghorta Mhóir, go háirithe as ucht go dtagraíonn
cuid de na dánta do scéalta béaloidis faoin drochshaol.[28] Tugann
ráiteas a rinne an file féin in agallamh le Clare Dunsford le fios gurb
é an Gorta a bhí i gceist aici leis an tráma nach n-ainmnítear sa tsraith:

> In her new book, Ní Dhomhnaill has a series of 31 poems about mer-
> people who come on land to experience the same psychic shock that she
> felt in Ireland as a young girl, that the Irish-speaking immigrants to
> America felt. Better to have died of hunger at home where they could

hear Irish around them than to have come to a country where they lasted
on average only four years, she says provocatively. For Ní Dhomhnaill,
language is the ultimate nourishment. (Dunsford 1999: 46)

Tá cosúlachtaí suntasacha idir ábhar na ndánta agus alt le Ní
Dhomhnaill faoin Ghorta Mór dar teideal 'A Ghostly Alhambra', a
foilsíodh sa bhliain 1997. Baineann an t-alt go dlúth le dioscúrsa na
síciteiripe sa mhéid is go gcuirtear síos ar aimnéise mhuintir na
hÉireann i dtaca leis an stair de agus go bpléitear na torthaí
fadmharthanacha a bhíonn ar a leithéid de shéanadh comhchoitianta:
'Until we face this deep level of collective amnesia about who we are
and where we come from, our existence will be at best highly
fragmented, at worst pathogenic' (Ní Dhomhnaill 1997: 69).[29]
Taispeánann léirléamh Nic Eoin (2005: 284-320) a thábhachtaí atá
léargas na síceolaíochta d'aon léamh ar an tsraith seo. Is mar cholm a
shamhlaíonn Ní Dhomhnaill an aimnéise seo, íomhá a thagann chun
cinn go minic, mar a sonraíodh cheana, sa litríocht faoi chúrsaí tráma
agus cuimhneacháin. Tá gné ar leith den aimnéise seo a phléann Ní
Dhomhnaill go speisialta, mar atá, cúrsaí teanga.[30] Ag labhairt di faoi
chuairt a thug sí ar iarsmalann an Ghorta Mhóir i mBéal Átha na
mBuillí, Co. Ros Comáin, deir Ní Dhomhnaill:

> Nowhere is there an acknowledgement that 90% of these Famine-
> victims were Irish-speakers only. Nowhere is there an acknowledgement
> that a huge proportion (70-80%) of the people who left on the coffin-
> ships, were Irish-speakers only. (Ní Dhomhnaill 1997: 70)[31]

Cé hí an Mhurúch?

I dtús báire, ba chóir féachaint níos géire a thabhairt ar bhunús na
sraithe agus ar mheafar na murúiche. In agallamh le Bo Almqvist
(1990), rinne Ní Dhomhnaill achoimriú ar an scéal béaloidis atá mar
bhunús don tsraith; scéal faoin mhurúch a bhí ag cíoradh a cuid
gruaige ar an trá agus ar goideadh a caipín snámha uaithi, rud a
chiallaigh nach raibh sí in inmhe filleadh ar an fharraige. Chuir an fear
a ghoid an caipín i bhfolach i lochta an tí é. D'fhan an mhurúch seacht
mbliana ar an mhíntír gan labhairt, gan gháire, go dtí gur tháinig sí ar
an chaipín trí thimpiste lá amháin. Comhbhá leis an mhurúch, mothú
na deoraíochta a spreag an luathdhán 'An Mhaighdean Mhara' (DD:
81-82) de réir Ní Dhomhnaill féin.[32] Tuigeadh di, dála na murúiche,

nach raibh sí féin ag baile ar an saol seo, nár réitigh sí leis an phobal
ná leis an saol mórthimpeall ar na leibhéil is doimhne. Tugann sí
míniú Jungach ar an dán; gurb ionann an t-uisce agus an chuid sin den
duine nach féidir greim a fháil uirthi go hintleachtúil, nach féidir a
chur ar an talamh tirim. Is ar bhraistint seo na deoraíochta agus ar
mhothú an choimhthís atá an tsraith 'Na Murúcha a Thriomaigh'
bunaithe. Más rud é go raibh an dán thuasluaite, a scríobhadh sa chéad
phearsa, bunaithe ar mhothú pearsanta, tugann an úsáid a bhaintear as
an tríú pearsa sa tsraith seo le fios gur eispéireas níos uilíche atá i
gceist ag Ní Dhomhnaill sna dánta seo.

Ní call gurb iad na himircigh amháin atá i gceist le meafar na
murúch. Bhí an stoiteachas agus an coimhthíos céanna i ndán do
mhuintir na hÉireann a d'fhan ar an seanfhód, faoi mar a mhíníonn
Declan Kiberd (1996: 2): 'For the Irish who stayed in their own
country that language was English, and a life conducted through the
medium of English became itself a sort of exile'. Ag trácht dó ar
Éirinn sa chéad leath den naoú haois déag, deir Miller (1985: 237),
'most rural Catholics inhabited a sort of cultural twilight, translating
older attitudes and concepts into a new language but imperfectly
understood, coping with a new world they never made or could make
work to their own advantage'. Leoga, is i muinín fhriotal na
deoraíochta a théann Ní Dhomhnaill agus a taithí féin mar chainteoir
Gaeilge in Éirinn na linne seo faoi chaibidil aici:

> For example, living as part of the Irish-speaking community in Ireland,
> I am an exile in my own country. [...] So you find yourself, as I
> sometimes do, at one level turned into a living fossil or something and,
> at another level, not allowed (the liberty) to exist as a human being. (in
> McWilliams Consalvo 1994b: 314)

Ba gheall le murúcha ar an mhíntír iad muintir na hÉireann;
scartha amach óna dtimpeallacht dhúchasach, go fisiciúil i gcás na
n-imirceach agus go meafarach i gcás áitritheoirí na tíre dúchais. Dála
na murúch atá náirithe faoina gcultúr dúchais agus a áiríonn mar bhac
é ar dhul chun cinn sa saol, is amhlaidh a chuaigh teagasc an
choilínigh i bhfeidhm ar mhuintir na hÉireann. Ghlac siad leis an
díluacháil a rinneadh ar an chultúr Gaelach agus ar an teanga dhúchais
go háirithe. Cuireann Ní Dhomhnaill suim ar leith sa chomhshamhlú
teangeolaíoch. Léiríonn sí na deacrachtaí a bhíonn ag na murúcha

agus iad ag iarraidh iad féin a chur in iúl i dteanga atá bunoscionn lena n-éirim. Is mór idir dearcadh Boland ar inmhalartacht teangacha agus dearcadh Ní Dhomhnaill ar na himpleachtaí tromchúiseacha síceacha a bhaineann le hathrú teanga. Is for-réil go bhfuil tuiscint eisintiúlach ag Ní Dhomhnaill ar chúrsaí teanga; samhlaíonn sí dearcadh sainiúil saoil le teangacha difriúla agus tuigtear di go bhfuil gnéithe áirithe den dúchas ann nach dtrasnaíonn tairseach an aistriúcháin agus go bhfulaingíonn an duine dá réir sin.

'Na Murúcha a Thriomaigh' – Léamh Iarchoilíneach

Sa dán 'Admháil Shuaithinseach' (CA: 124-25) mínítear bunús mheafar na murúch. Rianaíonn an seanfhear sa dán, ar de shliocht na murúch é, an gaol atá idir an mhurúch agus neacha eile na cruinne:

'Níl aon ainmhí dá bhfuil ar an míntír,' ar sé,
'nach bhfuil a chomh-mhaith d'ainmhí
sa bhfarraige. An cat, an madra, an bhó, an mhuc,
tá siad go léir ann.
Go dtí an duine féin, agus tá sé sin ann leis.
'Sé ainm atá air siúd ná an mhurúch'. (CA: 124)

Is ionann mar sin an mhurúch agus an Eile.[33] I leagan amach an tseanfhir is codarsnacht dhénártha an duine agus an mhurúch. Más suibiacht nua-aimseartha é an duine, is neach í an mhurúch, dála an dúchasaigh, a samhlaítear easpa sibhialtachta agus easpa suibiachtúlachta dá réir, leis. Is mar iarracht mhorálta an dúchasach a thabhairt chun "sibhialtachta", is gnách gníomhartha an choilínigh a chur in iúl, mar atá pléite go minic i gcomhthéacs stair na hÉireann ag teoiriceoirí leithéidí Deane (1985), Cairns & Richards (1988), Innes (1990), Lloyd (1993) agus Kiberd (1996), gan ach an beagán a lua.[34] Go deimhin míníonn Lloyd (2000: 214), agus é ag brath ar thaighde Judith Herman, go mbraitheann foréigean an choilínigh ar an tuiscint nach suibiacht é an dúchasach: '[...] the deliberate infliction of pain demands not just an amnesic response but actually denies the very existence of a subject that could remember'.

Tá straitéisí síceolaíocha an choilínithe léirmhínithe go clúiteach ag Frantz Fanon (1967). Faoi mar a luadh, is mar dhualgas morálta a chuirtear gníomhartha an choilínigh in iúl:

On the unconscious plane, colonialism therefore did not seek to be

considered by the native as a gentle, loving mother who protects her
child from a hostile environment, but rather as a mother who unceasingly
restrains her fundamentally perverse offspring from giving free rein to its
evil instincts. (Fanon 1967: 169-70)

Déantar díluacháil ar chultúr agus ar theanga na ndúchasach agus
léirítear iad mar nósanna primitíbheacha. Téann an meon agus an
teagasc sin i bhfeidhm ar na dúchasaigh agus santaíonn siad an cultúr
coimhthíoch a samhlaítear sofaisticiúlacht agus sibhialtacht leis. Dar
ndóigh, eascraíonn féinchoimhthíos as an chinneadh comhfhiosach
glacadh le teanga agus le cultúr eachtrannach. Feictear do Kiberd
gurb é an próiseas seo a bhí i gceist ag na filí Gaelacha a raibh an
deoraíocht mar mheafar acu do chás na hÉireann:

> Those Gaelic poets who, in their moment of estrangement from the
> ancient culture, warned that from now on their people would be like the
> children of Israel, knew exactly what they were saying; for, as Jean-Paul
> Sartre would much later observe of Jews locked into a similar process,
> "the root of Jewish disquietude is the necessity imposed on the Jew of
> subjecting himself to endless self-examination and finally assuming a
> phantom personality, at once strange and familiar, that haunts him and is
> nothing but himself - as others see him". (Kiberd 1996: 288)

Léiriú fileata ar an chomhfhios seo a fhaightear sa dán 'Na
Murúcha a Thriomaigh' (CA: 103-04). Santaíonn na murúcha cultúr
na míntíre fiú is go gcuireann sé seo a sláinte i mbaol. Déanann siad
gach iarracht a ndúchas a shéanadh agus léiriú fisiciúil a ndúchais, na
sceolbhaigh, a chlúdach le seoda:

> Sánn siad an fonn a ghabhann leis i gcúl an choicís
> nó i bhfolach i bpoll sa chlaí i dteannta
> lomadh na gruaige is bearradh na hingne,
> an ionga úd a fuaireadar ón lia súl
> is na spéaclaí nár chuireadar ariamh orthu.
> Tá sé ag lobhadh ansan i gcónaí i dteannta
> ceirteacha na gcneathacha, an fhuil mhíosúil
> is náireach leo, a meabhraíonn dóibh is a chuireann
> in iúl an slabar is an glóthach tiubh
> dár díobh iad. (CA: 103-04)

Tuigtear do Albert Memmi gur cuid de phróiseas an
chomhshamhlaithe an séanadh seo: 'Just as many people avoid

showing off their poor relations, the colonized in the throes of assimilation hides his past, his traditions, in fact all his origins which have become ignominious' (Memmi 1990: 188). Ag teacht le teoiricí Jung[35] faoin tseilbh a ghlacann an fo-chomhfhios ar phearsantacht an duine má dhéantar é a shéanadh, dá mhéad a shéanann na murúcha a ndúchas, is ea is mó a thagann siad faoina anáil:

Ní shínfeadh fear ná bean acu ar shúisín
ná ar leaba go mbeadh a gcosa sínte i dtreo na tine.
Dar leo gur cóiriú an duine mhairbh é sin.
Ní maith leo cloch a thabhairt isteach
'on tigh Dé Luain. Dá dtabharfadh leanbh
leis isteach i dteach í do chuirfí iachall air
í a chaitheamh amach arís. Tá cur ina coinne acu. (CA: 104)

Ach briseann an dúchas trí shúile an chait in ainneoin gach iarrachta é a shéanadh:

Fágann na rabhartaí earraigh a rianta fós
ar chlathacha cosanta a n-aigne; [...]
[...], focail a thugann scáil
na seanré fós leo, focail ar nós
'más reamhar, com seang, meanmain uallaigh'. (CA: 104)

Is réiteach coitianta é i bpróiseas an choilíneachais go dtéann na dúchasaigh atá coilínithe i muinín an reiligiúin chun míniú de chineál éigin a fháil ar a bhfuil i ndiaidh tarlú. Tráchtann Ó Buachalla ar an tuiscint seo, choincheap an 'Deonaithe' i measc mhuintir na hEorpa, na hÉireannaigh ina measc, i rith na séú agus na seachtú haoise déag:

Ós é Dia a cheadaigh an uile chor sa saol, ós é a d'fhulaing an uile anachain, an uile mhífhortún, an uile bhriseadh, agus ó féachadh ar gach tubaiste acu mar réaladh ar fhearg Dé lena phobal tofa féin, tugadh tábhacht reiligiúnda dóibh - tugadh brí dóibh; dob fhéidir iad a mhíniú agus, dá réir sin, dob fhéidir glacadh leo. (Ó Buachalla 1996: 39)

Is léiriú eile é seo ar fhéinchoimhthíos an duine dhíshealbhaithe a chreideann nach bhfuil aon smacht aige dáiríre ar a shaol féin. Tá raidhse samplaí den tuiscint seo le fáil i bhfoinsí béaloidis, ach is minic neamhiontas á dhéanamh den ghné seo den Ghorta Mór, dar le Niall Ó Cíosáin (2001: 98-99), toisc nach bhfuil tábhacht eimpíreach ag roinnt le míniúcháin osnádúrtha ar bhunús an Ghorta Mhóir. Is

léiriú iad na dánta 'Bunmhiotas na Murúch' (CA: 109) agus 'Miotas
Bunaidh Eile' (CA: 110) ar an chreideamh seo i mbunús osnádúrtha
staid dheoraíoch na murúch. Is ar Eacsadas atá an chéad dán díobh seo
bunaithe. Tuigtear do chuid de na murúcha gur geall leis na
hIosraeilítigh iad, go bhfuil siad roghnaithe ag Dia le hualach ar leith
a iompar. Tuigtear don chuid eile go bhfuil scéal níos ársa agus níos
dúchasaí mar mhíniú acu ar a staid, 'is nár dhein an Chríostaíocht ach
craiceann breise/ a chur air' (CA: 109). Is suimiúil an dearcadh a
léiríonn an tráchtaire i leith a mbunmhiotais. Baineann an rann deiridh
macalla as an dán 'Clann Horatio' (FS: 84-85):

> N'fheadar-sa féin cioca.
> Ar leibhéal éigin,
> ní chreidim ann, ach mar sin féin, ar chuma mhórán iontas eile
> a bhaineas leo, ní bhréagnaím é.
> Ní foláir ar deireadh nó tá bonn éigin leis
> murab ionann is cuid des na scéalta eile a insíonn siad. (CA: 109)

Tá idir amhras agus chreideamh i gceist sna línte seo; aithníonn an
tráchtaire go sáraíonn modh smaointeoireachta na murúch
teorainneacha an réasúnachais. Seachnaíonn insteoir an dáin aon
tagairt do chúrsaí polaitíochta nó ní dhéanann sí aon iarracht léargas
na linne seo ar bhunús an Ghorta a chur san áireamh. Is cur chuige
éifeachtach é seo a thaispeánann na himpleachtaí síceacha atá ag
míniú neamhpholaitiúil na murúch ar a ndeoraíocht; ní féidir leo an
locht a chur ar éinne eile, rud a bhéarfadh sólás teiripeach dóibh. Ina
choinne sin, ceapann siad gurb iad féin is cúis le gach ar tharla
dóibh.[36] Tugann an dán 'Miotas Bunaidh Eile' (CA: 110) le fios, mar
shampla, gur de shliocht na n-aingeal a d'éirigh amach faoi cheannas
Shátain agus Aingeal an Uabhair iad na murúcha.

Tá an comórtas seo idir an Chríostaíocht agus an creideamh
dúchasach mar théama sna dánta 'Murúch Linbh gan Baisteadh' (CA:
123), 'Leide Beag Eile' (127-28) agus 'Baisteadh na Murúch' (CA:
129). Sna dánta seo ar fad, is i muinín an chreidimh dhúchais a
théitear ag tréimhsí leochaileacha, nuair a thuigtear dóibh go bhfuil
fórsaí an tsaoil eile ag bagairt orthu. Faoi mar a pléadh cheana, tá an-
chosúlacht idir ábhar na ndánta seo agus na nósanna a chleachtaítí
istigh ar an Bhlascaod Mór mar chosaint i gcoinne na 'ndaoine
maithe'.

Teanga Nua – 'A Passable Imitation of What Went Before'?

Baineann stádas agus feidhm shiombalach ar leith le teangacha i gcúrsaí coilíneachais. Cuirtear teanga an choilínigh chun cinn mar theanga na sibhialtachta agus an dul chun cinn. Áirítear teanga na mbundúchasach mar theanga shimplí thuatach nach n-oireann don saol nua-aimseartha. Is gnách go santaíonn an bundúchasach líofacht i dteanga an choilínigh mar shlí chun dul chun cinn sa saol. Tá an feiniméan seo rianaithe ag Fanon i gcás Fhrainciseoirí na hAilgéire:

> The Negro arriving in France will react against the myth of the R-eating man from Martinique. He will become aware of it, and he will really go to war against it. He will practice not only rolling his R but embroidering it. Furtively observing the slightest reaction of others, listening to his own speech, suspicious of his own tongue – a wretchedly lazy organ – he will lock himself into his room and read aloud for hours – desperately determined to learn *diction*. (Fanon 1986: 21)

Léiríonn stair agus meath na Gaeilge an feiniméan seo fosta. Ba é tuairim na coitiantachta, go háirithe i ndiaidh mhórthubaiste an Ghorta, gur ceathrú liath ar dhuine ba ea an Ghaeilge. Is iomaí cuntas a fhaightear sa traidisiún béil, i gcuntais bheathaisnéise, i dtuairiscí oifigiúla oideachais agus i dtuairiscí na gcumann árseolaíochta, a thuairiscíonn ar iarrachtaí na nÉireannach Béarla a fhoghlaim le dul chun cinn a dhéanamh.[37] Tá an meon seo le brath ar an ráiteas a shonraigh Grave Neville (1992) agus scagadh á dhéanamh aici ar léiriú an athraithe teanga in ábhar cartlainne Choimisiún Bhéaloideas Éireann: 'in any local house in which a resident was studying for any position requiring education […] Irish was noticed to die out faster in such a house than in any other' (Luaite in Neville 1992: 26).[38]

Trí mheán scéal na murúch a dhéanann Ní Dhomhnaill cíoradh mion ar phróiseas na foghlama; na deacrachtaí a bhíonn ag daoine iad féin a chur in iúl, an dóigh nach dtagann gach tuiscint agus coincheap slán san aistriú ó theanga go teanga eile, agus na himpleachtaí síceolaíocha a bhaineann le hathrú teanga. An pholaitíocht a bhaineann le roghnú teanga atá i gceist leis an dán 'An Mhurúch agus Focail Áirithe' (CA: 118-19) agus cur síos ann ar an iarracht chomhfhiosach a dhéanann na murúcha an teanga dhúchais a chur faoi chois. Is contrárthachtaí dénártha iad teanga an choilínigh agus teanga na mbundúchasach in intinn na murúiche. Is ionann a teanga agus dearcadh saoil atá sean-aimseartha agus pisreogach. Samhlaítear an teanga eile le 'aer, eolas, solas gléineach na heolaíochta' (CA: 118). Séanann an mhurúch an cultúr atá chomh hársa sin go bhfuil sé 'scríte in uisce, le clipe de sciathán rotha, / ar scothóg feamainne mar phár':

> Ná luaigh an focal 'uisce' léi
> nó aon ní a bhaineann le cúrsaí farraige: –
> 'tonn', 'taoide', 'bóchna', 'muir' nó 'sáile'.
> Ní lú léi an sioc samhraidh ná trácht a chlos
> ar iascach, báid, saighní trá nó traimile, potaí gliomach.
> Tá's aici go maith go bhfuil a leithéidí ann
> is go mbíonn gíotáil éigin a bhaineas leo
> ar siúl ag daoine eile. (CA: 118)

Is trúig mhór bhróin í d'insteoir an dáin go bhfuil teacht ag an mhurúch ar oidhreacht chomh hársa agus chomh heisceachtúil sin agus nach dtuigeann sí a luach. Déantar breithiúnas Jungach ar an toradh síceolaíoch atá ag an chur faoi chois seo ar an mhurúch. Tá deamhan déanta aici den dúchas, rud a chiallaíonn go mbeidh sí ciaptha ag cuimhní an dúchais chéanna:

> Níl aon namhaid eile aici
> ach an saol fó-thoinn a chleacht sí
> sarar iontaigh sí ar a hathshaol ar an míntír
> a chur i gcuimhne dhi. (CA: 118)

Tá i bhfad níos mó ná fadhb aistriúcháin i gceist sa dán 'Cuimhne an Uisce' (CA: 120). Tagann cuimhní de shaol na mara i mbéal na séibe chuig an mhurúch agus í ag féachaint ar a hiníon sa seomra folctha. Níl an acmhainn teanga ag an mhurúch le cur síos a dhéanamh ar an rud is lárnaí dá féiniúlacht: an t-uisce. Ní foláir nó go n-eascraíonn féinchoimhthíos as an easpa seo. Is leid an tagairt don 'teireapaí' agus don 'mheabhairdhochtúir' don strus a bhaineann leis an phróiseas go léir, rud atá cruthaithe go minic sa taighde líonmhar ar shláinte na n-inimirceach.[39] Sáraíonn a heispéireas raon agus téarmaí tagartha an réasúin; baineann sé le réimse atá i bhfad níos doimhne:

> Tá strus uafásach
> ag roinnt leis na mothúcháin seo go léir.
> Tar éis an tsaoil, níl rud ar bith aici
> chun comparáid a dhéanamh leis.

Is níl na focail chearta ar eolas aici ar chor ar bith.
Ag a seisiún siceotheireapach seachtainiúil
bíonn a dóthain dua aici
ag iarraidh an scéal aisteach seo a mhíniú
is é a chur in iúl i gceart
don mheabhairdhochtúir.

Níl aon téarmaíocht aici,
ná téarmaí tagartha
ná focal ar bith a thabharfadh an tuairim is lú
do cad é 'uisce'.
'Lacht thrédhearcach', a deir sí, ag déanamh a cruinndíchill.
'Sea' a deireann an teireapaí, 'coinnibh ort!'
Bíonn sé á moladh is á gríosadh chun gnímh teangan.
Deineann sí iarracht eile.
'Slaod tanaí', a thugann sí air,
í ag tóraíocht go cúramach i measc na bhfocal.
'Brat gléineach, ábhar silteach, rud fliuch'. (CA: 120)

Ní amháin go léiríonn Ní Dhomhnaill na deacrachtaí a bhíonn ag
na murúcha iad féin a chur in iúl in éagmais friotail a dhéanann cur
síos beacht ar an rud atá i gceist acu, ach taispeánann sí an tslí go
mbíonn an fhealsúnacht saoil, ar de dhlúth agus d'inneach na teanga
nua í, bunoscionn le tuiscintí na murúch ar chúrsaí an tsaoil. Níl
suibiachtúlacht na murúiche bunaithe ar choincheap an aonaráin mar
is léir ón dán 'Teoranna':

Is dócha gurb iad cúinsí speisialta an tsaoil fó-thoinn
faoi ndeara na nithe suaithinseacha seo.
D'fhéadfá a shamhlú go furaist gurb iad a luigh
laistiar des na deacaireachtaí faoi leith
a bhí ag an mhurúch seo 'gainne.
Bhí trioblóidí speisialta aici i gcónaí i dtaobh teoranna.
Níor fhéad sí a aithint riamh, mar shampla, go rabhamair go léir
aonaránach is discréideach, inár nduine is inár nduine.
Ritheamair go léir isteach ina chéile, ba dhóigh leat uaithi,
faoi mar a bheadh na dathanna ó smearadh íle
ar an mbóthar tar éis cith báistí. (CA: 143)

Bhí seo ar cheann de na mórdhifríochtaí a chuir bac ar iarrachtaí
comhshamhlaithe na n-imirceach Éireannach i Meiriceá, dar le Miller
(1985: 102-30). Ba mhór an difear idir an eitic Phrotastúnach a leag

béim ar fhorbairt an duine aonair agus tuiscint na n-imirceach Éireannach ar thábhacht an phobail. Tuigtear do Fanon gur tréith de chuid chultúr an choilínigh í an bhéim seo ar an tsuibiachtúlacht aonair:

> The native intellectual had learnt from his masters that the individual ought to express himself fully. The colonialist bourgeoisie had hammered into the native's mind the idea of a society of individuals where each person shuts himself up in his own subjectivity, and whose only wealth is individual thought. (Fanon 1967: 36)

Dá thréine iarrachtaí comhshamhlaithe an dúchasaigh, áirítear mar Eile é i dtólamh. Is dóigh le Edward Said gurb é seo riocht uilíoch an dúchasaigh: 'The colonized may have a sense of England and France, speak and write in the dominant language even as he or she tries simultaneously to recover a native original, may even act in ways that directly conflict with the overall interests of his/her people, and still the divide remains' (Said 1990: 81). Is amhlaidh an scéal leis na murúcha a chailleann léim an dá bhruach, ní éisc iad ná ní daoine iad:

> Mar is fíor sa deireadh, dá mhéid é a gcumas aithrise
> is a mbua luí isteach leis an dtimpeallacht, dála na gcaimileon
> dúile uisce a bhí iontu sarar thriomaíodar, is ar an míntír
> pé sort dúile eile a dhein díobh, níor dhein daoine díobh. (CA: 108)

Seachnaíonn sraith seo Ní Dhomhnaill ton aorach téacsanna ar nós *Pairlement Chloinne Thomáis* nó *Bodaigh na hEorna*, áfach. Is láimhseáil íogair thuisceanach a dhéanann sise ar an deoraíocht chultúrtha agus ar iarrachtaí comhshamhlaithe an dúchasaigh ar cainteoir Gaeilge é.

An Mhurúch – Suibiacht Shlánaithe nó Suibiacht Chlaochlaithe?

Cé gur i dtéarmaí an chaillteanais chultúrtha a phléann Ní Dhomhnaill an Gorta Mór ina halt próis: 'I see the Famine in cultural terms, as the last and lethal body-blow to a distinct native way of life and world-view' (Ní Dhomhnaill 1997: 68), aithníonn sí nach bhfuil sa chaillteanas ach cuid den scéal. Caíonn sí an easpa aitheantais a thugtar go minic do theacht aniar na ndaoine agus an dóigh a gcuirtear síos orthu mar íospartaigh fhulangacha. Ag machnamh di ar iarsmalann an Ghorta Mhóir ar thug sí cuairt uirthi, deir sí:

Nowhere do I get a sense of their mental and cultural life, and the high development amongst them of such art forms as did not rely on material props, such as singing, dancing, extempore and spontaneous poetry and storytelling, as well as their more formal, learned versions; even such things as the pounce and counter-pounce of quick banter and repartee. (Ní Dhomhnaill 1997: 70)

Tugtar aitheantas don chaillteanas cultúrtha sa dán 'Na Murúcha agus an Ceol':

Mo chráiteacht, an créatúr bocht!
Is dócha go raibh an saol róchruaidh orthu
nuair a thángadar aníos as ucht
na bóchna. Gur chaitheadar oibriú ar dalladh
ó dhubh dubh, Domhnach is dálach
inniu is amáireach, chun a gcosa a thabhairt leothu.
Chaitheadar uathu amhráin, ceol is rince
imirt chártaí, spórt is cuideachta.
– aon ní ná féadfá do bhuilín a dhéanamh orthu láithreach,
is éirí sa tsaol is ar an gcuma san bheith ó bhaol.

'Sé bunús an scéil go léir, ar ndóigh, ná tráma a dtriomaithe. (CA: 133)

Is líonmhaire go mór, áfach, na dánta a dhéanann cur síos ar an choimhlint idir cultúr dúchasach na murúch agus cultúr na míntíre a roghnaíonn siad go straitéiseach mar bhealach le teacht slán. Luaim go speisialta dánta mar 'Na Murúcha a Thriomaigh' (CA: 103-04), 'An Mhurúch san Ospidéal' (CA: 105), 'An Mhurúch agus Focail Áirithe' (CA: 118-19), 'Cuimhne an Uisce' (CA: 120), 'Leide Beag' (CA: 126), 'Leide Beag Eile' (CA: 127) agus 'Baisteadh na Murúch' (CA: 129), mar shampla. Sna dánta seo ar fad, feictear fadsaolaí nósanna agus chreideamh dúchasach na murúch, nach féidir leo a dhearmad ná a shéanadh in ainneoin na n-iarrachtaí comhfhiosacha a dhéanann siad. Tagaim, mar sin, leis an léamh a dhéanann Nic Eoin (2005: 307) ar an tsraith nuair a deir sí gur suibiachtaí claochlaithe iad na murúcha atá á gcur féin in oiriúint don timpeallacht. Ar aon dul le Boland, is léir go dtuigtear do Ní Dhomhnaill gur chun sochair don duine a théann an fhulaingt, go bhfuil an tsuibiacht chlaochlaithe ar bhealach éigin níos iomláine mar dhuine de bharr a fulangtha. I gcás na murúch, tugtar é seo le fios i ndán deiridh na sraithe, 'Spléachanna Fánacha ar an dTír-fó-Thoinn' (CA: 148-51). Filleann Ní Dhomhnaill ar íomháineachas an chnuasaigh *Feis* (1991) ina samhlaítear staid iomlánaithe na hindibhide mar oileán draíochta:

> Tá's ag an mhurúch seo 'gainne cá bhfuil an t-oileán seo.
> Sin rud amháin go bhfuilim nach mór siúráilte dho.
> Labhair sí tráth dá saol ar an bpríomhbhealach isteach ann,
> go raibh sé cosúil le Cabhsa na bhFomhórach nó Uaimh Fingal.
> Níor luaigh sí riamh níos mó ná san, ná níor labhair
> smid ar na fleánna is féastaí a chleachtadar
> ar chiumhais an duibheagáin; an tine ghealáin
> ag rince ar fhaobhar maol an neamhní, an bhearna bhaoil
> nach luaitear san Amhrán Náisiúnta.
> Cé gur mó rud dorcha duairc a chonaic sí,
> táim cinnte de, bíonn sí anois,
> is í ag athbhreithniú, tostach i gcónaí.
> Tá sí tugtha go mór do mhórfheabhas niamhrach an chiúinis
> is í ag leathchuimhneamh i gcónaí
> ar na hoícheanta gealaí spéiriúla. (CA: 150)

Is athléamh é seo ar fheidhm ansmachtach an chiúnais i gcúrsaí staire. Is gnách an ciúnas a shamhlú le bánú na tíre, díshealbhú na ndaoine agus tráma an Ghorta.[40] Ina choinne sin, is é éagumas an réasúin agus, dá réir sin, éagumas na teanga labhartha cur síos cruinn a dhéanamh ar thaithí spioradálta, idir mhaith agus olc, atá i gceist sa dán seo. Is ionann an ciúnas sa chás seo agus beart frithsheasmhach, diúltú d'fhorlámhas an réasúin.[41] In áit an mhurúch a léiriú mar shuibiacht atá easpach ar bhealach éigin, léiríonn an file amhras i dtaobh shuibiacht réasúnaíoch na nua-aoise sa rann deiridh. Tagraítear do mhórthragóid na fichiú haoise, mar atá, an tUileloscadh, uafás a ardaíonn ceisteanna faoin daonnacht féin agus faoi pharaidím na forbartha daonna a áiríonn an tsuibiacht nua-aoiseach mar bhuaic na forbartha daonna:

> Is tá an ré sin go léir thart, ar aon nós.
> Éinne a dhéanfadh a shlí, ar ais nó ar éigean,
> isteach sa dún am éigin anaithnid amach anseo
> cad a chífidh sé roimis
> ach sraitheanna fada de sheomraí folmha
> ceann i ndiaidh an chinn eile?
> Cuirfidh truist trom a bhróga féin,
> ag macallú faoi bhíomaí concréide an díona,

uamhan is ceann faoi air.
Leanfaidh sé leis ar feadh i bhfad,
ag siúl go dtí ceann scríbe
go dtí go dtiocfaidh sé i ndeireadh báire,
thíos i siléar íochtarach na cruinne,
ar iarsmaí deireanacha an domhain úd
atá imithe as cuimhne:- ar chúilí móra d'fhiacla óir,
d'fháinní cluaise is de spéaclaí,
ar na mílte is na mílte
de bhallaibh éadaigh ina gcarnáin smúiteacha,
ar chomhaid is innéacsaí iomadúla
clúdaithe faoi líontáin damhán alla,
ar stórais stoc earraí trim,
go háirithe mórán Éireann droch-ghallúnach. (CA: 150-51)

'Na Murúcha a Thriomaigh' mar Aonad Ealaíne

Tá trí dhán is tríocha sa tsraith 'Na Murúcha a Thriomaigh' a chíorann gach gné d'eispéireas na murúiche a thagann aníos agus a chuireann fúithi ar an mhíntír. Tá an locht a fuair Ó Tuama (1986: 114) ar luathshaothar Ní Dhomhnaill – a bhí gafa rómhór, dar leis, 'laistigh d'fhráma docht seanbhunaithe an scéil, nó smaoinimh, nó samhailte' – le sonrú ar an tsraith seo fosta. Is fíor go bhfóireann cuid den athrá, den róshaothrú agus den easpa eagarthóireachta do théama na sraithe. Tá na tréithe seo le sonrú i litríochtaí eile a théann i ngleic théamúil le heachtraí trámacha, faoi mar atá mínithe ag Leerssen (2001: 221): 'On the one hand, a sense of tongue-tied speechlessness in the face of such overwhelming horror; on the other, an insistent, urgent and recurring retelling of the cautionary horror-tale'. I gcás na sraithe seo, ámh, ní éiríonn le Ní Dhomhnaill i gcónaí earraíocht chaolchúiseach a bhaint as an athrá agus as ilbhríonna mheafar na murúiche.[42]

Ag plé ealaín na filíochta i gceardlann scríbhneoireachta sa bhliain 1986, mhol Ní Dhomhnaill don fhile mionsonra nó dhó a roghnú agus a léiriú go beacht sa dán. An toradh a bheidh air seo, dar léi, ná:

> Ansan ní gá aon fhealsúnacht a chur leis nó ar a mhéid líne nó dhó chun a ionad fhéin sa phictiúr a shuíomh. Tabharfaidh an pictiúr gléineach a chruthóidh sé a lasta brí agus mothála leis as a stuaim fhéin agus cuirfidh i bhfeidhm ar an léitheoir é i slí ná déanfadh aon mhéid cainte réasúnta dá mbeimis ag gabháilt di go maidin. (Ní Dhomhnaill 1986: 159)

Ceann de na laigí, áfach, a bhaineann le dánta áirithe sa tsraith 'Na
Murúcha a Thriomaigh' ná an rómhíniú a dhéantar ar théama na
ndánta. In ionad ligean don mheafar 'an lasta brí agus mothála' a chur
in iúl, is éard atá i rann nó línte deiridh dánta áirithe ná tráchtaireacht
theagascach an insteora ar théama an dáin. Sa dán 'Leide Beag' (CA:
126) míníonn an file gníomhartha na murúiche don léitheoir:

Tuigeadh dom gur ghlac sí náire
i dtaobh é bheith cloiste agam in aon chor.
Tuigeadh dom chomh maith go raibh blas an-láidir
den bhfarraige air mar shuantraí ar an gcéad scór. (CA: 126)

Sa dán dar teideal 'Leide Beag Eile' (CA: 127-28) ní leor leis an fhile
leid an mheafair a thabhairt don léitheoir; míníonn sí iompar na
murúiche i dtéarmaí síceolaíocha:

Anois, muna dteaspáineann sé sin
go raibh dúchas na farraige
go leathan láidir inti
dá mhéid a bhí sé ceilte
is curtha faoi chois aici,
ní lá fós é!

In am an ghátair a bhriseann an dúchas.
Cad a dhéanfadh mac an chait nuair is treise dúchas na oiliúint. (CA:
128)

Baineann an bharraíocht mínithe seo ó éifeacht an dáin agus déanann
sí beag is fiú de chumhacht agus de chumas mheafar na murúiche an
lasta brí a thabhairt leis.

Cé go bhfuil éagsúlacht théamúil na ndánta ar cheann de na
buanna a roinneann leis an tsraith, is í ceann de na laigí a bhaineann
leis an tsraith fosta. Déanann Ní Dhomhnaill iarracht, mar shampla,
an mhí-úsáid ghnéis a phlé sa dán 'An Mhurúch agus an Sagart
Paróiste' (CA: 136-37). Is ábhar é seo a tháinig chun cinn sna meáin
de réir a chéile le linn na nóchaidí agus atá go mór i mbéal an phobail
ó shin i leith. Taobh amuigh de thopaiciúlacht an dá ábhar, áfach, is
doiligh an ceangal cruinn idir géarchéim na suibiachta coilíníthe agus
tráma an duine aonair ar baineadh mí-úsáid ghnéis as a thuiscint, go
háirithe nuair nach bhfuil ach dán amháin sa tsraith a théann i ngleic
leis an ábhar, ábhar a thuilleann mionchardáil chairéiseach. Más féidir

leis an mhurúch feidhmiú mar mheafar do gach cineál faidhbe sóisialta nó cultúrtha sa tsochaí Iar-Ghorta agus sa tsochaí chomhaimseartha, is beag sainiúlacht ná fíor-éifeacht atá ag an mheafar. Dar ndóigh, nuair a chuimhnítear ar dhéistin agus ar easpa bá an phobail leis an Eaglais institiúideach, ba dhána agus ba chontúirteach an mhaise é d'aon fhile comhaimseartha léiriú tuisceanach a thabhairt ar mhacasamhail shagart paróiste an dáin. In éagmais a leithéid de chur chuige, ámh, tá blas láidir steiréitipiciúil ar dhán Ní Dhomhnaill i gcomhthéacs na sraithe áirithe seo.

An Ciúnas i Leith an Ghorta

Is téama é an Gorta a bhfuil cardáil déanta ag Boland air óna luathshaothar i leith. Is mó an tsuim a chuireann sí i bpróiseas an chuimhnimh seachas sna heachtraí stairiúla féin. In alt léi faoin Ghorta, pléann Boland an dóigh ar thug sí aghaidh ar an ábhar seo agus an aird a bhí aici ar theorainneacha na filíochta:

> Within the technical and ethical world of my poems, which is private to every poet, I construed it [the Famine] as narrative and not imagery. Somehow I wanted to make a distance and respect for the event which would prevent language appropriating it. [...] If that poem could not be an agent of empathy, it could be an instrument of memory. If it could not change forgetfulness, [...] it could question the machinery of suppression. (Boland 1997b: 221-22)

Ní léir ón ráiteas thuas, ámh, go n-aithníonn Boland mianach imeallaithe nó ceilte a cuid dánta féin, fiú más dánta iad a dhéanann iniúchadh comhfhiosach ar phróiseas na cuimhne. Taispeánann an dán 'That the Science of Cartography is Limited' (CP: 174-75) an caochspota seo in ealaín filíochta Boland. Pléadh cheana an chomparáid mheafarach a dhéanann Boland sa dán 'The Famine Road' (CP: 29-30) idir an bhean sheasc agus bóithre a tógadh le linn an Ghorta faoi scéim na n-oibreacha poiblí. Filltear ar an íomhá seo de bhóthar na n-oibreacha poiblí sa dán 'That the Science of Cartography is Limited' (CP: 174-75). Díríonn an file a haird ar an fhulaingt dhaonna agus ar na cúinsí coscracha staire a mhúnlaíonn an tírdhreach ach nach bhfuil aon fhianaise ina dtaobh ar léarscáileanna na tíre. Sa chás seo is í an sclábhaíocht a bhain le tógáil bóithre aimsir an Ghorta agus an easpa fianaise i dtaobh na fulangtha sin i ndioscúrsaí oifigiúla is cás leis an fhile:

Where they died, there the road ended
and ends still and when I take down
the map of this island, it is never so
I can say here is
the masterful, the apt rendering of

the spherical as flat, nor
an ingenious design which persuades a curve
into a plane,
but to tell myself again that

the line which says woodland and cries hunger
and gives out among sweet pine and cypress,
and finds no horizon

will not be there. (CP: 175)

Baineann an easpa fianaise seo, áfach, go dlúth leis na foinsí a bhfuil an file ag brath orthu agus an léamh a dhéanann sí ar na foinsí sin. Faoi mar atá amhlaidh i ndánta eile le Boland agus ina scríbhinní próis, is í an fhulangacht agus an díomua a shamhlaíonn sí leis na híochtaráin sa dán seo. Is fiú foinsí béaloidis a lua, áfach, a cheadaíonn léamh eile ar an stair chéanna. Tugtar fianaise i dtuairiscí agus i scéalta áirithe béaloidis ar sheiftiúlacht chleasach an dreama a bhí thíos agus ar an chuimhne a mhair i measc na ndaoine ar iarrachtaí na cosmhuintire teacht slán. Ní hé an díomua a shamhlaítear le bóithre na n-oibreacha poiblí sa sliocht seo thíos, ach an teacht slán agus seiftiúlacht sin na n-íospartach:

Bhí locht mór amháin ar na bealaigh seo uilig, agus sin go raibh a mbunús uilig cam, bhí coradh i ngach céad slat beagnach. Fiú amháin in áiteacha a dtiocfadh leo a bheith díreach bhí an camú seo iontu. Chuala mé na sean-daoine a rá gurb é an rud a ba chiall leis seo ná go raibh na daoine ag baint fad astu i gcaoi is go mairfeadh an obair níb fhaide. (Luaite in Póirtéir 1995: 143)

Tá an dán 'The Achill Woman' (CP: 148-49) ar cheann de na dánta is mó a spreagann díospóireacht idir criticeoirí difriúla. Tá cur síos déanta ag Boland ar chúlra an dáin sa phaimfléad 'A Kind of Scar' (1989b). Ba í an tseanbhean áitiúil seo ar oileán Acla an chéad duine riamh a labhair leis an fhile faoin Ghorta: 'She kept repeating to me that they were great people, the people in the famine. *Great people*. I had never heard that before' (Boland 1989b: 5). Is é an rud a ghoilleann ar an fhile aibí ná nár thug sí faoi deara an t-imeallú a dhéanann an litríocht, go háirithe litríocht na hImpireachta a bhí á léamh aici ag an am, ar leithéid na mná seo:

[...]
I remember the cold rosiness of her hands.
She bent down and blew on them like broth.
And round her waist, on a white background,
in coarse, woven letters, the words 'glass cloth'.

And she was nearly finished for the day.
And I was all talk, raw from college –
week-ending at a friend's cottage
with one suitcase and the set text
of the Court poets of the Silver Age.

We stayed putting down time until
the evening turned cold without warning.
She said goodnight and started down the hill.

The grass changed from lavender to black.
The trees turned back to cold outlines.
You could taste frost
but nothing now can change the way I went
indoors, chilled by the wind
and made a fire
and took down my book
and opened it and failed to comprehend

the harmonies of servitude,
the grace music gives to flattery
and language borrows from ambition –

and how I fell asleep
oblivious to

the planets clouding over in the skies,
the slow decline of the Spring moon,
the songs crying out their ironies. (CP: 148-49)

Is é an cáineadh is mó a dhéanann tráchtairí éagsúla ar an dán seo ná an dóigh nach mbristear ar an chiúnas sa dán féin agus nach ligtear don tseanbhean a scéal a insint.[44] Leoga, áitíonn Wheatley (2004: 113) gur mó ag Boland ciúnas na mná a chur i láthair mar chiúnas ionadaíoch ná scéal na mná a ríomh. Ceistíonn Meaney (1993: 140) agus Fulford (2002: 214-15) an neamhiontas a dhéantar de stair phearsanta na mná seo a dtugtar stádas íocónach di i ndán Boland agus ar geall leis an tsiombail sheanchaite 'an tSeanbhean Bhocht' í. Caitheann na tráchtairí seo ar fad amhras ar chumas an fhile labhairt thar ceann na mná seo. Áitíonn Clutterbuck (1999: 282), áfach, gur chuige sin atá Boland; go ndéanann an dán seo iniúchadh ar an choilíniú ar fhéiniúlacht na mná stairiúla a dhéanann athláithriú an fhile féin. Feictear do Atfield (1997: 179) gur admháil ionraic é an dán seo gur theip ar an fhile óg athláithriú a dhéanamh ar an chineál staire ábharaíche ar sheas an bhean seo di.

Is é is suntasaí faoin chritic ar fad ar an dán, idir dhearfach agus dhiúltach, ná nach gceistítear an tábhacht a shamhlaíonn Boland leis an litríocht chanónta agus an neamhiontas a dhéanann sí dá réir de thábhacht agus de dhlisteanacht dioscúrsaí ailtéarnacha. Cé gur údar imní don fhile an t-imeallú agus an ciúnú a dhéantar ar scéal na mná seo sa traidisiún liteartha, is fianaise iad scéalta na mná féin faoi mhuintir an Ghorta Mhóir gurb ann do mhalairt dioscúrsa a chaomhnaíonn insint agus dearcadh eile ar an stair. Ní chuirtear san áireamh ach oiread go mb'fhéidir nach iad na foinsí Béarla is mó a chaomhnaíonn an chuimhne radacach seo, go háirithe i gcás Acla a bhí ina cheantar láidir Gaeltachta aimsir an Ghorta Mhóir.[45]

Murab ionann is an dán 'The Famine Road' (CP: 29-30) agus an dán 'March 1 1847. By the First Post' (CP: 176-77), a dhíríonn ar chúlra polaitiúil an Ghorta Mhóir ar dhóigh phoileimiciúil a dhéanann róshimpliú ar na dinimicí cumhachta idir an aicme choilíníoch agus na dúchasaigh, is é an cás daonna, an scéal pearsanta is ábhar don dán 'Quarantine' (C: 15). Tá an dán seo bunaithe ar chuntas a thug an tAthair Peadar Ó Laoghaire ina dhírbheathaisnéis *Mo Scéal Féin* ar lánúin a bhásaigh le linn an Ghorta Mhóir. Déanann Boland athmhúnlú fileata ar an chuntas próis. Is léiriú íogair é an dán ar bhuanseasmhacht an fhíorghrá idir fear agus bean sna cúinsí is tubaistí amuigh agus éagumas na filíochta a leithéid a chur in iúl trí mheán focal:

In the morning they were both found dead.
Of cold. Of hunger. Of the toxins of a whole history.
But her feet were held against his breastbone.
The last heat of his flesh was his last gift to her.

Let no love poem ever come to this threshold.
There is no place here for the inexact
praise of the easy graces and sensuality of the body.
There is only time for this merciless inventory:
Their death together in the winter of 1847.
Also what they suffered. How they lived.
And what there is between a man and woman.
And in which darkness it can best be proved. (C: 15)

Is é an bua atá ag an dán seo ná go ndíríonn an file ar an scéal daonna agus nach dtugtar tús áite don fhéinscrúdú ná don iniúchadh ar fheidhm an fhile, faoi mar a dhéantar i ndánta ar nós 'The Achill Woman'.

Conclúid

Is ar an tsuibiacht chlaochlaithe a dhíríonn Boland agus Ní Dhomhnaill araon sna cnuasaigh *The Lost Land* (1998) agus sa tsraith 'Na Murúcha a Thriomaigh' (CA: 101-51) faoi seach. Deir Lloyd (1997: 45) i dtaobh chultúr na hÉireann: 'it is not in any simple way that post-Famine Ireland lost its culture; we need to understand rather that ours is a culture constituted around and marked by an unworked-through loss', tuairim atá ag teacht go mór leis an dearcadh a léiríonn Boland agus Ní Dhomhnaill ina gcuid filíochta. Ní chuireann ceachtar den bheirt rompu athláithriú dílis a dhéanamh ar imeachtaí na staire, ach teacht ar fhoirmeacha cuí reacaireachta le dul i ngleic le castachtaí na staire agus an chuimhneacháin. Is mór ag Boland cuimhne eiteapholaitiúil a chothú trí mheán a cuid filíochta; is é sin, is mór aici béim a chur ar an fhulaingt dhaonna agus tuairisc a thabhairt orthu siúd nach ndéantar a áireamh mar bhuaiteoirí i gcuntais stairiúla. Pléadh na fadhbanna a bhaineann leis an athláithriú idéalach seo nach dtugann an t-aitheantas cuí do chomhfhios polaitiúil na ngnáthdhaoine ná don ghaol casta a bhí ag mná go háirithe leis an náisiúnachas mar ghluaiseacht idé-eolaíoch pholaitiúil.

Díríonn Ní Dhomhnaill ar iarrachtaí an dreama atá faoi chois struchtúir chumhachta an dreama atá in uachtar a chur in oiriúint dóibh féin, fiú má tá orthu a gcultúr a shéanadh agus cos ar bolg a imirt ar a chéile le dul chun cinn sa saol. Is cás léi an costas millteach síceach a bhaineann lena leithéid de straitéis. Is léiriú í filíocht Ghaeilge Ní Dhomhnaill féin, atá préamhaithe cuid mhór sa

218   CAIBIDIL 5

bhéaloideas, ar theacht aniar na teanga agus a saíochta. Nuair a smaoinítear, áfach, ar an saothrú comhfhiosach a dhéanann Ní Dhomhnaill ar an teanga agus ar ábhar béaloidis, tuigtear nach féidir, agus nár chóir, ceiliúradh simplí a dhéanamh ar theacht slán na modhanna ailtéarnacha maireachtála, tuisceana agus smaointeoireachta.

Tá tuiscintí léann na síceolaíochta agus na teiripe le rianú ar an léargas a thugann an bheirt fhilí ar théarnamh na suibiachta coilínithe. In ainneoin na gcosúlachtaí idir próiseas an díchoilínithe agus téarnamh an duine aonair i gcúrsaí teiripe, is fíor do Lloyd (2000) nach féidir aon ionannú simplí a dhéanamh idir an dá phróiseas ó tharla nach ionann an ceangal a bhíonn ag an duine aonair lena stair phearsanta féin ar láimh amháin, agus le stair na sochaí ar an láimh eile. Is castacht í seo nach ndéantar a chardáil i bhfilíocht ceachtar den bheirt. I gcás Boland, déantar ionnanú idir a banúlacht féin agus an náisiún. Cé go maítear go bhfuil filíocht Boland féin-athfhillteach agus go n-aithníonn sí go bhfuil mianach coilínithe agus simplithe ag roinnt leis an athláithriú a dhéanann sí féin ar an am a chuaigh thart, ní dhéantar an t-ionannú idir a taithí phearsanta agus taithí an náisiúin a dhíthógáil ina cuid filíochta.

Cé go molann Ní Dhomhnaill (1996: 27-28; 2002: 1295) an fogha a thugann Boland faoin phearsantú baineann den tír/náisiún sa traidisiún liteartha, ní hé easpa dílseachta an tsiombalachais bhaininn do shaol iarbhír na mban an chloch is mó ar a paidrín féin. Pléann sí an chumhacht shíceach atá ag na siombailí seo i dtrí dhán dá cuid, ach níl na dánta seo ar na cinn is cumasaí dá cuid agus ní téama lárnach é ina tionscadal filíochta. Ina choinne sin, feictear do Boland dlúthbhaint a bheith idir a banúlacht féin agus an náisiún agus déantar coilíniú na mban i gcúrsaí litríochta a chur i gcomparáid le coilíniú polaitiúil na tíre. Tugann sí fogha fíochmhar faoi shiombalachas inscneach an traidisiúin liteartha agus déanann sí athscríobh ar an phearsantú baineann ar an tír/náisiún. Cé gur gnách le mórchuid de na criticeoirí, agus le Boland féin, na dánta 'Mise Éire' (CP: 102-3) agus 'Mother Ireland' (LL: 39) a áireamh mar athscríobh radacach ar shiombailí coimeádacha an traidisiúin liteartha, is amhlaidh go mbaineann cuid mhór den choimeádachas leis an léamh easnamhach a dhéanann sí ar thraidisiún liteartha na Gaeilge ar an chéad dul síos. Léiríodh sa chaibidil seo an mhalairt léimh a cheadaíonn cuid de dhánta íocónacha an traidisiúin liteartha Ghaeilge, mar shampla. Is iad na lochtanna is mó atá ar an tráchtaireacht a dhéanann Boland ar an traidisiún liteartha ná nach dtugann sí aon aitheantas don athrú a tháinig ar an siombalachas baineann de réir mar a tháinig athrú ar chúinsí stairiúla agus polaitíochta, agus, ina theannta sin, gur beag suntas a chuireann sí i gcúrsaí teanga. Is i dtaca le foinsí Béarla amháin a bhíonn Boland agus is beag tuiscint a léiríonn sí ar mhianach claochlaithe an aistriúcháin, rud a phléifear láithreach.

220

Caibidil 6

SRUTH TEANGACHA

*The British Muse is not yet informed that she
has an elder sister in this isle, let us then
introduce them to each other.*

– Charlotte Brooke.

Réamhrá

Deir Michael Cronin (1993) gur coilíneachtaí inmheánacha iad na
teangacha mionlaigh Eorpacha toisc go mbraitheann siad cuid mhór
ar ábhar ar aistríodh é ó theangacha eile. I gcás teangacha mionlaigh,
áitíonn Cronin gur riachtanaí ná riamh modhanna aistrithe atá
criticiúil agus tráchtaireacht léannta ar phróiseas an aistrithe. Is cinnte
go bhfuil cúrsaí aistriúcháin idir chamáin ag pobal na Gaeilge ó lár na
n-ochtóidí ar aghaidh. Baineann cuid mhór de na díospóireachtaí
poiblí seo le ceist an aistrithe féin - ar chóir filíocht agus saothar
cruthaitheach Gaeilge a aistriú go Béarla sa tír seo? Diomaite de
thráchtaireacht Cronin, áfach, is beag plé ná taighde scolártha atá
déanta ar mhodhanna aistrithe ná ar na haistriúcháin féin ó
pheirspictíocht na Gaeilge.[1] Is easpa í seo a chaíonn Cronin go minic
ag maíomh gur mó dochar a dhéanfaidh an easpa airde criticiúla seo
don Ghaeilge, ná a dhéanfaidh na haistriúcháin féin. Cuirim romham
sa chaibidil seo cloch a chur ar charn beag na critice agus díriú ar
mhodhanna aistrithe i gcás na n-aistriúchán a rinneadh ar fhilíocht Ní
Dhomhnaill. Ina theannta sin, pléifear an chritic atá déanta go dtí seo
ar shaothar Ní Dhomhnaill agus an léargas úr is féidir le coincheapa
léann an aistriúcháin a thabhairt ar a saothar.

Is lú an tábhacht a bhaineann le cúrsaí aistriúcháin agus filíocht
Boland á plé ó tharla gur dual do léitheoirí agus criticeoirí araon dul i
ngleic leis na bunfhoinsí Béarla. Go deimhin, níl ach cnuasach amháin
de chuid Boland aistrithe, mar atá 'In a Time of Violence' (1994), a
foilsíodh mar chnuasach dátheangach Béarla/ Spáinnise sa bhliain
1997. É sin ráite, tá roinnt aistriúchán déanta ag Boland féin ar dhánta
Gaeilge, ar dhánta Rúisise agus tá díolaim filíochta Gearmáinise
aistrithe go Béarla aici. Ní gnách do chriticeoirí aird chriticiúil a

thabhairt ar na haistriúcháin seo, ámh, agus saothar Boland á mheas. Creidim, áfach, go dtugann cur chuige agus tráchtaireacht Boland féin ar na haistriúcháin léirstean sa bhreis ar an dearcadh atá aici i dtaobh cúrsaí teanga trí chéile. Is fiú na tuiscintí seo a chur san áireamh agus an plé a dhéanann Boland ar thraidisiún liteartha na Gaeilge á chíoradh. An straitéis imeallaithe atá sa neamhiontas a dhéanann Boland go minic de shainchúinsí an traidisiúin liteartha úd, nó an amhlaidh go bhfuil barraíocht muiníne aici as próiseas an aistrithe agus nach gceistíonn sí ionadaíocht na n-aistriúchán Béarla?

Dearcadh Scríbhneoirí agus Chriticeoirí na Gaeilge i Leith an Aistriúcháin

Ag tagairt don cháil idirnáisiúnta atá gnóthaithe ag Ní Dhomhnaill agus ag a cuid filíochta mar thoradh ar chúrsaí aistriúcháin, deir Barra Ó Séaghdha (1993: 144): '...in recent times she has become something like an unofficial president to the Gaelic side of Irish culture'. Is baolach, dar leis, go nglacfar le saothar Ní Dhomhnaill mar fhilíocht atá ionadaíoch agus go maífear aitheantas dá réir ar fhilí eile Gaeilge a bhfuil a gcuid saothar iontach difriúil le saothar Ní Dhomhnaill. Ina theannta sin, tuigtear dó go bhféadfadh an brú chun aistrithe teacht salach ar chruthaitheacht an fhile sa chéad teanga. Feictear do Thomás Mac Síomóin (1993: 70) go bhfuil an chontúirt ann go mbeidh an inaistritheacht mar sprioc ag filí na Gaeilge feasta, go mbeidh siad ag cumadh i nGaeilge agus leathshúil acu ar mhargadh an Bhéarla. Cuireann Ó Séaghdha agus Mac Síomóin[2] i leith Ní Dhomnhnaill go bhfuil a leithéid tarlaithe cheana féin ina cás siúd, cé nach luann siad dánta ar leith mar chruthúnas.

Is eagal le Douglas Sealy (1990) go léiríonn an flosc chun aistrithe an easpa suime atá á cur sa Ghaeilge féin agus an laghdú atá ag teacht ar líon na léitheoirí Gaeilge. Tá filí eile ann nach gceadaíonn dá saothar a bheith aistrithe go Béarla sa tír seo mar dhóigh le cur i gcoinne fhorlámhas an Bhéarla. Samhlaíonn Biddy Jenkinson, mar shampla, guth freasúrach a cheistíonn idé-eolaíocht an mhóraimh leis an fhilíocht Ghaeilge. Is mar gheall air sin nach gceadaíonn sí aistriúcháin Bhéarla dá cuid filíochta in Éirinn: 'It is a small rude gesture to those who think that everything can be harvested and stored without loss in an English-speaking Ireland' (Jenkinson 1991: 34). Ba nós le Louis de Paor fosta gan aistriúcháin dá shaothar a fhoilsiú in

Éirinn, cé gur foilsíodh dhá chnuasach dhátheangacha leis san Astráil i gcaitheamh na nóchaidí.³ Sa bhliain 2005, áfach, foilsíodh cnuasach dátheangach leis in Éirinn dar teideal *Ag Greadadh Bas sa Reilig/ Clapping in the Cemetery*. Is iorónta an rud é gurb í Biddy Jenkinson duine de na comhaistritheoirí a d'oibrigh ar an chnuasach seo in éineacht leis an fhile féin.⁴ Cé gur mór an t-athrú poirt atá anseo don Phaorach a dhírigh aird an phobail i gcónaí ar chomhthéacs coilíneach an aistrithe in Éirinn, ní géilleadh maolchluasach do choinníollacha an mhargaidh atá i gceist. Is amhlaidh atá seilbh á glacadh ag an fhile ar phróiseas an aistriúcháin, cur chuige atá riachtanach dar le Cronin (1998; 2005: 16-34) i gcás na teanga mionlaigh. Tá géarchúis pholaitiúil de Paor le rianú ar leagan amach an chnuasaigh mar a bhfuil tús áite tugtha don bhundán Gaeilge ar an leathanach deas, ar aghaidh an aistriúcháin Bhéarla amach.

Tá castacht cheist an aistriúcháin, go háirithe do scríbhneoir na teanga mionlaigh, pléite go mion ag Liam Ó Muirthile (2000). Ag trácht dó ar na fáthanna ar éirigh sé féin as filíocht a chumadh ar feadh achair, luann sé cúrsaí aistriúcháin ar cheann de na fáthanna. Cé gur tuigeadh dó riamh 'go gcaitear aer an aistriúcháin a thabhairt do théacs na Gaeilge' (2000: 90), b'údar buartha dó an modh aistrithe a rinne athscríobh ar na bundánta. Tuigeadh dó gur athchoilíniú ar théacsanna Gaeilge ba ea é. Ina choinne sin, b'fhacthas dó go raibh íoróin ag roinnt leis an phróiseas – 'why translate into English what's already been translated, reworked, from English?'⁵ Míníonn sé, áfach, an léirstean ar chúrsaí sochtheangeolaíochta a thug air dul i mbun pinn arís:

Ag foghlaim conas taitneamh as an nua a bhaint as scríobh na teangan, gur gníomh ceiliúrtha teangan agus teangacha in éineacht é, a bhíos-sa agus atáim i gcónaí. An seanghreann a bhaint as. A thuiscint nach aon phioc de ghnó an ealaíontóra é bás nó beatha teangan, dá dhéine a bhíonn sé glacadh leis an dtuiscint sin. A thuiscint gur abhainn chaismirneach an bheatha, agus in Éirinn gur bruach dhá theangan atá ag an abhainn. (Ó Muirthile 2000: 91)

In ainneoin stádas mionlaithe na Gaeilge, tá filí agus scríbhneoirí ann a chreideann go daingean i mianach athnuaite an aistriúcháin. Is ar an ábhar go gcreideann sé go leathnaíonn an t-aistriúchán an intinn agus an teanga féin a thugann Gabriel Rosenstock (2000: 20-28) faoi fhilíocht a aistriú, de réir a thuairisce féin.⁶ Is é an tuairim chéanna a bheag nó a mhór atá ag Breandán Ó Doibhlin i dtaobh fheidhm an aistrithe go Gaeilge. Is mian leis taithí nua a sholáthar don Ghaeilgeoir, taithí nach bhfuil ag brath ar chultúr an Bhéarla (Ó Doibhlin 2000: 9). Cuireann Liam Mac Cóil (1986) suim san éagsúlacht a thugann na saothair aistrithe do chorpas liteartha na Gaeilge. Diúltaíonn sé don dearcadh eisintiúlach a shamhlaíonn an t-aistriú le caillteanas amháin.

Ag trácht dó ar na cnuasaigh *Rogha Dánta/Selected Poems* (1986) le Nuala Ní Dhomhnaill agus *The Bright Wave* (1986) a chuir Dermot Bolger in eagar, deir sé, 'Tá oscailt i gceist agus glacaimis leis gur fearr an oscailteacht sa chás seo ná an faitíos agus an fhéinchosaint' (Mac Cóil 1986: 22).

Maidir le Ní Dhomhnaill féin, ina haiste 'Traductio Ad Absurdum' (1996b) dearbhaíonn sí go ndeachaigh polasaí an aistriúcháin agus na foilseacháin dhátheangacha chun sochair don fhile Gaeilge agus don phobal go ginearálta le fiche bliain anuas. Tuigtear di go bhfuil faill ag filí Gaeilge na linne teagmháil a dhéanamh le pobal nua léitheoirí gan a bheith ag brath ar idirghabháil na scoláirí Gaeilge a raibh monaplacht acu ar litríocht na Gaeilge go dtí seo, dar léi. Ní thugann an ráiteas seo aitheantas, ámh, d'idirghabháil an aistritheora féin ná do mhianach claochlaithe ghníomh an aistrithe, gnéithe den aistriúchán a bhfuil tábhacht ar leith ag roinnt leo i gcás thionscnamh Ní Dhomhnaill, mar a fheicfear ar ball. In ainneoin a seasaimh dhearfa i leith an aistriúcháin, aithníonn Ní Dhomhnaill go bhfuil míbhuntáistí áirithe ag baint leis an fhorbairt seo. Caithfidh filí Gaeilge aistriúcháin dá ndánta a cheadú más mian leo aitheantas forleathan a ghnóthú, rud a bhaineann de dhlisteanacht na ndánta Gaeilge mar dhánta iontu féin, dar léi. Cáineann sí an nós tús áite a thabhairt do na haistriúcháin agus neamhiontas a dhéanamh de na bundánta: 'The translations are really never more than a secondary consideration, and should not be taken to stand for, or to stand in for, the originals' (Ní Dhomhnaill 1996b: 110).

I bhfianaise na haiste úd shílfeá, ní amháin go bhfuil Ní Dhomhnaill dall ar ról gníomhach léirmhínithe an aistritheora, ach go n-éilíonn sí ar an aistritheoir a chuid oibre a choinneáil faoi cheilt – gur mór aici an ceangal cliarlathach a chaomhnú idir ardstádas an bhundáin agus ísealstádas an aistrithe. Is tuiscint dhíthógálach ar phróiseas an aistriúcháin agus na scríbhneoireachta a nochtann Ní Dhomhnaill, áfach, in agallamh le Kaarina Hollo (1998) agus san iarfhocal a chuir sí leis an eagrán is déanaí dá chnuasach *Rogha Dánta* (1998):

I am so constantly plagued by the seeming arbitrariness of so much that finally finds its way onto the page, and the compromises and accommodations necessary in even getting it that far, that I suppose it does cause me to have a pretty 'laissez–faire' attitude to subsequent translations of it. (Ní Dhomhnaill 1998: 107)

Tugann dearcadh seo Ní Dhomhnaill tuairimí fritheisintiúlacha Octavio Paz (1992: 152-62) chun cuimhne, agus é ag dearbhú gurb é an t-aistriú leathbhreac na scríbhneoireachta cruthaithí agus go saibhríonn an dá phróiseas a chéile:

No text can be completely original because language itself, in its very essence, is already a translation – first from the nonverbal world, and then, because each sign and each phrase is a translation of another sign, another phrase. (Paz 1992: 154)

An Aistriúchán nó Leagan nó Aithris é?

Sula dtéitear níos faide leis an phlé ní mór sainmhíniú ar dhéanamh ar na téarmaí tagartha agus aghaidh a thabhairt ar an cheist 'cad is aistriúchán ann?' Déanann Roman Jakobson (1987: 429) idirdhealú idir trí chineál aistriúcháin.[7] Maidir leis an aistriú ó theanga go teanga eile, an fíoraistriúchán mar a thugann Jakobson air, is gnách idirdhealú a dhéanamh idir '*aistriúchán*' nuair a fhantar chomh dílis agus is féidir don bhunsaothar, '*leagan*' nuair a chaomhnaítear ábhar an bhunsaothair ach athraítear an fhoirm agus '*aithris*' nuair nach bhfuil ach ceangal iontach saor, ó thaobh ábhair agus stíle de, idir an bunéacs agus an téacs sa sprioctheanga.[8]

Cé gur minic an t-idirdhealú seo idir 'aistriúchán', 'leagan', agus 'aithris' in úsáid i gcritic léann an aistriúcháin, braitheann an téarmaíocht seo ar an tuiscint gur aonaid neamhspleácha ealaíne iad an bundán agus an t-aistriúchán agus gur féidir coibhéis nó dílseacht a chainníochtú. Creidim gur beag léargas a thugann an rangú seo dúinn ar phróiseas an aistrithe, áfach, go háirithe nuair is iad na buntuiscintí seo atá á gceistiú ag aistritheoirí áirithe comhaimseartha trí mheán an aistriúcháin féin. Seachnaíonn André Lefevere na téarmaí tagartha seo agus tugann sé 'refractions' ar théacsanna na sprioctheanga agus an sainmhíniú seo a leanas aige ar an téarma: '[...]

the adaptation of a work of literature to a different audience, with the intention of influencing the way in which that audience reads the work' (Lefevere 2000: 234-35).

Ar lorg theoiricí aistriúcháin na seascaidí agus na seachtóidí a chuir béim ar 'equivalence' nó coibhéis, déanann Eugene Nida (2000: 129-30) idirdhealú idir 'coibhéis fhoirmeálta' agus 'coibhéis dhinimiciúil'. Dírítear ar an teachtaireacht féin ó thaobh ábhair agus foirme de nuair atá coibhéis fhoirmeálta i gceist. Is ar an ghaol idir an teachtaireacht agus an léitheoir a dhírítear aird agus coibhéis dhinimiciúil mar threoirphrionsabal ag an aistritheoir. Sa chás seo, déantar iarracht aithris a dhéanamh ar an dóigh a ndeachaigh an buntéacs i bhfeidhm ar lucht a léite sa bhunteanga.

An Modh Dúchasaithe agus An Modh Galldaithe
Ag trácht dó ar an tuiscint ar cad is aistriúchán maith ann i gcultúr an Iarthair, deir Lawrence Venuti:

> A translated text is judged successful – by most editors, publishers, reviewers, readers, by translators themselves – when it reads fluently, when it gives the appearance that it is not translated, that it is the original, transparently reflecting the foreign author's personality or intention or the essential meaning of the foreign text. (Venuti 1992: 4).

Tuigtear do Venuti go ndéantar ollchumhacht an tsaoil Angla-Mheiriceánaigh a threisiú nuair a roghnaítear modh aistrithe a dhéanann dúchasú ar an bhuntéacs agus a cheileann gníomh an aistrithe. Molann sé dá réir, go mbainfí úsáid as modh galldaithe a chuirfeadh gníomh an aistrithe in iúl sa téacs agus a chuirfeadh i gcoinne fhorlámhas chultúr an mhóraimh:

> [...] resistant strategies can help to preserve the linguistic and cultural difference of the foreign text by producing translations which are strange and estranging, which mark the limits of dominant values in the target-language culture and hinder those values from enacting an imperialistic domestication of a cultural other. (Venuti 1992: 13)

Cé go nglactar go forleathan le tuairimí Venuti, go háirithe i measc lucht léinn an Iarthair, tá guthanna freasúracha ó chúlraí teangeolaíocha eile i ndiaidh ábharthacht uilíoch mholtaí Venuti a cheistiú. Ag trácht dó ar an aistriú ó Bhéarla go Polainnis, áitíonn Pitor Kwieciński (1998) go dtreisíonn an modh galldaithe forlámhas an chultúir Angla-Mheiriceánaigh. Feictear dó gur fearr a chosnaíonn modh dúchasaithe aistriúcháin sainiúlacht an chultúir dhúchasaigh.

Mar an gcéanna, i gcás theangacha dúchasacha na hAfraice, maíonn Moradewun Adejunmobi (1998: 169-170) gur léiriú eile é an cur chuige galldaithe ar fhorlámhas na dteangacha móra Eorpacha as siocair go mbíonn an galldú bunaithe agus dírithe ar an mhórtheanga Eorpach. Ní spreagann an cur chuige seo plé faoi staid na dteangacha dúchasacha ná faoi fhorlámhas na dteangacha Eorpacha i gcúrsaí foilsitheoireachta, dar leis. Ina choinne sin, sa tSín áirítear an t-aistriúchán a bhfuil tréithe gallda ann mar aistriúchán dílis, mar a mhíníonn Nam Fung Chang: 'their very presence [foreignizing effects] is proof that there is a self-effacing translator letting the original author speak without his/her intervention' (Nam Fung Chang 1998: 266).

Tá an guth freasúrach seo le cloisteáil i measc criticeoirí Éireannacha fosta. Áitíonn Francis Mulhern (1998: 169-70) nach féidir an cur chuige dúchasaithe agus an cur chuige galldaithe a áireamh mar mhodh coimeádach agus mar mhodh radacach aistrithe faoi seach. Ní mór stádas na dteangacha a chur san áireamh fosta, dar leis. Is fíor dó go bhfuil caochspota i dteoiricíocht Venuti sa mhéid is nach n-aithnítear gur féidir leis an dúchasú a bheith ina mhodh aistrithe radacach agus an coimhthiú ina mhodh aistrithe coimeádach i gcomhthéacsanna áirithe.[9] Feictear do Cronin (1998) gur cruinne tuairimí Venuti má dhéantar talamh slán de go bhfuiltear ag aistriú ó mhórtheanga go mórtheanga eile. Ní hionann an cás seo agus an t-aistriú ó mhórtheanga go mionteanga, áfach. Tuigtear dó gur fearr a chaomhnaíonn an modh dúchasaithe sainiúlacht na teanga mionlaigh (Cronin 1998: 147-49). Is é sin le rá, tugtar dúshlán aonchineálacht na mórtheanga nuair a dhéantar iarracht sainiúlacht na teanga mionlaigh a chaomhnú.[10] Bréagnaíonn Cronin an t-ionannú a dhéanann Venuti idir an t-aistriúchán líofa dúchasaithe agus dofheictheacht an aistritheora. Tagraíonn sé go speisialta d'fhilíocht Ní Dhomhnaill toisc go bhfeictear dó go dtarraingíonn aistriúcháin líofa a comhfhilí Béarla aird ar na dánta Béarla agus go ndéantar sainghuth Ní Dhomhnaill a chiúnú dá réir (Cronin 1996: 177).

Na hAistriúcháin Bhéarla á Meas ag Tráchtairí Gaeilge

Is é an cur chuige líofa dúchasaithe seo is údar gearáin do Douglas

Sealy (1990: 9) a cháineann an easpa aontachta a bhaineann leis an chnuasach *Pharaoh's Daughter* (1990) toisc go bhfuil sainstíl na n-aistritheoirí éagsúla le rianú ar na haistriúcháin. Tuigtear dó go bhfuil easpa dílseachta ag roinnt leis an athchruthú úr a dhéanann siad ar na bundánta, rud a chiallaíonn go bhfuil sé dodhéanta, dar leis, guth sainiúil Ní Dhomhnaill a aithint.

Is locht é seo a fhaightear go minic ar na haistriúcháin a dhéanann Paul Muldoon ar dhánta Ní Dhomhnaill, eadhon, go gcuireann sé na dánta in oiriúint chomh mór sin don spriocléitheoir nach bhfuil aon rian de shainiúlacht chultúr na Gaeilge ná de shainiúlacht ghuth Ní Dhomhnaill le sonrú orthu. Is é an tríú cnuasach dátheangach le Ní Dhomhnaill, *The Astrakhan Cloak* (1992), agus cur chuige an aistritheora, Paul Muldoon, is mó a tharraing aird na gcriticeoirí Gaeilge go nuige seo. Cé go dtugann Ó Séaghdha (1993) agus Nic Dhiarmada (1993b) an-aitheantas d'éacht aistrithe Muldoon ina gcuid léirmheasanna siúd ar an chnuasach, deir Nic Dhiarmada nach aistriúcháin iad dánta Muldoon ach leaganacha a dhéanann athshamhlú agus athchruthú ar dhánta Ní Dhomhnaill.

Faoi mar a mhínigh mé cheana, creidim gur beag léargas a thugann an rangú *aistriúchán* v. *leagan* v. *aithris* dúinn ar phróiseas an aistrithe, go háirithe nuair is iad na buntuiscintí seo atá á gceistiú ag leithéidí Muldoon trí mheán an aistriúcháin. Éilíonn a chuid aistriúchán siúd coincheapa úra léirmhínithe a chuireann an ceistiú seo san áireamh. Seachnófar an t-idirdhealú treallach idir aistriúchán, leagan agus aithris anseo – 'aistriúchán' a thabharfar ar na dánta siúd a aistríodh ó chóras teangeolaíoch go córas teangeolaíoch eile. Ar an dóigh seo, déanfar iarracht léargas a thabhairt ar phróiseas an aistrithe trí chéile in ionad torthaí an aistrithe a mheas i dtéarmaí cúnga na coibhéise amháin.

From the Irish: On *The Astrakhan Cloak*

Diomaite de na léirmheasanna gearra a dhéantar ar na cnuasaigh dhátheangacha, is iondúil nach ndéantar tráchtaireacht ar leith ar na haistriúcháin Bhéarla de dhánta Ní Dhomhnaill ná ar mhodh aistrithe an aistritheora. Tá alt Kaarino Hollo (1999) a dhéanann grinnanailís ar an chnuasach dátheangach *The Astrakhan Cloak* (1992) nuálach mar sin.[11] Is í Hollo (1999) is cáintí i dtaobh aistriúcháin Muldoon. Cé go dtugann sí aitheantas don amhras a chaitheann teoiriceoirí an aistriúcháin ar choincheap na bunúlachta agus ar choincheap na coibhéise, maíonn sí go mbaineann na coincheapa seo le tuiscint an phobail ar cad is aistriúchán ann, agus baineann sí earraíocht astu dá réir. Ceann de na lochtanna is mó a fhaigheann Hollo ar an chnuasach *The Astrakhan Cloak* (1992) ná an roghnú a rinne Muldoon ó thaobh dánta de. Feictear di gur fágadh ar lár na dánta a raibh tagairtí don Sean-Tiomna, don mhiostaseolaíocht chlasaiceach agus d'fhoinsí coimhthíocha eile iontu, rud nach dtugann cothrom na Féinne, dar léi, d'fhairsinge shamhlaíocht Ní Dhomhnaill. Léiríonn an lochtú seo, dar liom, an laige a bhaineann le slat tomhais Hollo féin atá dírithe rómhór ar an bhuntéacs agus nach gcuireann mianach claochlaithe an aistrithe san áireamh. Má dhéantar staidéar ar na haistriúcháin féin, feictear go dtarraingíonn Muldoon ar iliomad foinsí nach bhfuil luaite i mbundánta Ní Dhomhnaill. Sa dán 'The Black Train' (AC: 29), mar shampla, déantar tagairt do na carachtair 'the Headless Horseman' agus 'Ichabod Crane' ó scéal cáiliúil Washington Irving *The Legend of Sleepy Hollow* agus don arracht 'Windigo' ó mhiotaseolaíocht na mbundúchasach Meiriceánach. Is foinsí iad seo nach bhfuil luaite sa bhundán ar chor ar bith. Tá a leithéid chéanna fíor i dtaobh aistriúcháin eile Muldoon.[12] Cé nach ionann na tagairtí idirthéacsúla, tá aistriúcháin Muldoon agus bundánta Ní Dhomhnaill inchomparáide ó thaobh ilghnéitheacht na bhfoinsí a dtagraíonn siad dóibh. Ní hann do chúinge na bhfoinsí a shamhlaíonn Hollo leis na haistriúcháin. Is léir mar sin go gcaithfear coincheapa eile léirmhínithe seachas coincheap na coibhéise nó na dílseachta a chur i bhfeidhm ar aistriúcháin Muldoon leis an togra a thuiscint.

Ag teacht leis na tuairimí atá léirithe ag Venuti faoin cheansú agus faoin cheilt a dhéanann an modh aistrithe dúchasaithe ar an bhundán, faigheann Hollo locht ar líofacht aistriúcháin Muldoon, toisc gur dual dó, dar léi, slacht a chur ar na dánta, iad a dhéanamh níos liriciúla, giotaí a ghiorrú agus úsáid a bhaint as béarlagair mífhóirsteanach. Diúltaíonn sí don nádúrú seo a dhéanann Muldoon ar na bundánta toisc go bhfágtar iad in áit na leathphingne, dar léi (Hollo 1999: 141).

Cé gur fíor do Hollo go ndéanann Muldoon athchultúrú ar théarmaí tagartha áirithe, go gcuireann sé an téacs in oiriúint do lucht léitheoirí Mheiriceá go speisialta, níl anseo, ámh, ach cuid den scéal.[13] Is minic modh galldaithe a chuireann béim ar ghníomh an aistrithe in úsáid aige. In aistriúcháin ar nós 'Carnival' (AC: 13), 'Deep-Freeze' (AC: 37) agus 'Raven's Rock' (AC: 48-51), gan ach an beagán a lua, fágtar tagairtí do mhiotaseolaíocht na Gaeilge, nathanna cainte ar lomaistriúcháin iad ón Ghaeilge agus focail logánta Bhéarla gan aon mhíniú. Luaitear 'the Daghda' agus 'the famous river' sa dán 'Carnival' (AC: 13), mar shampla, ach ní mhínítear cé hé an Daghda ná gurb í an Bhóinn an abhainn atá i gceist. Fágtar an tagairt do charachtar cáiliúil scéal an tSeabhaic, Jimín Mháire Thadhg, gan aon mhíniú sa dán 'Deep-Freeze' (AC: 37). Ní túisce a mhealltar an spriocléitheoir le cuma na tuisceana saoráidí ná go dtugtar dúshlán na tuisceana céanna. Dála Hollo, áfach, is iondúil go ndíríonn criticeoirí ar ghné amháin de thogra aistrithe Muldoon, mar atá, líofacht a chuid aistriúchán, agus nach dtugtar aitheantas d'ilghnéitheacht na modhanna aistrithe a bhíonn in úsáid aige.

Is í an fhadhb atá leis na slata tomhais a tharraing criticeoirí éagsúla chucu féin go dtí seo agus aistriúcháin Muldoon faoi chaibidil acu, ná nach gcuireann siad an ghné fhéintagrach ná an toise féin-athfhillteach de thogra Muldoon san áireamh. Ag trácht ar a chuid aistriúchán féin, dúirt James Clarence Mangan, 'Moreover, a paraphrase, palmed on the public as a translation, is an imposture, and the palmer is an impostor; and the character of an impostor is one that no man assumes for nothing' (luaite in Lloyd 1987: 134). Is é téis Lloyd (1987) ná gur ag diúltú d'eisintiúlachas an náisiúnachais liteartha agus don bhéim a chuirtí ar bhunúlacht agus ar bharántúlacht an téacs, a bhíodh Mangan. Is fearr togra Muldoon a thuiscint laistigh de chuid de na téarmaí tagartha seo creidim, sa mhéid is go n-ardaíonn a chur chuige siúd ceist faoi bhunúlacht na ndánta Gaeilge, faoin ardstádas a thugtaí go traidisiúnta don bhundán agus faoi ról an aistritheora. D'fhéadfaí gur ag caint faoi chlár oibre Muldoon seachas clár oibre Mangan atá Lloyd nuair a deir sé:

> Nor is it accidental that the mode through which this critique takes place is primarily translation, in which, to be sure, the questions of the relation of an origin to its derived product, of the represented to the representation, of the authentic to the secondary, of the alien to the familiar, are critical. (Lloyd 1987: 103)

Creidim go bhfuil Muldoon ar aon iúl le Mangan agus go bhfuil buntuiscintí an phobail faoi bharántúlacht agus faoi bhunúlacht an bhuntéacs agus faoi fheidhm an aistritheora á gceistiú trí mheán an aistriúcháin. Cé go gcáineann Ó Séaghdha (1993) an easpa mínithe a thugtar ar mhodh aistrithe Muldoon sa réamhrá leis an chnuasach *The Astrakhan Cloak* (1992), is dóigh liom go bhfuil an leid le fáil i dteideal an chnuasaigh féin. Is gnách go nglactar leis gur imeartas focal é an focal 'Astrakhan' ar an fhocal Gaeilge 'aistriúchán' agus go bhfuiltear ag tagairt do bhréige an aistriúcháin. Síltear gur ag magadh faoina thogra féin atá Muldoon agus tagairt don 'cloak' sa teideal, gur mó atá á cheilt ná á fhoilsiú ag na haistriúcháin. Is amhlaidh, áfach, nach faoi fhéin ach faoin léitheoir atá Muldoon ag magadh. Má tá cuma umhal leithscéalach ar theideal an chnuasaigh, níl ann ach an chuma. Is mór ag Muldoon gogaile gó a dhéanamh den léitheoir a chuartaíonn 'fírinne' nó 'dílseacht' san aistriúchán. Leoga, seans nach n-áiríonn Muldoon a dhánta mar aistriúcháin ar chor ar bith agus gur leid atá sa teideal go bhfuil bundánta á gcur i láthair i mbréagriocht aistriúchán. Sa chás seo, ní hé go bhfuil an bundán á cheilt faoi chlóca an aistriúcháin, ach go bhfuiltear ag iarraidh aird a tharraingt ar an fheisteas féin – an clóca nó próiseas an aistrithe féin. Ag trácht dó ar an ionannú a dhéanadh Mangan idir a chlóca agus a fhéiniúlacht, deir Lloyd, 'Identity becomes disguise, and simultaneously elicits and deflects the gaze of the other, which would seek to identify the appearance with the authentic figure of man which should underlie it' (Lloyd 1987: 196).

Sílim gur chuige sin atá Muldoon. Is mór aige an clóca agus an fhiosracht a mhúsclaíonn sé. Tá an bhéim á leagan aige ar an scil atá ag an aistritheoir an chuma a chur ar an scéal go bhfuil rud inteacht le táirgeadh aige agus an chumhacht a leanann de sin. Sa mhéid is nach léir aon teorainn shoiléir a bheith idir an bhunchumadóireacht agus an t-aistriú i dtogra Muldoon, is cosúil go bhfuil barántúlacht na scríbhneoireachta trí chéile á ceistiú aige. Seans gur mór ag Muldoon a léiriú go bhfuil coincheap na bunúlachta féin chomh bréagach le bréagfhionnadh an chlóca,[14] agus nach bhfuil in aon ghníomh cumadóireachta ach aithris, rud a áitíonn Roland Barthes:

> We know now that a text is not a line of words releasing a single 'theological' meaning (the 'message' of the Author-God) but a multidimensional space in which a variety of writings, none of them original, bend and clash. The text is a tissue of quotations drawn from the innumerable centres of culture [...] the writer can only imitate a gesture that is always anterior, never original. (Barthes 1977: 146)

Maidir le coincheap aeistéitiúil an chnuasaigh *Feis* (1991), deir Ní Dhomhnaill: 'Tugann sé mo dhá phríomhthéama le chéile: an chumhacht dhorcha bhaineann atá curtha ó dheas againn go comhfhiosach – "An Chailleach", agus an taobh fireann dínn, an fear álainn neamhshaolta go bhfuilim i ngrá leis istigh ionam, "An Leannán Sí"' (in de Paor 1989: 54). D'fhéadfaí modh aistrithe Muldoon sa chnuasach *The Astrakhan Cloak* (1992) a mhíniú sna téarmaí meafaracha céanna. Is é an teacht le chéile, an ceangal dialógach idir an bundán agus an t-aistriúchán is tábhachtaí, rud nach léir don té a dhíríonn a aird shaintreorach ar an bhundán ná ar an bhunchnuasach amháin.

An bhfuil Filíocht Ní Dhomhnaill Do-Aistrithe?

In alt ceannródaíoch le Mac Giolla Léith (2000) ina scrúdaíonn sé na haistriúcháin Bhéarla de dhánta Ní Dhomhnaill le tuilleadh léargais a fháil ar an bhunsaothar, áitíonn sé go bhfuil an do-aistritheacht de thréith ag cuid d'fhilíocht Ní Dhomhnaill agus go sáraíonn struchtúr dánta áirithe ar na haistritheoirí is ábalta.[15] Maidir leis an aistriúchán a rinne Muldoon ar dhán Ní Dhomhnaill dar teideal 'Dubh', deir sé: '[...] Paul Muldoon's "Black" is in many ways a heroic but ultimately hopeless attempt at translating the belligerently untranslatable' (Mac Giolla Léith 2000: 155).

Braitheann éifeacht an dáin ar an úsáid chliste a bhaineann Ní Dhomhnaill as an débhríochas a roinneann leis an aidiacht 'bán'. Is gnách an aidiacht 'bán' a thuiscint mar mhalairt dhearfach ar an aidiacht 'dubh'. Sa chás áirithe seo, ámh, tagann Ní Dhomhnaill i dtír ar na sainchiallacha diúltacha atá ag an fhocal 'bán' sa Ghaeilge. Déantar athrá ar an fhocal 'dubh' i gcaitheamh an dáin sa dóigh is gurb ionann ciall focail na n-aidiachtaí 'dubh' agus 'bán' faoi dheireadh an dáin – 'táim dubh dubh dubh./ Mar tá Shrebrenice, cathair an airgid/ 'Argentaria' na Laidne/ bán' (CA: 16).[16] Is fíor do Mhac Giolla Léith gur thug an ghné seo den dán cáithnín do Muldoon. Nuair a foilsíodh an t-aistriúchán i dtús báire in Earrach na bliana 1998, ba é an t-aistriú a bhí déanta aige ar na línte deiridh ná "'Argentaria', as the Romans called it-/ is suddenly wan, waste and wan' (Muldoon 1998: 489). Níos moille an bhliain sin nuair a foilsíodh an bundán mar aon leis an aistriúchán ba é an t-aistriú a bhí ar na línte deiridh ná "'Argentaria', as the Romans called it-/ is blank'

(Muldoon 1998b). Is aistriúchán cliste é seo nuair a chuimhnítear ar chuid de na sainchiallacha atá ag an fhocal 'blank' sa Bhéarla, mar atá: 'bearing no marks, without ornament or break, empty, void, exhibiting no interest or expression, lacking understanding, devoid of ideas or inspiration, barren, an emptiness, something characterized by incomprehension or mental confusion, short for "blank cartridge".[17] Is i dtaca le foghair seachas le séimeantaic an fhocail, áfach, is fearr a thuigtear seiftiúlacht Muldoon. Is trí mheán an aistriúcháin a fhoilsítear gné thábhachtach den bhundán, mar atá, a cháilíocht fuaime. Cuireann an focal 'blank' stop tobann le scaoileadh an urcharfhocail 'dubh' sa bhundán. Is ag diúltú don ghaol cliarlathach idir brí agus fuaim an fhocail atá Muldoon, seasamh a thagann le dearcadh Ní Dhomhnaill ar thábhacht na haithrise.

Áiríonn Mac Giolla Léith an úsáid a bhaineann Ní Dhomhnaill as ábhar béaloidis agus as cora cainte mar 'capall úd Uí Ráthaigh' agus 'an sáspan dubh', ar cheann de thréithe do-aistrithe an dáin. Is nathanna iad seo a bhaineann go sainiúil le béaloideas na Gaeilge agus a éilíonn nóta mínithe don léitheoir Béarla. Cé gur fíor dó, is gá a mheabhrú go bhfuil a leithéid chéanna fíor i dtaobh fhormhór léitheoirí Gaeilge na freacnairce fosta. Go deimhin, taispeánann cuid de thráchtaireacht Mhic Giolla Léith féin an dúshlán a thugann idirthéacsúlacht Ní Dhomhnaill don léitheoir comhaimseartha. Tuigtear dó, mar shampla, gur cumadóireacht bhunaidh atá sa líne, 'Tá an dubh istigh is amuigh agam díbh' ag Ní Dhomhnaill, nath atá 'entirely unprecedented in the language', dar leis (2000: 164). Is amhlaidh, áfach, atá casadh á bhaint ag Ní Dhomhnaill as an chor cainte 'tá an dubh istigh aige domh', nath a bhfuil an sainmhíniú seo a leanas ag an Duiníneach (1927: 374) air: 'he cherished spite against me'. Is léir mar sin go gcaithfidh an léitheoir Gaeilge agus an t-aistritheoir struchtúr diacronach na teanga a chur san áireamh le hidirthéacsúlacht gach focail agus leis an athrú a thagann ar bhrí agus ar shainchiall focal i gcaitheamh an ama, a thuiscint. Mar atá áitithe ag George Steiner:

[...] every language-act has a temporal determinant. No semantic form is timeless. When using a word we wake into resonance, as it were, its entire previous history. A text is embedded in specific historical time; it has what linguists call a diachronic structure. To read fully is to restore all that one can of the immediacies of value and intent in which speech actually occurs. (Steiner 1998: 24)

Creidim go mbaineann an cháilíocht friotaíochta a aithníonn Mac Giolla Léith i saothar Ní Dhomhnaill, ní amháin le cúrsaí aistriúcháin, ach le próiseas na léitheoireachta trí chéile. Éilíonn filíocht Ní Dhomhnaill léitheoir gníomhach a bheidh páirteach i gcruthú na brí, léitheoir a aithneoidh mianach iolrach treascrach an téacs a cheistíonn idé-eolaíochtaí ceannasacha agus tuiscintí seanbhunaithe. Téacs scríbhneora í filíocht Ní Dhomhnaill a thugann dúshlán an léitheora. Fiú dá nglacfaí le tuairim Mhic Giolla Léith nach n-éiríonn le Muldoon nathanna cainte agus meafair an bhundáin 'Dubh' (CA: 15-16) a dhúchasú, sílim go bhfoilsíonn tréithe gallda aistriúchán Muldoon rún díthógálach Ní Dhomhnaill féin. Réabann sise an ceangal idir an comharthóir agus an comharthach. Cuireann aistriúchán Muldoon béim ar éagumas na teanga; is mar chomharthóirí amháin a fheidhmíonn na focail Bhéarla sin nach léir a mbrí do léitheoirí na sprioctheanga.

Is cosúil mar sin nach dtugann an chodarsnacht dhénártha, galldú v. dúchasú, cothrom na Féinne do mhodh aistrithe Muldoon trí chéile. Má athraítear an tslat tomhais, áfach, agus má ghlactar le próiseas an aistrithe mar phróiseas meatonaimeach seachas mar phróiseas meafarach, is féidir idir bhuanna agus laigí aistriúcháin ar nós 'Black' a aithint, gan an t-aistriúchán ar fad a áireamh mar theip. Faoi mar atá áitithe agam, foilsíonn aistriúchán Muldoon gnéithe áirithe den bhuntéacs, rud a rachaidh chun sochair do thuiscint an léitheora dhátheangaigh. Léiríonn an t-athrú a rinneadh ar an líne dheiridh den aistriúchán nach bhfuil a leithéid de rud ann agus aistriúchán ceart amháin, go bhféadfaí bheith ag súil i dtólamh le haistriúchán eile a thabharfaidh súil nó léamh eile ar an bhundán.

Ceist na Teanga/ Sruth na Teanga

Tugann Ní Dhomhnaill aghaidh ar cheist íogair an mheáin atá roghnaithe aici agus a bhfuil i ndán dá cuid filíochta Gaeilge sa dán dar teideal 'Ceist na Teangan' (F: 128). In alt léirsteanach leis, taispeánann Mac Giolla Léith go gceadaíonn dán léamh a thabharfadh le fios gur trí mheán an Bhéarla, Béarla na hÉireann go sonrach, a mhairfidh litríocht na Gaeilge (Mac Giolla Léith 2000: 153). Ag trácht dó ar líne dheiridh an dáin, mar a bhfuil tagairt d'iníon Fhorainn, deir sé: 'Yet it is named for a figure of cultural adoption, an agent – however well meaning – of linguistic appropriation, the acculturating, assimilating

surrogate mother of a helpless and inarticulate infant' (Mac Giolla
Léith 2000: 152). Do b'fhéidir, dar ndóigh, gnéithe eile de scéal
Mhaoise a bhéimniú le léamh eile fós a dhéanamh ar an dán.
D'fhéadfaí a mhaíomh, mar shampla, nach raibh i gcomhshamhlú
Mhaoise ach cur i gcéill, tharla go raibh a mháthair féin i bhfeighil air.
Léirigh sé a dhílseacht dá mhuintir féin nuair a shaoraigh sé ó na
hÉigiptigh iad. D'fhéadfaí comparáid a dhéanamh idir an leas a bhain
Maoise as cúrsaí cumhachta chun a chríche féin agus ar son na ndaoine
a bhí faoi chois, agus an t-aistriú go Béarla a cheadaíonn Ní
Dhomhnaill agus filí eile Gaeilge, le háitiú gur úsáid straitéiseach atá
á baint as an aistriúchán le haitheantas a éileamh don teanga
mhionlaigh. I bhfocail Alan Titley:

> Without this publicity many people would think, and would like to think,
> that Irish poetry and Irish literature do not exist at all. Nobody in Ireland
> must ever be allowed to think that. Nobody must ever be allowed to say
> that Irish literature is written solely in English. They must never be free
> to ignore us in our own country. (in Mac Síomóin et al., 1993: 70)

Tá an léamh seo a bhéimníonn an cur chuige comhfhiosach agus
úsáid straitéiseach an aistriúcháin, ag teacht le tuairimí Cronin (1998)
maidir leis an seasamh comhfhiosach is gá do chainteoirí teanga
mionlaigh a thógáil i dtaca le cúrsaí aistriúcháin. Molann sé go
ndéanfaí idirdhealú idir an t-aistriú mar aithris neamhchriticiúil nó
'reflection' agus an t-aistriú criticiúil nó 'reflexion'. Is éard atá i gceist
anseo ná nach nglacfaí scun scan le lomaistriúcháin ó
mhórtheangacha ach go ndéanfaí machnamh criticiúil faoina bhfuil le
haistriú ar bhealach a rachaidh chun sochair don teanga mhionlaigh
agus a chothóidh a sainiúlacht (Cronin 1998: 147-48). Is é sin le rá,
go gcaithfear idirdhealú a dhéanamh idir an t-aistriú mar ghníomh
comhshamhlaithe agus an t-aistriú a chothóidh fíoréagsúlacht.
Cé go dtagraíonn Titley do chás sainiúil na hÉireann sa ráiteas
thuas, is féidir dán Ní Dhomhnaill, 'Ceist na Teanga' (F: 128), a
shuíomh i gcomhthéacs níos leithne. Léiríonn an file muinín as sruth
na dteangacha; ní ábhar imní di an teagmháil le teangacha eile. Leoga,
is cosúil go samhlaíonn sí saoirse leis na comhthéacsanna nua
teangeolaíocha agus tuisceana a thiocfaidh as a leithéid de thuras
teanga – ní laistigh de théarmaí tagartha an traidisiúin Ghaelaigh
amháin a dhéanfar a saothar a léamh feasta.

Saothar Ní Dhomhnaill Trí Phriosma an Bhéarla

Is mithid plé a dhéanamh ar chuid de na léamha atá déanta ag scoláirí a bhíonn i dtaobh leis na haistriúcháin Bhéarla de dhánta Ní Dhomhnaill. Cén tábhacht atá ag na léamha úra seo don chriticeoir Gaeilge? Áitíonn Venuti (2000: 468-88) gur láthair theagmhála theangeolaíoch é an t-aistriúchán agus go gcruthaíonn na haistriúcháin pobal léitheoirí atá iontach éagsúil lena chéile. Díríonn Venuti a aird ar an rud a dtugann sé an fuílleach dúchasach air – an rian de luachanna na sprioctheanga atá le sonrú ar an aistriúchán. Nuair a dhéantar scagadh ar na léirmheasanna agus ar na saothair chritice atá bunaithe ar na haistriúcháin d'fhilíocht Ní Dhomhnaill, feictear go bhfuil tábhacht ag roinnt leis an fhuílleach dúchasach seo, go ndéantar an saothar a léamh agus a mheas laistigh de théarmaí tagartha na sprioctheanga.

Tá léamh suimiúil déanta ag McWilliams Consalvo (1995) ar cheist na teanga agus ar thábhacht an dátheangachais i bhfilíocht Ní Dhomhnaill. Rinne Linda Revie (1995) léirléamh ar an dán 'Parthenogenesis' (FS: 105-06) i gcomhthéacs choincheapa Cixous agus an *écriture féminine*. Sa dá chás, ámh, ní cháilítear an léamh a dhéantar ar shaothar Ní Dhomhnaill bunaithe ar na haistriúcháin Bhéarla, agus glactar leis go bhfuil an léamh bailí don saothar Gaeilge fosta. Bunaithe ar aistriúchán John Montague den dán 'Oileán' (PD: 41-43), mar shampla, áitíonn McWilliams Consalvo:

> Ní Dhomhnaill couples images of ejaculation (the "thrust through foaming seas",) with those of the earth-mother's cavity ("wistful, emerald, islanded") to represent Irish fertility. (McWilliams Consalvo 1995: 151)

Ceadaíonn aistriúchán Montague a leithéid de léamh toisc nach léir an fear nó bean é insteoir an dáin. I gcomhthéacs thogra fileata Ní Dhomhnaill trí chéile, áfach, is deacair a chreidbheáil nach bhfuil casadh á bhaint ag an fhile as ciútaí an traidisiúin liteartha sa dán 'Oileán' (FS: 14) agus go bhfuil an talamh á chur i láthair mar fhear seachas mar bhean. An té a bhfuil cur amach aige ar Iarthar Chiarraí, tearmann spioradálta Ní Dhomhnaill, rithfeadh sé leis gurb é Inis Tuaiscirt, nó 'An Fear Marbh' mar is fearr aithne air, an t-oileán atá i gceist sa dán seo.[18]

Is i gcomhthéacs an *écriture féminine* a dhéanann Revie léirléamh

ar an dán 'Parthenogenesis' (FS: 105). Is i dtaobh le haistriúchán
Béarla Michael Hartnett (R 132-33) den dán atá Revie, a mhaíomh
gur duine fulangach í pearsa bhaineann an dáin. Is bean láidir a bhfuil
misneach aici a chuirtear i láthair i ndán Ní Dhomhnaill. Deirtear 'gur
snámhaí maith í'; 'níor chás di bualadh go rábach amach go dtí na
huiscí móra', agus nuair a bhí sí i gcontúirt, 'd'éirigh de lúth a cnámh
is de shraimeanna a cos/ is thug aon seáp amháin don tráigh, le 'buillí
aiclí/ do tháinig den ráig sin ar an ngaineamh' (FS: 105). Tá an tríú
pearsa bhaineann in aistriúchán Hartnett níos fíneálta: 'supple she
struck out with strength for the breaking waves'; 'with nimble supple
strokes she made the sand' agus tá sí níos leochailí, 'made in
desperation for the beach' (RD: 133). San áit a bhfuil an modh
coinníollach ag Ní Dhomhnaill ag tuar a mbeadh i ndán don phearsa
bhaineann dá gcloífeadh na fórsaí fo-thoinn í – 'go ndéanfaí coiréal
bán/ dá cnámha is atóil mhara, diaidh ar ndiaidh, dá lámha' (FS: 105),
baineann Hartnett úsáid as an aimsir chaite, ag tabhairt le fios gur
tháinig sí faoi réim na bhfórsaí naimhdeacha. Is ar phearsa fhulangach
chloíte seo Hartnett a bhunaíonn Revie a léamh, ag dearbhú gur duine
fulangach í an phearsa bhaineann nach bhfeidhmíonn ar an talamh
tirim. Is amhlaidh, ámh, gur bean láidir a n-éiríonn léi teacht slán a
chuirtear i láthair sa bhundán agus go ndéantar í a cheansú i bpróiseas
an aistrithe.

Spreagann sé seo ceist faoi inscne an aistritheora agus an tionchar
a bhíonn ag cúrsaí inscne ar phróiseas an aistrithe. In agallamh le
Michael Cronin luann Ní Dhomhnaill cúrsaí inscne i dtaca le cúrsaí
aistriúcháin. Tuigtear di go bhfuil peirspictíocht éagsúil aici le taobh
pheirspictíocht an aistritheora fhirinn, Michael Hartnett (in Cronin
1986: 7). Cé go bhfuil aird tarraingthe ag teoiriceoirí feimineacha ar
nós Sherry Simon (1996), Barbara Godard (1990; 1991; 1995), Nicole
Ward Jouve (1991), Luise von Flotow (1991) agus Lori Chamberlain
(1992) ar chúrsaí inscne i bpróiseas an aistriúcháin, is beag plé atá
déanta ar an ábhar seo i dtaca le haistritheoirí Ní Dhomhnaill de. Tá
an easpa tráchtaireachta seo níos suntasaí fós nuair a smaoinítear ar an
ghné fheimineach a shamhlaítear le filíocht Ní Dhomhnaill i gcoitinne
agus nuair a chuirtear san áireamh gur aistritheoirí fir iad formhór na
n-aistritheoirí a d'aistrigh filíocht Ní Dhomhnaill go nuige seo.

Cé gur aistritheoirí fireanna amháin atá luaite go dtí seo, ní
hionann sin is a rá gur féidir talamh slán a dhéanamh de go mbíonn

aistritheoirí baineanna níos dílse do dhinimicí inscne shaothar Ní
Dhomhnaill. Má dhéantar iniúchadh ar aistriúcháin Medbh
McGuckian de dhánta Ní Dhomhnaill, feictear go gcuireann sí béim
sa bhreis ar chúrsaí inscne ina haistriúcháin siúd go minic. D'fhéadfaí
aistriúcháin McGuckian a mhíniú i gcomhthéacs na critice feiminí a
mholann don bhanaistritheoir a hinscne a chur in iúl trí mheán an
aistriúcháin. Míníonn Barbara Godard sainiúlacht an chur chuige seo:

> The feminist translator, affirming her critical difference, her delight in
> interminable re-reading and re-writing, flaunts the signs of her
> manipulation of the text. *Womanhandling* the text in translation would
> involve the replacement of the modest, self-effacing translator. (Godard
> 1990: 94)

Tá an idé-eolaíocht fheimineach seo i gceist i gcuid mhór
d'aistriúcháin McGuckian, creidim. Is minic tagairtí meafaracha do
chorp na mban aici, áit nach bhfuil ach cur síos lom ar rud nithiúil ag
Ní Dhomhnaill sa bhundán. In aistriúcháin áirithe le McGuckian,
cuirtear béim sa bhreis ar mhianta collaí na chéad phearsan baininne.
Sa dán 'Filleadh na Béithe' (F: 56), mar shampla, cuireann an chéad
phearsa síos ar a háthas, dá hainneoin féin, iar bhfilleadh na Béithe.
Ní ar chúrsaí inspioráide a dhíríonn McGuckian, ámh, ach ar chúrsaí
collaíochta:

Suíonn tú sa chathaoir	You sit yourself down
uilleann is compordaí	in your old favourite armchair
agus is teolaí le hais	pulled up to the fire.
na tine. Tá sceitimíní	I come out in
áthais orm timpeall ort.	an all-over body-rash,
Faoi mhaide boilg an tsimléara	my erect nipples
is faoi chabha an staighre,	in for a nuzzling
geofar láithreach	by the stomach of the chimney
na coda beaga. (WH: 98)	stack, or the cubby hole
	under the stairs. (WH: 99)

Nuair a chuirtear aistriúcháin McGuckian i gcomórtas le
haistriúcháin Muldoon, is féidir cosúlachtaí suntasacha idir cur chuige
na beirte a aithint. Ar aon dul le Muldoon, is minic a athraíonn
McGuckian téarmaí tagartha an bhundáin; bíonn cúrsaí polaitíochta,
polaitíocht Thuaisceart Éireann go speisialta, i gceist san aistriúchán

go minic. Is suntasach go dtarlaíonn seo go speisialta i gcás dánta faoi 'bhean an leasa'. Fuarthas locht ar an aistriúchán a rinne Muldoon ar an téarma 'bean an leasa' sa dán 'An Crann' (FS: 75-76), toisc nach gcuireann na focail 'this bright young thing' (PD: 37) an chumhacht scanrúil bhaineann agus comhthéacs sainiúil cultúrtha an bhundáin in iúl.[19] Tá athrú dioscúrsa i gceist leis an aistriú a dhéanann McGuckian ar an téarma céanna. Is í bean an leasa a thugann ordú do na fir caoirigh an chnoic a mharú sa dán 'An Slad' (F: 47) le Ní Dhomhnaill. 'The iron lady' a thugann an t-ordú in aistriúchán McGuckian agus déantar an comhthéacs polaitiúil a dhaingniú sna línte deiridh: 'so my neck got broken, my knees got capped,/ one-and-twenty bullet-holes left in my meat ...' (WH: 103). Is friotal é seo ar cosúla é le tuairisc nuachta ar imeachtaí foréigneacha Thuaisceart Éireann ná leis an ionsaí a gcuireann insteoir an bhundáin síos air agus í á cur féin i gcomparáid le 'caoirín odhar mhaolchluasach': 'Do ropadar mo mhuineál, do ghearradar mo speireacha./ Do chuireadar poll is fiche i mo sheithe' (F: 47). Tá an t-athchultúrú céanna le rianú ar aistriúchán Muldoon 'The Heist' (PD: 145-47). Seachnaíonn sé an tagairt do bhean leasa i dteideal an bhundáin 'Comhairle ó Bhean an Leasa' (F: 50-51), ach tagraítear do 'Her Majesty's Customs' ag deireadh an aistriúcháin; déantar ionannú dá réir idir Banríon Shasana agus bean an leasa. Tugann céad phearsa an dáin Ghaeilge cuairt oíche 'isteach sa lios'. Tá an chuma ar an scéal gur chuig club oíche a théann pearsa an dáin Bhéarla: 'I make my way/ into the *Otherworld Club* or the *Faerie Queen*' (PD: 145). Treisíonn an tagairt do théacs Edmund Spenser dar teideal *The Faerie Queen*, an t-athscríobh polaitiúil atá ar siúl ag Muldoon. Tá an easumhlaíocht is dual do Muldoon le rianú ar an athchultúrú a dhéanann sé ar theideal shaothar Spencer: ní téacs gradamach coilíníoch atá i gceist a thuilleadh ach club oíche do homaighnéasaigh.

Is for-réil mar sin nach bhfuil aon leagan amach simplí bunaithe ar inscne an aistritheora a mhíníonn modhanna aistrithe leithéidí McGuckian agus Muldoon. Ní féidir talamh slán a dhéanamh de go mbeidh an t-aistritheoir baineann níos dílse do shaothar an scríbhneora bhaininn ná ní féidir a mhaíomh go gcuireann aistritheoirí fireanna peirspictíocht fhireann in iúl i dtólamh. An t-aon rud is féidir a áitiú, faoi mar atá áitithe ag Lefevere roimhe seo, go mbíonn athraonadh nó claochlú i gceist i gcónaí nuair a dhéantar téacs a

aistriú. Is iondúil go ndírítear ar an sprioctheanga agus ar an sprioc-
chultúr amháin mar phriosmaí nó údair chlaochlaithe. I bhfianaise a
bhfuil pléite againn anseo, ba chóir cúrsaí inscne a áireamh mar
cheann de na fórsaí claochlaithe seo a thuilleann aird scolártha.

Struchtúr na gCnuasach Gaeilge

Is gnách do chriticeoirí Gaeilge dánta Ní Dhomhnaill a léamh i agus
aird acu ar struchtúr na gcnuasach Gaeilge. Tá tábhacht an scéil
bhéaloidis a fhaightear ag tús gach cnuasaigh le Ní Dhomhnaill
aitheanta agus pléite go minic ag criticeoirí Gaeilge.[20] Is iad na scéalta
seo a thugann aontacht choincheapúil do na cnuasaigh éagsúla. I gcás
an chnuasaigh *Feis* (1991), mar shampla, tá struchtúr iontach
forbartha ag an díolaim bunaithe ar chéimeanna éagsúla den phróiseas
ar a dtugann Jung 'próiseas an indibhidithe'.[21] Ní bhíonn aon scéal
béaloidis a fheidhmíonn mar fhráma tagartha ag tús na gcnuasach
dátheangach toisc nach gcaomhnaítear struchtúr na gcnuasach
Gaeilge iontu. Leoga, i gcás an chnuasaigh *Pharaoh's Daughter*
(1990), ní hionann fiú na dánta atá sa chnuasach Béarla agus sa
chnuasach Seapáinise den teideal céanna. Is minic locht á fháil ar na
cnuasaigh dhátheangacha dá réir mar go bhfágtar léitheoir na n-
aistriúchán gan treoir choincheapúil.[22] Maíonn O'Leary (1999), mar
shampla:

> Indeed it is precisely this intricately entwined texture that is all but
> invariably lost when individual poems or even groups of poems are
> translated out of their full original context, a loss that deprives readers
> without Irish of a proper appreciation of just how unique and profound
> her [Ní Dhomhnaill's] ever evolving *oeuvre* has been and continues to
> be. (O'Leary 1999: 12)

Is baolach, áfach, go gcuireann struchtúr saothraithe na gcnuasach
filíochta Gaeilge srian ar na léamha a dhéantar ar dhánta aonair. I
gcásanna áirithe, tharlódh sé go bhfoilsíonn critic an duine atá i
dtaobh leis na haistriúcháin amháin, gné eile de thogra Ní
Dhomhnaill. I bhfocail Venuti (2000: 218) 'If translation inescapably
reduces source meanings, it also releases target potentialities which
rebound upon the foreign text in unsettling ways'.

Is gnách do chriticeoirí na Gaeilge an tsraith 'Immram' (F: 83-96)
a léamh i gcomhthéacs theoiricí Jung, mar shampla.[23] Eiseamláir

mhaith de léamh nach bhfuil á threorú ag struchtúr saothraithe an
chnuasaigh Ghaeilge é an léamh a dhéanann Paul Keen (2000) ar an
tsraith dánta 'Immram', atá aistrithe ag Muldoon mar 'The Voyage'
(AC: 72-103). Más mar shiombail den staid iomlánaithe shíceach a
thuigtear an t-oileán i ndánta na sraithe go minic, is mar shiombail
d'fhís idéalach an náisiúnachais rómánsaigh a mhíníonn Keen é.
Cíorann Ní Dhomhnaill na tuiscintí eisintiúla ar chúrsaí náisiúntachta
sa tsraith 'The Voyage', dar leis. Tá an t-oileán mealltach ach is
amhlaidh atá sé doshroichte agus neamhbhuan freisin. Áitíonn sé go
ndéanann Ní Dhomhnaill bréagnú ar choincheap na haonchineálachta
a chothaigh an náisiúnachas rómánsach, agus go gcuireann sí in iúl go
dtagann an coincheap seo salach ar fhíric na staire agus ar
ilghnéitheacht an phobail agus an náisiúin dá réir. Díríonn Nic
Dhiarmada agus de Paor ar shintéis na sraithe i gcomhthéacs scéimre
Jungach an chnuasaigh, á mhaíomh gur céim í an turas farraige i dtreo
an iomlánaithe shícigh. Is ar an easpa sintéise, áfach, a dhíríonn Keen
a aird, agus é ag áitiú nach bhfuil aon toradh cinnte á ríomh sa tsraith:
[...] 'The Voyage' is dialogical rather than dialectical, its different
voices fragment and interact without an orientation towards the
promise of some future synthesis' (Keen 2000: 34). Is léamh é seo a
thacaíonn leis na ceisteanna a cuireadh cheana maidir leis na léamha
Jungacha a dhéantar ar fhilíocht Ní Dhomhnaill, léamha nach
gcuireann san áireamh an léirmhíniú sainiúil a dhéanann Ní
Dhomhnaill ar theoiricí Jung agus an dóigh a múnlaíonn sí na teoiricí
chun a críche féin.

Ag trácht dó ar iarnua-aoiseachas fhilíocht Ní Dhomhnaill, luann
Frank Manista (1999) cúrsaí aistriúcháin go speisialta. Is léir ón
chruinnchomórtas a dhéanann sé idir aistriúchán Seamus Heaney agus
aistriúchán Michael Hartnett den dán 'Féar Suaithinseach' (FS: 19),
go n-aithníonn sé mianach claochlaitheach an aistriúcháin. Pléann sé
an deacracht a chruthaíonn a leithéid d'éagsúlacht idir na
haistriúcháin Bhéarla don léitheoir atá ag brath ar an aistriúchán
amháin:

In either case, one is left with the problem of which poem is closer to the
poet's original meaning, since even though we still have the poet living,
she will only allow for an approximation, unless we can read Irish.
(Manista 1999: 149)

Tá an creideamh seo i mbrí bhunaidh an bhundáin agus i gcumas an léitheora Gaeilge í a aimsiú, bunoscionn leis an toise iarnua-aoiseach a shamhlaíonn Manista le togra Ní Dhomhnaill; bíonn ceangal dialógach, dar leis, idir na dánta Gaeilge agus na haistriúcháin Bhéarla agus idir na haistriúcháin éagsúla Bhéarla. Is léir ó na léamha éagsúla a dhéanann criticeoirí na Gaeilge ar dhánta Ní Dhomhnaill nach ann don léamh ceart amháin ná don bhrí bhunaidh ar féidir teacht uirthi go furasta trí mheán na Gaeilge. Tá de bhuntáiste ag an léitheoir dátheangach, ámh, gur féidir leis bheith páirteach sa dialóg idir an bundán agus an t-aistriúchán. Mar a deir Edward Genztler agus achoimre á déanamh aige ar thionchar thuiscintí Derrida ar theoiricí an aistriúcháin:

> Instead of being defined merely as a crossing over in order to grasp something, translation can also provide a place or forum for the practice of a crossing over which disseminates and escapes. Instead of translations fixing the same meaning, translations can also allow further room for play, extend boundaries, and open up new avenues for further difference. (Gentzler 1993: 162)

Is féidir leis an léitheoir agus leis an chriticeoir dátheangach bheith i lár aonach na hilbhrí agus tairbhe a bhaint as an aistear teangeolaíoch.

Athléamh, Míléamh, Athraonadh, Claochlú......

Is for-réil ón phlé atá déanta ar na modhanna éagsúla aistrithe a bhíonn ag aistritheoirí iomadúla agus ar na comhthéacsanna ar leith ina ndéantar filíocht Ní Dhomhnaill a léamh agus a mheas, nach ábhar aontaithe léimh agus taighde í 'Filíocht Nuala Ní Dhomhnaill'. Nuair a chuirtear san áireamh an easpa critice a rinneadh go dtí seo ar ghné an aistrithe, is léire fós an éiginnteacht a bhaineann lena leithéid de lipéad.

Áitíonn Lefevere gur chóir an claochlú nó an t-athraonadh a tharlaíonn do théacsanna mar chuid de phróiseas an aistrithe, na léirmheastóireachta, na múinteoireachta, na critice, an chnuasaithe agus na staireolaíochta a áireamh mar ábhar dlisteanach taighde (Lefevere 2000: 235). Tuigtear dó go bhfuil cáil an scríbhneora bunaithe ar mhíléamha nó ar mhíthuiscintí nó, le téarma níos neodraí a úsáid, ar athraonadh. Is amhlaidh mar sin gur gné í seo a bhaineann le litríocht uile an domhain, bíodh an scríbhneoir ag saothrú trí mheán mórtheanga nó teanga mionlaigh. Cuimhnímis, mar shampla, ar bhreithiúnas Martin Esslin faoin fháilte a cuireadh roimh dhráma Bertolt Brecht, *Arturo Ui*, i Londain sa bhliain 1965: '[...] the British critics began to rave about the precision, the passion, acrobatic prowess and general excellence of it all. Mercifully, as none of them understands German, they could not be put off by the actual content of this play' (Luaite in Lefevere 2000: 235).

Ar an dóigh chéanna caíonn Sherry Simon (1996: 86-110) an cur amach iontach teoranta atá ag feiminigh Angla-Mheiriceánacha ar shaothar Cixous. Leagann sí béim go speisialta ar an eisintiúlachas a chuirtear i leith Cixous, go héagórach dar léi. Bunaithe ar aistriúcháin de shaothar teoirice Cixous atá cuid mhór de na léamha easnamhacha, dar léi, léamha nach gcuireann an saothar cruthaitheach Fraincíse san áireamh. Tuigtear do Simon, ámh, go ndeachaigh an teagmháil seo idir teoiriceoirí feimineacha na Fraince agus lucht critice Mheiriceá chun sochair don dá dhream: 'This means that where "we" are has changed through the contact with "them"; but undoubtedly "they" have changed as well. In the context of an increasingly internationalized intellectual community, where traditions can no longer be identified with national boundaries [...] the location of thought must be constantly redefined' (Simon 1996: 110).

Is í polaitíocht an aistriúcháin agus an léirléamh easnamhach is féidir leis an chriticeoir a dhéanamh ar shaothar scríbhneoirí áirithe, go háirithe scríbhneoirí i dteangacha neamhfhorleathana, is ábhar d'aiste cheannródaíoch Rosemary Arrojo (1999). Caíonn sí an aithne theoranta atá ag an phobal idirnáisiúnta ar shaothar Clarice Lispector, scríbhneoir Brasaíleach. Dar le Arrojo, braitheann a cáil siúd ar an léamh a dhéanann Cixous ar a saothar agus ar an stádas a bhronnann sí ar shaothar Lispector mar eiseamláir den stíl scríbhneoireachta bhaineann (Arrojo 1999: 141-61).[24]

Cé gurb ann don athraonadh, nó don chlaochlú a ndéanann Lefevere trácht air, i gcúrsaí critice agus léitheoireachta trí chéile, is léir ó na léamha critice a pléadh thuas go mbíonn an claochlú seo níos suntasaí fós nuair a táthar ag plé le saothar trí mheán an aistriúcháin. Léiríonn aiste Arrojo (1999) gur fíor do Lefevere nuair a deir sé go mbraitheann an t-athraonadh a dhéantar ar shaothar an fhile/an scríbhneora ar an cháil atá air. Má tá clú idirnáisiúnta ar fhile/scríbhneoir, is dóchúla go nglacfaí lena shaothar ar a théarmaí féin agus go ndéanfaí iarracht cuid de thréithe sainiúla an bhunsaothair a chur in iúl. Mura bhfuil aithne fhorleathan ar an fhile, déanfar níos mó dúchasaithe ar an saothar le hé a chur in oiriúint do phobal na sprioctheanga. Tá sé de bhuntáiste ag Nuala Ní Dhomhnaill gur duine de mhórfhilí na hÉireann í agus go gcinntíonn an síoraistriú agus an t-athaistriú a dhéantar ar a cuid dánta, chomh maith leis an chritic líonmhar ar a cuid filíochta, go gcuirtear coincheapa éagsúla léirmhínithe i bhfeidhm ar a saothar. Más údar buartha do lucht critice na Gaeilge na míléamha a dhéantar ar fhilíocht Ní Dhomhnaill bunaithe ar na haistriúcháin, meabhraítear dóibh gur ar mhíléamha agus ar mhíthuiscintí, nó ar athraonadh Lefevere, a bhí cáil na mórscríbhneoirí domhanda bunaithe riamh anall. Baineann an míléamh nó an t-athraonadh seo ní amháin le próiseas an aistriúcháin, ach leis an léitheoireacht agus an léirmheastóireacht i nGaeilge fosta.

Boland ag Aistriú

Ar an ábhar gur as Béarla a scríobhann Eavan Boland, ní chaithfidh sí dul i muinín an aistriúcháin le pobal idirnáisiúnta léitheoirí a bhaint amach. Mar a luadh cheana, is beag aistriú a dhéantar ar fhilíocht Boland toisc go mbíonn tóir ag criticeoirí agus ag léitheoirí araon ar na bundánta Béarla. Tá roinnt aistriúchán ón Ghaeilge, ón Rúisis agus ón Ghearmáinis déanta ag Boland féin. Is suntasach gur i gcnuasaigh luatha Boland, *New Territory* (1967) agus *The War Horse* (1975), a foilsíodh na haistriúcháin seo ar fad agus nach bhfaightear aistriúcháin i ndíolaimí eile léi. Is eisceacht, dar ndóigh, an cnuasach dátheangach *After Every War* (2004) ina bhfuil bundánta Gearmáinise agus aistriúcháin Bhéarla curtha ar fáil ag Boland. Is fiú iniúchadh a dhéanamh ar rogha na ndánta atá aistrithe ag Boland, ar inscne na bhfilí agus ar an mhodh aistrithe a roghnaigh sí óir tugann na roghanna a dhéanann sí léargas ar leith ar an tuiscint atá aici ar chúrsaí teanga i gcoitinne agus ar stair theangeolaíoch na tíre seo go speisialta.

'After the Irish of Egan O'Rahilly' (CP: 5-6) an t-aon dán ar aistriúchán é a foilsíodh sa chnuasach *New Territory* (1967). As measc na gceithre aistriúchán a foilsíodh sa chnuasach *The War Horse* (1975), tá ceann ón tSean-Ghaeilge, 'From the Irish of Pangur Ban' (sic) (CP: 38-39), ceann amháin ón Ghearmáinis 'Chorus of the Shadows: after Nelly Sachs' (CP: 38) agus dhá cheann ón Rúisis, 'The Atlantic Ocean' (CP: 39-41) agus 'Conversation with an Inspector of

Taxes about Poetry' (CP: 41-43), a bhfuil an fotheideal 'after
Mayakovsky' ag gabháil leo. Léiríonn an t-aitheantas a thugann
Boland don bhunfhoinse i dteidil na ndánta an tuiscint atá aici ar
bhunúlacht agus ar ardstádas an bhundáin. Tugann na focail 'after'
agus 'from' le fios nach bhfuil stádas an bhundáin á éileamh aici dá
haistriúcháin. É sin ráite, mar a phléifear thíos, ní dílseacht sclábhánta
a fhaightear i dtólamh in aistriúcháin Boland. Cleachtann sí modh
aistrithe a dhéanann dúchasú ar ghnéithe áirithe de na buntéacsanna le
hiad a chur in oiriúint do léitheoirí Béarla na freacnairce.

Ina réamhrá le roinn na filíochta comhaimseartha sa chnuasach
The Field Day Anthology of Irish Writing, tráchtann Declan Kiberd
(1991: 1314-15) ar fheidhm an aistrithe in Éirinn ó aimsir Yeats go dtí
an lá atá inniu ann. Feictear dó go raibh feidhm éigin phraiticiúil leis
na haistriúcháin nuair a bhí leithéidí Yeats ag iarraidh tuiscint a fháil
ar litríocht na Gaeilge. Sa lá atá inniu ann, áfach, agus cumas inteacht
sa teanga ag formhór na scríbhneoirí Béarla, dar leis, samhlaítear dó
go bhfuil feidhm eile leis na haistriúcháin, gur léiriú iad ar údar imní
agus ciontachta, gur rún aithrí é an t-aistriú don té a scríobhann a
phríomhshaothar i mBéarla. Is i dtéarmaí na ciontachta a mhíníonn
Kinsella (1970), mar shampla, na haistriúcháin a rinne sé ar dhánta na
Nua-Ghaeilge Clasaicí agus ar an *Táin Bó Cuailnge*. Tá aiféala agus
stoiteachas le brath sa chur síos a dhéanann sé ar a sheasamh i leith an
dá thraidisiún:

...for my own part I simply recognise that I stand on one side of a great
rift, and can feel the discontinuity in myself. It is a matter of people and
place as well as writing – of coming, so to speak, from a broken and
uprooted family, of being drawn to those who share my origins and
finding that we cannot share our lives. I wish it were otherwise. And with
that wish, I have the impulse to make an offering to the past from which
I feel separated. (Kinsella 1970: 59)

Is léir ón tráchtaireacht a dhéanann Boland ina cuid próis mar a
dtagraítear go minic don Ghaeilge mar theanga mharbh, nach ionann
na cúinsí mothálacha as a n-eascraíonn a cuid aistriúchán siúd. Níl ach
dhá aistriúchán nó aithris ar dhánta Gaeilge i saothar uile Boland,
eadhon, 'After the Irish of Egan O'Rahilly' agus 'Pangur Ban' (sic).
Ní haon ionadh gur roghnaigh Boland dán le hAogán Ó Rathaille –'Is
fada liom oíche fhírfhliuch'[25] – le haistriú ina céad chnuasach óir ba é
an file dúchasach *per se*, dar le leithéidí Kinsella a mhaígh: 'I am sure

he is a major poet: the last great poet in Irish, and the last Irish poet, until Yeats, whose life can be seen as a true poetic career' (Kinsella 1970: 58).[26] Is suntasach gurb é saothar banfhilí de chuid na fichiú haoise atá aistrithe ag Boland taobh amuigh den dá aistriúchán ón Ghaeilge. Freagraíonn an roghnú seo don tuiscint atá ag Boland ar thraidisiún liteartha na Gaeilge mar thraidisiún fireann agus mar thraidisiún a bhfuil a rás rite. Faoi mar a pléadh cheana, is beag aitheantas a thugann Boland do shaothrú na litríochta Gaeilge sa lá atá inniu ann.

Is fiú comparáid a dhéanamh idir na haistriúcháin luatha seo ón Ghaeilge agus an modh aistrithe a roghnaigh Boland beagnach tríocha bliain níos déanaí agus cnuasach filíochta ón Ghearmáinis á aistriú aici. I dtaca le haistriúchán Boland ar dhán Uí Rathaille, cé go bhfanann sí dílis do bhrí an dáin, ní aistriúchán focal ar fhocal atá i gceist. Déanann sí dúchasú áirithe ar an bhuntéacs ar mhaithe le léitheoirí Béarla na freacnairce.[27] Cé go seachnaíonn Boland saintagairtí miotasacha an bhundáin nach léir a mbrí do léitheoirí Béarla na linne – 'Tonn Chlíona', mar shampla, – éiríonn léi éirim an bhundáin a chur in iúl go héifeachtach.[28] Déanann sí an easpa tagartha do Thonn Chlíona a chúiteamh, mar shampla, trí íomháineachas na farraige a bhéimniú agus samhail bhreise a chur isteach sa chéad rann: 'my five wits on the famous uproar/ Oft the waves, toss like ships' (CP: 5). Níl íomhá na loinge le fáil sa bhundán ar chor ar bith: 'anfa ar toinn taoibh liom do bhuair mo cheann' (Ó Tuama & Kinsella 1981: 140). Mar an gcéanna, déantar téama an díshealbhaithe a threisiú trí íomhá d'fhuil a fhí isteach sa tríú rann, samhail nach bhfuil sa bhundán: 'McCarthy of Kanturk whose blood/ Has dried underfoot' (CP: 5) le taobh 'Carathach, rí Chinn Toirc, in uaigh 's a chlann' (Ó Tuama & Kinsella 1981: 140). Cuireann sí líne éifeachtach sa bhreis isteach sa rann deiridh. In áit 'A thonnsa [...] do ghlam nach binn do dhingfinn féin id bhráid', is éard atá ag Boland ná, 'Take warning wave [...]/ I O'Rahilly [...] Would force this outcry down your wild throat/ Would make you swallow these Atlantic words' (CP: 6). Ní amháin go dtagraíonn an líne seo do mhisneach an fhile, ach tagraíonn sí fosta don chumhacht a shamhlaítí le focail ag an am. Ba leor an aoir mar arm lóin ag leithéidí Uí Rathaille. Tá tagairt chliste sa líne dheiridh seo le Boland do chaoineadh na mná sí[29] a thuarann turnamh mhuintir Mhic Cárthaigh. Má thagann cuidiú ón choigríoch, áfach, beidh uirthi dul siar ar a cuid cainte. Ó thaobh foirme de, is ranna sé líne atá ag Boland in áit ceithre líne an bhundáin. Ní fhéachann sí le meadaracht ná le saibhreas na bhfuaimeanna a athchruthú, agus is maith an chiall di é nuair a chuimhnítear ar fhocail Sheáin Uí Thuama agus Thomas Kinsella a mhaígh faoi mhacasamhail na fílíochta seo '[...] tá a héifeacht ag brath go mór ar phrósoid agus ar theicníocht – ar na rithimí siollacha nó aiceanta, ar na ciútaí ríme, comhfhuaime, agus mar sin de. Tá an méid sin ar fad do-aistrithe go Béarla' (Ó Tuama agus Kinsella 1981: xxxvi). Ní dhéanann Boland iarracht aithris a dhéanamh ar an rím, cinneadh a mholfadh Ó Tuama agus Kinsella tharla go gcáineann siad nós na n-aistritheoirí Béarla 'rím nó comhfhuaim a úsáid tríd síos ina gcuid leaganacha Béarla, rím ar bheag é a gaol go minic leis an mbunrím' (ibid: xxxviii). Ina ionad sin, téann sí i muinín an athrá le cuid den éifeacht a athchruthú – rud a bhaineann uaireanta ó fhileatas an dáin Bhéarla: "Without flocks or cattle or the curved horns/ of cattle" (CP: 5), mar shampla, i gcomparáid le 'gan ceathra, gan maoin caoire na buaibh na mbeann' (Ó Tuama & Kinsella 1981: 140).

Tá an t-athmhúnlú fileata céanna le rianú ar an tiontú a rinne Boland ar an dán 'Pangur Ban' (CP: 38-39), atá dílis do bhrí an bhundáin ach nach gcloíonn go docht le brí litriúil na bhfocal ná le foirm an bhundáin. Sa dá chás, is dánta cumasacha Béarla atá sna haistriúcháin seo ag Boland atá inchomórtais nó, i gcásanna áirithe, níos fearr ó thaobh na filíochta de ná na haistriúcháin a rinne scoláirí a raibh Gaeilge ar a dtoil acu.[30]

I bhfianaise na n-aistriúchán atá déanta ag Boland ar dhánta Gearmáinise le blianta beaga anuas, dealraíonn sé go bhfuil modh aistrithe eile in úsáid aici. Is léir, mar shampla, nach bhfuil an tsaoirse chéanna, an dúchasú ná an t-athmhúnlú céanna ag roinnt leis na haistriúcháin ón Ghearmáinis. Tugtar tús áite, is cosúil, do bhrí litriúil na bhfocal. Sula ndéantar tuilleadh iniúchar ar na haistriúcháin seo, is mithid tráchtaireacht Boland féin ar a modh aistrithe ón Ghearmáinis a phlé.

Déanann Boland cur síos ar a haidhmeanna mar aistritheoir i réamhrá an chnuasaigh dhátheangaigh *After Every War: Twentieth-Century Women Poets* (2004). Aistriúcháin ar chúig dhán Ghearmáinise is daichead, roghnaithe ó shaothar naonúr banfhilí, atá sa chnuasach seo. Maidir lena modh aistrithe, tugann sí le fios gurb í an dílseacht don bhrí, nó coibhéis fhoirmeálta, an aidhm atá aici. Is tuiscint sách simplí ar choincheap na dílseachta agus na coibhéise a léiríonn sí ina cuid tráchtaireachta agus is beag plé a dhéanann sí ar chastachtaí an aistrithe. Cé go n-aithníonn sí an difríocht idir brí na bhfocal agus brí an dáin; 'the difference between what a poem says and what it means' (Boland 2004: 11), dealraíonn sé go gcreideann sí gur leor fanacht dílis do bhrí litriúil na bhfocal mar dhóigh le deacrachtaí an aistriúcháin a shárú. Is léir go gcreideann Boland, mar shampla, i gcumas an aistriúcháin athláithriú cruinn dílis a dhéanamh agus go samhlaíonn sí trédhearcacht neamhchasta lena cuid aistriúchán: 'I wanted these translations to be windows, not veils' (Boland 2004: 11).

Ceann de na laigí a roinneann leis an phlé a dhéanann Boland sa réamhrá ar a hobair aistrithe ná nach dtugtar le fios go soiléir cé acu an raibh sí i ngleic leis na bunfhoinsí Gearmáinise nó nach raibh. Ag caint faoin Ghearmáinis a chloiseadh sí nuair a bhí sí óg, deir sí: 'It still speaks to me – that language I cannot understand but need to hear' (Boland 2004: 2). Ina choinne sin, tugann sí le fios in áit eile sa réamhrá go bhfuil Gearmáinis ar a toil aici ach nach bhféadfadh sí a bheith cinnte faoi nathanna cainte ar leith ná faoi aimsirí na mbriathra (Boland 2004: 13). Spreagann sé seo ceisteanna, dar ndóigh, faoin úsáid a bhaineann sí as an fhocal 'translate'. An raibh sí ag plé leis an bhuntéacs i nGearmáinis nó le haistriúcháin eile Bhéarla a bhí déanta ag daoine eile roimhe seo, nó leis an dá rud? Ón bhuíochas a ghabhann an file le haistritheoirí eile a d'aistrigh cuid de shaothar na bhfilí seo go Béarla, is dóchúla gur i dtaobh le haistriúcháin eile Bhéarla a bhí Boland go minic. Más amhlaidh an scéal, ní aistriúcháin ó theanga go teanga eile atá in aistriúcháin Boland, ach aistriú ó leagan Béarla amháin go leagan Béarla an fhile féin. Is cinnte go bhfuil sé seo fíor i gcás a cuid aistriúchán ón Ghaeilge, cé go dtugann teidil na n-aistriúchán le fios gur aistríodh iad 'from the Irish'.

Ní haon rud eisceachtúil é seo mar is minic aistritheoirí ag brath ar idirthéacs eile, dar ndóigh. Pléann Kathleen Shields (2000: 172-76), mar shampla, an úsáid fhorleathan a bhaineann drámadóirí comhaimseartha as aistriúcháin Bhéarla de dhrámaí clasaiceacha nó Rúiseacha lena n-aistriúcháin Bhéarla féin a chur ar fáil. Feictear do Shields go bhfuil contúirt áirithe ag roinnt leis an chleachtas seo, áfach: 'Translating from English into English makes it easy to glide over their richness, complexity and variety' (2000: 174). Go deimhin, is é seo go díreach an mórlocht a fhaigheann Eva Bourke (2005) ar an chnuasach seo le Boland – gur beag cúram a rinneadh de na buntéacsanna Gearmáinise; luann sí go sonrach na botúin litrithe sna buntéacsanna chomh maith le míchruinneas na n-aistriúchán féin. Is fíor do Bourke go gcailltear fochiallacha agus, in amanna, brí an dáin mar gheall ar chumas lochtach Gearmáinise an aistritheora.[31] Is deacair guth sainiúil na mbanfhilí seo a aithint thar a chéile ar an ábhar go gcloíonn Boland le brí litriúil na bhfocal agus nach ndéantar cúram de dhinimic na ndánta, is é sin an dóigh a ndeachaigh siad i bhfeidhm ar léitheoirí Gearmáinise. Ní dhéanann Boland aithris, mar shampla, ar na patrúin éagsúla ríme ar tréith shainiúil iad de na dánta le Else Lasker-Schüler (AEW: 74-87) atá i gcló sa chnuasach seo. Cé go n-éiríonn le Boland téamaí na ndánta a léiriú, teipeann ar chuid mhór de na haistriúcháin seo fuinneamh agus fileatas na mbundánta a chur in iúl.

I gcás Boland, is é móríoróin an scéil ná nach ndéantar aon phlé ar an athraonadh ná ar an chlaochlú seo ar de dhlúth agus d'inneach phróiseas an aistrithe é, in ainneoin gur téama lárnach i bhfilíocht Boland féin cúrsaí teanga agus fadhb an athláithrithe trí mheán na teanga. An tréith fhéin-athfhillteach dhíthógálach a thuigtear do Clutterbuck (1999; 1999b) a bheith lárnach d'ealaín filíochta Boland, is beag rian di atá le sonrú ar thuiscintí Boland i dtaca le cúrsaí aistriúcháin. Siúd is go gcuirtear ceisteanna fealsúnacha faoi chúrsaí athláithrithe agus teanga ina cuid filíochta, ní thugann Boland aird ar na mórdhifríochtaí gan trácht ar na miondifríochtaí caolchúiseacha idir teangacha. Dealraíonn sé go gcreideann sí gurb ionann aistriú litriúil agus dílseacht d'eisint inaistrithe an bhundáin. Ní chuirtear aon cheist faoin chlaochlú a dhéanann an Béarla féin mar mheán ar ábhar ó theangacha eile. Go deimhin, tugann an úsáid a bhaineann Boland as an alt – 'translations from *the* German', 'After *the* Irish of Egan O'Rahilly' – leid dúinn faoi dhearcadh Anglalárnach Boland. Sílim gur féidir an easpa íogaireachta a léiríonn tráchtaireacht Boland go minic i dtaobh stair theangeolaíoch na hÉireann a mhíniú i dtéarmaí na tuisceana neamhchasta atá aici ar phróiseas an aistrithe. Is cosúil nach léir di an tábhacht a bhaineann le sainiúlacht chultúrtha agus idé-eolaíoch na bunteanga agus na sprioctheanga, ná le ról léirmhínithe an aistritheora.

Conclúid

Is cinnte gurb í an dílseacht litriúil an bunphrionsabal a bhíonn ag aistritheoirí agus a bhíonn á éileamh ag criticeoirí go minic. Chonacthas i gcaitheamh na caibidle seo, áfach, nach chun sochair don bhundán a théann an cineál seo coibhéise nó dílseachta i gcónaí. Go deimhin, is iad na haistriúcháin is dílse na haistriúcháin is leimhe go minic, rud atá fíor i gcás na n-aistriúchán ón Ghearmáinis atá déanta ag Boland, mar shampla. Bréagnaíonn aistriúcháin Muldoon breithiúnas Rory Brennan maidir le leimhe na n-aistriúchán Béarla: 'All I can reiterate is the chronic dullness of the average version of an Irish poem in English, no matter who has translated it' (Brennan 1995: 23). Taispeánadh gur beag léargas ar phróiseas an aistrithe a thugann an chritic shaintreorach atá bunaithe ar an bhuntéacs agus ar choincheapa teoranta na coibhéise agus na dílseachta. Éilíonn modh aistrithe Muldoon agus McGuckian coincheapa léirmhínithe a chuireann san áireamh ní amháin an spriocdhioscúrsa agus an sprioctheanga, ach fosta an ceangal idir an bundán agus an t-aistriúchán.

Cé nach gnách do chriticeoirí Gaeilge aistriúcháin Bhéarla a áireamh agus saothar Nuala Ní Dhomhnaill á iniúchadh acu, is léir ó alt ceannródaíoch Chaoimhín Mhic Giolla Léith agus ón phlé a rinneadh ar mhodhanna éagsúla aistrithe, gur féidir leis an chriticeoir dátheangach tairbhe a bhaint as an léargas a fhaightear ón cheangal dialógach idir an bundán agus an t-aistriúchán. Baineann an t-aistriúchán macallaí úra as an bhundán go minic agus toisc gur próiseas meatonaimeach é, is féidir leis an aistriúchán gnéithe nó téamaí an bhundáin a fhoilsiú agus a bhéimniú. I bhfocail George Steiner:

> The relations of a text to its translations, imitations, thematic variants, even parodies are too diverse to allow of any theoretic, definitional scheme. They categorize the entire question of the meaning of meaning in time, of the existence and effects of the linguistic fact outside its specific, initial form. But there can be no doubt that echo enriches, that it is more than shadow and inert simulacrum. We are back at the problem of the mirror which not only reflects but also generates light. The original text gains from the orders of diverse relationship and distance established between itself and the translations. The reciprocity is dialectic: new "formats" of significance are initiated by distance and by

contiguity. Some translations edge us away from the canvas, others bring us up close. (Steiner 2000: 189)

Is iondúil go samhlaítear an modh aistrithe atá líofa le dúchasú agus le ceilt toisc nach gcuirtear béim ar ghníomh an aistrithe. Cé go gcaíonn an criticeoir Brian Ó Conchubhair (2000: 104-5) a laghad úsáide a bhaintear as modhanna galldaithe agus dánta Gaeilge á n-aistriú go Béarla, léiríodh gur cás ar leith é cás na Gaeilge. Tharlódh sé, i dtaca leis an Ghaeilge de, go rachadh modh aistrithe dúchasaithe chun sochair don teanga ar an ábhar go gcothódh a leithéid de chur chuige an ceangal idir an teanga dhúchasach agus an pobal léitheoirí arb é an Béarla a gcéad teanga. Mar sin féin, d'fhéadfaí úsáid an-éifeachtach a bhaint as modh galldaithe le neamhspleáchas agus sainiúlacht na teanga mionlaigh a bhéimniú. Is amhlaidh go mbaineann na haistritheoirí is ábalta úsáid as meascán den dá chur chuige ag brath ar ábhar an bhundáin, na léitheoirí a bhfuil an t-aistriúchán dírithe orthu agus traidisiún liteartha an spriocdhioscúrsa. Cé gur minic é curtha i leith Muldoon, mar shampla, go bhfuil an bundán Gaeilge á cheilt aige as siocair go ndéantar dúchasú air agus go gcuirtear an t-ábhar in oiriúint don spriocléitheoir, léiríodh go mbaineann sé úsáid éifeachtach as modhanna éagsúla aistrithe. Ní amháin go spreagann a ealaín aistrithe ceisteanna faoi phróiseas an aistrithe, ach spreagann sí ceisteanna faoi phróiseas na cumadóireachta agus na léitheoireachta fosta.

Léiríodh an tábhacht a bhaineann leis an chlaochlú, nó leis an athraonadh i bhfocail Lefevere, i bpróiseas an aistrithe agus i gcúrsaí critice. Is fíric í seo nach gcuirtear san áireamh go minic agus léamha á ndéanamh ar shaothar Ní Dhomhnaill atá bunaithe ar na haistriúcháin Bhéarla amháin. Cé go n-aithnítear mianach claochlaithe an aistriúcháin go hiondúil, is suntasach gur beag aird a thugtar ar fhachtóirí ar nós cúrsaí inscne, go háirithe nuair a dhíríonn formhór na tráchtaireachta ar an ghné fheimineach de shaothar Ní Dhomhnaill. Is léiriú gléineach é seo den fhorbairt atá fós le teacht ar léann an aistriúcháin mar réimse taighde laistigh den Léann Éireannach.

Baineann mianach claochlaithe leis an tráchtaireacht Ghaeilge chomh maith, dar ndóigh. Cé gurbh fhurasta don chriticeoir Gaeilge cruinneas a shamhlú leis an tráchtaireacht Ghaeilge as siocair é a bheith bunaithe ar na bundánta, cruthaíonn critic ghéarchúiseach

leithéidí Paul Keen, gur féidir leis an chriticeoir Gaeilge a bheith
teanntaithe ag an bhéim a chuirtear ar struchtúr chnuasaigh Ghaeilge
Ní Dhomhnaill. Chuir criticeoirí Gaeilge an-bhéim ar choincheapa
léirmhínithe Jung agus léamha á ndéanamh ar shaothar Ní
Dhomhnaill go nuige seo, rud a chúngaigh na léamha bailí eile arbh
fhéidir a dhéanamh ar dhánta aonair nó leoga, ar shraitheanna
iomlána.[32] Cé gur minic a chaíonn léirmheastóirí na gcnuasach
dátheangach an easpa struchtúir a bhaineann leis na díolamaí seo,
léiríonn an chritic atá bunaithe ar na cnuasaigh dhátheangacha go
dtugann sé seo saoirse léirmhínithe sa bhreis don léitheoir agus don
chriticeoir araon.

Ina réamhrá leis an eagrán speisialta den iris *The Translator* a
dhírigh ar chúrsaí aistriúcháin i gcultúir mhionlaigh, leag Lawrence
Venuti (1998: 136-37) béim ar thábhacht pheirspictíocht na teanga
mionlaigh: 'Minor cultures are coincident with new translation
strategies, new translation theories, and new syntheses of the diverse
methodologies that constitute the discipline of translation studies'.
Léiríodh i gcaitheamh na caibidle seo, gur gá do chriticeoirí uirlisí nua
critice a ghlacadh chucu féin le dul i ngleic leis na modhanna éagsúla
aistrithe a bhíonn in úsáid ag aistritheoirí comhaimseartha. Nuair a
chuirtear san áireamh an pobal idirnáisiúnta léitheoirí atá á mhealladh
ag scríbhneoirí agus ag filí na Gaeilge go speisialta, is léir gur
tábhachtaí ná riamh go mbeidh criticeoirí na Gaeilge lárnach sna
díospóireachtaí critice mar gheall ar a gcuid saothair.

IARFHOCAL

A thuiscint gur abhainn chaismirneach an bheatha,
agus in Éirinn gur bruach dhá theanga atá ag an abhainn.

Liam Ó Muirthile

Tá tráchtaireacht sheanbhunaithe sa chritic chomhaimseartha i mBéarla agus i nGaeilge a dhéanann léirléamh ar fhilíocht Eavan Boland agus Nuala Ní Dhomhnaill i gcomhthéacs ghluaiseacht idirnáisiúnta na mban. Chuir mé romham sa leabhar seo cuid de na léamha údarásacha sin a cheistiú agus a choigeartú. Nuair a dhéantar mionscagadh ar na bunfhoinsí, is amhlaidh gur mó na difríochtaí ná na cosúlachtaí atá le haithint idir filíocht Boland agus filíocht Ní Dhomhnaill. Ag trácht di ar thraidisiún liteartha na mban idir na blianta 1700 agus 1960 in *The Field Day Anthology of Irish Writing Vol. V*, deir Gerardine Meaney:

> Despite the scarcity, the presence of that Irish language material must alert the reader to the fact that conditions of women's writing are not cross-culturally homogenous. There is no one paradigm of the history of women's writing, no possibility of tracing within Ireland an even, progressive path of development that one can identify as history. (Meaney 2002: 765)

Taispeánadh i gcaitheamh an leabhair seo nach ionann dálaí scríbhneoireachta do scríbhneoirí na mórthenaga agus na mionteanga. Nuair a thagraítear do 'the Irish woman writer', is iondúil gurb é an scríbhneoir ban arb é an Béarla a mheán a bhíonn i gceist. Leoga, i dtráchtaireacht Boland, is gnách léi a taithí phearsanta a shamhlú mar thaithí atá ionadaíoch, rud a dhéanann neamhiontas de chúrsaí aicme agus de chúrsaí teanga. In ainneoin an neamairt seo, tugann comhscríbhneoirí ar nós Mary O'Donnell (1993), Mary O'Malley (1999; 2001) agus Ní Dhomhnaill féin (1992; 2002), gan ach an beagán an lua, aitheantas do cheannródaíocht shaothar Boland a d'fhéach le bunús patrarcach an traidisiúin liteartha a cheistiú, dar leo. I bhfocail Ní Dhomhnaill:

> Through her sustained critique of 'The Irish Poem', she has shown up its masculinist bias. She has consistently mounted a powerful polemic against the male domination of Irish poetry and its unconscious but none the less lethal tendency to disempower women, making them into

emblems and objects rather than authors of their own fate and art. (Ní
Dhomhnaill 2002: 1301)

Cé gur ghríosaigh dánacht Boland scríbhneoirí eile mná chun
pinn agus gur thug sí faoi cheardlanna scríbhneoireachta leis an
bhanfhilíocht in Éirinn a chothú, is aisteach gur ar a haonaránacht a
dhíríonn sí aird i dtólamh. Is í an íomhá chéanna den bhanfhile atá
imeallaithe a chuirtear chun cinn i saothar uile Boland, beag beann ar
na mórathruithe i gcúrsaí cultúir agus liteartha ó thús na nóchaidí i
leith. Is mar cheannródaí a shamhlaíonn an file í féin; tá an ton
meisiasach atá le brath sna cnuasaigh luatha chun tosaigh fós sna
cnuasaigh dhéanacha léi. Cothaíonn an sainléamh straitéiseach a
dhéanann Boland ar stair liteartha na mban a cáil mar cheannródaí
agus mar réamhtheachtaí liteartha. Faoi mar atá sonraithe agam
cheana, is slogadh gan chogaint atá déanta ag formhór na gcriticeoirí
ar chuntas Boland, cuntas a thugann neamhaird ar an traidisiún béil
chomh maith le catagóirí eile foliteartha i mBéarla agus i nGaeilge. Is
tearc an plé eolach cuimsitheach a fhaightear sa chritic chéanna ar
ionad na mban i dtraidisiún liteartha na hÉireann agus is boichtede dá
réir na díospóireachtaí criticiúla faoi chúrsaí cultúir agus litríochta.

Is mó aird a thugann Ní Dhomhnaill ar chúrsaí teanga seachas ar
chúrsaí inscne, cé gur gnách léi ceangal a dhéanamh eatarthu: 'Gach
íde a tugadh uirthi [an Ghaeilge] le himeacht na staire níl ann ach
scáthán den íde a tugadh ar mhná' (Ní Dhomhnaill 1986: 168). Tá blas
láidir den rómánsachas agus den bholscaireacht ag roinnt leis an
ionannú seo ar simpliú lochtach é a shamhlaíonn an Ghaeilge agus an
bhean mar 'eile'. Baineann sé seo go dlúth le rún Ní Dhomhnaill an
Ghaeilge a chur chun cinn mar dhioscúrsa ailtéarnach atá difriúil ar
fad le meon réasúnaíoch agus le dearcadh margadhbhunaithe na
mórtheangacha. Tá frithrá suntasach le haithint idir an bhéim a
chuirtear ar shainiúlacht na teanga agus a hoidhreacht liteartha in ailt
ar nós 'An Ghaeilge mar Uirlis Fheimineach' (1989), agus an
tacaíocht a thugann Ní Dhomhnaill in ailt eile do thuairimí Boland
faoi fhrithbhandacht an traidisiúin liteartha – san alt 'What
Foremothers?' (1992), mar shampla. Ag cur san áireamh nádúr
idirthéacsúil fhilíocht Ní Dhomhnaill a tharraingíonn ar iliomad foinsí
a áiríodh go traidisiúnta mar chatagóirí foliteartha, is doiligh ciall a
bhaint as an tacaíocht neamhcháilithe a thugann sí in ailt áirithe do
chuntas Angla-lárnach Boland ar stair liteartha na mban. Is cosúil gur

faoi anáil na critice liteartha a dhíríonn ar cheannródaíocht Boland
agus Ní Dhomhnaill, atá Ní Dhomhnaill féin agus béim á leagan aici
ar an dlúthpháirtíocht inscní. Ní mór, áfach, cúrsaí teanga agus an
pobal léitheoirí a bhfuil ailt Bhéarla Ní Dhomhnaill dírithe air a chur
san áireamh fosta. Do phobal idirnáisiúnta nach saineolaithe iad ar
thraidisiún liteartha na Gaeilge a scríobhadh na hailt seo le Ní
Dhomhnaill. Is mór aici bréagnú a dhéanamh ar na cuntais
rómánsacha Bhéarla le leithéidí John Montague agus Anne Stevenson
a dhearbhaigh ardstádas an bhanfhile i dtraidisiún liteartha na
Gaeilge. Is amhlaidh, áfach, gur róshimpliú atá sa bhréagnú
frithrómánsach seo ag Ní Dhomhnaill a dhéanann ionannú róshimplí
idir cás an bhanfhile Béarla agus cás an bhanfhile Gaeilge.
    Más í an chomhchosúlacht idir an dá thraidisiún liteartha is cás le
Ní Dhomhnaill i gcuid mhór dá scríbhinní próis i mBéarla, ní
hamhlaidh an scéal i gcás a cuid filíochta Gaeilge. Tugann a cuid
dánta fianaise ar an dioscúrsa ailtéarnach a bhfuil teacht aici air trí
mheán na Gaeilge, mar is léir ón dóigh a dtéann sí i muinín mhúnlaí
an bhéaloidis le cur síos a dhéanamh ar bhraistintí daonna a sháraíonn
acmhainn an réasúin go minic. Cé gur minic an t-athshaothrú seo á
léamh mar chruthúnas ar mhianach dúchasach fhilíocht Ní
Dhomhnaill, creidim nach ionann go direach an idirthéacsúlacht i
bhfilíocht Ní Dhomhnaill agus na macallaí a bhaineadh filí na
cianaimsire as saothar a chéile. Is léamh easnamhach an léamh nach
ndíríonn ar an tsainúsáid inscneach a bhaineann Ní Dhomhnaill as an
chleachtas liteartha seo le buntuiscintí na filíochta canónta a cheistiú.
Tá an t-athléamh a rinneadh sa leabhar seo ar an dán 'I mBaile an
tSléibhe' bunaithe ar an tuiscint go bhfuil léargas iarstruchtúrach na
linne le sonrú ar an athmhúnlú a dhéanann sí ar an ábhar béaloidis,
athmhúnlú a fhoilsíonn bunús idé-eolaíoch an traidisiúin liteartha.
    Áiríonn Boland filíocht chomhaimseartha na mban mar
dhioscúrsa ailtéarnach; súil eile nó léargas ón imeall a cheistíonn
mórinsintí na linne. Caithfear ceisteanna a chur maidir leis an imeallú
a shamhlaíonn an t-insteoir léi féin i ndánta an chnuasaigh *The Lost
Land* (1998) go speisialta. Smaoinímis ar fhocail Boland féin agus
locht á fháil aici ar fhilíocht na mbard: 'I was sceptical of the very
nature of the Irish poem. [...] The bardic poet, in his Irish
manifestation, remained shuttered in an older faith: where poetry and
privilege were inflexibly associated. Where, whatever the

dispossession and humiliation of an outer world, maleness remained a caste system within the poem' (OL: 191). Agus an stádas atá gnóthaithe ag Boland sa chanóin liteartha, an clú idirnáisiúnta atá uirthi mar fhile, chomh maith leis an stádas atá aici mar scríbhneoir sa saol acadúil á gcur san áireamh; is deacair a chreidiúint nach seasamh liteartha atá san imeallú a shamhlaítear leis an bhanfhile ina cuid filíochta siúd, go háirithe sna cnuasaigh is déanaí léi. Maítear ceangal róshimplí idir cúrsaí inscne, cúrsaí cumhachta agus barántúlacht fhilíocht na mban, ceangal atá beag beann ar chúinsí cultúrtha agus eacnamaíochta. Déantar talamh slán de gur eiticiúla, gur barántúla an guth ón imeall, ach ní dhéantar an t-imeall féin mar choincheap atá faoi ghradam sa chritic iarstruchtúrach a scrúdú.

In alt le Boland a foilsíodh in *The Irish Times* sa bhliain 1974 agus cúrsaí polaitíochta i dTuaisceart Éireann ag géarú, dhearbhaigh sí go raibh an t-iolrachas cultúrtha ar cheann de na hacmhainní ba luachmhaire a bhí ag an tír: 'let us be rid at last of any longing for cultural unity in a country whose most precious contribution may be precisely its insight into the anguish of disunity'. Leoga, is téama é seo a dhéantar a fhorbairt i saothar déanach Boland. Is athghabháil agus athshainmhíniú iolrach ar choincheap an Éireannachais a chuireann Boland roimpi agus béim á leagan aici ar nádúr cros-síolrach an Bhéarla, ar léiriú meatonaimeach é ar nádúr hibrideach an náisiúin, dar léi. D'fhéadfaí an cnuasach *The Lost Land* (1998) a léamh i gcomhthéacs theoiricí Homi Bhabha agus choincheap fritheisintiúil an tríú spás. Caithfear, áfach, an ceiliúradh a dhéantar ar an idirspás hibrideach seo a cheistiú i bhfianaise an neamhiontais a dhéanann Boland sa chnuasach seo agus ina scríbhinní próis d'fhíoréagsúlacht aicme agus teanga. Go deimhin, nuair a chuirtear san áireamh tuiscintí Boland ar chúrsaí aistriúcháin agus an neamhiontas a dhéanann sí de mhianach claochlaithe an aistrithe, go háirithe nuair nach bhfuil an bhunteanga ag an aistritheoir féin, is cosúil gur iolrachas trí mheán an Bhéarla is cás léi.

Is é seo, dar ndóigh, an mórbhaol a aithníonn Michael Cronin leis an cheiliúradh a dhéantar ar chros-síolrú an Bhéarla sa chritic liteartha agus i léann an aistriúcháin: 'The irony of contemporary anti-essentialist critiques of language (borders) is that they can promote an essentialist expansionism that in the name of the heteroglot and the hybrid facilitates an assimilationist monoglossic hybridity that fatally endangers linguistic diversity – a diversity that is the polyglossic *raison d'être* of translation' (Cronin 2003: 89). Tuiscint ar thábhacht na fíoréagsúlachta, seachas leithleachas eisintiúlach, a thugann ar chainteoir na teanga mionlaigh diúltú don aistriú aontreorach, dar leis. (Cronin 2005: 24). I gcás na Gaeilge, ámh, is minic gurb é an ciúnas agus an neamhiontas critice is dán don scríbhneoir a bheartaíonn snámh in aghaidh eas an aistrithe. Cíorann Ní Dhomhnaill (1996b; 2000b) ceist an aistriúcháin agus cé go n-aithníonn sí na dúshláin a bhaineann le próiseas an aistrithe, go háirithe do scríbhneoir na teanga mionlaigh, tuigtear di gur féidir leas a bhaint as an aistriú gan géilleadh do chumhacht chomhshamhlaithe an Bhéarla. Go deimhin, fáiltíonn sí roimh an athbheatha a thugann an t-aistriú samhlaíoch don bhundán. Is í an oscailteacht i leith comhthéacsanna éagsúla teanga agus cultúir a shamhlaíonn sí le sruth na teanga seachas bá agus ídiú. Tá dóchas aici go rachaidh an t-aistriú chun sochair dá saothar agus don Ghaeilge, go bhfóirfidh iníon Fhorainn.

Cuimhnímis, ámh, ar thábhacht an idirghabhálaí nach luann Ní Dhomhnaill ina dán iomráiteach 'Ceist na Teangan', mar atá, deirfiúr Mhaoise. Ba í Miriam, deirfiúr Mhaoise, a thapaigh an deis tairbhe threascrach a bhaint as fóirithint iníon Fhorainn. Maidir le próiseas an aistrithe, go háirithe i gcás na teanga mionlaigh, creidim go bhfuil feidhm fhíorthábhachtach ag an chriticeoir dátheangach san úsáid straitéiseach is féidir a bhaint as an aistriúchán. Ní leor an cur chuige criticiúil a dhíríonn go saintreorach ar an bhunfhoinse agus a chaíonn an easpa dílseachta don bhundán. Is mar léamh eile ar an bhundán is cóir an t-aistriúchán a áireamh. Is féidir leis an chriticeoir dátheangach tairbhe chriticiúil a bhaint as an pheirspictíocht eile seo agus taighde ar na bunfhoinsí idir lámha aige nó aici.

Ina theannta sin, tá géarghá le tráchtaireacht léannta ar na haistriúcháin féin má táthar le tábhacht na mbunfhoinsí a dhearbhú. An tráchtaireacht a tharraingíonn aird ar fhíric an aistrithe agus a théann i ngleic chritice leis an bhundán chomh maith leis an aistriúchán, cinntíonn an tráchtaireacht sin go bhfuil peirspictíocht na teanga mionlaigh i lár an aonaigh. Má fhanann an criticeoir dátheangach ciúin i dtaobh na n-aistriúchán, ní cheistítear údarás na léamha atá bunaithe ar na haistriúcháin amháin. Ag trácht di ar shaothar Gaeilge Phádraig Mhic Phiarais, deir Boland: 'it may even be a perverse advantage not to have it [Irish], if only that it forces one to scrutinise him away from familiar surroundings' (Boland 1966: 46). Cruthaíonn dán Boland féin, 'Mise Éire', agus an tráchtaireacht a ghabhann leis, a easnamhaí atá an léamh nach dtugann aon aird ar mhianach claochlaithe an aistrithe.

Siúd is go nglactar leis gur athscríobh radacach feimineach ar dhán an Phiarsaigh é 'Mise Éire' le Boland, áitíodh sa leabhar seo gur míléamh ar bhundán an Phiarsaigh a dhéanann Boland agus mórchuid tráchtairí eile a bhíonn i dtaobh leis an aistriúchán Béarla amháin. Ní ar mhaithe le léargas ar litríocht na Gaeilge amháin mar sin is ceart cúrsaí teanga agus cúrsaí aistriúcháin a chur san áireamh, ach ar mhaithe le léargas níos iomláine ar litríocht na hÉireann trí chéile. Chuige sin an chritic chomparáideach a dhéanann cúram den dá theanga.

Má dhéantar cúram ceart d'fhoirm agus d'fhíoras na teagmhála idir an Béarla agus an Ghaeilge, aimseofar sainléargais bhreise ar choincheapa léirmhínithe an dioscúrsa liteartha, coincheapa mar 'an t-idirspás', 'an cros-síolrú' agus 'an tairseachúlacht'. Is mar dhroichead idir an dá thraidisiún liteartha a fheidhmíonn an criticeoir dátheangach in Éirinn, ach meabhraímis nach í feidhm an droichid an dá thaobh a thabhairt le chéile ná an t-idirspás a chur ar ceal, ach athshainmhíniú a dhéanamh ar an dá thaobh a cheanglaíonn sé le chéile. Cinntíonn sruth seo na dteangacha gurb ann don fhíoréagsúlacht, don idirspás, don eile. Baineann cuid mhaith d'ábharthacht na critice liteartha Éireannaí san aonú haois is fiche leis na cúinsí teangeolaíocha seo agus leis an tsainpheirspictíocht ar litríocht an domhain a thairgeann siad.

NÓTAÍ

RÉAMHRÁ

[1] Féach, mar shampla, Deborah McWilliams Consalvo (1995), Louise Cannon (1995), Linda Revie (1995), Frank Manista (1999), Jim McWilliams (1999), Paul Keen (2000), J.R. Atfield (2001), Helen Kidd (2003), Irene Gilsenan Nordin (2003; 2004).

[2] Nic Dhiarmada (1992: 166; 2005: 23-24), Nic Eoin (1998: 289), Fogarty (1999: 258), Atfield (2001: 217-20)

[3] Tá an easpa airde criticiúla a tugadh ar na difríochtaí idir prós agus filíocht Boland ar cheann de na mórlochtanna a fhaigheann Catriona Clutterbuck (1999: 276) ar na léamha criticiúla a rinneadh ar shaothar Boland ag deireadh na n-ochtóidí agus tús na nóchaidí. Luann Michael Thurston (1999: 234) samplaí den chritic ina ndéantar léamh róshimplí, dar leis, ar fhilíocht Boland bunaithe ar a cuid scríbhinní próis.

[4] I mBéarla amháin atá cnuasach d'aistí Ní Dhomhnaill ar fáil. I mBéarla a céadfhoilsíodh aon aiste dhéag as an dá aiste dhéag atá cnuasaithe sa leabhar *Nuala Ní Dhomhnaill: Selected Essays* (2005).

[5] Is ábhar iontais an easpa íogaire i leith na polaitíochta teanga a léiríonn Oona Frawley, cnuasaitheoir aistí Ní Dhomhnaill, a shamhlaíonn leanúnachas 'in theme and in tone' idir na haistí Béarla agus an fhilíocht Ghaeilge (Frawley 2005: 4).

CAIBIDIL 1

[1] Tá an tuiscint seo ar an leanúnachas i dtraidisiún liteartha na mban, an ceangal simplí a bhíonn á ríomh go minic idir scríbhneoirí comhaimseartha agus a réamhtheachtaithe baineanna, cáinte ag criticeoirí mar Linda Williams (1992) agus Margaret Ezell (1993). Mar an gcéanna, ceistíonn na criticeoirí Susie Tharu agus K. Lalita (1991) an bhéim a leagtar ar an leanúnachas i dtraidisiún liteartha na mban toisc go dtugann sé le fios gur féidir gach bearna a líonadh ach an saothar atá in easnamh a aimsiú. Faoi choinne plé ar impleachtaí na dtuiscintí seo do chás na hÉireann féach Kelleher (2001).

[2] Sa tráchtaireacht a dhéanann an file Meiriceánach Anne Stevenson (1992b: 29-30) ar aiste Eliot, deir sí go mbaineann an aiste liteartha seo le ham agus le mothú pearsanta aon fhir amháin agus go bhfuil míléamh á dhéanamh ag feiminigh chomhaimseartha uirthi ar mhaithe lena spriocanna polaitiúla féin. In alt eile léi ceistíonn sí an tábhacht a bhaineann leis an deighilt seo idir scríbhneoirí baineanna agus scríbhneoirí fireanna, idir scríbhneoirí Sasanacha

259

agus scríbhneoirí Meiriceánacha, á mhaíomh go sáraíonn an fhilíocht a leithéid de rangú. Is é an fiúntas liteartha seachas inscne an údair an rud is tábhachtaí don duine atá ag cuardach eiseamlaire, dar léi (Stevenson 1993: 41).

³ Féach Gilbert & Gubar (1984: 46-48). Leagann na húdair béim ar an anailís ghéarchúiseach a dhéanann Bloom ar an traidisiún mar a gcuireann sé síos ar an idé-eolaíocht phatrarcach agus ar chúinsí soch-chultúrtha nach gcuirtear suntas iontu de ghnáth toisc go nglactar leis gurb iad na fir a léann agus a scríobhann litríocht. Murab ionann is teoiriceoirí feimineacha eile, ní fheictear do Gilbert agus Gubar go bhfuil Bloom ag tacú leis an chóras liteartha patrarcach agus cur síos á dhéanamh aige air.

⁴ Ní chun sochair d'argóint Boland a théann an t-athrá seo, rud atá aitheanta ag Margaret Kelleher: 'The most famous such critique in the Irish context, Boland's indictment of the Irish poetic tradition would suffer from repetition in her later writings, but the clarity of its first formulation is worth remembering' (Kelleher: 2003: 83).

⁵ Cé go maíonn Fogarty (1999: 260) go dtugann Boland 'a full and vivid account [...] of the political, social and psychic factors as to why women poets felt so particularly isolated and misrepresented in the 1970s', is léir go bhfuil cuntas Boland teoranta dá taithí phearsanta féin. Ní thagann cuntas Mary O'Malley (2001) le maíomh Boland gur bacanna síceolaíochta is mó a bhíonn ar mhná. Sa chur síos a dhéanann sí ar a saol féin, deir O'Malley nár dhual di ná do dhuine dá haicme bheith ina file, 'Not because of your sex, but because of your background. Fishermen's daughters didn't become teachers either' (O'Malley 2001: 37).

⁶ Tráchtann David Wheatley ar an stádas íocónach a bhronnann Boland uirthi féin sa chnuasach *Object Lessons* (1996), an cnuasach a bhfuil an aiste 'The Woman Poet: Her Dilemma' foilsithe ann. Cuireann sé suntas ar leith san fhotheideal ginearálta a ghabhann leis an chnuasach: 'for despite its generalized subtitle, *The Life of the Woman and the Poet in Our Time*, Boland's subject is very much herself' (Wheatley 2004: 104).

⁷ Faoi choinne tuilleadh tráchtaireachta ar an tionchar a bhí ag Yeats ar na filí a tháinig ina dhiaidh féach, mar shampla, Kinsella (1970), Harmon & Clarke et al. (1979), Dawe (1983), Fallon agus Mahon, (1990: xvi-xxii) agus Kiberd (1991).

⁸ Tá leathanaigh an chnuasaigh *Twenty-Three Poems* (1962) neamhuimhrithe.

⁹ Ag trácht di ar thionchar Plath agus Rich ar fhilíocht Boland agus ar an cháil atá bainte amach ag Boland i Meiriceá, áitíonn Edna Longley: 'Boland may also have been more successful (so far) in America than the textually demanding McGuckian because she signals rather than digests her debts to Sylvia Plath and Adrienne Rich.' (Longley 1995: 53)

¹⁰ Is fíor do Michael Thurston (1999: 234) go bhfuil difear idir prós Boland, mar a gcuireann sí muinín iomlán i gcumas na mbanfhilí léargas níos fírinní ar an saol a thabhairt, agus a cuid filíochta ina léirítear tuiscint i bhfad níos grinne ar na deacrachtaí a bhaineann le cúrsaí staire, cúrsaí teanga agus leis an athláithriú féin. I gcás a hinsinte ar stair liteartha na mban, áfach, tagann an fhilíocht agus na cuntais phróis le chéile den chuid is mó. Ní dhéanann Boland iniúchadh ina cuid filíochta ná ina cuid próis ar chastacht na staire liteartha, ar cheist na húdarthachta, ná ar an difear idir an traidisiún litríochta agus an traidisiún béil.

¹¹ Eisceachtaí suntasacha iad Meaney (1993) agus Wheatley (2004).

¹² Molann James Calahan (1991) go ndéanfaí athléamh feimineach ar shaothar Emily Lawless. Áitíonn sé go bhfuil cúrsaí inscne go mór chun tosaigh ina saothar agus déanann sé an t-úrscéal *Grania* a léamh sa chomhthéacs seo. In ainneoin na ndifríochtaí idir saothar Lawless agus saothar na mbanscríbhneoirí comhaimseartha, maíonn sé gur réitigh Lawless an cosán do leithéidí Edna O'Brien agus Julia O'Faolain (Calahan 1991: 27-40). Tá léamh feimineach déanta ag Betty Webb Brewer (1983) agus ag Elizabeth Grubgeld (1987) ar shaothar Lawless.

¹³ Is mór idir breithiúnas Boland agus a bhfuil ráite ag Bourke (1991: 28) faoin chaoineadh: 'Her poem stands out as strikingly modern, with its short terse lines, its stanzas of irregular length, its sensuousness, and its vivid, unadorned style'.

¹⁴ Luann Ó Buachalla (1996b) go sonrach tráchtaireacht Robin Flower sa leabhar *The Irish Tradition* (1947) mar a bhfuil caibidil dar teideal 'The End of the Tradition', agus alt R.A. Breatnach in *Studia Hibernica* dar teideal 'The End of the Tradition: A Survey of Eighteenth-Century Gaelic Literature' (1960). Cuireann Ó Buachalla i gcoinne na critice a dhíríonn ar dhánta éadóchasacha de chuid Uí Rathaille, Uí Bhruadair agus filí eile nach iad, toisc nach bhfuil na dánta seo ionadaíoch ar fhilíocht pholaitiúil na hochtú agus na naoú haoise déag, dar leis. Tugann sé dúshlán scoláirí na Gaeilge fráma tagartha cuí a aimsiú le dul i ngleic leis an litríocht seo óir in ainneoin an chúngaithe a tháinig ar réimeanna na Gaeilge, ní fhéadfaí a mhaíomh, dar leis, gur as traidisiún a bhí ag saothrú a bháis a d'eascair *Cúirt an Mheon-Oíche, Caoineadh Airt Uí Laoghaire* ná *Cín Lae Amhlaoibh Uí Shúilleabháin*.

¹⁵ Sa léamh a dhéanann de Paor (2000) ar dhán Eochaidh Uí Eodhasa 'Fuar liom an adhaighsi dh'Aodh', diúltaíonn sé don idirdhealú is gnách a dhéanamh idir filíocht oifigiúil agus neamhoifigiúil an fhile chúirte agus léiríonn sé nach imeartas focal nó spraoi intleachtúil amháin atá sa débhríocas is tréith don chineál seo filíochta. Díríonn sé ar an úsáid chliste a bhaineann Ó hEodhasa as an fhocal 'cuairt' le dhá mhothú chontrártha a chur in iúl. Tagraíonn sé do bhreithiúnas Alwyn agus Brinley Rees (1961) maidir le tábhacht na dtomhas

262 NÓTAÍ

agus na haclaíochta foclaí: 'We have relegated both riddles and myths to the kindergarten, and it is disconcerting to find that for the seers and sages of old they enshrined the deepest wisdom. [...] Through the play of riddles, the great connections and the major equivalences are discovered; it is a subterfuge designed to admit the ineffable into human discourse' (luaite in de Paor 2000: 50).

[16] Féach Eleanor Knott (1957; 1957b), David Greene (1961), James Carney (1967; 1973), J.E. Caerwyn Williams (1971), Katherine Simms (1987; 1996), Marc Caball (2006).

[17] Féach Mícheál Mac Craith (1990), Marc Caball (1998) agus Claire Carroll (2001) do thuilleadh plé ar an phointe seo.

[18] In Osborn Bergin (1970: 101-03 & 257-58).

[19] Foilsíodh an dán seo mar aon le haistriúchán Béarla Seamus Deane in *The Field Day Anthology of Irish Writing Volume IV*, 308-11.

[20] In L. Mac Cionnaith (1938), 211-14.

[21] Taispeánann an mionléamh a dhéanann de Paor (2000) ar dhán Eochaidh Uí Eodhusa 'Fuar liom an adhaighsi dh'Aodh' nárbh aon srian ar shamhlaíocht Uí Eodhusa coinbhinsiúin liteartha na filíochta cúirte agus gur leor leis foirmlí liteartha an traidisiúin lena chorraíl phearsanta a chur in iúl. Mar an gcéanna, bréagnaíonn Alan Titley (2000) breithiúnais tráchtairí, leithéidí Frank O'Connor (1967) agus Phádraig Uí Fhiannachta (1974), a dhéanann glandeighilt idir an rannaireacht oifigiúil neamhphearsanta agus an fhilíocht arb é an nóta pearsanta a comhartha sóirt. Ag snámh in aghaidh eas na scoláireachta, áitíonn Titley go raibh tuiscint ag an duine air féin mar indibhid sna meánaoiseanna, rud atá le brath, dar leis, i litríocht na tréimhse sin.

[22] Foilsíodh ábhar an phaimfléid *A Kind of Scar* (1989b) mar chaibidil sa leabhar *Object Lessons* (1996) faoin teideal 'Outside History'.

[23] Is í Líadan an banlaoch sa scéal Sean-Ghaeilge ón deichiú haois 'Comrac Líadaine ocus Chuirithir'. Is duine í den cheathrar banfhilí ó Chorca Dhuibhne a luaitear sa réamhrá próis leis an dán 'Aithbe damsa bés mara'. Tuairimíonn Clancy (1996: 46-47) gur pearsa stairiúil a bhí inti.

[24] Pléitear an tuiscint seo go mion in Ó hÓgáin (1982: 153-66) agus in Nic Eoin (1998: 283-88).

[25] Féach fosta Ní Dhomhnaill (in O'Connor 1995: 590)

[26] Díríonn Ní Dhomhnaill ar an difríocht idir téarmaíocht na canúna agus an chaighdeáin oifigiúil sa dán 'Greidhlic' (F: 92). Tá plé léirsteanach déanta ag Charlie Dillon (2004: 10-11) ar an dán seo mar aon le haistriúchán Béarla Paul Muldoon.

[28] Is gnách an téarma 'idirthéacsúlacht' a úsáid leis an nasc idir téacsanna a chur in iúl, bíodh, mar shampla, aithris nó scigaithris ar théacs eile nó tagairt do théacs eile i gceist. Is é an macalla, idir chriticiúil agus neamhchriticiúil, a

bhaineann filíocht Ní Dhomhnaill as téacsanna eile a bheidh i gceist agamsa leis an téarma seo. Is fiú a lua, áfach, nach é seo an bhrí a shamhlaíonn leithéidí Roland Barthes agus Julia Kristeva leis an téarma seo. Míníonn Kristeva (1986:111) gurb é a shamhlaíonn sise leis an téarma ná 'transposition of one (or several) sign-system(s) into another'.

[29] Tá cuntas ag Pádraig A. Breatnach ar ghné na hidirthéacsúlachta i bhfilíocht chlasaiceach na Gaeilge san aiste 'Traidisiún na hAithrise Liteartha i bhFilíocht Chlasaiceach na Gaeilge' (1997).

[30] Luann Denvir (2000) agus Mac Giolla Léith (1996) an dán 'Caitlín' agus gné na hidirthéacsúlachta i bhfilíocht Ní Dhomhnaill idir chamáin acu. Is léir, áfach, go dtuigtear do Mhac Giolla Léith go bhfuil Ní Dhomhnaill ag saighdeadh faoi fhilíocht na bhfilí a ndéanann sí tagairt dóibh: 'the bulk of the poem comprises of a hilariously overwritten and consciously discordant bricolage of appropriated phrases from the poetry of Patrick Pearse and the eighteenth-century poets Aogán Ó Rathaille and Seán Clárach Mac Domhnaill' (Mac Giolla Léith 1996: 84). Ina choinne sin, creideann Denvir go dtagann saothair na bhfilí seo le rún scigmhagúil Ní Dhomhnaill féin: '...saibhríonn na tagairtí sa véarsa sin gona macallaí as saothair fhilí eile i réanna eile ar chás leo an cúl le cine céanna an reacaireacht tríd síos' (Denvir 2002: 41).

[31] Táim faoi chomaoin ag Máirín Nic Eoin a thóg an cheist faoin cháithnín a thugann saothar Uí Chriomhthain do chodarsnacht de Paor idir réamhliteartha agus liteartha, réamhnua-aoiseach agus nua-aoiseach, neamhindibhidiúil agus indibhidiúil.

[32] Ní aithníonn tráchtairí áirithe atá i dtaobh leis an aistriúchán Béarla amháin an casadh a bhaineann Ní Dhomhnaill as ciútaí liteartha traidisiúnta nuair a chuireann sí an t-oileán i láthair mar fhear. Deir Deborah McWilliams Consalvo (1995: 150-51), mar shampla, agus an dán 'Oileán' (FS: 14) á phlé aici: 'In accordance with Irish mythology, the Irish landscape is given a feminine persona, and Ní Dhomhnaill couples images of ejaculation (the "thrust through foaming seas") with those of the earth-mother's cavity ("wistful, emeralded, islanded") to represent Irish fertility'.

[33] Léacht a tugadh do mhic léinn i gColáiste Phádraig, Droim Conrach, 7 Nollaig 2004.

[34] Tá an rud céanna fíor faoin alt 'Banfhilíocht agus Gaeilge' le Ó Ríordáin a foilsíodh in *The Irish Times* 27/11/1975. In ainneoin an teidil ghinearálta, is í filíocht Mháire Mhac an tSaoi atá faoi scrúdú ag Ó Ríordáin sa chéad chuid den alt agus earráidí gramadaí á sonrú aige. Baineann mórchuid den alt leis féin, áfach. Is í aiste Mháire Ní Chinnéide ar fhilíocht Mháire Mhac an tSaoi, aiste ina ndéantar tagairt do chumas Gaeilge Uí Ríordáin atá ag déanamh scime dó. Is cur síos ar a dhúchas Breac-Ghaeltachta atá sa chuid eile den alt.

[35] Is suimiúil gur mar thréimhse iompair a shamhlaíonn Ní Dhomhnaill

an tréimhse mhórchorraíola ina saol nuair a scríobh sí na dánta faoi Mhór, tar
éis naoi mí d'fhulaingt fhisiciúil agus mhothúchánach (Ní Dhomhnaill 1994:
179). Cé go bhfuil cuma an athscríofa fheiminigh ar mheafar seo an toirchis,
tá a leithéid de mheafar le fáil sa traidisiún cheana. Bhíodh cineál áirithe aoire
sa tSean-Ghaeilge ar a dtugtaí 'mac bronn'. Shamhlaítí cumadh na filíochta le
toircheas, ach sa chás seo shamhlaítí gurb é an file fireann a bhí torrach. Sa
sampla den chineál seo aoire a chuir David Greene in eagar in *Éigse* 1947,
tugtar le fios nach dual don bhean páirt a bheith aici sa toircheas seo; is é an
fear amháin atá bainteach leis an ghnó.
    [36] Is banfhile í Feidhleam a luaitear sa téacs *Táin Bó Cúailgne*. Is banfhile
na gConnachtach í a thuarann an droch-chríoch a bheidh ar an táin.
    [37] Féach Ní Dhomhnaill (1992: 11; 1996: 108; 2002: 1291)
    [38] Tuigtear d'Eiléan Ní Chuilleanáin (1985) gur fir amháin a bhí mar
phríomhphátrúin i dtólamh ag na filí cúirte sa tír seo. Áitíonn Katherine Simms
(1991: 33-36) nach mar phátrúin amháin a d'fheidhmigh mná ach go raibh ról
níos gníomhaí acu i gcúrsaí léinn go háirithe ón séú haois déag i leith. Ardaíonn
Máirín Ní Dhonnchadha (2002b: 293-303) ceisteanna faoin tuiscint nach
mbíodh an bhean ina pátrún agus scagadh á dhéanamh aici ar an fhianaise go
raibh tionchar na mban le rianú ar chomhdhéanamh na nduanairí agus gur
chuir siad dúil i gcineálacha éagsúla filíochta; an dán díreach, an t-óglachas,
an laoi agus an roscadh ina measc.
    [39] Féach Ní Dhomhnaill (in O'Connor 1995: 592; 1996: 107; 2002: 1358).
    [40] San alt 'Outside Histrionics' (1993) a scríobh Anne Stevenson mar
fhreagra ar alt Ní Dhomhnaill, cuireann sí ina leith go bhfuil argóintí áirithe á
gcur chun cinn aici ar mhaithe le comhbhá fheimineach a ghnóthú. Ag tagairt
go speisialta don ráiteas atá luaite, deir Stevenson: 'This cry from the heart
lends quite a seductive appeal to the call for gender solidarity in the face of
gender oppression. [...] And is life that easy for 'men poets' writing in Irish?
How printable would the long line have been had a man written it? Isn't the
problem of modernizing a traditional canon common to Gaelic and Welsh,
whatever the poet's gender?' (Stevenson 1993: 41).
    [41] Is rud é seo atá fíor i dtaobh scríbhneoirí teangacha mionlaigh i gcoitinne
dar le Meg Bateman (luaite in Elphinstone 1999: 69), is é sin, gur mó an tsuim
a bhíonn acu i gcúrsaí teanga agus cultúrtha ná i gcúrsaí inscne.
    [42] Tá staidéar críochnúil ar litríocht agus ar chritic na Gaeilge i
gcomhthéacs na réaltachta sochtheangeolaí ina bhfeidhmíonn scríbhneoirí
comhaimseartha na Gaeilge in Nic Eoin (2005).
    [43] Tá cuntas ag Mary O'Connor ar an ghné seo d'fhilíocht Ní Dhomhnaill
sa leabhar *The Comic Tradition of Irish Women Writers* (1996).

CAIBIDIL 2

¹ Baintear úsáid as an téarma 'an t-ord siombalach' i scríbhinní an tsíocanailísí Jacques Lacan agus an teoiriceora liteartha Julia Kristeva. Is éard atá i gceist leis ná réimse na teanga agus an tsiombalaithe ina ndéantar an tsuibiacht a chruthú mar thoradh ar phróisis áirithe shóisialta agus chultúrtha. Samhlaítear an siombalach le foghlaim na teanga agus le scaradh an linbh ón mháthair.

² Is é an bhrí atá leis an téarma 'an t-ord séimeolaíoch' i scríbhinní Julia Kristeva ná an réimse réamhlabhartha. Samhlaítear an réimse seo le colainn na máthar, le rithimí na colainne agus leis an tréimhse réamh-Éideapach nuair nach ndéanann an leanbh idirdhealú idir a shuibiachtúlacht féin agus suibiachtúlacht a mháthar. Tuigtear do Kristeva go mbaineann an dá ord go dlúth leis an chleachtas comharthaíochta. Déantar na téarmaí seo a phlé i saothar ceannródaíoch Kristeva *La Révolution du langage poétique* (1974).

³ Faoi choinne plé ar phríomhchoincheapa léirmhínithe Jung, féach Jung (1960; 1964; 1983).

⁴ Is iondúil, áfach, go samhlaíonn Ní Dhomhnaill an prionsabal baineann nó *Eros* le mná agus an prionsabal fireann nó *Logos* le fir. Is laige fhealsúnta í seo, sa mhéid is go bhfuil an chuma ar an scéal go dtacaíonn Ní Dhomhnaill le hidé-eolaíocht eisintiúlach a shamhlaíonn easpa cumais réasúnaíoch le mná agus ardchumas réasúnaíoch agus loighice le fir. Faightear an locht céanna ar theoiricí Jung a bhaineann úsáid as siombalachas inscneach le plé a dhéanamh ar thréithe síceolaíocha nach mbraitheann ar ghnéas an duine. Tá plé ar an laige seo i dteoiricí Jung ag Andrew Samuels (1985: 207-29). Cuireann seisean béim ar choincheap na heileachta mar dhóigh leis an siombalachas inscneach a sheachaint.

⁵ Meabhraítear don léitheoir gur foilsíodh an aiste ina gcáineann Boland gnéithe den fheimineachas radacach sa bhliain 1984, ach gur foilsíodh an cnuasach *In Her Own Image* ceithre bliana roimhe sin. Deir Boland féin in agallamh le Allen-Randolph (1993: 122) gur chnuasach trialach é an ceann seo.

⁶ Faigheann Toril Moi (1985: 148) an locht céanna ar thuairimí Irigaray toisc nach ndéanann sí iniúchadh ar an tionchar a bhíonn ag an chumhacht phatrarcach i gcomhthéacsanna áirithe stairiúla agus eacnamaíochta. Ar deireadh is tuiscint eisintiúlach ar an bhean a chuireann Irigaray chun tosaigh, dar le Moi. Diúltaíonn Montefiore (2004: 139) don eisintiúlachas a chuirtear i leith Irigaray toisc gur míléamh atá ann, dar léi, bunaithe ar aistriúcháin Bhéarla de dhornán beag alt le Irigaray a bhí ar fáil i mBéarla sular aistríodh na saothair *Speculum of the Other Woman* (1985) agus *The Sex Which is Not One* (1985). Deir Margaret Whitford (1991: 94) go bhfuil cur chuige

eisintiúlach Irigaray straitéiseach; gur mian léi eisintiúlachas folaithe na fealsúnachta a thabhairt chun solais.

[7] Is beag plé, áfach, a dhéanann Allen-Randolph (1991) ar bhunfhoinsí Cixous.

[8] Baintear úsáid as na téarmaí 'fallalárnach' nó 'fallaibhriatharlárnach' leis an chlaonadh inscneach i gcúrsaí teanga, brí agus i gcaidrimh shóisialta a chur in iúl. Tuigeadh do Jacques Derrida, a chum an téarma 'phallologocentric', gur i dtéarmaí an *logos* agus an fhallais a dhéantaí gach téacs agus gach dioscúrsa a mhíniú i gcóras smaointeoireachta an Iarthair. Úsáideann Cixous na téarmaí seo le cur síos a dhéanamh ar mhodh coincheapthaithe an Iarthair atá bunaithe ar chodarsnachtaí péire. Samhlaítear an baineann i gcónaí, dar le Cixous, leis an leathcheann diúltach den phéire.

[9] Is ionann an 'Eile' agus an rud atá coimhthíoch neamhghnách neamhchoinbhinsiúnacha. Baineann an coincheap go dlúth le cúrsaí cumhachta agus le cúrsaí idé-eolaíochta. Má dhéantar duine nó grúpa daoine a áireamh mar Eile, déantar iad a shainmhíniú i gcodarsnacht leis an ghnáthrud a shamhlaítear a bheith neodrach nó údarásach mar théarma tagartha. Sna heolaíochtaí sóisialta is gnách an téarma a úsáid le cur síos a dhéanamh ar an imeallú a dhéanann grúpaí cinsealacha ar ghrúpaí eile, grúpaí mionlaigh go speisialta, atá éagsúil leo féin.

[10] Go deimhin, tacaíonn a bhfuil ráite ag Ní Dhomhnaill (in Ó Marcaigh 1982: 25-26) faoin dóigh a roghnaíonn sí an Béarla le hábhair intleachtúla a phlé, leis an leagan amach simplí seo.

[11] Féach OL: 123-53.

[12] Tá a leithéid chéanna áitithe ag de Paor (1997: 71) i dtaobh an dáin seo; gurb é an duine 'atá anois ag druidim le buaic fhorbairt na pearsantachta' atá i gceist leis an chéad phearsa.

[13] Tá an-chosúlacht idir dán Ní Dhomhnaill 'Aurora Borealis' agus dán le file Rúiseach, Mikhail Lomonosov, dar teideal 'Ode to the Northern Lights' (1976: 53-54). Dán eolaíoch ciclipéideach é dán Lomonosov, stíl a fhreagraíonn do spiorad na hochtú haoise déag agus do Ghluaiseacht na hEagnaíochta.

[14] Féach, mar shampla, Nic Dhiarmada (1994; 2005: 149-80), de Paor (1997: 243-45), Denvir (2002: 30)

[15] Is suimiúil go gcuireann Stephen Heath an rud céanna i leith Virginia Woolf: 'Working with marriage, consumption, opposites, man and woman added together, Woolf is returned, even against the possibilities of her thesis, to what is a representation that assigns women to a certain place as woman, in relation to a certain domination and evaluation from men, the place of man' (Heath 1996: 313).

[16] Tá plé críochnúil déanta ag Andrew Samuels (1985: 207-29) ar an ghné

seo de shíceolaíocht Jung. [17] Féach, mar shampla, Goldenberg (1976), Singer (1977) agus Samuels (1985: 207-09).

[18] Tá an tsollúntacht a roinneann le tionscadal fileata Boland trí chéile cáinte go tréan ag criticeoirí áirithe, Calvin Bedient (1994) agus Peter McDonald (1999) go speisialta. Feictear dóibh gur postúlacht is cúis leis an dáiríreacht. Ag trácht dó ar na cnuasaigh *Outside History* agus *In a Time of Violence*, áitíonn Bedient go bhfuil na dánta ró-fhéin-chomhfhiosach: '… it made one wonder if Eavan (as in Eavangelical) Boland wasn't self-consciously "subversive" to a fault, taking her project too seriously [...] seeing it a bit out of proportion and in flagrantly self-flattering ways' (Bedient 1994: 42).

[19] Tá an ghné seo d'fhilíocht Ní Dhomhnaill pléite go paiteanta ag Mary O'Connor (1996).

CAIBIDIL 3

[1] Tá mionchuntas ar stair na dteoiricí feimineacha i dtaca leis an mháithreachas de in Everingham (1994: 3-19).

[2] Tugann Clear (2000: 126-142) cuntas ar an bheathú cíche in Éirinn idir na blianta 1922 agus 1961 agus an dóigh ar éirigh an cleachtas níos neamhchoitianta sa tréimhse úd. Creideann sí gurbh í fhéinmhuinín na mban a spreag mná le neamhaird thabhairt ar chomhairle na hearnála leighis agus le cearta áirithe a éileamh maidir le cúrsaí sláinte agus le caighdeán maireachtála. A mhalairt de thuiscint atá ag Pauline Dillon Hurney (2004: 44-45) ar an titim i líon na mban in Éirinn le céad bliain anuas a thug cíoch don leanbh. Tuigtear di gur éirigh mná as an chúram mar gheall ar an drochmheas a léirigh lucht leighis ar eolas na mban a dhéantaí a sheachadadh ó ghlúin go glúin.

[3] Tá plé críochnúil déanta ag Ó Héalaí (1992) ar na bagairtí osnádúrtha ar an mháthair agus ar an leanbh, chomh maith leis na nithe a d'úsáidtí mar chosaint orthu, de réir bhéaloideas an Bhlascaoid.

[4] Tugann Flo Delaney (2004) an-léirstean ar 'the silent tragedy' nó ' the deathless death' agus cur síos á dhéanamh aici ar thionchar síceolaíoch na neamhthorthúlachta ar mhná go speisialta.

[5] Réamhrá neamhuimhrithe an leabhair *Of Woman Born*. Tá macasamhail an dearcaidh chéanna léirithe ag Jo Murphy Lawless (2002) agus í ag trácht ar an athrú a tháinig ar chleachtais maidir le breith clainne sa tír seo idir 1742 agus 1955.

[6] Cáineann Linda Williams (1996) an úsáid mheafarach a bhaintear as an ghaol idir máthair agus iníon le stair liteartha na mban a ríomh toisc go ndéantar, dar léi, simpliú ar chastachtaí na staire liteartha dá réir.

⁷ San alt 'The Weasel's Tooth' a d'fhoilsigh Boland in *The Irish Times* (7/6/1974), tugann sí cuntas ar chúlra an dáin seo. An leochaileacht ar aghaidh fir dhóiteáin a raibh a phictiúr sa nuachtán agus leanbh a maraíodh i mbuamáil Bhaile Átha Cliath ina bhaclainn aige, a spreag an dán seo.

⁸ Léiríonn O'Connor gurb í an easpa aithrí seachas an dúnmharú féin is cúis le damnú an naímharfóra sna scéalta seanchais, cé go dtugtar le fios iontu gur peaca fíorthromchúiseach é an naímharú. Maidir leis an chúlra stairiúil, taispeánann O'Connor (1991: 31) go raibh tagairt do naímharú i stair na hÉireann chomh fada siar le haimsir dhlíthe na mBreithiún. I bhfianaise taighde staitisticiúil a rinne tráchtairí éagsúla ar dhaonáirimh na naoú haoise déag, deir sí go bhfuil an chuma ar an scéal go raibh ráta íseal naímharaithe in Éirinn sa naoú haois déag, cé nach féidir brath go hiomlán ar na figiúirí seo. Tá malairt léimh déanta ag Dympna McLoughlin (2002) ar iondúlacht an naímharaithe in Éirinn sa naoú haois déag. Tuigtear di go raibh an ráta i bhfad níos airde agus gur leasc leis na húdaráis é seo a admháil agus aghaidh a thabhairt ar na cúiseanna coscracha eacnamaíochta a thug ar mhná áirithe a leanaí a mharú.

⁹ Áitíonn Alexis Gilbride (2004) gur mar thoradh ar an bhochtanas agus ar stádas singil na máthar a mharaítí leanaí go minic, cé go dtugtaí le fios go minic gurbh í easláinte intinne na máthar ba chúis leis an naímharú.

¹⁰ Tagraítear don 'family heirloom' sa dán, rud a thabharfadh le fios b'fhéidir go mbaineann easláinte intinne na mná seo le cúinsí teaghlaigh. Ag teacht le léamh Allen-Randolph (1991: 50-51), maíonn Villar (2005: 261) go bhfuil an teaghlach mar thógán soch-chultúrtha a chothaíonn foréigean i gcoinne na mban, á cháineadh ag an fhile. Ní fheictear dom, ámh, go bhfuil go leor fianaise sa dán a thacaíonn leis an léamh seo.

¹¹ Féach Glenn (1994).

¹² Féach Ní Dhomhnaill (2000).

¹³ Ina leabhar cáiliúil *Silences*, tráchtann Tillie Olsen ar shaindeacrachtaí an scríbhneora ar máthair í:

'[...] circumstances for sustained creation are almost impossible. Not because the capacities to create no longer exist, or the need [...] but ... the need cannot be first. It can have at best only part self, part time ... Motherhood means being instantly interruptible, responsive, responsible. [...] Work interrupted, deferred, postponed makes blockage – at best, lesser accomplishment. Unused capacities atrophy, cease to be'. (Olsen 1980: 33)

¹⁴ Fuair an cnuasach *Night Feed* (1982) ardmholadh ó na léirmheastóirí Thomas Kilroy (1982) agus Maurice Harmon (1983), áfach.

CAIBIDIL 4

¹ Aithníonn Kees W. Bole an easpa aontachta i measc saineolaithe maidir le míreanna dá sainmhíniú féin.

² Féach, mar shampla, Seán Ó Tuama (1986), Bríona Nic Dhiarmada (1994; 2005), Gearóid Denvir (1987; 1988; 2000), Angela Bourke (1992), Louis de Paor (1994), Pádraig de Paor (1997; 2000), Caoimhín Mac Giolla Léith (1989; 1996; 2000), Máirín Nic Eoin (2002), Ríóna Ní Fhrighil (2003a; 2003b; 2004).

³ Tá plé déanta ag Proinsias Mac Cana (1982) agus Muireann Ní Bhrolcháin (1982) ar an ghné seo de mhiotaseolaíocht na Gaeilge.

⁴ Athléamh feimineach de chineál eile atá ar siúl ag Boland sa dán 'Daphne Heard with Horror the Addresses of the God' a foilsíodh sa chnuasach *Outside History* (1989). Díríonn sí ar an fhothéacs diúltach a bhaineann leis an mhiotas seo; tá Daphne ina hearra luachmhar i ngeilleagar na bhfear agus is beag cumhacht atá aici maidir lena cinniúint féin. Tá bagairt an éignithe ina cuid lárnach den mhiotas seo. Is téama lárnach i saothar Boland an feall agus na héagóracha a rinneadh ar mhná riamh anall agus a bhíonn faoi cheilt sa mhiotaseolaíocht agus sna cuntais stairiúla.

⁵ Is é an siombalachas baineann, an t-athrú a tháinig air i rith na staire, na cúinsí sochpholaitiúla ba bhun leis na hathruithe sin agus na himpleachtaí a bhí acu do mhná stairiúla is ábhar do dhá chaibidil sa leabhar *B'ait Leo Bean* (Nic Eoin 1998).

⁶ Féach, mar shampla, Rosenstock (1993), Denvir (1988), Ó Tuama (1986) agus Nic Eoin (2002).

⁷ Tuigtear do Mháire Mhac an tSaoi gurb é téama an dáin seo ná an gá atá le cur i gcoinne na n-íomhánna aircitíopacha baineanna a éilíonn íobairt ón duine; 'Mother Ireland' agus 'Mother Church' go háirithe. Ag eascairt as an léamh seo ar thagair Conor Cruise O'Brien dó in *The Irish Times* 1984, díríonn Cruise O'Brien ar an chiúnas a shamhlaítí go traidisiúnta leis an lios. Tuigtear dó go dtarraingíonn an dán aird ar an chiúnas a bhí ann go forleathan ag an am i dtaobh fadhbanna morálta agus sóisialta. Creideann sé go bhfuil aghaidh á tabhairt ag Ní Dhomhnaill sa dán ar cheisteanna cigilteacha arbh fhearr leis an phobal iad a sheachaint (Cruise O'Brien 1984). Diúltaíonn Seán Ó Tuama don léamh seo: 'Dá mhéid a mholfainn le hionsaí den tsaghas a deir Conor Cruise O'Brien, ní fheicim aon trácht oscailte sa téacs ar chúinsí leathana sóisialta. Ní fheicim ann ach ráiteas pearsanta síceolaíochtúil' (Ó Tuama 1986: 111).

⁸ Féach, mar shampla, Ní Dhomhnaill (1994).

⁹ Go deimhin, áitíonn Kearney gur tréith í seo de chuid an mheoin Éireannaigh: 'In contradistinction to the orthodox dualist logic of *either/or*, the Irish mind may be seen to favour a more dialectical logic of *both/and*: an

intellectual ability to hold the traditional oppositions of classical reason together in creative confluence'. (Kearney 1985: 9)

[10] Féach, mar shampla, Fogarty (1994), Thurston (1999 240-41), Conboy (2000) agus Villar (2005 467-72).

[11] Féach, mar shampla, Raschke (1996) agus Foster (1999).

[12] Tuigtear do Kristeva go samhlaítear an tsuibiachtúlacht bhaineann le ham timthriallach agus le rithimí síoraí na beatha. Is í an tsuibiachtúlacht fhireann a shamhlaítear le ham líneach croineolaíoch na staire, dar léi.

[13] Foilsíodh an aiste 'Geschichtsphilosophische Thesen' den chéad uair san iris *Neue Rundschau 61(3)* sa bhliain 1950.

[14] Scrúdaíonn Kearney (1984), mar shampla, an dóigh ar féidir leis an mhiotaseolaíocht fadhbanna, nach bhfuil réiteach le fáil orthu ag leibhéal sochpholaitiúil, a fhuascailt ag leibhéal siombalach agus úsáid na miotaseolaíochta i bpolaitíocht Thuaisceart Éireann á cardáil aige.

[15] Tá argóint mar seo curtha chun cinn ag Nancy K. Miller (1988) i dtaobh na béime atá á cur ar an téacsúlacht i dteoiricí liteartha iar-struchtúracha agus an neamhshuim atá á déanamh in inscne an údair.

[16] Féach Donnchadh Ó Corráin & Margaret MacCurtain (1978), Donnchadh Ó Corráin (1995; 2002), Bart Jaski (1996).

[17] Pléann Nic Eoin (2005: 243-283) íomhá an turais mar mheafar ar an fhéiniúlacht dhíláithrithe i litríocht chomhaimseartha na Gaeilge. Déantar léamh áititheach ar an dán 'Ag Tiomáint Siar' sa chomhthéacs seo (2005: 265-266).

[18] Féach, mar shampla, Hagen & Zelman (1991; 2004) agus Sarbin (1993).

CAIBIDIL 5

[1] Dá leithne é réimse na n-ábhar agus na bpeirspictíochtaí a phléann údair éagsúla in aistí an chnuasaigh *Ireland and Postcolonial Theory* (2003), mar shampla, tugtar aghaidh ar ghné éigin de na téamaí seo i ngach uile aiste. Is ceart a mheabhrú, áfach, nach bhfuil an tuiscint seo ar stair choilíníoch na hÉireann agus ar an tsochaí chomhaimseartha mar shochaí iarchoilíníoch gan cheistiú ag tráchtairí áirithe ar nós Liam Kennedy (1996: 167-181) agus Thomas Bartlett (1988).

[2] Ina halt 'What Foremothers?' (1992) molann Ní Dhomhnaill an fogha a thugann Boland faoi athláithriú an náisiúin mar bhean. Faoi mar a pléadh i gcaibidil a dó, is alt eisceachtúil é seo ina ndéanann Ní Dhomhnaill léirmheas feanntach ar thuairimí Anne Stevenson (1992b). Tacaíonn Ní Dhomhnaill le breithiúnas Boland faoi laghad na mbanfhilí sa traidisiún liteartha agus faoi chlaonadh patrarcach an traidisiúin cé gur minic dearcadh eile ar na hábhair

chigilteacha seo le fáil i bhfilíocht Ní Dhomhnaill. Ní mór feidhm bhréagnaitheach an ailt seo a chur san áireamh agus na tuairimí a nochtar ann faoi chaibidil.

³ Féach, mar shampla, Boland (1979; 1989b; 1995; 1995b; 1996).

⁴ Chuir Colin Graham (1994) suntas i bhfadsaolaí choincheap an náisiúin, fiú i measc na gcriticeoirí a aithníonn an bonn impiriúlach atá le cuid mhaith de dhioscúrsa an náisiúnachais. Tá an défhiús i leith an náisiúnachais a rianaíonn Graham i saothar Edward Said agus Seamus Deane le sonrú i saothar Boland fosta.

⁵ Ní gnách do Boland idirdhealú a dhéanamh idir an náisiún agus an stát, rud atá aitheanta ag Gerardine Meaney (1993: 138) fosta.

⁶ Léiríonn taighde Uí Bhuachalla (1996) go húdarásach nach foirmle liteartha amháin a bhí san aisling fháthchiallach, ach réaladh liteartha ar theachtaireacht arbh fhearr í a thuiscint laistigh de fhráma tagartha an mhílaoiseachais, an mheisiachais agus na tairngreachta.

⁷ Féach, mar shampla, Deane (1991), Kiberd (2000), Bourke et al. (2002), Kelleher & O'Leary (2006).

⁸ Foilsíodh an t-amhrán Gaeilge mar aon le haistriúchán Béarla in Ó Tuama & Kinsella (1981: 308-11).

⁹ Tá an ghné seo d'aistriúchán Mangan pléite ag C.L. Innes (1993: 21) fosta.

¹⁰ Cé gur gnách dán Mangan a léamh mar ghlaoch náisiúnaíoch chun troda, malairt léimh a dhéanann Welch (1988: 9): "'Dark Rosaleen', for all its mantric evocation of the female spirit of Ireland, cannot be taken seriously as a nationalist call to arms: it is writing, in which various attitudes to Ireland emerge, and flow and change.'

¹¹ Quinn (2002)

¹² Sa bhliain 1903 agus é ag tiomnú dhá chnuasach dá dhrámaí do Lady Gregory, rinne Yeats cur síos ar chúlra an dráma Cathleen ni Houlihan: 'One night I had a dream almost as distinct as a vision, of a cottage where there was well-being and firelight and talk of a marriage, and into the midst of that cottage there came an old woman in a long cloak. She was Ireland herself, that Cathleen ni Houlihan for whom so many songs have been sung and about whom so many stories have been told and for whose sake so many have gone to their death' (Luaite in Alspach 1966: 232).

¹³ Tá an ghné seo den siombalachas inscneach pléite go háititheach ag Sabina Sharkey (2002).

¹⁴ Tuigtear do Clair Wills (1991: 257-58) fosta go bhfuil coimeádachas ag roinnt leis an dán seo; ní fhéachann Boland le húdarás an fhile a cheistiú, ach le taithí na mban a chur chun cinn mar ábhar dlisteanach filíochta: 'Boland herself does not so much represent female experience as trope it'. Cé go

n-aontaíonn Clutterbuck (1999: 285) le tuairim seo Wills, deir sí go dtagann an ciúta liteartha seo faoi scrúdú sna cnuasaigh is déanaí le Boland.

[15] Féach fosta an léamh atá déanta ag Ciarán Ó Coigligh (1981: 70) ar an dán seo.

[16] Do phlé críochnúil ar an siombalachas baineann sa séú agus sa seachtú haois déag féach Nic Eoin (1998: 195-217).

[17] D'fhéadfaí a leithéid chéanna a mhaíomh i dtaobh an striapachais. Tá tábhacht threascrach na drúise in *Ulysses* pléite ag Lloyd (1993: 105-10) i gcomhthéacs idé-eolaíocht an náisiúnachais agus an bhéim a chuirtear ar an atharthacht dhlisteanach sa dioscúrsa náisiúnaíoch. Luann sé Charles Stewart Parnell agus Kitty O'Shea, chomh maith le Diarmuid MacMurchadha agus Dearbhghiolla, mar fhianaise ar a lárnaí a bhí cúrsaí drúise do cheisteanna móra polaitiúla in Éirinn riamh anall.

[18] *LL* (39).

[19] Cuireann Mac Giolla Léith (1996: 84) suntas in idirthéacsúlacht na ndánta agus an dúshlán a thugann na tagairtí iomadúla don aistritheoir.

[20] Féach, mar shampla, breithiúnas Longley (1990) ar idé-eolaíocht an náisiúnachais agus an aontachais. I dtaca leis an náisiúnachas, deir sí (1990: 21): 'Surely the chill, the stone, the self-destructiveness at the heart of Irish Nationalism shows up in its abuse of women and their gifts of life.'

[21] Tá gnéithe éagsúla den cheangal idir an tsaorántacht agus cúrsaí inscne pléite in ailt éagsúla in *Feminist Review 57* (Autumn 1997). Féach fosta Raia Prokhovnik (1998).

[22] Graham (2003: 153)

[23] Pléann Sean Ryder (1992/93: 74-75) an choimhlint a bhfuil fianaise uirthi i ndírbheathaisnéis John Mitchel idir an tsuibiacht náisiúnta ar ionchollú é ar spiorad an náisiúin, agus an tsuibiacht phríobháideach. B'fhacthas do Mitchel gur tháinig dualgais agus luachanna teaghlaigh salach ar dhualgais agus luachanna an náisiúnachais.

[24] Féach Wheatley (2004: 109-10),

[25] Ar lorg ar theoiricí Homi Bhabha, déanann Villar (2005: 98) an tríú spás a shainmhíniú mar 'a liminal position from which to counteract authoritarian ideologies'. Is é sainmhíniú Bhabha ar an staid thairseachúil seo ná: 'The intervention of the Third Space of enunciation, which makes the structure of meaning and reference an ambivalent process, destroys this mirror of representation in which cultural knowledge is customarily revealed as an integrated, open, expanding code. Such an intervention quite properly challenges our sense of the historical identity of culture as a homogenizing, unifying force, authenticated by the originary Past, kept alive in the national tradition of the People' (Bhabha 1994: 37).

[26] Cé gur gnách 'an t-idirspás' a shamhlú le tuiscintí fritheisintiúlacha ar chúrsaí féiniúlachta agus ar chúrsaí cultúir, tá athbhreithniú criticiúil déanta ag

tráchtairí ar a n-áirítear Shohat (1992), Simon (1996) agus Cheah (1998) ar an choincheap. Tráchann Michael Cronin (2003b: 89) ar an fheidhm chothaithe agus chosanta atá ag teorainneacha, go háirithe i gcás teangacha mionlaigh.

Áitíonn sé gur gá úsáid straitéiseach a bhaint as an eisintiúlachas le fíoréagsúlacht theangúil a chothú nó ní bheidh ann sa deireadh ach ilteangachas trí mheán an aonteangachais, ilchultúrachas trí mheán an Bhéarla.

[27] Foilsíodh an t-amhrán seo mar aon le haistriúchán Béarla in Ó Tuama & Kinsella (1981: 310-11).

[28] Pléann Nic Eoin (2005: 318-19) tábhacht an dioscúrsa phoiblí faoin Ghorta Mór agus an tsraith seo faoi chaibidil aici i gcomhthéacs phróiseas an athchultúraithe.

[29] Tá cosúlachtaí móra téamúla idir alt Ní Dhomhnaill (1997) agus alt John Waters, 'Confronting the Ghosts of Our Past' (1997), a foilsíodh sa chnuasach chéanna. Téann siad beirt i muinín teoiricí síciteiripe le tionchar na heaspa díospóireachta poiblí faoin Ghorta Mór ar shochaí chomhaimseartha na hÉireann a phlé. Tá suntas curtha ag tráchtairí éagsúla, Roy Foster (2001), Niall Ó Ciosáin (2001), Edna Longley (2001) agus David Lloyd (2002) ina measc, san earraíocht a baineadh as dioscúrsa na síceolaíochta agus na teiripe le stair an Ghorta Mhóir a chíoradh. Ar chúinsí éagsúla, diúltaíonn na tráchtairí seo do pharaidím an tráma agus na síciteiripe sa chomhthéacs seo, rud atá pléite go mion ag Margaret Kelleher (2002: 250-254).

[30] Tá cuntais ar an neamart a dhéantar go minic i bhfoinsí Gaeilge faoin Ghorta Mór pléite ag Cornelius Buttimer (1995), Cormac Ó Gráda (1994) agus Cathal Póirtéir (1995). Is beag aird a thugtar ar cheist na teanga i bhformhór mór na tráchtaireachta Béarla a dhéantar ar an Ghorta Mór.

[31] Ní léir cén fhoinse atá ag Ní Dhomhnaill do na céatadáin a luaitear sa sliocht seo. De réir Miller (1985: 297), ba Ghaeilgeoirí os cionn nócha faoin chéad de na himircigh a d'fhág Co. na Gaillimhe, Co. Mhaigh Eo agus Co. Shligigh idir 1841 agus 1851. Ar an iomlán, tuairimíonn sé gur Ghaeilgeoirí suas le leathmhilliún de na himircigh a d'fhág Éire idir 1845 agus 1855.

[32] Almquist (1990: 56)

[33] Is ionann an 'Eile' agus an rud atá coimhthíoch neamhghnách neamhchoinbhinsiúnta. Baineann an coincheap go dlúth le cúrsaí cumhachta agus le cúrsaí idé-eolaíochta. Má dhéantar duine nó grúpa daoine a áireamh mar Eile, déantar iad a shainmhíniú i gcodarsnacht leis an ghnáthrud a shamhlaítear a bheith neodrach nó údarásach mar théarma tagartha. Sna heolaíochtaí sóisialta is gnách an téarma a úsáid le cur síos a dhéanamh ar an imeallú a dhéanann grúpaí cinsealacha ar ghrúpaí eile, grúpaí mionlaigh go speisialta, atá éagsúil leo féin.

[34] Tá a leithéid chéanna pléite ag Fanon (1952; 1961) i gcás na hAfraice, Chathair na hAilgéire agus Mheiriceá Theas agus ag Albert Memmi (1957) i dtaca le Tuaisceart na hAfraice.

[35] Faoi choinne achoimre ar thuairimí Jung, féach Jung (1960; 1964; 1983).
[36] Pléann Luke Gibbons (1997) an coincheap a d'fhorbair Judith N. Shklar, mar atá, 'an éagóir fhulangach', agus Gorta Mór faoi chaibidil aige. Déantar éagóir ar an íospartach, dar leis, nuair a chuirtear i gcás gur tubaiste nádúrtha nó toil Dé seachas dlíthe leatromacha is cúis lena chruachás toisc nach féidir leis an íospartach an milleán a chur ar aon duine eile agus go dtuigtear dó gurb é féin is cúis lena ainríocht.

[37] Tá tuairiscí iomadúla faoi iarracht na ndaoine an Béarla a fhoghlaim luaite sa taighde críochnúil le Máiréad Nic Craith (1994) ar mhalartú teanga i gCorcaigh sa naoú haois déag. Féach freisin Breandán Ó Madagáin (1974) ar mheath na Gaeilge i Luimneach, Brighid Ní Mhóráin (1997) ar mheath na Gaeilge in Uíbh Ráthach, Cosslett Ó Cuinn et al. (1990) ar mheath na Gaeilge in Iorras, agus Máirtín Verling (1996) ar an Ghaeilge i mBéarra.

[38] Tuigtear do James McCloskey (2001: 21) go ndéanann an idé-eolaíocht choilíníoch Angla-Mheiriceánach an-dochar do theangacha dúchasacha toisc go n-éilítear, 'ní amháin go bhfoghlaimeofaí agus go n-úsáidfí an Béarla, ach go dtabharfaí cúl fosta do gach teanga eile seachas an Béarla'.

[39] Tá an bhaint idir iarrachtaí comhshamhlaithe agus sláinte intinne an inimircigh pléite ag Liam Greenslade (1992) i gcás na n-imirceach Éireannach sa Bhreatain sa tréimhse idir 1971 agus 1981. Tá cuntas ag E. Harrison (1990) ar fhéinmharú agus scitsifréine i measc na n-imirceach Éireannach. Tá liosta cuimsitheach d'ailt eile a bhaineann le cúrsaí sláinte na n-inimirceach Éireannach ag Nic Eoin (2005: 489).

[40] Tráchtann Lloyd (1997) ar an chiúnas mar chomhartha díomua agus an Gorta Mór mar fheiniméan cultúrtha faoi chaibidil aige.

[41] Tá plé suimiúil ag Bourke (1993) ar an chiúnas agus ar an diúltú do bhia mar mhóitífeanna i scéalta áirithe béaloidis agus sa dán 'Féar Suaithinseach' le Ní Dhomhnaill.

[42] Faigheann de Paor (2006: 342) locht ar an fhráma tagartha a chuireann Ní Dhomhnaill i bhfeidhm rómhinic ar an tsraith, rud a chiallaíonn go dteipeann ar an insint ar deireadh, dar leis.

[43] Tá an ghné seo den chultúr Iar-Ghorta pléite ag Kevin Whelan (1995: 41-54; 2005) agus ag Brian Lacey (1997: 87-89)

[44] Fuair tráchtairí eile an locht seo ar an dán, ina measc: ar an dán Meaney (1993: 140), Denis Donoghue (1994), John Kerrigan (1996) agus Wheatley (2004: 113).

[45] Sa bhliain 1851 bhí 4,654 cainteoir aonteangach Gaeilge sa bharúntacht ina bhfuil Acaill agus 11,862 duine a raibh Béarla agus Gaeilge ar a dtoil acu. Is é is dóichí go raibh líon na nGaeilgeoirí níos airde ná mar a thugann an daonáireamh seo le fios tharla gur mar fhonóta i mBéarla amháin a cuireadh an cheist faoi chumas na Gaeilge ar an fhoirm daonáirimh.

CAIBIDIL 6

¹Is eisceacht alt Kaarina Hollo (1999) agus alt Caoimhín Mhic Giolla Léith (2000) a dhíríonn ar chuid de na haistriúcháin Bhéarla agus filíocht Ní Dhomhnaill á scrúdú acu. Léiríonn na hailt seo chomh maith le saothar critice Róisín Ní Ghairbhí (2004) ar fhilíocht Michael Hartnett, a bhfuil mórchuid de fós le foilsiú, go bhfuil mórathruithe ag tarlú ar leibhéal an chleachtais agus ar leibhéal na tuisceana.

² Iarracht freastal ar réamhthuairimí léitheoirí an Bhéarla atá san earraíocht a bhaineann Ní Dhomhnaill as an bhéaloideas, dar le Mac Síomóin. Creidim gur léamh éagórach é, áfach, ar an ghné seo d'fhilíocht Ní Dhomhnaill.

³ *Aimsir Bhreicneach/ FreckledWeather* (1993), *Gobán Cré is Cloch/ Sentence of Earth and Stone* (1996).

⁴ Is iad Mary O'Donoghue agus Kevin Anderson na comhaistritheoirí eile.

⁵ Bhí fíric an aistrithe inmheánaigh i gcás litríocht na Gaeilge curtha ar a súile don phobal cheana féin ag Gearóid Ó Crualaoich (1986) a d'áitigh gur préamhaithe i ndioscúrsa filíochta an Bhéarla a bhí formhór na filíochta comhaimseartha Gaeilge.

⁶ Molann Alan Titley (2005: 316-17) raon agus ilghnéitheacht na filíochta a aistríonn Gabriel Rosenstock go Gaeilge. Tuigtear dó go bhfuil tábhacht ar leith ag roinnt leis an ábhar a roghnaíonn Rosenstock as siocair gur minic nach mbíonn an t-ábhar ar fáil i mBéarla cheana féin.

⁷ Is iad na cineálacha éagsúla aistriúcháin a dtráchtann Jakobson (1987: 429) orthu ná: athfhriotal sa bhunteanga nó 'intralingual translation'; aistriú idir teangacha nó 'interlingual translation'; aistriú ó mheán go meán eile, ón fhocal scríofa go dtí an teilifís, mar shampla, rud ar a dtugann sé 'intersemiotic translation'.

⁸ Deir Basnett (1991: 79) go mbraitheann an t-idirdhealú seo ar thuiscint choimeádach ar phróiseas na léitheoireachta, eadhon, an tuiscint go bhfuil léirléamh bailí amháin ann agus nach bhfuil tionchar ag an léitheoir aonair ar bhrí an téacs. Feictear di nach bhfóireann an tuiscint seo do shaothair litríochta agus molann sí an athluacháil ar rinne Roland Barthes (1974) agus Julia Kristeva (1970) ar thábhacht ról an léitheora sa phróiseas cruthaitheach.

⁹ Áitíonn Róisín Ní Ghairbhí (2000), mar shampla, go raibh feidhm radacach á baint ag an fhile Michael Hartnett as modh dúchasaithe líofa agus dánta Dhaithí Uí Bhruadair á n-aistriú aige. D'aistrigh Hartnett filíocht Uí Bhruadair, dar léi, ar bhealach a chuirfeadh ar chumas an léitheora Béarla 'caidreamh níos barántúla, pearsanta a bheith aige leis an bhunráiteas' (155).

¹⁰ Léiríonn modh aistrithe Michael Davitt agus Louis de Paor an tuiscint seo ar thábhacht agus ar radacacht an dúchasaithe i gcás na Gaeilge. Ní hé seo an tuiscint atá ag criticeoirí uile na Gaeilge ar thábhacht an chur chuige

dhúchasaithe, ámh. Caíonn Brian Ó Conchubhair (2000: 104) líofacht na n-
aistriúchán Béarla a cheileann gníomh an aistrithe, dar leis, agus molann sé go
mbainfí úsáid níos forleithne as modhanna galldaithe. Tuigtear do Maria
Tymoczko gur modh aistrithe díchoilínithe a chleachtann Thomas Kinsella sa
chnuasach *The Táin* (1969), modh a tharraingíonn aird ar ghníomh an aistrithe
agus ar shainiúlacht na mbuntéacsanna. (Tymoczko 2000: 131-32).

[11] Féach David Wheatley (2001). Is mó de rianú ar an úsáid idirthéacsúil
a bhaineann Muldoon as foinsí Gaeilge ná de léirmheastóireacht théacsúil ar
mhodh aistrithe Muldoon atá in alt léirsteanach Wheatley, áfach. Díríonn alt
Takako Haruki (2001) ar aistriúcháin Bhéarla Derek Mahon de dhánta Ní
Dhomhnaill.

[12] Sa dán 'Cathleen' (AC: 39), tagraíonn Muldoon do Bhé na Sean-
Ghréige, 'Terpsichore' agus don tseanbhean bhocht nó 'Old Gummy Granny'
de chuid Joyce ó chaibidil 15 de *Ulysses*, cé nach luaitear na pearsana seo i
mbundán Ní Dhomhnaill.

[13] Aithníonn Ní Dhomhnaill féin an tionchar a bhí ag an spriocdhioscúrsa
Méiriceánach ar rogha na ndánta a d'aistrigh Muldoon sa chnuasach *The
Astrakhan Cloak* (1992). Deir sí gur roghnaigh sé dánta a raibh an saol eile mar
théama iontu as siocair go raibh nuáil ag roinnt leis an ábhar i Méiriceá (in
Hollo 1998: 102).

[14] Ciallaíonn an focal 'astrakhan' fionnadh a dhéantar as lomra uain ón
cheantar Astrakhan nó bréagfhionnadh a bhfuil an chuma chéanna air.

[15] Ag tagairt d'aiste cháiliúil Walter Benjamin 'The Task of the Translator'
(1923) ina maítear go bhfuil an inaistritheacht ina tréith eisintiúil de shaothair
áirithe, tuairimíonn Mac Giolla Léith go bhfuil a mhalairt fíor fosta – go bhfuil
an do-aistritheacht ina tréith eisintiúil de shaothair áirithe. Tá ceist faoin tátál
a bhaineann Mac Giolla Léith as téis Benjamin. Tuiscint mheisiasach atá ag
Benjamin ar chúrsaí aistriúcháin mar dhóigh le teacht ar an 'Ursprache'. Fiú
mura bhfuiltear in ann an saothar a aistriú faoi láthair, tugann Benjamin le fios
go bhfuil dóchas ann i dtólamh go ndéanfar é a aistriú amach anseo de réir
mar a thagann athrú ar an bhunteanga agus ar theanga an aistritheora
(Benjamin 2000: 20).

[16] Féach plé léirsteanach Mhic Giolla Léith (2000) ar an dán seo.

[17] Collins 1991: 165.

[18] Tagann Pádraig de Paor leis an léamh seo. Feictear dó go bhfuil
'saighead grinn á chur isteach sa choilíniú liteartha áirithe seo a imrítear ar
choirp na mban' (de Paor 1997: 183).

[19] Luann Cronin (1998: 145) an t-aistriúchán seo a rinne Muldoon ar an
téarma 'bean an leasa' mar shampla de chlaonadh inscneach an aistritheora a
chuireann buníomha na Gaeilge as a riocht. Luann Ní Ghairbhí (2000: 156)
aistriúchán seo Muldoon fosta mar léiriú ar straitéis aistrithe a chuireann an

léitheoir ar strae ó dhioscúrsa an bhundáin.

[20] Féach, mar shampla, Ó Tuama (1986), Denvir (1987, 1988, 2002), Nic Dhiarmada (1993), De Paor (1997) agus O'Leary (1999). Ag snámh in aghaidh eas na critice, deir Liam Mac Cóil i dtaobh an chnuasaigh *Rogha Dánta*: 'Braithim téagar agus fiú leanúnachas sna dánta seo nach raibh chomh sonraíoch sin sa dá bhunleabhar' (Mac Cóil 1986: 20).

[21] Tá struchtúr Jungach an chnuasaigh *Feis* (1991) pléite go mion ag Nic Dhiarmada (1994; 2005: 149-80).

[22] Pléann Hollo struchtúr an chnuasaigh *Feis* (1991) mar fhianaise ar laige an chnuasaigh *The Astrakhan Cloak* (1992) nach gcaomhnaíonn struchtúr na bundíolama.

[23] Ag teacht le léirmhíniú Jungach Nic Dhiarmada (1994: 86-89) ar an tsraith áirithe seo, déanann de Paor mionléamh an-áititheach mar a rianaíonn sé an úsáid mheafarach a bhaineann Ní Dhomhnaill as an turas miotasach isteach sa saol eile leis an taiscéalaíocht sa neamh-chomhfhios a chur in iúl (1997: 87-100).

[24] Faoi choinne tuilleadh plé chriticiúil ar na léamha a dhéanann Cixous ar shaothar Lispector féach M. Shiach (1989), C. Ambruster (1983), M. Peixoto (1994) agus A. Klobucka (1994).

[25] Tá an bundán Gaeilge mar aon le haistriúchán Béarla ar fáil in Ó Tuama agus Kinsella (1981: 140-41).

[26] Maidir le Yeats féin, b'fhacthas dó go raibh cosúlacht idir riocht Uí Rathaille, duine den aicme phribhléideach nach raibh de lucht éisteachta aige ach na haicmí ísle nár shuim leo a chás, agus a riocht féin mar scríbhneoir Angla-Éireannach a bhí ag scríobh do mheánaicme fhilistíneach. Bunaithe ar an chosúlacht seo atá an dán 'The Curse of Cromwell' le Yeats, dar le Kiberd (1996: 538).

[27] Is ábhar suntais na hathruithe a rinne Boland ar an aistriúchán seo sular foilsíodh é ocht mbliana déag níos moille sa chnuasach *Collected Poems* (1995). Ag teacht le foilsiúchán Chumann na Scríbheann nGaedhilge, *The Poems of Egan O'Rahilly* (1911), Egan O'Rahilly a bhí ag Boland i dteideal an dáin nuair a foilsíodh é den chéad uair sa chnuasach *New Territory* (1967). Is é ainm Gaeilge an fhile, mar atá, Aodghan O'Rathaille (sic), atá i dteideal an dáin sa chnuasach *Collected Poems* (1995). Ina theannta sin, baineann sí úsáid as an ainm 'Diarmuid' in áit 'Dermot' i rann a dó den aistriúchán seo. Is é an chéad leagan den aistriúchán mar a foilsíodh é i 1967, ámh, a cuireadh i gcló sa díolaim 'New Collected Poems' (2005).

[28] Ní i gcónaí a éiríonn le Boland sainchiall na bhfocal Gaeilge a chur in iúl do léitheoirí comhaimseartha an Bhéarla. 'My prince' atá ag Boland ar 'rí' an bhundáin, mar shampla. Cailltear an tagairt do dhlisteanacht cheannaireacht Mhic Cárthaigh dá réir óir is mó duine a shantaigh an teideal 'rí Éireann'. Bhí

278 NÓTAÍ

sainchiall ar leith leis an fhocal 'rí' sa chomhthéacs polaitiúil in Éirinn na linne sin, mar a mhíníonn Ó Buachalla: 'Is áirithe nach bhféadfadh duine an teideal 'rí' a éileamh gan ginealach gan smál a bheith le maíomh aige; ach an ginealach cuí a bheith aige bhí a cheartsan chun an teidil 'rí' bailí' (Ó Buachalla 1996: 9).

[29] De réir an tseanchais, bean sí Mhuintir Mhic Cárthaigh ba ea Clíodhna.

[30] Féach, mar shampla, aistriúchán David Green agus Frank O'Connor (1967: 82-83) agus Robin Flower (1994: 129-30) den dán 'Pangur Bán'.

[31] Tá botúin ó thaobh bhrí na bhfocal de le sonrú ar na haistriúcháin a rinne Boland ar na dánta 'Frühling 1946' (AEW: 40-42), 'Ihr Worte' (AEW: 110) agus 'Die gestundete Zeit' (AEW: 96), mar shampla.

[32] Is eisceacht é an léamh a dhéanann Máirín Nic Eoin (2005: 284-320) ar an tsraith 'Na Murúcha a Thriomaigh' i bhfianaise thuiscintí na síceolaíochta ar phróiseas an athchultúraithe, agus léamh an údair seo ar an tsraith chéanna, léamh atá bunaithe ar theoiricí liteartha iarchoilíneacha. (Ní Fhrighil 2004: 37-56)

SAOTHAIR A CEADAÍODH

Cnuasaigh Filíochta Eavan Boland

New Territory. 1967, Dublin: Allen Figgis.

The War Horse. 1975, London: Gollancz; 1980, Dublin: Arlen House.

In Her Own Image. 1980, Dublin: Arlen House.

Night Feed. 1982, Dublin: Arlen House.

The Journey. 1982b, Dublin: Gallery Press.

Outside History. 1989, Manchester: Carcanet.

A Kind of Scar. 1989b, Dublin: Attic Press.

Outside History: Selected Poems 1980-1990. 1990, New York: W.W. Norton.

Collected Poems. 1995, Manchester: Carcanet.

Object Lessons. 1996, London: Vintage.

The Lost Land. 1998, Manchester: Carcanet.

The Making of a Poem: A Norton Anthology of Poetic Forms. 2000, Mark Strand & Eavan Boland (eds.), New York/London: W.W. Norton & Co..

Code. 2001, Manchester: Carcanet.

After Every War: Twentieth-Century Women Poets. 2004, Princeton/Oxford: Princeton University Press.

New Collected Poems. 2005, Manchester: Carcanet.

Ailt le Eavan Boland.

'The Weasel's Tooth', 1974: *Irish Times* (7 June).

'The Woman Poet: Her Dilemma', 1986: *Midland Review 3*: 41–47.

'An Un-Romantic American', 1988: *Parnassus: Poetry in Review 14(2)*: 73-92.

'Truthful Tears', 1991: *Parnassus: Poetry in Review 16(2)*: 124-42.

'The Serinette Principle: The Lyric in Contemporary Poetry', 1993: *PN Review 19(4)*: 20-26.

'Making the Difference: Eroticism and Ageing in the Work of the Woman Poet', 1994: *PN Review 20(4)*: 13–21.

'Poetry the Hard Way', 1994b: *PN Review 21(1)*: 78-79.

'Writing the Political Poem in Ireland', 1995: *The Southern Review 31(3)*: 485-98.

'Gods Make Their Own Importance', 1995b: *PN Review 21(4)*: 10–14.

'New Wave 2: Born in the 50s; Irish Poets of the Global Village', in Theo Dorgan (ed.), *Irish Poetry Since Kavanagh*. Dublin: Four Courts Press: 136-46.

'Daughters of Colony: A Personal Interpretation of the Place of Gender Issues in the Postcolonial Interpretation of Irish Literature', 1997: *Éire-Ireland 32(2-3)*: 9-20.

'Famine Roads', 1997b: in Tom Hayden (ed.), *Irish Hunger: Personal Reflections on the Legacy of the Famine*. Boulder, Colorado/Dublin: Roberts Rinehart Publishers/Wolfhound Press: 212-22.
'Ted Hughes: A Reconciliation,' 1999: *PN Review 25(5)*: 5–6 & 22.

Cnuasaigh Filíochta Nuala Ní Dhomhnaill
An Dealg Droighin. 1981, Baile Átha Cliath & Corcaigh: Cló Mercier.
Féar Suaithinseach. 1984, Maigh Nuad: An Sagart.
Rogha Dánta/Selected Poems. 2000, Baile Átha Cliath: New Island Books; 1988, Baile Átha Cliath: Raven Arts Press.
Pharaoh's Daughter. 1990, Co. na Mí: The Gallery Press.
Feis. 1991, Maigh Nuad: An Sagart.
The Astrakhan Cloak. 1992, Co. na Mí: The Gallery Press.
Cead Aighnis. 1998, An Daingean: An Sagart.
The Water Horse. 1999, Co. na Mí: The Gallery Press.
Selected Essays. 2005: Oona Frawley (ed.). New Island Books: Dublin.

Ailt le Nuala Ní Dhomhnaill.
'Ceardlann Filíochta', 1986: *An Nuafhilíocht, Léachtaí Cholm Cille XVII*. Maigh Nuad: An Sagart: 147-79.
'Ar an Ardán', 1986b: *Comhar* (Meán Fómhair): 27-28.
'Caoineadh Airt Uí Laoghaire', 1986c: *Comhar* (Eanáir): 24-25.
'An Ghaeilge mar Uirlis Fheimineach', 1989: in *Unfinished Revolution: Essays on the Irish Women's Movement*. Béal Feirste: Meadbh Publishing: 22-27.
'What Foremothers?', 1992: *Poetry Ireland Review 36*: 18-31.
'An tAnam Mothála/The Feeling Soul', 1994: in James P. Mackey (ed.), *The Cultures of Europe: The Irish Contribution*. Belfast: Institute of Irish Studies, Queen's University of Belfast: 170-83.
'Why I Choose to Write in Irish: The Corpse That Sits Up and Talks Back', 1995: *The New York Times* (1 August): 3 & 27-28.
'The Hidden Ireland: Women's Inheritance', 1996: in Theo Dorgan (ed.), *Irish Poetry Since Kavanagh*. Dublin: Four Courts Press: 106-15.
'Traductio Ad Absurdum', 1996b: *Krino 1986–1996: An Anthology of Modern Irish Writing*. Dublin: Gill & Macmillan: 110–11.
'Dinnsheanchas: The Naming of High or Holy Places', 1996c: in P. Yaeger (ed.), *The Geography of Identity*. Arbor: University of Michigan Press.
'A Ghostly Alhambra', 1997: in Tom Hayden, (ed.), *Irish Hunger: Personal Reflections on the Legacy of the Famine*. Boulder, Colorado/Dublin: Roberts Rinehart Publishers/Wolfhound Press: 68-78.
'Filíocht na hEolaíochta,' 1998b: *Irisleabhar Mhá Nuad*: 7-15.

'Cé leis Tú? 2000: *Éire-Ireland 35(1&2)*: 39-78.

'Afterword', 2000b: in *Rogha Dánta/Selected Poems*. Baile Átha Cliath: New Island Books: 161-68.

'Contemporary Poetry – Introduction', (eag.), 2002: in Angela Bourke et al. (eds.), *The Field Day Anthology of Irish Writing*. Cork/ USA & Canada: Cork University Press/New York University Press: 1290-97.

SAOTHAIR CHRITICE

Adams, Tessa, 2003: 'Jung, Kristeva and the maternal realm', in Tessa Adams & Andrea Duncan (eds.), *The Feminine Case: Jung, Aesthetics and Creative Process*. London/ New York: Karnac: 55-67.

Adams, Tessa, 2003b: 'Jung's search for the masculine in women: the signification of the animus', in Tessa Adams & Andrea Duncan (eds.), *The Feminine Case: Jung, Aesthetics and Creative Process*. London/New York: Karnac: 97-118.

Adejunmobi, Moradewun, 1998: 'Translation and Postcolonial Identity: African Writing and European Languages', *The Translator 4(2)*: 163-81.

Agosín, Marjore, 1995: *A Dream of Light and Shadow*. Albuquerque: University of New Mexico Press.

Allen, Graham, 2000: *Intertextuality*. New York/London: Routledge.

Allen-Randolph, Jody, 1999: 'The Poetry of Eavan Boland – Introduction', *Colby Quarterly 35(4)*: 205 – 9.

Allen-Randolph, Jody, 1994: 'Finding a Voice Where She Found a Vision', *PN Review 21(1)*: 13-17.

Allen-Randolph, Jody, 1993: 'An Interview with Eavan Boland', *Irish University Review 23(1)*: 117-30.

Allen-Randolph, Jody, 1991: 'Ecriture Feminine and the Authorship of Self in Eavan Boland's *In Her Own Image*', *Colby Quarterly 27(1)*: 48-59.

Almquist, Bo, 1990: 'Of Mermaids and Marriages', *Béaloideas*: 1-74.

Alspach, Russell K. (ed.), 1966: *The Variorum Edition of the Plays of W.B. Yeats*. New York: The Macmillan Company.

Ambruster, Carol, 1983: 'Hélène-Clarice: nouvelle voix', *Contemporary Literature 24 (2)*: 145-57.

Amos, Valerie & Pratibha, Parmar, 1984: 'Challenging Imperial Feminism', *Feminist Review 17*: 3-19.

Arrojo, Rosemary, 1999: ' Interpretation as possessive love: Hélène Cixous, Clarice Lispector and the ambivalence of fidelity', in Susan Bassnett & Harish Trivedi (eds.), *Postcolonial Translation: Theory and Practice*. London/New York: Routledge: 141-61.

Atfield, Rose, 1999: 'The Stain of Absolute Possession: The Postcolonial in the Work of Eavan Boland', in Alexander G. Gonzalez (ed.), *Contemporary Irish Women Poets: Some Male Perspectives*. Connecticut: Greenwood Press: 189–207.

Atfield, Rose, 1997: 'Post-Colonialism in the Poetry and Essays of Eavan Boland', *Women: A Cultural Review 8 (2)*: 168-82.

Baker, David, 1991: 'Framed in Words', *The Kenyon Review 13*: 169.

Bakhtin, Mikhail, 1993: *Rabelais and His World*. Hélène Iswolsky (trans.), Bloomington: Indiana University Press.

Barthes, Roland, 1977: *Image-Music-Text*. Stephen Heath (trans.), London: Fontana.

Barthes, Roland, 1974: *S/Z*. Richard Howard (trans.), New York: Hill & Wang.

Bartlett, Thomas, 1988: '"What Ish My Nation?": Themes in Irish History, 1550-1850', in Thomas Bartlett et al. (eds.), *Irish Studies: A General Introduction*. Dublin: Gill & Macmillan: 44-59.

Barton, Ruth, 2001: 'Kitsch as Authenticity: Irish Cinema and the Challenge to Romanticism', *Irish Studies Review 9(2)*: 193-202.

Basnett, Susan, 1991: *Translation Studies Revised Edition*. London: Routledge.

Basnett, S. & Lefevere, A. (eds.), 1990: *Translation: History and Culture*. London: Frances Pinter.

Battersby, Eileen, 1998: 'The beauty of ordinary things: An Interview with Eavan Boland', *Irish Times* (22 September).

Beasley, Chris, 1999: *What is Feminism?: An Introduction to Feminist Theory*. London: Thousand Oaks.

Bedient, Calvin, 1994: 'In a Time of Violence - Book Review', *Poetry 165* (October): 41-44.

Benjamin, Walter, 2000 [1923]: 'The Task of the Translator', Harry Zohn (trans.), in Lawrence Venuti (ed.), *The Translation Studies Reader*. London/New York: Routledge: 15-23.

Benjamin, Walter, 1999: *Illuminations*. Hannah Arendt (ed.). London: Pilimico.

Berkley, Sarah, 1991: 'A grip on the slippery', *Times Literary Supplement* (5 July): 22.

Bergin, Osborn, 1970: *Irish Bardic Poetry*. Dublin: Dublin Institute for Advanced Studies.

Bertram, Vicki, 1998: 'Defining Circumstances: An Interview with Eavan Boland', *PN Review 25(2)*: 14–16.

Bhabha, Homi K., 1994: *The Location of Culture*. London/New York: Routledge.

Bloom, Harold, 1973: *The Anxiety of Influence: A Theory of Poetry*. London/New York: Oxford University Press.

Blunt, Alison & Rose, Gillian (eds.), 1994: *Writing Women and Space: Colonial and Postcolonial Geographies*. New York/London: Guildford Press.

Bolger, Dermot (eag.), 1986: *The Bright Wave/An Tonn Gheal: Poetry in Irish Now*. Dublin: Raven Arts Press.

Bonnefoy, Yves, 1992: 'Translating Poetry', in Derrida Rainer Schulte & John Bigeunet (eds.), *Theories of Translation: An Anthology of Essays from Dryden to Derrida*. Chicago/London: University of Chicago Press: 186-92.

Bolle, Kees W., 1987: 'Myth', in Mircea Eliade, (ed.), *The Encyclopedia of Religion*. vol. 10, New York: Macmillan: 261-73.

Bourke, Angela (ed.), 2002: 'Oral Traditions – General Introduction', in Angela Bourke et al. (eds.), *The Field Day Anthology of Irish Writing*. Cork: Cork University Press; USA & Canada: New York University Press: 1191-97.

Bourke, Angela, 1999: *The burning of Bridget Cleary*. London: Pimlico.

Bourke, Angela, 1993: 'Fairies and Anorexia: Nuala Ní Dhomhnaill's "Amazing Grass"', in Barbara Hillers et al. (eds.), *Proceedings of the Harvard Celtic Colloquium*. Harvard: The Department of Celtic Languages and Literatures, Harvard University: 25-38.

Bourke, Angela, 1992: 'Bean an Leasa: Ón bPiseogaíocht go dtí Filíocht Nuala Ní Dhomhnaill', in Eoghan Ó hAnluain (eag.), *Leath na Spéire*. Baile Átha Cliath: An Clóchomhar: 74-90.

Bourke, Angela, 1991: 'Performing – Not Writing', *Graph 11*: 28-31.

Bourke, Angela, 1989: 'Rich, Colourful and Sensuous', *Irish Literary Supplement 8(1)*: 18.

Bourke, Eva, 2005: 'The 'rubble women' of poetry – review of *After Every War: Twentieth Century Women Poets* by Eavan Boland', *Irish Times* (January 15).

Bowlby, Rachel, 1996: 'Flight Reservations: The Anglo-American/French Divide in Feminist Criticism' Still Crazy After All These Years: Women, Writing and Psychoanalysis', in Mary Eagleton (ed.), *Feminist Literary Theory: A Reader*. Oxford: Blackwell: 271-74.

Breatnach, P.A., 1997: 'Traidisiún na hAithrise Liteartha i bhFilíocht Chlasaiceach na Gaeilge', in *Téamaí Taighde Nua-Ghaeilge*. Maigh Nuad: An Sagart: 1-63.

Brennan, Rory, 1995: 'Contemporary Irish Poetry: An Overview' in Micheal Kenneally (ed.), *Poetry in Contemporary Irish Literature*. Gerrards Cross: Colin Smythe: 1-27.

Brewer, Betty Webb, 1983: 'She was a part of it: Emily Lawless (1845-1913)', *Éire-Ireland 18(4)*: 119-31.

Brown, Terence, 1989: 'Translating Ireland', *Krino 7*: 1–4.

Buckley, Vincent, *Memory Ireland*. Australia: Penguin Books: 1985.

Buttimer, Cornelius, 1995: 'Cloch sa leacht: an Gorta Mór i lámhscríbhinní déanacha na Gaeilge', in C. Póirtéir (eag.), *Gnéithe den Ghorta*. Baile Átha Cliath: Coiscéim: 84-106.

Caball, Marc, 2006: 'The literature of later medieval Ireland, 1200-1600: from the Normans to the Tudors – Part 1: Poetry', in Margaret Kelleher & Philip O'Leary, (eds.), *The Cambridge History of Irish Literature*. Cambridge: Cambridge University Press: 74-109.

Caball, Marc, 1998: *Poets and Politics: Reaction and Continuity in Irish Poetry 1558-1625*. Cork: Cork University Press.

Caerwyn Williams, J. E. & Ní Mhuiríosa, Máirín, 1979: *Traidisiún Liteartha na nGael*. Baile Átha Cliath: An Clóchomhar.

Caerwyn Williams, J. E., 1971: 'The Court Poet in Medieval Ireland', *Proceedings of the British Academy 57*: 85-135.

Cairns, David & Richards, Shaun (eds.), 1988: *Writing Ireland: Colonialism, Nationalism and Culture*. Manchester: Manchester University Press.

Calahan, James, 1991: 'Forging a Tradition: Emily Lawless and the Irish Literary Canon', *Colby Quarterly 27(1)*: 27-39.

Callaway, Helen, 1993: 'The Most Essentially Female Function of All: Giving Birth', in Shirley Ardener (ed.), *Defining Females: The Nature of Women in Society*. Oxford/Providence: Berg: 146-67.

Campell, Joseph, 1970: *Myth, Dreams and Religion*. New York: E.P. Dutton.

Cannon, Louise, 1995: 'The Extraordinary within the Ordinary: The Poetry of Eavan Boland and Nuala Ní Dhomhnaill', *South Atlantic Review 60(2)*: 31-46.

Carmichael, Alexander (ed.), 1992: *Carmina Gadelica: Hymns and Incantations*. Edinburgh: Florris Books.

Carney, James, 1973: 'Society and the Bardic Poet' *Studies 62*: 233-50.

Carney, James, 1967: *The Irish Bardic Poet*. Dublin: Dublin Institute for Advanced Studies.

Carroll, Clare & King, Patricia (eds.), 2003: *Ireland and Postcolonial Theory*. Notre Dame: University of Notre Dame Press.

Carroll, Clare, 2001: *Circe's Cup: Cultural Transformations in Early Modern Ireland*. Cambridge: Cambridge University Press.

Chamberlain, Lorie, 1992: 'Gender and the Metaphorics of Translation', in Lawrence Venuti (ed.), *Rethinking Translation: Discourse, Subjectivity, Ideology*. London/New York: Routledge: 57-74.

Chang, Nam Fung, 1998: 'Politics and Poetics in Translation' in *The Translator 4(2)*: 249-72.

Chapman, Malcolm, 1978: *The Gaelic Vision in Scottish Culture*. London: Croom Helm.

Cheah, Pheng, 1998: 'The Cosmopolitical Today', in Pheang Cheah and Bruce Robbins (eds.), *Cosmopolitics: Thinking and Felling beyond the Nation*. Minneapolis/London: University of Minnesota Press: 20-41.

Chodorow, Nancy, 1978: *The Reproduction of Mothering*. Berkeley & Los Angeles: University of California Press.

Christ, Carol, 1977: 'Some Comments on Jung, Jungians, and the Study of Women', *Anima 3(2)*: 66-69.

Cixous, Hélène, 1990: *The Body and the Text*. Helen Wilcox et al. (eds.), London/New York: Harvester Wheatsheaf.

Cixous, Hélène, 1981: 'The Laugh of the Medusa', Keith Cohen & Paula Cohen, (trans.) in Elaine Marks & Isabelle de Courtivron (eds.), *New French Feminisms: An Anthology*. Hemel Hempstead: Harvester Wheatsheaf: 245-64.

Cixous, Hélène, 1981b: 'Sorties', Ann Liddle (trans.) in Elaine Marks & Isabelle de Courtivron (eds.), *New French Feminisms: An Anthology*. Hemel Hempstead: Harvester Wheatsheaf: 90-98.

Clancy, Mary, 1990: 'Aspects of Women's Contribution to the Oireachtas Debate in the Irish Free State, 1922-37', in Maria Luddy and Cliona Murphy (eds.), *Women Surviving: Studies in Irish Women's History in the 19th and 20th Centuries*. Dublin: Poolbeg: 206-32.

Clancy, Thomas Owen, 1996: 'Women Poets in Early Medieval Ireland', in Christine Meek & Katherine Simms (eds.), *'The Fragility of Her Sex'?: Medieval Irishwomen in Their European Context*. Dublin: Four Courts Press: 43-72.

Clark, Margaret, 2003: 'Women's lack: the image of woman as divine', in Tessa Adams & Andrea Duncan (eds.), *The Feminine Case: Jung, Aesthetics and Creative Process*. London/New York: Karnac: 185-203.

Clark, Rosalind, 1991: *The Great Queens: Irish Goddesses from the Morrígan to Cathleen Ní Houlihan*. Gerrards Cross: Colin Smythe.

Clark, William George & Wright, William Aldis (eds.), 1907: *The Works of Shakespeare*. London: Macmillan & Co..

Clear, Catríona, 2000: *Women of the House: Women's Household Work in Ireland 1922-1961*. Dublin & Portland: Irish Academic Press.

Clutterbuck, Catriona, 1999: 'Irish Critical Responses to Self-Representation in Eavan Boland, 1987-1995', *Colby Quarterly 35(4)*: 275-87.

Clutterbuck, Catriona, 1999b: 'Review Article: The Trustworthiness of Treachery', *Irish University Review 29(2)*: 406-9.

Clutterbuck, Catriona, 1998: 'Gender and Self-Representation in Irish Poetry: The Critical Debate', *Bullán 4(1)*: 43-58.

Collins, Patricia Hill, 1994: 'Shifting the Centre: Race, Class, and Feminist Theorizing about Motherhood', in Evelyn Nakano Glenn et al. (eds.), *Mothering: Ideology, Experience and Agency*. London: Routledge: 45-66.

Collins English Dictionary, 1991: Glasgow: Harper Collins. 3rd ed.

Conboy, Katie, 2000: 'Revisionist Cartography: The Politics of Place in Boland and Heaney', in Kathryn Kirkpatrick (ed.), *Border Crossings: Irish Women Writers and National Identities*. Dublin: Wolfhound Press: 190-203.

Conboy, Sheila C., 1990: 'What You Have Seen Is Beyond Speech: Female Journeys in the Poetry of Eavan Boland and Eiléan Ní Chuilleanáin', *Canadian Journal of Irish Studies 16(1)*: 66-72.

Condren, Mary, 1997: 'On Forgetting our divine origins', *Irish Journal of Feminist Studies 2(1)*: 117-32.

Conley, Verena Andermatt, 1992: *Hélène Cixous*. New York/London: Harvester Wheatsheaf.

Corcoran, Neill, 1997: *After Yeats and Joyce: Reading Modern Irish Literature*. Oxford/New York: Oxford University Press.

Coughlan, Patricia, 1991: '"Bog Queens": The representation of women in the poetry of John Montague and Seamus Heaney', in Toni Johnson O'Brien & David Cairns (eds.), *Gender in Irish Writing*. Milton Keyes/Philadelphia: Open University Press: 88-111.

Coulter, Carol, 1993: *The Hidden Tradition: Feminism, Women and Nationalism in Ireland*. Cork: Cork University Press.

Cronin, Michael, 2005: *An Ghaeilge san Aois Nua: Irish in the New Century*. Baile Átha Cliath: Cois Life.

Cronin, Michael, 2003: 'Spaces between Irish worlds: travellers, translators and the new accelerators', in Michael Cronin & Cormac Ó Cuilleanáin (eds.), *The Languages of Ireland*, Dublin: Four Courts Press: 217-31.

Cronin, Michael 2003b: *Translation and Globalization*, London/New York: Routledge.

Cronin, Michael, 2000: 'An domhan trí mheán na Gaeilge: "Ag taisteal dom 'mach"', in Micheál Ó Cearúil (eag.), *An Aimsir Óg – Cuid a Dó*. BaileÁtha Cliath: Coiscéim: 289-95.

Cronin, Michael, 1998: 'The Cracked Looking Glass of Servants', *The Translator 4(2)*: 145-62.

Cronin, Michael 1996: *Translating Ireland*. Cork: Cork University Press.

Cronin, Michael, 1993: 'Movie Shows From Babel: Translation and the Irish Language', *Irish Review 14*: 56-64.

Cronin, Michael, 1991: 'Babel's Suburbs: Irish Verse Translation in the 1980s', *Irish University Review 21(1)*: 15–26.

Cronin, Michael, 1986: 'Making the Millenium: Interview Nuala Ní Dhomhnaill', *Graph 1*: 5-9.

Crotty, Patrick (ed.), 1995: *Modern Irish Poetry: An Anthology*. Belfast: Blackstaff Press.

Cullen, L.M. 1996: Filíocht, Cultúr agus Polaitíocht, in Máirín Ní Dhonnchadha (eag.), *Nua-Leamha gnéithe de chultúr, stair agus polaitíocht na hÉireann c.1600–c.1900*. Baile Átha Cliaith, An Clóchomhar: 170-199.

Cullen, Mary & Luddy, Maria (eds.), 2001: *Female activists: Irish women and change, 1900-1960*. Dublin: Woodfield Press.

Cullingford, Elizabeth, 1991: 'The Anxiety of Masculinity', in Toni Johnson O'Brien & David Cairns (eds.), *Gender in Irish Writing*. Milton Keyes/Philadelphia: Open University Press: 46-67.

D'Haen, Theo L., 1995: 'Magical Realism and Postmodernism: Decentering Privileged Centers', in Lois Parkinson Zamora & Wendy B. Farris (eds.), *Magical Realism: Theory, History, Community*. Durham & London: Duke University Press: 191-208.

Daly, Mary, 1984: *Gyn/Ecology*. London: Women's Press.

Daniels, Kate, 1999: 'Ireland's Best', *Southern Review 35(2)*: 387–402.

Davitt, Michael (eag.), 1984: "'Mo dhiachair áilleacht bhristechroíoch...' – Comhrá le Máire Mhac an tSaoi', *Innti 8*: 38-58.

Dawe, Gerald & Williams, Johnathon (eds.), 1996: *Krino 1986–1996: An Anthology of Modern Irish Writing*. Dublin: Gill & Macmillan.

Dawe, Gerald & Longley, Edna (eds.), 1985: *Across a Roaring Hill: The Protestant Imagination in Modern Ireland: Essays in honour of John Hewitt*. Belfast: Blackstaff.

Dawe, Gerald, 1983: 'Brief Confrontations: Convention as Conservatism in Modern Irish Poetry', *The Crane Bag 7(2)*: 143-47.

Dawe, Gerald, 1989: 'Sticky Labels', *Irish Times* (20 May).

Day, Martin S., 1984: *The Many Meanings of Myth*. Lanham/London: University Press of America.

De Beauvoir, Simone, 1993: *The Second Sex*. H.M. Parshley (ed. & trans.), New York: Everyman Library.

De Buitléar, Róisín & Hensey, Maree, 2004: 'Motherhood and Creativity' in Patricia Kennedy (ed.), *Motherhood in Ireland*. Cork: Mercier Press: 108-14.

De Brit, Máire, 1993: 'An Slánú i bhFilíocht Nuala Ní Dhomhnaill', *Irisleabhar Mhá Nuad*: 74-90.

De Paor, Louis, 2006: 'Contemporary Poetry in Irish: 1940-2000', in Margaret Kelleher & Philip O'Leary, (eds.), *The Cambridge History of Irish Literature*. Cambridge: Cambridge University Press: 317-56.

De Paor, Louis, 2000: 'Do chor chúarta ar gcridhe', in Pádraigín Riggs et al. (eag.), *Saoi na hÉigse: Aistí in Ómós do Sheán Ó Tuama*. Baile Átha Cliath: An Clóchomhar: 35-53.

De Paor, Louis, 1996: 'Disappearing language: translations from the Irish', *Poetry Ireland Review 51*: 61-68.

De Paor, Louis, 1994: 'A Feminine Voice: The Poems of Nuala Ní Dhomhnaill', *Irish–Australian Studies: Papers delivered at the Seventh Irish Australian Conference* (July): 93–110.

De Paor, Louis (eag.), 1989: 'Ó Liombó go dtí Sráid Grafton – Comhrá le Nuala Ní Dhomhnaill', *Innti 12*: 39-63.

De Paor, Pádraig, 2000: 'Gnéithe den saol eile inár gcultúr comhaimseartha: An Leannán Sí agus Lara Croft', in Mícheál Ó Cearúil (eag.), *Aimsir Óg – Cuid a Dó*. Baile Átha Cliath: Coiscéim: 1-26.

De Paor, Pádraig, 1997: *Tionscnamh Filíochta Nuala Ní Dhomhnaill*. Baile Átha Cliath: An Clóchomhar.

Deane, Seamus (ed.), 1991: *The Field Day Anthology of Irish Writing Vol. 1-3*. New York: Lawrence Hill; Derry, Northern Ireland: Field Day Publications.

Deane, Seamus, 1985: *Celtic Revivals: Essays in Modern Irish Literature*. London/Boston: Faber & Faber.

Delaney, Flo, 2004: 'Infertility: The Silent Period', in Patricia Kennedy (ed.), *Motherhood in Ireland*. Cork: Mercier Press: 64-76.

Delanty, Greg & Ní Dhomhnaill, Nuala (eds.), 1995: *Jumping off Shadows: Selected Contemporary Irish Poets*. Cork: Cork University Press.

Delbaere-Garant, Jeanne, 1995: 'Psychic Realism, Mythic Realism, Grotesque Realism: Variations on Magic Realism in Contemporary Literature in English', in Lois Parkinson Zamora & Wendy B. Farris (eds.), *Magical Realism: Theory, History, Community*. Durham & London: Duke University Press: 249-63.

Denvir, Gearóid, 2002: 'Ní sean go nua is ní nua go sean: Filíocht Nuala Ní Dhomhnaill agus Dioscúrsa na Gaeilge', in Máirtín Ó Briain & Pádraig Ó Héalaí, (eag.), *Téada Dúchais: Aistí in Ómós don Ollamh Breandán Ó Madagáin*. Indreabhán, Conamara: Cló Iar-Chonnachta: 25-58.

Denvir, Gearóid, 1997: 'Decolonizing the Mind: Language and Literature in Ireland', *New Hibernia Review/Iris Éireannach Nua 1(1)*: 44-68.

Denvir, Gearóid, 1988: 'D'aithle na bhFilí', *Innti 11*: 103-19.

Denvir, Gearóid, 1987: 'Continuing the link: an aspect of contemporary Irish poetry', *Irish Review 3*: 40–54.

Devine Jump, Harriet (ed.), 1991: *Essays on Twentieth-Century Women Writers in English*. Hemel Hempstead: Harvester Wheatsheaf.

Dillon, Charlie: 'Tangled Bracken by the Swampy Den: Reflections on Nuala Ní Dhomhnaill in Translation'. Páipéar a léadh ag an chomhdháil *Betwixt and Between: Space and Translation*, Ollscoil na Banríona, Béal Feirste, 8 Aibreán 2004.

Dinneen, Patrick S., 1996 [1927]: *Foclóir Gaedhilge agus Béarla*. Dublin: Irish Texts Society.

Dolan, Terence, 2003: 'Translating Irelands: the English language in the Irish context' in Michael Cronin & Cormac Ó Cuilleanáin (eds.), *The Languages of Ireland*. Dublin: Four Courts Press: 78-92.

Donaldson, Laura E., 1993: *Decolonizing Feminisms: Race, Gender, and Empire Building*. London: Routledge.

Donoghue, Denis, 1994: 'The Delirium of the Brave', *New York Review of Books 41(10)*: 25-27.

Donovan, Katie, 1988: *Irish Women Writers: Marginalised by Whom?* Dublin: Raven Arts.

Duncan, Andrea, 2003: 'Individuation and necessity', in Tessa Adams & Andrea Duncan (eds.), *The Feminine Case: Jung, Aesthetics and Creative Process*. London/ New York: Karnac: 69-95.

Duncan, Andrea, 2003b: 'The alchemy of inversion: Charlotte Brontë's *Jane Eyre* and Mary Kelly's "Menace" ', in Tessa Adams & Andrea Duncan (eds.), *The Feminine Case: Jung, Aesthetics and Creative Process*. London/ New York: Karnac: 147-84.

Dunsford, Clare, 1999: 'Dramatis Persona – Interview with Nuala Ní Dhomhnaill', *Boston College Magazine* (Winter): 38-47.

DuPlessis, Rachel, 1979: 'The Critique of Consciousness and Myth in Levertov, Rich and Rukeyser', in Sandra M. Gilbert and Susan Gubar (eds.), *Shakespeare's Sisters: Feminist Essays on Women Poets*. Bloomington: Indiana University Press: 280-300.

Eagleton, Mary (ed.), 1996: *Feminist Literary Theory: A Reader*. Oxford: Blackwell.

Eagleton, Terry, (ed.), 1990: *Nationalism, Colonialism and Literature*. Minneapolis: University of Minnesota Press.

Eagleton, Terry, 1996 [1983]: *Literary Theory: An Introduction*. Minneapolis: University of Minnesota Press.

Eckart, Nicholas, 1999: *Fatal Encounter: The Story of the Gibraltar Killings*. Dublin: Poolbeg.

Ellmann, Richard & Feidelson, Charles Jr. (eds.), 1965: *The Modern Tradition: backgrounds of modern literature*. New York: Oxford University Press.

Elphinstone, Margaret, 1999: 'Contemporary Scottish Women's Poetry', *Poetry Ireland Review 63*: 65-72

Everingham, Christine, 1994: *Motherhood and Modernity: An investigation into the rational dimension of mothering*. Buckingham: Open University Press.

Ezell, Magaret, 1993: *Writing Women's Literary History*. London/Baltimore: John Hopkins University Press.

Fallon, Peter & Mahon, Derek (eds.), 1990: *The Penguin Book of Contemporary Irish Poetry*. London: Penguin.

Fanon, Frantz, 1986: *Black Skins, White Masks*. Charles M. Markmann (trans.). London: Pluto. Reprint of *Peau noire, masques blancs*. Paris, 1952.

Fanon, Frantz, 1967: *The Wretched of the Earth*. Harmondsworth, Middlesex: Penguin. Reprint of *Les damnes de la terre*. Paris, 1961.

Feder, Lillian, 1971: *Ancient Myth in Modern Poetry*. Princeton N.J.: Princeton University Press.

Finn Cotter, James, 1991: 'The Truth of Poetry' Review of *Outside History* (1990), *Hudson Review XLIV(2)*: 343-48.

Flower, Robin, 1994: *Poems and Translations*. Dublin: Lilliput Press; 1931: Constable & Co. Ltd.

Frazier, Adrian, 1979: 'Nationalism, Obsession in Contemporary Irish Poetry: Interview with Eavan Boland', *Literary Review 22*: 238-47.

Fogarty, Anne, 1999: '"The Influence of Absences": Eavan Boland and the Silenced History of Irish Women's Poetry', *Colby Quarterly 35(4)*: 256-74.

Fogarty, Anne, 1995: 'Fault Lines: the reception of poetry by Irish women,' *Graph 2(1)*: 18-25.

Fogarty, Anne, 1994: '"A Noise of Myth": Speaking (as) Woman in the poetry of Eavan Boland and Medbh McGuckian', *Paragraph 15(1)*: 92-102.

Forrest, Avril, 1982: 'Flower and War' Review of *The War Horse* (1975), *Connaught Tribune* (2 July).

Foster, Thomas C., 1999: 'In from the Margin: Eavan Boland's "Outside History Sequence,"' in Alexander G. Gonzalez (ed.), *Contemporary Irish Women Poets: Some Male Perspectives*. Connecticut: Greenwood Press: 1-12.

Foy, John, 1997: 'Paroling Sweet Euphony', *Parnassus 22(1&2)*: 223-46.

Fraser, G.S., 1970: *Metre, Rhyme and Free Verse*. London: Methuen.

Fraser, Kathleen, 1997: 'Eavan Boland & Kathleen Fraser: A Conversation', *Parnassus 23(1&2)*: 387-403.

Fulford, Sarah, 2002: 'Eavan Boland: Forging a Postcolonial Herstory', in Glenn Hooper & Colin Graham (eds.), *Irish and Postcolonial Writing: History, Theory and Practice*. London: Palgrave Macmillan: 202-21.

Furniss, Tom & Bath, Michael, 1996: *Reading Poetry: An Introduction*. London: Prentice Hall.

Gelpi, Albert, 1999: '"Hazard and Death": The Poetry of Eavan Boland', *Colby Quarterly 35(4)*: 210-28.

Gelpi, Barbara Charlesworth & Gelpi, Albert (eds.), 1993: *Adrienne Rich's Poetry and Prose: poems, prose, reviews, and criticism*. New York/London: W.W Norton.

Gentzler, Edwin, 1993: *Contemporary Translation Theories*. New York/London: Routledge.

Gibbons, Luke, 1996: 'Identity without a centre: allegory, history and Irish nationalism', in *Transformations in Irish Culture*. Cork: Cork University Press: 134-47.

Gilbert, Sandra M. & Gubar, Susan, 1984: *The Madwoman in the Attic: The Woman Writer and the Nineteenth Century Imagination*. New Haven/London: Yale University Press.

Gilbert, Sandra M. & Gubar, Susan (eds.), 1979: *Shakespeare's Sisters: Feminist Essays on Women Poets*. Bloomington: Indiana University Press.

Gilbride, Alexis, 2004: 'Infanticide: The Crime of Motherhood', in Patricia Kennedy (ed.), *Motherhood in Ireland*. Cork: Mercier Press: 170-80.

Gilligan, Carol, 1982: *In a Different Voice: Psychological Theory and Women's Development*. Cambridge: Harvard University Press.

Glenn E. N., Chang, G. & Forcey, L.R. (eds.), 1994: *Mothering: Ideology, Experience and Agency*. London/New York: Routledge.

Godard, Barbara, 1995: 'Translating (as) Woman', *Essays in Canadian Writing* 55: 71-82.

Godard, Barbara, 1991: Translating (With) the Speculum', *Traduction, Terminologie, Rédaction 4(2)*: 85-121.

Godard, Barbara, 1990: 'Theorizing Feminist Theory/Translation', in S. Basnett and A. Lefevere (eds.), *Translation: History and Culture*. London: Frances Pinter: 87-96.

Goldenberg, N., 1976: 'A Feminist critique of Jung', *Signs: Journal of Women in Culture and Society 2(2)*: 443-49.

Gonzalez, Alexander G. (ed.), 1999: *Contemporary Irish Women Poets: Some Male Perspectives*. Connecticut: Greenwood Press.

Graham, Colin, 2003: 'Subalternity and Gender: Problems of Postcolonial Irishness', in Claire Conolly (ed.), *Theorizing Ireland*. Hampshire/New York: Palgrave Macmillan: 150-59.

Graham, Colin, 1994: 'Defining Borders: Liminal Spaces, Post-Colonial Theories and Irish Culture', *The Irish Review 16*: 29-43.

Gramsci, Antonio, 1985: *Selections from cultural writings*. David Forgacs & Geoffrey Nowell-Smith (eds.), William Boelhower (trans.), London: Lawrence and Wishart.

Greene, David, 1961: 'The Professional Poets', in Brian Ó Cuív (ed.), *Seven Centuries of Irish Learning 1000-1700*. Cork: Mercier Press: 38-49.

Greene, David & O'Connor, Frank (eds. & trans.), 1967: *A Golden Treasury of Irish Poetry A.D. 600 to 1200*. London/Melbourne/Toronto: Macmillan.

Greenslade, Liam, 1992: 'White Skin, white masks: psychological distress among the Irish in Britain', in Patrick Ó Sullivan (ed.), *The Irish in the*

New Communities. London/Washington: Leicester University Press: 201-25.

Grubgeld, Elizabeth, 1987: 'Emily Lawless's Grania: The Story of an Island (1892)', *Éire-Ireland 22(3)*: 115-29.

Guha, Ranajit, 1988: 'On Some Aspects of the Historiography of Colonial India', in Gayatri Spivak & Ranajit Guha (eds.), *Selected Subaltern Studies*. Oxford/New York: Oxford University Press: 37-44.

Haberstroh, Patricia, 1996: *Women Creating Women: Contemporary Irish Women Poets*. Dublin: Attic Press.

Haberstroh, Patricia, 1995: 'Eavan Boland', *Poetry Ireland Review 47*: 20-23.

Hagen, Patricia L. & Zelman, Thomas W., 1991: 'We Were Never on the Scene of the Crime: Eavan Boland's Repression of History', *Twentieth Century Literature: A Scholarly and Critical Journal 37(4)*: 442-53.

Hannon, Denis J. & Wright, Nancy Means, 1990: 'Irish Women Poets: Break the Silence', *Canadian Journal of Irish Studies 16(2)*: 57–66.

Harmon, Mark, 1999: 'Rough Magic: Translating Buile Suibhne', *New Hibernia Review/Iris Éireannach Nua 3(2)*: 123–28.

Harmon, Maurice, 1983: 'Review – *Night Feed* (1982) by Eavan Boland ', *Irish University Review 13(1)*: 114–19.

Harmon, Maurice & Clarke, Austin et al. (eds.), 1979: *Irish Poetry after Yeats*. Portmarnock: Wolfhound Press.

Harrison, E., 1990: 'Searching for the causes of schizophrenia: the role of migrant studies', *Schizophrenia Bulletin 16*: 663-71.

Haruki, Takako, 2001: 'Derek Mahon's Translations of Nuala Ní Dhomhnaill's Poems', *Shoin Literary Review 34*: 15-39.

Heath, Stephen, 1996: 'The Sexual Fix' in Mary Eagleton (ed.), *Feminist Literary Theory: A Reader*. Oxford: Blackwell: 311-16.

Henry, P.L., (eag. & aistr.), 1991: *Dánta Ban: Poems of Irish Women Early and Modern*. Corcaigh: Mercier Press.

Heuving, Jeanne, 1996: 'Poetry in our Political Lives', *Contemporary Literature XXXVII(2)*: 315–32.

Higgins, Michael D. & Kiberd, Declan, 1997: 'Culture and Exile: The Global Irish', *New Hibernia Review/Iris Éireannach Nua 1(3)*: 9-22.

Hillman, J., 1981: 'Psychology: Monotheistic or Polytheistic', in D.L. Miller (ed.), *The New Polytheism: Rebirth of the Gods and Goddesses*. Dallas: Spring Publications: 109-42

Hoffert, Barbara, 1994: 'In a Time of Violence – Book Review', *Library Journal 119* (March): 90.

Hollo, Kaarina, 1999: 'From the Irish: On *The Astrakhan Cloak*', *New Hibernia Review/Iris Éireannach Nua 3(2)*: 129–41.

Hollo, Kaarina, 1998: 'Acts of Translation: An Interview with Nuala Ní Dhomhnaill', *Edinburgh Review* 99: 99-107.

Howard, Ben, 1998: 'An Origin like Water – Book Review', *Modern Poetry* 171(4): 282.

Howard, Ben, 1996: *The Pressed Melodeon: Essays on Modern Irish Writing.* Brownsville, OR: Story Line Press.

Humm, Maggie, 1994: *A Reader's Guide to Contemporary Feminist Literary Criticism.* Hemel Hempstead: Harvester Wheatsheaf.

Hurney, Pauline Dillon, 2004: 'Infant-Feeding', in Patricia Kennedy (ed.), *Motherhood in Ireland.* Cork: Mercier Press: 37-47.

Hutcheson, Mark, 1989: 'In the middle of the journey' Review of *Selected Poems* (1989), Eavan Boland, *Irish Times* (17 June).

Hyde, Maggies & McGuinness, Michael, 1999: *Introducing Jung.* Cambridge: Icon.

Innes, C.L., 1993: *Women and Nation in Irish Literature and Society 1880-1935.* Hemel Hempstead: Harvester Wheatsheaf.

Innes, Lyn, 1990: *The Devil's Own Mirror: The Irishman and the African in Modern Literature.* Washington, DC: Three Continents Press.

Irigaray, Luce, 2004: 'Spiritual Tasks for Our Age' in *Luce Irigaray: Key Writings.* London/New York: Continuum: 171-85.

Irigaray, Luce, 1985: *This sex which is not one.* Catherine Porter & Carolyn Burke (trans.), Ithaca, N.Y.: Cornell University Press.

Irigaray, Luce, 1981: 'When the Gods Get Together', Claudia Reeder trans. in Elaine Marks, & Isabelle de Courtivron (eds.), *New French Feminisms: An Anthology.* Hemel Hempstead: Harvester Wheatsheaf: 99-106.

Irigaray, Luce, 1977: *Ce sexe qui n'en est pas un.* Paris: Éditions de Minuit.

Irigaray, Luce, 1974: *Spéculum de l'autre femme.* Paris: Éditions de Minuit.

Jacobi, Jolande, 1965: *The Way of Individuation.* R.F.C. Hull trans. New York: Harcourt, Brace & World.

Jacobus, Mary, 1996: 'Reading Woman: Essays in Feminist Criticism', in Mary Eagleton (ed.), *Feminist Literary Theory: A Reader.* Oxford: Blackwell: 299-301.

Jakobson, Roman, 1987: *Language in Literature.* Krystyna Pomorska & Stephen Rudy (eag.), Cambridge, Mass./ London: Belknap Press of Harvard University.

Jameson, Frederic, 1981: *The Political Unconscious: Narrative as a Socially Symbolic Act.* Ithaca, N.Y.: Cornell University Press; London: Methuen.

Jaski, Bart, 1996: 'Marriage laws in Ireland and the continent in the early middle ages', in Christine Meek & Katharine Simms (eds.), *Fragility of her sex: medieval Irishwomen in their European context.* Dublin: Four Courts Press: 16-42

Jenkinson, Biddy, 1997: 'A View from the Whale's Back', *Poetry Ireland Review 52*: 61-69.

Jenkinson, Biddy, 1991: 'A Letter to an Editor', *Irish University Review 21(1)*: 27-34.

Johnston, John, 1992: 'Translation as Simulacrum' in Lawrence Venuti (ed.), *Rethinking Translation: discourse, subjectivity, ideology*. London/New York: Routledge: 42-56.

Jones, Ann Rosalind, 1996: 'Writing the Body: Toward An Understanding of L'Ecriture Féminine', in Mary Eagleton (ed.), *Feminist Literary Theory: A Reader*. Oxford: Blackwell: 328-30.

Jones, Ernest, 1923: *Essays in Applied Psycho-Analysis*. London/Vienna: International Psychoanalytic Press.

Jouve, N.W., 1991: *White Woman Speaks with Forked Tongue: Criticism as Autobiography*. London /New York: Routledge.

Jung, Carl Gustav & Storr, Antony (eds.) 1983: *The Essential Jung: a compilation*, Princeton, N.J.: Princeton University Press.

Jung, Carl Gustav & Kerényi, C., 1973: *Essays on the science of mythology: The Myth of the Divine Child and the Mysteries of Eleusis*. R.F.C. Hull (trans.), Princeton: Princeton University Press.

Jung, Carl Gustav, 1966: 'The Psychology of the Transference', in *Collected Works of C.G. Jung. vol. 16*, Herbert Read et al. (eds.), R.F.C. Hull (trans.), London: Routledge & Keegan Paul: 163-323.

Jung, Carl Gustav, 1966b: 'Psychology and Literature', in *Collected Works of C.G. Jung. vol. 15*, Herbert Read et al. (eds.), R.F.C. Hull (trans.), London: Routledge & Keegan Paul: 84-105.

Jung, Carl Gustav et al. 1964: *Man and His Symbols*. London: Aldus Books.

Jung, Carl Gustav, 1960: 'On the Nature of the Psyche' in *Collected Works of C.G. Jung. vol. 8*, Herbert Read et al. (eds.), R.F.C. Hull (trans.), London: Routledge & Keegan Paul: 159-234.

Jung, Carl Gustav, 1952: 'Answer to Job', in *Collected Works of C.G. Jung. vol. 11*, Herbert Read et al. (eds.), R.F.C. Hull (trans.), London: Routledge & Keegan Paul: 355-470.

Jung, Emma, 1957: *Animus and Anima*. Putnam, Connecticut: Spring Publications.

Kearney, Richard (ed.), 1985: *The Irish Mind: Exploring Intellectual Traditions*. Dublin: Wolfhound Press.

Kearney, Richard, 1984: *Myth and Motherland*. Derry: Field Day.

Kearney, Richard, 1978: 'Myth as the Bearer of Possible Worlds – Interview with Paul Ricoeur' *The Crane Bag 2 (1&2)*: 260-268.

Keen, Paul, 2000: 'The Doubled Edge: Identity and Alterity in the Poetry of Eavan Boland and Nuala Ní Dhomhnaill', *Mosiac 33(3)*: 19-34.

Kelleher, Margaret, 2003: 'The Field Day Anthology and Irish Women's Literary Studies', *The Irish Review 30*: 82-94.

Kelleher, Margaret, 2002: 'Hunger and History: Monuments to the Irish Great Famine', *Textual Practice 6(2)*:249-76.

Kelleher, Margaret, 2001: 'Writing Irish Women's Literary History', *Irish Studies Review 9(1)*: 5-14.

Kelly, A.A., 1987: *The Pillars of the House*. Dublin: Wolfhound.

Kenneally, Michael, 1995: *Poetry in Contemporary Irish Literature*. Colin Smythe: Gerrards Cross.

Kennedy, Liam, 1996: *Colonialism, Religion and Nationalism in Ireland*. Belfast: Queen's University Institute for Irish Studies.

Kennelly, Brendan, 1986: 'Eavan Boland: The complex humanity of a happy woman', *Irish Times* (6 December).

Kermode, Frank (ed.), 1975: *Selected Prose of T.S. Eliot*. London: Faber & Faber.

Kerrigan, John, 1996: 'Belonging', review of *Object Lessons* and *Collected Poems*', *London Review of Books 18(14)*: 26.

Kiberd, Declan, 2002 [1993]: *Idir Dhá Chultúr*. Baile Átha Cliath: Coiscéim.

Kiberd, Declan, 1996: *Inventing Ireland*. London: Vintage.

Kiberd, Declan (ed.), 1991: 'Contemporary Irish Poetry – Introduction', in Seamus Deane (ed.), *The Field Day Anthology of Irish Writing III*. Field Day: Derry: 1309-16.

Kiberd, Declan & Fitzmaurice, Gabriel (eag.), 1991b: *An Crann Faoi Bhláth/ The Flowering Tree*. Dublin: Wolfhound Press.

Kilroy, Thomas, 1982: 'Answering Back' Review of *Night Feed* (1982), Eavan Boland, *Irish Times* (4 December).

Kinsella, Thomas (ed.), 1989: *The New Oxford Book of Irish Verse*. Oxford: Oxford University Press.

Kinsella, Thomas, 1970: *Davis, Mangan, Ferguson? Tradition & The Irish Writer: Writings by W. B. Yeats and by Thomas Kinsella*. Dublin: Dolmen Press.

Kittay, Eva Feder, 1999: *Labour's Love: Essays on Women, Equality, and Dependency*. London/New York: Routledge.

Klobucka, A., 1994: 'Hélène Cixous and the hour of Clarice Lispector', *Substance 7*: 41-62.

Knott, Eleanor, 1957 [1928]: *Irish Syllabic Poetry*. Dublin: Dublin Institute for Advanced Studies.

Knott, Eleanor, 1957b: *Irish Classical Poetry: commonly called bardic poetry*. Dublin: Published for the Cultural Relations Committee of Ireland by Colm O Lochlainn.

Kristeva, Julia, 1987: 'Talking about Polylogue', Seán Hand (trans.), in Toril Moi (ed.), *French Feminist Thought: A Reader*. Oxford: Basil Blackwell: 110-17.

Kristeva, Julia, 1986: 'Revolution in Poetic Language', Margaret Waller (trans.), in *The Kristeva Reader*. Moi, Toril (ed.), Oxford: Blackwell: 89-136.

Kristeva, Julia, 1986b: 'About Chinese Women', Seán Hand (trans.), in *The Kristeva Reader*. Moi, Toril (ed.), Oxford: Blackwell: 138-159.

Kristeva, Julia, 1986c: 'Stabat Mater', Léon S. Roudiez (trans.), in *The Kristeva Reader*. Moi, Toril (ed.), Oxford: Blackwell: 160-186.

Kristeva, Julia, 1986d: 'Women's Time', in *The Kristeva Reader*. Alice Jardine and Harry Blake (trans.), Moi, Toril (ed.), Oxford: Blackwell: 187-213.

Kristeva, Julia, 1986e: 'A New Type of Intellectual: The Dissident', Seán Hand (trans.), in *The Kristeva Reader*. Moi, Toril (ed.), Oxford: Blackwell: 292-300.

Kristeva, Julia 1974: *La Révolution du langage poétique: l'avant-garde à la fin du XIXe siècle, Lautréamont et Mallarmé*. Éditions du Seuil: Paris.

Kristeva, Julia, 1970: *La texte du roman*. The Hague/Paris: Mouton.

Kupillas, Peter, 1999: 'Bringing It All Back Home: Unity and Meaning in Eavan Boland's "Domestic Interior Sequence"', in Alexander G. Gonzalez (ed.), *Contemporary Irish Women Poets: Some Male Perspectives*. Connecticut: Greenwood Press: 14-32.

Kwieciński, Pitor, 1998: 'Translation Strategies in a Rapidly Transforming Culture: A Central European Perspective', *The Translator 4(2)*: 183-206.

Lacey, Brian, 1997: 'The People Lost and Forgotten', in Tom Hayden (ed.), *Irish Hunger: Personal Reflections on the Legacy of the Famine*. Boulder, Colorado: Roberts Rinehart Publishers; Dublin: Wolfhound Press: 79-90.

Larkin, Emmet, 1998: 'Myths, Revisionisms, and the Writing of Irish History', *New Hibernia Review/Iris Éireannach Nua 2(2)*: 57-70.

Lawerence, Karen (ed.), 1992: *Decolonising Tradition: New Views of Twentieth Century "British" Cannons*. Illinois: Illinois University Press.

Lawless, Jo Murphy (ed.), 2002: 'Childbirth, 1742-1955 – Introduction', in A. Bourke et al. (eds.), *The Field Day Anthology of Irish Writing*. Cork: Cork University Press; USA & Canada: New York University Press: 896-99.

Leerssen, Joep, 2001: 'Monument and Trauma: varieties of remembrance', in Ian McBride (ed.), *History and Memory in Modern Ireland*. Cambridge: Cambridge University Press: 204-22.

Leerssen, Joep, 1996: *Remembrance and Imagination: Patterns in the Historical and Literary Representation of Ireland in the Nineteenth Century*. Cork: Cork University Press.

Leerssen, Joep, 1996b: *Mere Irish and Fíor-Ghael*. Cork: Cork University Press in association with Field Day.

Leerssen, Joep et al. (eds.), 1995: *Forging the Smithy: National Identity and Representation in Anglo-Irish Literary History*. Amsterdam/Atlanta: Rodopi.

Lefevere, André, 2000: 'Mother Courage's Cucumbers: Text, System and Refraction in a Theory of Literature', in Lawrence Venuti (ed.), *The Translation Studies Reader*. London/New York: Routledge: 233-49.

Lepkowski, Frank, 1990: 'Outside History – Book Review', *Library Journal* (15 November): 74.

Lloyd, David, 2000: 'Colonial Trauma/Postcolonial recovery?', *Interventions* 2(2): 212-28.

Lloyd, David, 1999: 'Nationalisms against the state', in *Ireland After History*. Cork: Cork University Press in association with Field Day: 19-36.

Lloyd, David, 1999b: 'Outside History: Irish New Histories and the 'Subalternity Effect', in *Ireland After History*. Cork: Cork University Press in association with Field Day: 77-88.

Lloyd, David, 1999c: 'The Recovery of Kitsch', in *Ireland After History*. Cork: Cork University Press in association with Field Day: 89-100.

Lloyd, David, 1997: 'The Memory of Hunger', in Tom Hayden (ed.), *Irish Hunger: Personal Reflections on the Legacy of the Famine*. Boulder, Colorado: Roberts Rinehart Publishers; Dublin: Wolfhound Press: 32-47.

Lloyd, David, 1993: *Anomalous States: Irish Writing and the Post-Colonial Moment*. Dublin: Lilliput Press.

Lloyd, David, 1987: *Nationalism and Minor Literature: James Clarence Mangan and the Emergence of Irish Cultural Nationalism*. Berkeley: University of California Press.

Lomonosov, Mikhail, 1976: 'Ode to the Northern Lights' in Dimitri Obolensky, (ed.), *The Heritage of Russian Verse*. Bloomington: Indiana University Press.

Longley, Edna, 1995: 'Irish Bards and American Audiences', *The Southern Review 31(3)*: 757-71.

Longley, Edna, 1994: *The Living Stream: Literature and Revisionism in Ireland*. Newcastle upon Tyne: Bloodaxe Books.

Longley, Edna, 1990: *From Cathleen to Anorexia: The Breakdown of Irelands*. Attic Press: Dublin.

Longley, Edna, 1985: 'Poetry and Politics in Northern Ireland', *The Crane Bag 9(1)*: 26-39.

Lucy, Sean, 1975: 'Sorrows and Celebrations' Review of *The War Horse* (1975), *The Irish Times* (12 August).

Luddy, Maria & McLoughlin, Dympna (eds.), 2002: 'Women and Emigration from Ireland from the Seventeenth Century – Introduction', in Angela Bourke et al. (eds.), *The Field Day Anthology of Irish Writing*. Cork: Cork University Press; USA & Canada: New York University Press: 567-69.

Luddy, Maria & Murphy, Cliona (eds.), 1989: *Women Surviving*. Swords, Co. Dublin: Poolbeg.

Lysaght, Patricia, 1991: 'Fairylore from the Midlands of Ireland' in Peter Narváez (ed.), *The Good People: New Fairylore Essays*. New York/London: Garland: 22-46.

Lysaght, Patricia, 1986: *The Banshee: The Irish Supernatural Death-Messenger*. Dublin: The Glenale Press.

Mahon, Derek, 1993: 'Young Eavan and Early Boland', *Irish University Review 23(1)*: 23-28.

Mangan, James Clarence, 1903: *Poems of James Clarence Mangan*. D.J. O'Donoghue (ed.), Dublin: O'Donoghue.

Manista, Frank C., 1999: 'Representing Sublimity: Body as Paradox in the Work of Nuala Ní Dhomhnaill', in Alexander G. Gonzalez (ed.), *Contemporary Irish Women Poets: Some Male Perspectives*. Connecticut: Greenwood Press: 143-50.

Mark, Alison & Rees-Jones, Deryn (eds.), 2000: *Contemporary Women's Poetry: Reading/Writing/Practice*. Basingstoke: Macmillan Press.

Marks, Elaine & de Courtivron, Isabelle, (eds.), 1981: *New French Feminisms: An Anthology*. Hemel Hempstead : Harvester Wheatsheaf.

Mac Cana, Proinsias, 1982: 'Women in Irish Mythology', in M.P. Hederman & Richard Kearney (eds.), *The Crane Bag Book of Irish Studies*. Dublin: Blackwater Press: 520-24.

Mac Cana, Proinsias, 1955: 'Theme of King and Goddess in Irish Literature', *Études Celtiques 7*: 76-114.

Mac Cionnaith, L. (eag.), 1938: *Díoghluim Dána*. Baile Átha Cliath: Oifig an tSoláthair: 211-14.

Mac Cóil, Liam, 1986: 'Ag Aistriú', *Graph 1*: 20-22.

Mac Craith, Mícheál, 1990: 'Gaelic Ireland and the Renaissance' in Glanmor Williams and Robert Owen Jones (eds.), *The Celts and the Renaissance: Tradition and Innovation*. Cardiff: University of Wales Press: 57-89.

Mac Curtain, Margaret & Ó Corráin, Donncha (eds.), 1978: *Women in Irish society: the historical dimension*. Dublin: Arlen House.

Mac Giolla Léith, Caoimhín, 2000: 'Metaphor and Metamorphosis in the Poetry of Nuala Ní Dhomhnaill', *Éire-Ireland 35(1&2)*: 150-72.

Mac Giolla Léith, Caoimhín, 1996: '"Something Old, Something New, Something Borrowed ...": The Poetry of Nuala Ní Dhomhnaill and Cathal

Ó Searcaigh', in *Cross Currents in European Literature*. Dublin: UCD Department of Italian: 81-98.

Mac Giolla Léith, Caoimhín, 1989: 'Contemporary Poetry in Irish: divided loyalties and the chimera of continuity', *Irish Review 6*: 46–54.

Mac Giolla Léith, Caoimhín, 1985: 'Léirmheas', *Innti 9*: 75-78.

MacKinnon, Lachlan, 1987: 'A material fascination' Review of *The Journey* (1982), *Times Literary Supplement* (21 August): 904.

Mac Síomóin, Tomás et al. (eds.), 1993: 'Thoughts on Translation', *Poetry Ireland Review 39*: 61-71.

McCloskey, James, 2001: *Guthanna in Éag/Voices Silenced*. Baile Átha Cliath: Cois Life Teo.

McCarthy, Thomas, 1980: 'Herself – Review of *In Her Own Image* (1980), *Irish Times* (17 May).

McDiarmid, Lucy & Durkan, Michael 1987: 'Q. & A: Nuala Ní Dhomhnaill', *Irish Literary Supplement 6(2)*: 41-43.

McDonald, Peter, 1999: 'Extreme Prejudice: Review of *The Lost Land* (1998),', *Metre 6*: 85-89.

Mcdonald, Sharon, 1993 [1978]: 'The Socialisation of the Natural and the Naturalisation of the Social', in Shirley Ardener (ed.), *Defining Females: The Nature of Women in Society*. Oxford/Providence: Berg: 187-205.

McLoughlin, Dympna (ed.), 2002: 'Infanticide in Nineteenth Century Ireland – Introduction' in Angela Bourke et al. (eds.), *The Field Day Anthology of Irish Writing*. Cork: Cork University Press; USA & Canada: New York University Press: 915-19.

McWilliams Consalvo, Deborah, 1999: 'From Out of My Womb: The Mother-Daughter Poems of Eavan Aisling Boland', *Studies 88(351)*: 315-22.

McWilliams Consalvo, Deborah, 1995: 'The Lingual Ideal in the Poetry of Nuala Ní Dhomhnaill', *Éire-Ireland 30(2)*: 146-61.

McWilliams Consalvo, Deborah, 1994: 'A Second Glance: Bilingualism in Twentieth-Century Ireland', *Studies 83(331)*: 303–12.

McWilliams Consalvo, Deborah, 1994b: 'Adaptations and Transformations: An Interview with Deborah McWilliams Consalvo', *Studies 83(331)*: 313-20.

McWilliams Consalvo, Deborah, 1993: 'In Common Usage: Eavan Boland's Poetic Voice', *Éire-Ireland 28(2)*: 100-15.

McWilliams Consalvo, Deborah McWilliams, 1992: 'An Interview with Eavan Boland', *Studies 81* (Spring): 89-100.

McWilliams, Jim, 1999: 'Nuala Ní Dhomhnaill's Poems: An Appreciation', in Alexander G. Gonzalez (ed.), *Contemporary Irish Women Poets: Some Male Perspectives*. Connecticut: Greenwood Press: 135-41.

Meaney, Gerardine (ed.), 2002: 'Identity and Opposition: Women's Writing, 1890-1960 – Introduction', in Angela Bourke et al. (eds.), *The Field Day Anthology of Irish Writing*. Cork: Cork University Press; USA & Canada: New York University Press: 976-85.

Meaney, Gerardine, 1997: 'Territory and Transgression: History, Nationality and Sexuality in Kate O'Brien's Fiction', *Irish Journal of Feminist Studies* 2(2): 77-92.

Meaney, Gerardine, 1993: 'Myth, History and the Politics of Subjectivity: Eavan Boland and Irish Women's Writing', *Women: A Cultural Review* 4(2): 136-53.

Meaney, Gerardine, 1993b: *(Un)like Subjects: Women, Theory, Fiction*. London/New York: Routledge.

Meaney, Gerardine, 1990: 'Rewriting the poetic identity of women', *Irish Times* (3 November).

Meehan, Paula, 1996: *Mysteries of the Home*. Newcastle upon Tyne: Bloodaxe Books.

Memmi, Albert, 1990: *The Colonizer and the Colonized*. London: Earthscan. Reprint of *Portrait du colonisé, précédé par Potrait du colonisateur* (1957).

Meyers, Kevin, 1991: 'Sex Lives and Free Verse', *The Irish Times* (14 December).

Mhac an tSaoi, Máire, 2000 [1988]: 'Introduction', in Nuala Ní Dhomhnaill, *Selected Poems: Rogha Dánta*. Dublin: New Island: 9-12.

Mhac an tSaoi, Máire, 1988: 'The Clerisy and the Folk', *Poetry Ireland Review* 24: 33–35.

Mhac an tSaoi, Máire, 1956: *Margadh na Saoire*. Baile Átha Cliath: Sáirséal agus Dill.

Miller, Jean Baker, 1976: *Towards a New Psychology of Women*. Boston: Beacon Press.

Miller, Kerby A., 1985: *Emigrants and Exiles: Ireland and the Irish Exodus to North America*. Oxford/New York: Oxford University Press.

Miller, Nancy K., 1988: *Subject to Change: Reading Feminist Writing*. New York: Columbia University Press.

Minh-ha, Trinh T., 1989: *Women, Native, Other: Writing Postcoloniality and Feminism*. Bloomington, Indianapolis: Indiana University Press.

Mohanty, Chandra Talpade, 1988: 'Under Western Eyes: Feminist Scholarship and Colonial Discourses', *Feminist Review 30*: 61-88.

Moi, Toril, 1985: *Sexual/Textual Politics: Feminist Literary Theory* London/New York: Routledge.

Montague, John (ed.), 1974: *The Faber Book of Irish Verse*. London: Faber & Faber.

Montefiore, Jan, 2004 [1994] [1987]: *Feminism and Poetry: Language, Experience, Identity in Women's Writing* London/Chicago/Sydney: Pandora.

Morris, Pam, 1993: *Literature and Feminism*. Oxford: Blackwell.

Muldoon, Paul, 1998: 'Black' in Kenneth Morgan & Almut Schlepper (eds.), *In the Heart of Europe: Poems for Bosnia*. Dublin: Rushlight Editions.

Muldoon, Paul, 1998b: 'Black', *Princeton University Library Chronicle 59(3)*: 486-89.

Mulhern, Francis, 1998: 'Translation: Re-writing Degree Zero', in *The Present Lasts a Long Time: Essays in Cultural Politics*: Cork: Cork University Press in association with Field Day: 164-70.

Murphy, Gerard (ed.), 1998 [1956]: *Early Irish Lyrics: Eighth to Twelfth Century*. Dublin Four: Courts Press.

Nabokov, Vladimir, 2000: 'Problems of Translation: "Onegin" in English', in Lawrence Venuti (ed.), *Translation Studies Reader*. London/ New York: Routledge: 71-83.

Nash, Catherine, 1994: 'Remapping the Body/Land: New Cartographies of Identity, Gender, and Landscape in Ireland', in Alison Blunt & Gillian Rose (eds.), *Writing Women and Space: Colonial and Postcolonial Geographies*. London/New York: Guilford Press: 227-50.

Neumann, Erich, 1983: *The Great Mother*. Ralph Manheim (trans.), Princeton, N.J.: Princeton University Press.

Neville, Grace, 1992: '"He spoke to me in English: I answered him in Irish": Language Shift in the Folklore Archives', in Jean Brihault (ed.), *L'Irlande et ses Langues*. Rennes: Presses de l'Université de Rennes: 19-32.

Ní Annracháin, Máire & Nic Dhiarmada, Bríona (eag.), 1998: *Téacs agus Comhthéacs: Gnéithe de Chritic na Gaeilge*. Corcaigh: Cló Ollscoile Chorcaí.

Ní Annracháin, Máire, 1982: 'Ait Liom Bean ina File', *Léachtaí Cholm Cille XII*: 145–82.

Ní Bhrolcháin, Muireann, 1982: 'Women in Early Irish Myths and Sagas', in M.P. Hederman & Richard Kearney (eds.), *The Crane Bag Book of Irish Studies*. Dublin: Blackwater Press: 525-32.

Ní Cheallaigh, Pádraigín, 1992: 'An Nuala Rua is Dual...', *Comhar* (Bealtaine): 211-13.

Ní Chuilleanáin, Eiléan 1985: *Irish Women: Image and Achievement – Women in Irish Culture from Earliest Times*. Dublin: Arlen House.

Ní Dhonnchadha, Máirín (eag.), 2002: 'Gormlaith and Her Sisters, c. 750-1800 – Introduction', in Angela Bourke et al. (eds.), *The Field Day Anthology of Irish Writing*. Cork: Cork University Press; USA & Canada: New York University Press: 166-72.

Ní Dhonnchadha, Máirín (eag.), 2002b: 'Courts and Coteries I, c. 900-1600 – Introduction', in Angela Bourke et al. (eds.), *The Field Day Anthology of Irish Writing*. Cork/ USA & Canada: Cork University Press/New York University Press: 293-303.

Ní Dhonnchadha, Máirín, 1995: 'Caillech and other terms for veiled women in Medieval Irish texts', *Éigse 28*: 71- 96.

Ní Dhonnchadha, Máirín (eag.), 1994: 'Two Female Lovers', *Eriú XLV*: 113-19.

Ní Dhonnchadha, Máirín, 1993: 'Reading the so-called *Cailleach Bérri* poem', *Scéala Scoil an Léinn Cheiltigh*, (6 Bealtaine), Dublin: DIAS: 15.

Ní Fhrighil, Ríóna, 2004: 'Scéal na Murúch i bhfilíocht Nuala Ní Dhomhnaill', in Breandán Ó Conaire (eag.), *Aistí ag Iompar Scéil*. Baile Átha Cliath: An Clóchomhar: 37-56.

Ní Fhrighil, Ríóna, 2003: 'The Mermaids on Land: The Exile of the Irish at Home and Abroad in the Poetry of Nuala Ní Dhomhnaill', in Rosa González (ed.), *The Representations of Ireland/s: Images from Outside and from Within*. Barcelona: PPU: 145-55.

Ní Fhrighil, Ríóna, 2003b: 'An File mar Mháthair agus an Mháthair mar Fhile', *Taighde agus Teagasc 3*: 24-45.

Ní Ghairbhí, Róisín, 2000: 'Cuimhne na ndaoine agus aistear an aistriúcháin i saothar Michael Hartnett "Gósta Garbh-Bhéarla"', in Michael Ó Cearúil (eag.), *Aimsir Óg – Cuid a Dó*. Coiscéim: Baile Átha Cliath: 141-59.

Ní Ghlinn, Áine, 1991: 'Beyond Praise – Review of *Outside History* (1990), *Poetry Ireland Review 32*: 94–97.

Ní Mhóráin, Brighid, 1997: *Thiar sa mhainistir atá an Ghaolainn bhreá: meath na Gaeilge in Uíbh Ráthach*. An Daingean: An Sagart.

Nic Craith, Mairéad, 1994 [1993]: *Malartú Teanga: an Ghaeilge i gCorcaigh sa naoú haois déag*. Bremen: Verlag für E.S.I.S.-Publikationen.

Nic Dhiarmada, Bríona, 2005: *Téacs Baineann Téacs Mná: Gnéithe de fhilíocht Nuala Ní Dhomhnaill*. Baile Átha Cliath: An Clóchomhar.

Nic Dhiarmada, Bríona, 1998: 'An Bhean is an Bhaineann: Gnéithe den Chritic Fheimineach' in Máire Ní Annracháin & Bríona Nic Dhiarmada (eag.), *Téacs agus Comhthéacs: Gnéithe de Chritic na Gaeilge*. Corcaigh: Cló Ollscoile Chorcaí: 152-82.

Nic Dhiarmada, Bríona, 1993: 'Immram sa tSíce: Filíocht Nuala Ní Dhomhnaill agus Próiseas an Indibhidithe', *Oghma 5*: 78-94.

Nic Dhiarmada, Bríona, 1993b: 'Going For It – And Succeeding' Review of *The Astrakhan Cloak* (1992), *Irish Literary Supplement 12(2)*: 3–4.

Nic Dhiarmada, Bríona, 1992: 'Ceist na Teanga: Dioscúrsa na Gaeilge, An Fhilíocht, agus Dioscúrsa na mBan', *Comhar* (Bealtaine): 160–67.

Nic Dhiarmada, Bríona, 1987: 'Bláthú an Traidisiúin', *Comhar* (Bealtaine): 23-29.

Nic Eoin, Máirín, 2005 *Trén bhFearann Breac*. Baile Átha Cliath: Cois Life.

Nic Eoin, Máirín, 2002: 'Athscríobh na Miotas: Gné den Idirthéacsúlacht i bhFilíocht Chomhaimseartha na Gaeilge,' *Taighde agus Teagasc 2*: 23-47.

Nic Eoin, Máirín, 2002b: 'Maternal Wisdom: Some Irish Perspectives', *Irish Journal of Feminist Studies 4*: 1-15.

Nic Eoin, Máirín, 1998: *B'ait leo Bean: Gnéithe den Idé-eolaíocht Inscne i dTraidisiún Liteartha na Gaeilge*. Baile Átha Cliath: An Clóchomhar.

Nic Eoin, Máirín, 1996: 'Secrets and Disguises? Caitlín Ní Uallacháin and other female personages in Eighteenth-Century Irish political poetry', *Eighteenth Century Ireland 11*: 7-45.

Nic Eoin, Máirín, 1985: 'Agallamh: Nuala Rua', *An Droichead: The Bridge* (Fómhar/Geimhreadh): 211-13.

Nic Mhaoláin, Máire, 1988: 'Filí Éireann ar aon Láthair', *Feasta* (Aibreán): 13-15.

Nic Pháidín, Caoilfhionn, 1987: 'An Fhilíocht Chomhaimseartha', *Comhar* (Bealtaine): 27-31.

Nida, Eugene, 2000: 'Principles of Correspondence' in Lawrence Venuti (ed.), *The Translation Studies Reader*. London/New York: Routledge: 126-40.

Nordin, Irene Gilsenan, 2004: 'Crossing the Threshold of Language: Nuala Ní Dhomhnaill and the Speaking Subject', *Irish Nordic Studies 3(1)*: 51-64.

Nordin, Irene Gilsenan, 2003: 'Beyond the Borders of Home: The Subject-In-Exile in the Work of the Two Contemporary Irish Women Poets Eiléan Ní Chuilleanáin and Nuala Ní Dhomhnaill', in Karind Aijmer & Britta Olinder (eds.), *Proceedings from the 8th Nordic Conference on English Studies*. Göteburg, Sweden: Acta Universitatis Gothoburgensis: 259-71.

O'Brien, Conor Cruise, 1984: 'A spell that needs breaking', *The Irish Times* (7 August).

O'Brien, Máire Cruise, 1983: 'The Female Principle in Gaelic Poetry', in S.F. Gallagher (ed.), *Women in Irish Legend, Life and Literature*. Gerrards Cross: Colin Smythe: 26-37.

O'Connor, Anne, 2005: *The blessed and the damned: Sinful women and unbaptised children in Irish folklore*. Oxford/New York: Peter Lang.

O'Connor, Anne, 1991: *Child Murderess and Dead Child Traditions*. Helsinki: Suomalainen Tiedeakatemia.

O'Connor, Frank, 1967: *The Backward Look: A Survey of Irish Literature*. London/Melbourne: Macmillan.

O'Connor, Laura, (ed.), 1995: 'Medbh Mc Guckian agus Nuala Ní Dhomhnaill –Comhrá with a Foreword and Afterword by Laura O' Connor', *The Southern Review 31(3)*: 581-614.

O'Connor, Mary, 1996: 'Lashings of the Mother Tongue: Nuala Ní Dhomhnaill's Anarchic Laughter', in Theresa O'Connor (ed.), *The Comic Tradition in Irish Women Writers*. Gainesville: University Press of Florida: 149-70.

O'Donnell, Mary, 1993: '*In Her Own Image* – An Assertion that Myths are made by Men, by the Poet in Transition', *Irish University Review 23(1)*: 40-44.

O'Leary, Philip, 1999: 'Wounds and Triumphs' – Léirmheas ar *Cead Aighnis* (1998), *Irish Literary Supplement 18(1)*: 12.

O'Malley, Mary, 2001: 'Mary O'Malley', in Patricia Boyle Haberstroh (ed.), *My self, my muse: Irish women poets reflect on life and art*. Syracuse: Syracuse University Press: 33-45.

O'Malley, Mary, 1999: 'Poetry, Womanhood, and "I amn't"', *Colby Quarterly 35(4)*: 252-55.

O'Toole, Fintan, 1990: *A Mass for Jesse James*. Dublin: Raven Arts Press.

Olsen, Tillie, 1980: *Silences*. London: Virago.

Ostriker, Alice, 1986: 'The Thieves of Language: Women Poets and Revisionist Mythmaking', in Elaine Showalter (ed.), *The New Feminist Criticism*. London: Virago: 314-38.

Ovid, 1955: *The Metamorphoses of Ovid*, Mary M. Innes (trans.), Middlesex, England: Penguin.

Ó Buachalla, Breandán, 1996: *Aisling Ghéar*. Baile Átha Cliath: An Clóchomhar.

Ó Buachalla, Breandán, 1996b: 'Canóin na Creille: An File ar Leaba a Bháis' in Máirín Ní Dhonnchadha (eag.), *Nua-Léamha: gnéithe de chultúr, stair agus polaitíocht na hÉireann c.1600 - c.1900*. Baile Átha Cliath: An Clóchomhar: 149-69.

Ó Cíosáin, Niall, 2001: 'Famine memory and the popular representation of scarcity', in Ian McBride (ed.), *History and Memory in Modern Ireland*. Cambridge: Cambridge University Press: 204-22.

Ó Coigligh, Ciarán, 1981: *Filíocht Ghaeilge Phádraig Mhic Phiarais*. Baile Átha Cliath: An Clóchomhar.

Ó Coileáin, Seán, 2000: 'Gnéithe de nualitríocht na Gaeilge', in Pádraigín Riggs et al. (eag.), *Saoi na hÉigse: Aistí in ómós do Sheán Ó Tuama*. Baile Átha Cliath: An Clóchomhar: 359–78.

Ó Conchubhair, Brian, 2000: 'The Right of Cows and the Rite of Copy: An Overview of Translation from Irish to English', *Éire/Ireland 35(1&2)*: 92–111.

Ó Corráin, Donnchadh (ed.), 2002: 'Early Medieval Law, c. 700-1200 – Introduction', in Angela Bourke et al. (eds.), *The Field Day Anthology of Irish Writing*. Cork: Cork University Press; USA & Canada: New York University Press: 6-12.

Ó Corráin, Donnchadh, 1995: 'Women and the law in early Ireland', in Mary O'Dowd & Sabine Wichert (eds.), *Chattel, servant or citizen: women's status in church, state and society*. Belfast: Institute of Irish Studies, Queen's University of Belfast: 45-57.

Ó Crualaoich, Gearóid, 2003: *The Book of the Cailleach*. Cork: Cork University Press.

Ó Cruadhlaoich, Gearóid & Ó Giolláin, Diarmuid, 1988: 'Folklore in Irish Studies', *The Irish Review* 5: 68-74.

Ó Cruadhlaoich, Gearóid, 1988b: 'Continuity and Adaptations in Legends of Cailleach Bhéarra', *Béaloideas VI*: 153-79.

Ó Cruadhlaoich, Gearóid, 1986: 'An Nuafhilíocht Ghaeilge: Dearcadh Dána', *Innti 10:* 63-66.

Ó Cuinn, Cosslett et al. (eag.), 1990: *Scian a caitheadh le toinn: scéalta agus amhráin as Inis Eoghain agus cuimhne ar Ghaeltacht Iorrais*. Baile Átha Cliath: Coiscéim.

Ó Direáin, Máirtín, 1957: *Ó Morna agus Dánta Eile*. Baile Átha Cliath: Cló Morainn.

Ó Direáin, Máirtín, 1953: 'Riordánachas agus Eile', *Feasta VI(2):*14-15.

Ó Doibhlin, Breandán, 2000: 'A Translator of the Irish Language Today', *Éire/Ireland 35 (1&2):* 9-18.

Ó Fiannachta, Pádraig, 1967: *Lámhscríbhinní Gaeilge Choláiste Phádraig Má Nuad, Clár IV*. Maynooth: An Sagart.

Ó Fiannachta, Pádraig, 1974: *Léas ar ár Litríocht*. An Sagart: Má Nuad.

Ó Floinn, Tomás, 1981: 'Sappho a thuirling ag geataí na glóire', *Comhar* (Samhain): 27–29.

Ó Gairbhí, Seán Tadhg, 2001: 'An tOllamh Nuala – Agallamh le Nuala Ní Dhomhnaill', *Foinse* (24 Meitheamh).

Ó Giolláin, Diarmuid, 2000: *Locating Irish Folklore: Tradition, Modernity, Identity*. Cork: Cork University Press.

Ó Gráda, Cormac, 1994: *An Drochshaol: Béaloideas agus Amhráin*. Baile Átha Cliath: Coiscéim.

Ó hAnluain, Eoghan (eag.), 1992: *Leath na Spéire*. Baile Átha Cliath: An Clóchomhar.

Ó Héalaí, Pádraig, 1992: 'Gnéithe de Bhéaloideas an Linbh ar an mBlascaod', *Léachtaí Cholm Cille XXII*: 81-163.

Ó hÓgáin, Daithí, 1982: *An File: Staidéar ar Osnádúrthacht na Filíochta sa Traidisiún Gaelach*. Baile Átha Cliath: Oifig an tSoláthair.

Ó Laoghaire, Peadar, 196-: *Mo Scéal Féin*. Éire: Longman Brún & Ó Nualláin Tta.

Ó Madagáin, Breandán, 1974: *An Ghaeilge i Luimneach 1700-1900*. Baile Átha Cliath: An Clóchomhar.

Ó Marcaigh, Fiachra, 1982: 'Agallamh: Nuala Ní Dhomhnaill ag caint le Fiachra Ó Marcaigh', *Comhar* (Eanáir): 25-26.

Ó Muirthile, Liam, 2000: 'Ag cur crúca in inspioráid' in Micheál Ó Cearúil (eag.), *Aimsir Óg- Cuid a Dó*. Baile Átha Cliath: Coiscéim: 71-92.

Ó Ríordáin, Seán, 1978: *Tar Éis mo Bháis agus Dánta Eile*. Baile Átha Cliath: Sairséal agus Dill.

Ó Ríordáin, Seán, 1973: 'Nuafhilíocht – Léirmheas ar INNTI 3' *The Irish Times (*28 Aibreán).

Ó Séaghdha, Barra, 1993: 'The Task of the Translator', *The Irish Review 14*: 143-47.

Ó Tuama, Seán, 1986: 'Filíocht Nuala Ní Dhomhnaill: An Mháthair Ghrámhar is an Mháthair Ghránna ina cuid filíochta', *Léachtaí Cholm Cille XVII*: 95-116.

Ó Tuama, Seán & Kinsella, Thomas (eag. & aistr.), 1981: *An Duanaire 1600-1900: Poems of the Dispossessed*. Portlaoise: Dolmen Press i gcomhar le Bord na Gaeilge.

Ó Rathaille, Aogán, 1911 [1900]: *Dánta Aodhagáin Uí Rathaille/The Poems of Egan O'Rahilly*, Patrick S. Dinneen & Tadhg O'Donoghue (eag.), London: David Nutt for the Irish Texts Society.

Paz, Octavio, 1992: 'Translation: Literature and Letters', in Rainer Derrida & John Bigeunet (eds.), *Theories of Translation: An Anthology of Essays from Dryden to Derrida*. Chicago/London: University of Chicago Press: 152-62.

Pearse, Pádraic, 1918: 'Some Aspects of Irish Literature', in *Collected works of Pádraic H. Pearse: Songs of the Irish rebels and Specimans from an Irish anthology*. Desmond Ryan (ed), Dublin: Maunsel: 131-58.

Peixoto, M., 1994: *Passionate Fictions: Gender, Narrative and Violence in Clarice Lispector*. Minneapolis: University of Minnesota Press.

Pethica, James, 1988: '"Our Kathleen: Yeats' Collaboration with Lady Gregory in the Writing of Kathleen ni Houlihan', *Yeats Annual 6*: 31-33.

Póirtéir, Cathal, 1995: 'Pictiúr Briste: Seanchas faoin Drochshaol', in Cathal Póirtéir (eag.), *Gnéithe den Ghorta*. Baile Átha Cliath: Coiscéim: 131-50.

Power, Suzanne, 1999: 'The Pilgrim: Interview with Eavan Boland', *Irish Tatler*, (September): 116-18 & 151.

Prokhovnik, Raia, 1998: 'Public and Private Citizenship: From Gender Invisibility to Feminist Inclusiveness', *Feminist Review 60*: 84-104.

Quinn, Antoinette (ed.), 2002: 'Ireland/Herland: Women and Literary Nationalism 1845-1916 – Introduction' in Angela Burke et al. (eds.), *The Field Day Anthology of Irish Writing*. Cork: Cork University Press; USA & Canada: New York University Press: 895-900.

Raschke, Deborah, 1996: 'Outside History and In a Time of Violence: Rescuing Women, the Concrete, and Other Things Physical from the Dung Heap', *Colby Quarterly 32(2)*: 135-42.

Reardon, Betty, 1989: 'Toward a Paradigm of Peace', in Linda Rennie Forcey (ed.), *Peace: Meanings, Politics, Strategies*. New York: Praeger.

Rees, Alwyn & Rees, Brinley, 1961: *Celtic Heritage: Ancient tradition in Ireland and Wales*. London: Thames & Hudson.

Reizbaum, Marilyn, 1989: 'An Interview with Eavan Boland', *Contemporary Literature 30(4)*: 55-61.

Revie, Linda, 1995: 'Nuala Ní Dhomhnaill's 'Parthenogenesis': A Bisexual Reading' in Michael Kenneally (eag.), *Poetry in Contemporary Irish Literature*. Gerrards Cross: Colin Smythe: 344-55.

Ricoeur, Paul, 1999: 'Memory and Forgetting', in Richard Kearney & Mark Dooley (eds.), *Questioning Ethics: Contemporary Debates in Philosophy*. London/New York: Routledge: 5-11.

Rich, Adrienne, 1977: *Of Woman Born: Motherhood as Experience and Institution*. London: Virago.

Rieti, Barbara, 1991: '"The Blast" Newfoundland Fairy Tradition', in Peter Narváez (ed.), *The Good People: New Fairylore Essays*. New York/London: Garland: 284-98.

Riggs, Páidraigín et al. (eag.), 2000: *Saoi na hÉigse: Aistí in Ómós do Sheán Ó Tuama*. Baile Átha Cliath: An Clóchomhar.

Riordan, Maurice, 1985: 'Eros and History: On Contemporary Irish Poetry', *Crane Bag 9(1)*: 49-55.

Robertson, Kerry E., 1994: 'Anxiety, Influence, Tradition and Subversion in the Poetry of Eavan Boland', *Colby Quarterly 30(1)*: 264-78.

Rosenstock, Gabriel, 2000: 'The Translating Impulse', *Éire/Ireland 35(1&2)*: 20-28.

Rosenstock, Gabriel, 1993: '*Spíonáin is Róiseanna*', Review of *Spíonáin is Róiseanna* (1993), *Poetry Ireland Review 39*: 102-9.

Rowland, Susan, 1999: *C.G. Jung and Literary Theory: The Challenge from Fiction*. Hampshire: Macmillan.

Ryder, Seán, 1992/93: 'Male Autobiography and Irish Cultural Nationalism: John Mitchel and James Clarence Mangan', *The Irish Review 13*: 70-77.

Said, Edward W., 1990: 'Yeats and Decolonization', in Terry Eagleton (ed.), *Nationalism, Colonialism and Literature*. Minneapolis: University of Minnesota Press: 69-95.

Samuels, Andrew, 1985: *Jung and Post-Jungians*. London/New York: Routledge.

Sarbin, Deborah, 1993: '"Out of Myth into History": The Poetry of Eavan Boland and Eiléan Ní Chuilleanáin', *The Canadian Journal of Irish Studies 19(1)*: 86-96.

Schirmer, Gregory A., 1998: *Out of What Began: A History of Irish Poetry in English*. Ithaca/London: Cornell University Press.

Sealy, Douglas, 1990: 'A new voice for the seanachie' Review of *Pharaoh's Daughter* (1990), Nuala Ní Dhomhnaill, *Irish Times* (8 December). 9.

Sealy, Douglas, 1967: 'Struggling to Emerge' Review of *New Territory* (1967), Eavan Boland, *Irish Times* (15 July).

Segal, Robert A., 1999: *Theorizing about Myth*. Amherst: University of Massachusetts Press.

Sellers, Susan, 1994: *The Hélène Cixous Reader*. London/New York: Routledge.

Sewell, Frank, 2000: *Modern Irish Poetry: A New Alhambra*. Oxford: Oxford University Press.

Sharkey, Sabina, 1994: *Ireland and the Iconography of Rape: Colonisation, Constraint and Gender*. London: University of North London Press.

Shiach, M., 1989: 'Their "symbolic" exists, it holds power – we, the sowers of disorder, know it only too well' in T. Brennan (ed.), *Between Feminism and Psychoanalysis*. London/New York: Routledge: 153-67.

Shields, Kathleen, 2000: *Gained in Translation: language, poetry and identity in twentieth-century Ireland*. Oxford/New York: Peter Lang.

Shohat, Ella, 1992: 'Notes on the 'Post Colonial'', *Social Text 31-32*: 99-113.

Showalter, Elaine (ed.), 1986: *The New Feminist Criticism: Essays on women, literature and theory*. London: Virago Press.

Showalter, Elaine, 1993 [1978]: *A Literature of their own: from Charlotte Brontë to Doris Lessing*. London: Virago Press.

Simms, Katharine & Meek, C. E. (eds.), 1996: 'Introduction' in *The Fragility of her Sex?: medieval Irishwomen in their European context*. Dublin: Four Courts Press: 7-15.

Simms, Katharine, 1991: 'Women in Gaelic society during the age of transition', in M. MacCurtain and M. O'Dowd (eds.), *Women in Early Modern Ireland*. Edinburgh: Edinburgh University Press: 32-42.

Simms, Katharine, 1987: 'Bardic Poetry as a Historical Source', in Tom Dunne (ed.), *The Writer as Witness: Literature as Historical Evidence*. Cork: Cork University Press: 58-75.

Simon, Sherry, 1996: *Gender in Translation*. London/New York: Routledge.

Singer, J., 1977: *Androgyny: Towards a New Theory of Sexuality*. London: Routledge & Keegan Paul.

Sirr, Peter, 1987: 'The Muse in Psychic Suburbia' Review of *The Journey and Other Poems* (1986), *The Irish Times* (31 January).

Smith, Anne-Marie, 1998: *Julia Kristeva: Speaking the Unspeakable*. London: Pluto.

Smith, R.T., 'Review of *Selected Poems* (1989), Eavan Boland', *Poetry* (July 1990): 236–38.

Smyth, Ailbhe, 1995: 'Author of herself' Review of *Object Lessons* (1995), *The Womens Review of Books 12(12)*: 7.

Sommerville–Arjat, Gillean & Wilson, Rebecca E. (eds.), 1990: *Sleeping with Monsters: Converstions with Scottish and Irish Women Poets*. Dublin: Wolfhound Press.

Spivak, Gayatri, 1992: 'The Politics of Translation' in Michèle Barrett & Anne Philips (eds.), *Destabilizing Theory: Contemporary Feminist Debates*. Cambridge: Polity Press: 177-200.

Spivak, Gayatri & Guha, Ranajit (eds.), 1988: *Selected Subaltern Studies*. Oxford/New York: Oxford University Press.

Spivak, Gayatri, 1981: 'French Feminism in an International Frame', *Yale French Studies 62*: 154-84.

Steiner, George, 2000: 'The Hermeneutic Motion' in Lawrence Venuti (ed.), *The Translation Studies Reader*. London/New York: Routledge: 186-91.

Steiner, George, 1998 [1992] [1975]: *After Babel: Aspects of language & translation*. Oxford: Oxford University Press.

Stevenson, Anne, 1993: 'Outside Histrionics', *PN Review 19(5)*: 40–41.

Stevenson, Anne, 1992: 'Inside and Outside History', *PN Review 18(3)*: 34–38.

Stevenson, Anne, 1992b: 'Some Observations on Women and Tradition', *PN Review 19(1)*: 29–32.

Strenski, Ivan, 1987: *Four Theories of Myth in Twentieth –Century History*. Basingstoke: Macmillan Press.

Sullivan, Nell, 1997: 'Righting Irish Poetry: Eavan Boland's Revisionary Struggle', *Colby Quarterly 33(4)*: 234-348.

Tall, Deborah, 1988: 'Q. & A. with Eavan Boland', *Irish Literary Supplement 7(2)*: 39-40.

Tharu, Susie & Lalita, K., 1991: *Women Writing in India: 600 B.C. to the present*. New York: Feminist Press.

Thompson, Spurgeon, 1997: 'Feminist Recovery Work and Women's Poetry in Ireland', *Journal of Feminist Studies 2(2)*: 94-105.

Thurston, Michael, 1999: '"A Deliberate Collection of Cross Purposes": Eavan

Boland's Poetic Sequences', *Colby Quarterly 35(4)*: 229-51.

Titley, Alan, 2005: 'Turning Inside and Out: Translating and Irish 1950-2000', *Yearbook of English Studies 32*: 312-23.

Titley, Alan, 2000: "An nóta pearsanta' agus litríocht na meán-aoiseanna', in Pádraigín Riggs et al. (eag.), *Saoi na hÉigse: Aistí in Ómós do Sheán Ó Tuama*. Baile Átha Cliath: An Clóchomhar: 261-301.

Titley, Alan, 1996: *Chun Doirne: Rogha Aistí*. Béal Feirst: Lagan Press.

Titley, Alan, 1986: 'Réamhrá' in Dermot Bolger (eag.), *An Tonn Gheal/The Bright Wave*. Dublin: Raven Arts Press: 12-22.

Townsend, Alison, 1994: 'Singing back the world' Review of *In a Time of Violence* (1994), *The Women's Review of Books XII(2)*: 19–20.

Tymoczko, Maria, 2000: 'Translating in the crucible of modernity', *Éire-Ireland 35(1&2)*: 122-38.

Tynan, Katharine, 1930: *Collected Poems*. London: Macmillan & Co.

Valiulis, Maryann Gialanella, & O'Dowd, Mary (eds.), 1997: *Women & Irish history: essays in honour of Margaret MacCurtain*. Dublin: Wolfhound Press.

Vance, Norman, 1999 [1990]: *Irish Literature: A Social History; Tradition, Identity and Difference*. Dublin: Four Courts.

Venuti, Lawrence, 2000: 'Translation, Community, Utopia', in Lawrence Venuti (ed.), *The Translation Studies Reader*. London/New York: Routledge: 468-88.

Venuti, Lawrence (ed.), 1998: 'Introduction', *The Translator 4(2)*: 135-44.

Venuti, Lawerence, 1995: *The Translator's Invisibility: A history of translation* London/New York: Routledge.

Venuti, Lawerence (ed.), 1992: *Rethinking Translation: discourse, subjectivity, ideology*. London/New York: Routledge.

Verling, Máirtín et al. (eag.), 1996: *Gort Broc: Scéalta agus Seanchas ó Bhéarra: bailithe ó Phádraig Ó Murchú*. Baile Átha Cliath: Coiscéim.

Villar, Pilar Argáiz, 2005: *New Territory for the Irish Woman in Eavan Boland's Poetry: A Feminist and Postcolonial Approach*. Granada: Universidad De Granada.

von Flotow, L., 1991: 'Feminist Translation', *Traduction, Terminologie, Rédaction, 4(2)*: 69-85.

Walker, Alice, 1984: *In Search of Our Mothers' Gardens: Womanist Prose*. London: Women's Press.

Ward, David C., 1999: 'A Certain Slant of Light' Review of *The Lost Land* (1998), Eavan Boland, *PN Review 25(3)*: 66–68.

Ward, Margaret 1998: 'Irish Women and Nationalism', in Sarah Briggs et al. (eds.), *Reviewing Ireland: Essay and Interviews from Irish Studies Review*. Bath: Sulis Press: 143-53.

Ward, Margaret (ed.), 1995: *In their own voice: women and Irish nationalism*. Dublin: Attic Press.

Ward, Margaret, 1991: *The Missing Sex: putting women into Irish history*. Dublin: Attic Press.

Ward, Margaret, 1983: *Unmanageable revolutionaries: women and Irish nationalism*. Kerry, Ireland: Brandon.

Warner, Marina, 1985: *Alone of All Her Sex: The myth of the cult of the Virgin Mary*. London: Picador.

Waters, John, 1997: 'Confronting the Ghosts of Our Past' in Tom Hayden (ed.), *Irish Hunger: Personal Reflections on the Legacy of the Famine*. Boulder, Colorado: Roberts Rinehart Publishers; Dublin: Wolfhound Press: 27-31.

Weekes, Ann Owens, 1994: 'An Origin like Water: The Poetry of Eavan Boland and Modernist Critiques of Irish Literature', *Bucknell Review 38(1)*: 159-76.

Wehr, Demaris, S, 1988: *Jung and Feminism*. London: Routledge.

Welch, Robert, 1988: *A History of Verse Translation from the Irish 1789-1897*. Gerrards Cross: Colin Smythe.

Wheatley, David, 2004, 'Changing the Story: Eavan Boland and Literary History', *The Irish Review 31*: 103-20.

Wheatley, David, 2001: 'The Aistriúchán Cloak: Paul Muldoon and the Irish Language', *New Hibernia Review/ Irish Éireannach Nua 5(4)*: 123-34.

Whelan, Kevin, 2005: 'The Killing Snows: The Cultural Impact of the Irish Famine', léacht a tugadh ag an chomhdháil *Ireland's Great Hunger: Representation and Preservation*, Ollscoil Quinnipiac, Hamden, Connecticut, 17 Meán Fómhair.

Whelan, Kevin 1995: 'Tionchar an Ghorta', in Cathal Póirtéir (eag.), *Gnéithe den Ghorta*. Baile Átha Cliath: Coiscéim: 41-54.

Whitford, Margaret (ed.), 1992: *The Irigaray Reader*. David Macey (trans.), Oxford: Blackwell.

Whitford, Margaret, 1991: *Luce Irigaray: Philosophy in the Feminine*. London/New York: Routledge.

Williams, Linda, 1992: 'Happy Families? Feminist Transmission and Matrilineal Thought', in Isobel Armstrong (ed.), *New Feminist Discourses*. London: Routledge: 48-64.

Wills, Clair, 1991: 'Contemporary Irish Women Poets: The Privatisation of Myth', in Harriet Devine Jump (ed.), *Essays on Twentieth-Century Women Writers in English*. Hemel Hempstead: Harvester Wheatsheaf: 248-72.

Woolf, Virginia, 1945: *A Room of One's Own*. London: Penguin Books.

Yeats, W.B., 1904: *The hour-glass, Cathleen Ni Houlihan, The pot of broth*. London: A.H. Bullen.

Young, Vernon, 1982: 'Poetry Chronicle: The Experts', *Hudson Review XXXV(1)*: 139-50.

Zamora, Lois Parkinson & Farris, Wendy B. (eds.), 1995: *Magical Realism: Theory, History, Community*. Durham/London: Duke University Press.

TREOIR

Bourke, Eva 249
Bowlby, Rachel 60
Brecht, Bertolt 243
'Breith Anabaí Thar Lear' 41, 109-10
Brennan, Rory 250
'Bright-Cut Irish Silver' 16, 35, 162
'Briseadh an Tí' 130
'Britannia's Wreath' 21
'Bunmhiotas na Murúch' 204

Caball, Marc 29
'Cadenza' 117
Caerwyn Williams, J. E. 32
'Cailleach' 150
Cairns, David 201
'Caitlín' 152, 186-7
Callaway, Helen 105
Caoineadh Airt Uí Laoghaire/ Lament for Art O'Leary/ Keen for Art O'Leary 23-4, 31
'Caora Fíniúna' 94-5, 117
Carbery, Ethna 192
Carney, James 28, 30
'Carnival' 230
Cathleen Ni Houlihan/Cathleen Ní Houlihan/Caitlín Ní Uallacháin/ Kathleen Ní Houlihan 14, 179, 181-2, 184,
'Cé leis thú?' 37, 171
Ce sexe qui n'en est pas un 64
Cead Aighnis 4, 50, 87, 92, 96, 117, 130, 147, 174, 177-8, 198
'Ceist na Teangan' 51, 80, 95, 234, 257
Celan, Paul 50
Ceres 3, 103, 113, 116, 141, 158-9
'Ceres Looks at the Morning' 116
Chamberlain, Lorie 237
Chang, Nam Fung 227
Charlotte Brontë 85, 88
'Child of Our Time' 63, 118
Chodorow, Nancy 85, 99

'Chomh Leochaileach le Sliogán' 86, 89
'Chorus of the Shadows: after Nelly Sachs' 244
Christ, Carol 85
Cixous, Hélène 57-8, 62-4, 69, 73-6, 80-3, 101, 236, 243
Clancy, Thomas Owen 32, 46
'Clann Horatio' 156, 204
Clarice Lispector 243
Clark, Margaret 93
Clark, Rosalind 179
Clutterbuck, Catriona 19, 20, 28, 216, 249
'Code' 76
Code 76
Collins, Patricia Hill 137-8
'Colony' 29, 193-4
'Comhairle ó Bhean an Leasa' 239
Conboy, Katie 184
Condren, Mary 151
'Conversation with an Inspector of Taxes about Poetry' 244
Corkery, D. 30, 179-80
'Cothú Linbh' 106, 125
Coughlan, Patricia 180
Coulter, Carol 192
'Cranna Foirtil' 41
Cronin, Michael 221, 223, 227, 235, 237, 256-7
Cú Chulainn 42, 185
'Cuimhne an Uisce' 206, 209
Cullen, Louis 24

D'Haen, Theo L. 156
Daly, Mary 99, 150
'Dán do Mhelissa' 118
'Dán nach Scríobhfar' 82
Daphne 147-8
'Daphne agus Apollo' 147-8
'Daphne with Her Thighs in Bark' 157
Dark Rosaleen 179, 180-1